Grundwerk C. G. Jung Bd. 8
Heros und Mutterarchetyp
by C. G. Jung

All rights reserved.
© Walter-Verlag AG, 1985

Korean Publication Copyright 2006, SOL Publishing Co.
Korean translation rights 2006, C. G. Jung Institute of Korea(Prof. Dr. Bou-Yong Rhi)
Korean publication and translation rights arranged with Walter Verlag
through Shin Won Literary Agency.

이 책의 한국어판 저작권은 신원 에이전시를 통해
Walter 사와 독점 계약한 솔출판사에 있으며,
번역권은 한국융연구원(대표: 이부영)에 있습니다.
저작권법에 의해 한국 내에서 보호를 받는
저작물이므로 무단 전제와 복제를 금합니다.

융 기본 저작집 8
영웅과 어머니 원형

| 개정신판 |

Carl GUSTAV JUNG

영웅과 어머니 원형

융 기본 저작집 Grundwerk C.G. Jung 8
한국융연구원 C.G. 융 저작 번역위원회 옮김

일러두기

1. 이 책은 Grundwerk C. G. Jung — Band 8. *Heros und Mutterarchetyp*(Walter, 1985)를 완역한 것이다.
2. 이 책의 주석은 본문 뒤에 미주로 두었다.
3. 이 책의 대괄호[ ]는 원서의 표기를 따랐으며, 옮긴이가 보충한 내용은 옛대괄호〔 〕로 구분했다.
4. 인명·지명 등 외국어 고유명사는 2017년에 국립국어원에서 펴낸 외래어표기법을 따라 표기했다. 단, 관습적으로 쓰이는 단어는 그에 따랐다.

융 기본 저작집 제8권의 발간에 부쳐

융 기본 저작집 제8권 『영웅과 어머니 원형』은 기본 저작집 7권 『상징과 리비도』에 이어 『변환의 상징』이라는 융 저작의 후반부이다. 융의 기본 저작집에서 한 권의 책을 제목을 달리하여 두 권으로 나누어 출간한 것은 편집진 나름의 생각이 있었겠으나 무엇보다 이 책의 내용이 워낙 방대하다는 사실과 그 책의 내용상 둘로 나누어도 좋을 만큼 특색이 있다는 점에 있지 않았을까 짐작된다. 물론 두 책이 모두 그 토대가 된 젊은 미국인 여성 환자 미스 밀러의 환상을 상징적으로 해석한 것이고 미스 밀러 자신의 체험 기록이 모두 7권과 8권 말미에 실려 있다.

기본 저작집 제7권이 주로 리비도의 개념과 변환을 다룬 것이라면 제8권은 주로 영웅의 기원과 그 숙명, 그리고 어머니 원형의 여러 가지 측면을 조명한 것이다. 수많은 상징 그림과 신화, 종교적 표상들, 괴테의 『파우스트』, 횔덜린의 시, 니체의 언어, 인도의 고전, 각종 어원학적 조사에 이르기까지 하나의 무의식적 이미지를 이해하기 위한 방대한 자료의 확충은 독자에게 끝없는 가시밭길처럼 여겨질 수도 있을 것이다. 하나하나의 자료에 대한 지식 없이는 전체를 이해하기 어려울 것이기 때문이다. 그러므로 이 책은 잘 음미하면서 인내성 있게 조금씩 읽어 내려가야 하고 또한 여러 번 되풀어 읽어야 할 책이다.

융의 분석심리학을 문예학적 관점이나 비교종교학적 관점에서 접하고자 하는 사람에게도 이 책은 여러 가지 면에서 참고되는 부분이 많을 것이다. 그러나 이 저작은 융 자신이 결론에서 지적하였듯이 문예작품의 해석이 아니고 인간 심성 속에 자리한 원형상을 탐구하는 목적에서 시작한 저술이다.

"우리 의사들은 다른 영역을 탐구하는 연구자들과 같은 처지에 있지 않다"고 융은 말하고 있다. 우리가 치료하는 환자는 우리에게 때로는 예측할 수 없는 문제를 제기하고 우리가 거의 감당할 수 없다고 느끼는 치료적 과제를 충족할 것을 요구한다고 그는 말한다. 융이 이렇게 방대한 자료를 동원하여 환자의 환상의 배경을 탐구한 것은 오직 하나의 목적, 환자의 상황을 이해하고 치료하려는 목적을 위한 것이다. "의사에게 필요한 것은 심혼에 관한 과학Wissenschaft이지 심혼에 관한 이론이 아니다"고 말한 융은, 과학의 작업은 정당성을 획득하기 위한 시합이 아니고 인식을 증대시키고 심화시키는 작업이라고 주장한다. 그리고 이 저술은 과학에 관하여 이렇게 생각하는 사람들을 향해 쓴 것이라고 융은 말하고 있다.

이 책은 한국융연구원 C. G. 융 저작 번역위원회 이유경 위원이 맡아서 번역하였다. 특별히 긴 시간이 소요된 정성 어린 노고에 깊이 감사한다. 변규용 교수의 그리스어, 라틴어 등, 영독어 이외의 외국어 감수는 본인의 겸손과는 달리 깊은 신뢰와 감사를 받고도 남을 만하다고 생각한다. 이 책 또한 필자의 전체 감수를 통해서 용어와 체재의 통일과 문체를 이해할 수 있게 다듬으면서도 독일어 원본의 직설적이고 담백한 어법을 지나치게 무너뜨리지 않도록 하였다. 다만 '모성Mutter'이라는 말은 대부분 종전과는 달리 우리말인 '어머니'로 바꾸어 번역하였다. '어머니 콤플렉스', '어머니 원형'이 어감상 원래의 내용이 지닌 감정적 색채를 잘 표현한다고 보았기 때문이다. 항상 부딪히는 어려운 난관인 'Geist, Psyche, Seele'는 종전과 같이 문맥에 따라 '영靈, 정신, 혼 또는 심혼'을 번갈아 쓰거나 병기하면서 원어를 꼭 뒤에 달아 구분하였다.

이 책의 교정을 위해 항상 애써주시는 전수련 씨와 편집부의 여러분, 교정을 거치면서 여러 차례 원고의 필사를 맡으신 융연구원의 전영희 씨에게 무엇보다 깊이 감사드린다. 그리고 기본 저작집의 출간을 줄곧 성원해주시는 솔출판사 임양묵 사장에게 감사드리면서 독자와 함께 또 한 권의 귀중한 정신적 자산을 세상에 보내는 기쁨을 나누고자 한다.

2006년 7월
한국융연구원
C. G. 융 저작 번역위원회를 대표하여
이부영

차례

융 기본 저작집 제8권의 발간에 부쳐
005

◆

영웅의 기원
011

어머니와 재탄생의 상징들
065

어머니로부터 해방되기 위한 투쟁
169

이중의 어머니
215

희생
341

결론
411

부록
프랭크 밀러의 원문
419

주석
427

◆

그림 출처
479

C. G. 융 연보
483

찾아보기(인명)
496

찾아보기(주제어)
497

융 기본 저작집 총 목차
531

번역위원 소개
535

영웅의 기원

리비도의 모든 상징들 중에서 가장 중요한 것은 데몬Dämon(귀령鬼靈: 인간과 신의 중간적 존재)이나 영웅과 같은 인간의 형상이다. 이로써 상징학은 별과 날씨의 상像에 어울리던 물적 표현 영역을 떠나 이제 인간적인 형태, 즉 고통에서 환희로, 환희에서 고통에 이르는 변환을 겪는 존재의 형태를 취하게 된 것이다. 그것은 태양처럼 때로는 하늘 꼭대기에 있기도 하고, 때로는 암흑의 밤에 잠겨 있다가 다시 그 밤에서 나와 새로운 빛으로 탄생한다.[1] 태양은 고유의 운행과 내적 법칙에 따라 아침부터 대낮까지 솟아오르고 대낮이 지나면 저녁을 향하며 그 빛을 등 뒤에 남긴 채 물러나 모든 것을 뒤덮는 밤으로 하강한다. 이러한 태양의 운행과 마찬가지로 인간도 불변의 법칙에 따라 그의 궤도를 운행하는데, 아침에 자신의 자녀들이 다시 새로운 순환 궤도에서 탄생할 수 있도록 삶의 궤도를 완전히 마무리하여 밤으로 잠겨드는 것이다. 태양에서 인간으로의 상징의 이행은 쉽게 일어난다. 미스 밀러Miss Miller의 세 번째이자, 마지막 창조도 이러한 이행의 길로 향한다. 그녀는 이 부분을 "치완토펠Chiwantopel, 잠들 무렵의 드라마Drame hypnagogique"라고 명명했다. 환상들이 어떻게 형성되었는가에 대해 그녀는 다음과 같이

그림 38. 헤라클레스Herakles가 가장 먼저 실행한 세 가지 행위.
1783년 석관에 새겨진 양각화.

보고하고 있다.

"근심과 불안을 떨쳐버릴 수 없었던 어느 날 밤, 나는 11시 30분경에 잠자리에 들었다. 굉장히 피곤했지만, 흥분되어 잠을 이룰 수가 없었다. … 방 안은 캄캄했다. 눈을 감는 순간, 무슨 일인가 일어날 것만 같은 느낌이 들었다. 잠시 후에 전반적으로 긴장이 완화되는 느낌이 들었고 나는 가능한 한 그렇게 수동적인 상태로 누워 있었다. 그러자 내 눈앞에 선線들, 불꽃들 그리고 빛나는 나선들이 나타났다. … 그 뒤를 이어서 최근의 하잘것없는 일들이 요지경처럼 눈앞에 펼쳐지면서 지나갔다."

독자는 그녀의 근심과 불안의 대상이 무엇인지 알 수 없는 것을 애석해할 것이다. 그것은 그 다음을 이해하는 데 분명 중요한 단서가 되었을 것이다. 첫 시詩가 나온(1898) 이후 여기서 이야기될 환상까지(1902) 만 4년이 흘렀는데, 그 사이의 사실들을 모르므로 더욱 안타까운 일이다. 분명히 문제가 무의식에서 잠자고 있지 않았을 이 기간 동안의 일에 대해서 어떤 정보도 없다. 그러나 어쩌면 이러한 정보 부족이 가져다주는 이점도 있을 것이다. 저자의 개인적인 숙명에 관여하지 않음으로써 이제 막 생겨나는 환상에 대해 우리의 관심을 개인적인 것에서 벗어나 보편 타당성으로 돌리게 할 수 있기 때문이다. 그로써 일상적 작업에서 자주 의사를 방해하던 것이 사라지게 된다. 즉, 의사의 눈은 자질구레한 번거로운 걱정거리에서 벗어나 모든 신경증적 갈등이 인간 운명의 전체와 함께한다는 폭넓은 연관성을 끌어낼 것이다.

여기서 저자가 우리에게 묘사해 보이는 상황은, 예를 들자면 마치 심령술의 영매가 흔히 서술하는 어떤 의도된 몽유병의 전조증상에 상응하는 것이다.[2] 우리는 나지막한 밤의 소리에 귀를 기울이는 마음의 준비를 갖추어야 할 것이다. 그렇지 않으면 너무도 섬세하여, 거의 느낄 수 없는 내적 체험들이 자각되지 못하고 그냥 지나가버린다. 잘 경청하면 내면으로 이끄는 리비도의 흐름이 아직은 보이지 않으나, 비밀스런 어떤 목표로 흘러가기 시작하는 것을 인식할 수 있을 것이다. 리비도가 무의식의 깊은 곳에서 그를 강력하게 끌어당기는 대상을 갑자기 발견한 듯하다. 외부로 향하는 인간의 삶은 보통 그러한 내향화 Introversion를 허용하지 않는다; 그러기 위해서는 일종의 비상사태가 전제되어야 할 것이다. 즉, 예를 들어 외부 대상의 결핍이 개체에게 그 대체물을 그 자신의 심혼에서 찾도록 강요하는 경우이다. 물론 인간의 사랑에 하나의 대상을 제공할 수 있기 위해 이 풍요의 세계가 지나치게 빈곤해야 한다는 것은 생각하기 어렵다. 이 풍요의 세계는 누구에게나 끝없는 공간을 제공하고 있는 것이다. 인간에게서 그의 가능성을 박탈하는 것은 오히려 사랑의 능력이 없는 데 있다. 이 세계가 공허하다고 여기는 사람은 그의 리비도를 사물과 인간을 향하게 하여 생기 있고 아름답게 만들 줄 모르는 사람뿐이다. 그러니까 우리로 하여금 우리 자신으로부터 하나의 대체물을 창조하도록 하는 것은 외적인 대상의 결핍 때문이 아니라, 우리 외부에 있는 어떤 사물을 사랑으로 감싸지 못하게 되는 무능력에서 비롯된다. 물론 생활고와 각박한 생존 경쟁이 우리를 압박하고 있다. 그러나 좋지 않은 외적 상황들도 그 같은 사랑을 저지하지 못할 것이다. 오히려 반대로 외적 상황들은 우리를 최대한 분발하도록 자극한다. 현실적인 어려움은 리비도를 그렇게 지속적으로, 예를 들어 노이로제(신경증)를 유발할 정도로 되돌려 강요할 수는 없을 것이다. 거기에는 모든 노이로제의 조건인 갈등이 결여되어 있다. 하지 않으려는 의지와 하려는 의지가 서로 맞서 생긴 저항만이 심인성心因性 장애의 출발점이 되는 그러한 퇴행Regression을 생기게 할 수 있다. 사랑하는 것에 대한 저항은 사랑하는 것의 무능을 낳고, 혹은 그런 사랑의 무능이 저항으로 작용한다. 리비도가 그 물길을 현실세계로 넘쳐 들어가게 하는 끊임없이 흐르는 강에 비유되듯이, 역동적으로 볼 때 저항은 강바닥에 우뚝 솟아 그 위로, 혹은 그 주위로 강물이 흘러가는 바위와 같은 것이 아니라, 하류를 향하지 않고 근원으로 역류하는 것에 비유된다. 심혼의 한 부분은 물론 외부의 대상을 원한다. 그러나 또 다른 부분은 하늘 높이 솟아 경쾌하게 지은 환상의 궁전들이 손짓하는 주관적 세계로 되돌아가고 싶어 한다. 인간 의지의 이러한 내적 모순성에 대해서 블로일러는 정신의학적인 관점에서 양가성향Ambitendenz[3]이라는 개념을 창안하였는데 이것은 사실 언제나 어디서나 존재하는 것이라고 볼 수 있다. 가장 원시적인 운동성 충동이 이미 대극적이라는 사실을 기억할 필요가 있다. 예를 들면 신근伸筋을 움직일 때 굴근屈筋도 자극되는 것이다. 그러나 이러한 정상적인 양가성향은 결코 의도된 행위를 어렵게 하거나 심지어 저지하는 것이 아니라, 오히려 의도된 행위의 협동과 완성을 위한 전제 조건이 된다. 적절하게 어우러진 대극성의 조화에서 행동을 저지하려는 어떤 저항이 싹트는데, 이에 속하는 것이 한편으로는 비정상적인 플러스, 다른 편에서는 비정상적인 마이너스이다. 여기서 등장하는 제3의 것에서 저항이 생겨난다. 이것은 욕구Wollen의 내적 모순성에도 해당되는데, 이 모순성 때문에 인간은 수많은 괴로움을 겪게 되는 것이다. 이러한 비정상적인 제3의 것은 정상적으로는 가장 밀접하게 연결되어 있는 대극쌍을 해체해서 그것을 분리된 경향들로 나타나게 한다; 그럼으로써 대극 쌍이 비로소 서로 방해하면서 개입해 들어오는, 하고자 함과 하지 않으려 함[4]이 된다. 그래서 조화는 곧 부조화에 이른다. 여기서 미지의 제3의 것이 어디서 유래하며, 그것이 무엇인가에 대한 연구는 나의 과제가 아니다. 프로이트는 '핵심 콤플렉스Kernkomplex'를 근친상간의 문제에서 보았다. 왜냐하면 부모에게로 되돌아가는 리비도는 상징들을 생산할 뿐 아니라, 또한 근친상간적이라고밖에 볼 수 없는 증상들과 상황들도 만들어내기 때문이다. 신화에 무수히 등장하는 근친상간 관계는 바로 이러한 근원에서 유래한다. 이러한 퇴행이 쉽게 이루어질 수 있는 것은 리비도가 과거의 대상을 놓지 않고 오히려 영원히 붙들어두려는 현저한 게으름Trägheit을 가지고 있기 때문이다. 니체가 말한 "과거로 향하는 신성 모독적인 집착"은 근친상간의 베일을 벗기고 첫 번째 어린 시절의 대상들에 그대로 머물고 싶어 하는 원래 수동적인 리비도 때문임을 알 수 있다. 그러나 이러한 게으름도 하나의 열정이다. 라로슈푸코François de La Rochefoucauld는 이에 대하여 다음과 같이 상술하고 있다.

모든 열정 중에 우리에게 제일 알려져 있지 않은 것이 게으름이다; 게으름은 모든 열정 중에 가장 강렬하고 악질적이다. 게으름의 격렬함은 눈에 잘 띄지 않고 그것이 자행하는 손상은 완전히 숨겨져 있다. 우리가 게으름의 힘을 꼼꼼하게 관찰해본다면, 그것이 어느 때나 우리의 감정, 관심, 그리고 쾌락을 지배하고 있음을 알 수 있다; 그것은 커다란 선박을 고요히 정지 상태에 이르게 하는 방해꾼의 힘을 갖고 있다; 그것은 무풍상태이며 가장 중요한 계획을 실현하는 데에 암초나 악천후보다 오히려 더 위험한 영향을 미친다. 게으름의 고요함은 가장 열띤 소망과 가장 끈질긴 결단들을 갑자기 중지시키는 심혼의 은밀한 마법이다; 결론적으로 이러한 열정에 관한 참된 표상을 부여하기 위해서 우리는 게으름이란 일종의 심혼의 축복으로, 모든 상실을 넘어서 위로하고 그가 소유한 모든 재산을 보상해주는 것이라고 말해야 할 것이다.[5]

수상쩍은 근친상간의 탈을 쓰고 출현한 것이 바로 이런 위험한 열정이다. 그것은 무시무시한 모성상으로 우리에게 다가온다(그림 74).[6] 그것은 끝없이 많은 나쁜 일들, 특히 신경증적 괴로움을 생산하는 자이다. 왜냐하면 아주 특별히 남아 있는 리비도 잔재의 혼탁한 공기에서 저 해로운 환상의 안개가 생겨나서 적응이 불가능할 정도로 현실을 은폐하기 때문이다. 그러나 우리는 여기서 근친상간 환상들의 기본 원리를 더 이상 추적하지 않으려 한다; 근친상간 문제를 시사하는 것만으로 충분할 것이다. 여기서는 다만 우리의 저자, 미스 밀러를 퇴행으로 이끈 저항이 의식된 외적 어려움을 의미하는지, 그렇지 않은지의 문제에 집중하고자 한다. 만일 그것이 외적인 어려움이라면, 리비도는 어딘가 막혀서 불어날 것이다; 불어난 리비도는 환상들을 만들어낼 것이고, 이것은 계획Pläne이라고 부르기에 가장 적합한 것들이다. 즉, 장애를 어떻게 극복할 수 있겠는지 하는 계획들을 말한다. 그것은 놀이처럼 문제의 해결점들을 모색하려는 관념들일 수 있다. 그것은 아마 잠들 무렵의 드라마보다는 오히려 그 밖의 모든 것들을 향한 집중적인 숙고일 것이다. 위에서 서술한 수동적 상태는 실제적인 외부의 장애에 전혀 적합하지 않다. 그것은 오히려 바로 그의 순종을 통하여 현실적 해결들을 경멸하듯 무시하고 환상적 대체물을 더 좋아하는 경향을 가리킬 뿐이다. 따라서 여기서 다루어야 할 것은 결국 본질적으로 내적인 갈등일 것이며, 이 갈등은 처음의 두 가지 무의식적 창조로 귀결되는 초기의 경험 양식으로 드러난다. 그러므로 우리는 외적 대상이 전혀 사랑받을 수 없다는 결론에 이를 수밖에 없다. 왜냐하면 압도적인 리비도 총액은 내적인 대상을 선호하기 때문이다. 이 내적 대상은 부족한 실재성을 대신하기 위해 무의식의 깊은 속에서 올라온 것이다.

내향화의 첫 단계에서 생기는 환영幻影 현상들은 잠들 무렵의 환영들(소위 눈의 '자기발광')의 잘 알려진 현상들[7]로 편성된다. 이 환영 현상들은 본래의 환영들의 토대를 이루고 있다. 즉, 우리가 현대적 언어로 말한다면 상징들의 형상으로 지각되는 리비도의 자체 지각의 토대를 이루고 있는 것이다.

미스 밀러는 진술을 계속한다.

"거기에서 나는 마치 어떤 소식이 직접 전달되려는 것 같은 인상을 받았습니다. 내 안에서 '말씀하소서, 주여! 당신의 하녀가 듣고 있나이다. 당신께서 손수 내 귀를 열어주소서!'라는 말이 계속 반복되는 것 같았습니다. 갑자기 이집트풍으로 장식한 스핑크스의 머리가 시야에 나타났습니다. 그러다가 그것은 이내 사라졌습니다."

이 구절은 아주 분명하게 그 의도를 나타내고 있다; '공보公報, communiqué'라는 표현은 강신술사들 가운데서 늘 쓰이는 표현이다. 성경 말씀은 간구, 혹은 '기도'를 포함하고 있다: 그것은 신격神格을 향한 소망, 신상神像을 향한 리비도의 집중이다. 기도는 「사무엘」1서 3장 1절 이하와 연관이 있다. 여기서 사무엘은 밤에 하나님의 부름을 세 번 받는다. 그러나 그는 엘리가 그를 불렀다고 생각한다. 엘리는 사무엘에게 그것은 하나님의 부름이며 다시 하나님께서 그를 부르면 "말씀하소서, 주님! 당신의 종이 듣고 있나이다"로 대답하라고 가르쳐주었다. 꿈꾼 미스 밀러는 이 말씀을 반대의 의미로 사용한다. 그녀는 자신의 소망들, 즉 자신의 리비도를 무의식의 심연으로 끌어들이는 데 사용하고 있는 것이다.

개인이 저마다 갖고 있는 의식 내용의 차이 때문에 아무리 서로 구별된다 하더라도, 무의식의 관점에서 개인들을 관찰한다면 우리는, 개인들이 더욱더 비슷해진다는 사실을 알고 있다. 무의식적 상들이 엄청난 다양성에도 불구하고 얼마나 같은 형식을 갖고 있는지를 알게 될 때 그것은 모든 정신치료자들에게 큰 감명을 준다. 차이성은 개성화를 통해 비로소 나타나게 된다. 이러한 사실은 쇼펜하우어, 카루스Karl Gustav Carus, 하르트만Eduard von Hartmann 철학의 주된 부분에 대한 심리학적 정당성을 부여한다. 이러한 철학적 성찰에는 누구나 알아차릴 수 있는 무의식의 동일형식성이 정신적 기초로서 기여하고 있다. 무엇보다도 무의식은 그 동물적인 전前 단계를 포함한 고태적이고 분화되지 않은 정신의 '잔재'로 이루어진다. 동물적인 정신의 여러 반응과 산물은 일반적으로 널리 분포된 어떤 동일형식과 불변성을 지니고 있다.

이것은 겉으로 보아 인간에서는 그저 부분적으로만 재발견될 수 있는 것 같다. 인간에서는 동물보다 훨씬 더 개별적 특성을 보이는 것 같다. 물론 이것도 일종의 착각일 수 있다. 그것은 우리가 우리의 관심사를 주로 차이성에서 인식하려는 합목적적 경향을 가지고 있기 때문이다. 이것은 심리학적인 적응을 필요로 하며 심리학적 적응은 우리가 받는 인상들을 꼼꼼하게 구별하지 않는다면 전혀 불가능할 터이다. 이러한 경향에 직면하여 우리는 또한 매일매일 우리가 다루는 사물을 보편적인 연관성 안에서 인식하고자 최대의 노력을 기울인다. 이러한 인식은 우리와 멀리 떨어져 있는 사물들에서 훨씬 수월하다. 예를 들어 중국인들도 우리 유럽인들처럼 각기 얼굴 생김새가 다른데도 우리가 중국 사람들 집단에서 개개의 얼굴을 구별하는 것은 거의 불가능하다; 멀리 있는 사람에게는 개별적인 차이보다 낯선 얼굴 생김새의 공통점이 더 분명하게 보이는 것이다. 그러나 우리 유럽인이 중국인들 사이에서 산다면, 공통적인 인상이 점점 사라지고 결국 각기 다르게 생긴 개인들을 보게 될 것이다. 개별성은 한정된 사실성에 속하며 그것은 실제적인 중요성 때문에 과대평가된다; 개별성은 학문이 그 위에 맨 먼저 뿌리내린 저 엄청나게 투명한, 그래서 끈질기게 강요하는 보편적 사실들에 전혀 속하지 않는 것이다. 그래서 심리학에서 개별적인 의식 내용이란 매우 불리한 대상이다. 왜냐하면 그것은 보편적인 것을 식별 불가능할 정도까지 분화시켰기 때문이다. 의식 과정들의 본체는 물론 면밀한 개별적 정황에서 일어나는 적응 과정으로 이루어진다. 그에 반해 무의식은 보편적인 것이다. 무의식의 보편성은 개인을 민족에 속하게 할 뿐만 아니라, 시간적으로 거슬러가서 과거의 인간들과 그의 심리학을 연결시키기도 한다. 따라서 무의식은 개별적인 것을 넘어선 보편성으로[8] 드러나므로, 무엇보다도 진정한 심리학의 대상이지 정신물리학

Psychophysik의 대상이 아님을 주장할 수 있게 되는 것이다.

개체로서의 인간은 생물학적 관점에서 볼 때 그 존재의 정당성에 의문이 제기될 만한 의심스러운 현상이라고 하겠다. 왜냐하면 생물학적 관점에서 볼 때 개체는 단지 집단적 존재, 또는 집단의 구성요소라는 의미만을 지니기 때문이다. 그러나 문화의 관점은 인간에게 집단과 분리된 의미를 부여한다. 그 의미는 수천 년이 흐르는 동안 인격 형성으로 이끌었고 그와 함께 영웅 숭배로 발전되었다. 합리주의 신학이 상상할 수 없는 곳으로 사라져버린 신격의 마지막 남은 가장 소중한 것으로 개인적인 예수를 고집하고자 시도하는 데서 우리는 바로 영웅숭배의 경향을 본다. 이 점에서는 가톨릭교회가 더 적합했다. 왜냐하면 가톨릭교회는 지상에서의 사제직 대리자를 인정함으로써, 눈으로 볼 수 있는 영웅을 바라는 보편적인 욕구에 호응했기 때문이다. 종교적 형상을 감관적으로 지각할 수 있다는 것은 어떤 의미로는 리비도가 상징으로 이행하는 것을 돕는다. 물론 숭배하는 것이 눈에 보이는 대상에만 머물러 있는 것은 아니라는 전제하의 이야기다. 그러나 이렇게 신의 대리자를 숭배하는 경우에도 그 숭배는 적어도 신을 대리하는 인간의 형상에 결부되고, 그 근원적인 원시적 형식은 제거되어 있다. 설혹 그것이 목적하는 상징적 형상에 도달하지 못했다 하더라도 말이다. 현실성을 원하는 이러한 욕구는 일종의 프로테스탄트적, 개인적 신학 속에 철저하게 역사적 인물로 의도된 예수와 함께 은밀하게 보존되었다. 인간들이 가시적인 신을 사랑한 것이 아니다; 인간들은 신이 현현한 형태인 한 인간의 모습을 사랑하는 것이 아니다: 왜냐하면 매우 신앙심 깊은 사람들이 인간을 사랑하려 했다면, 그들의 이웃과 적도 사랑할 수 있어야 했을 것이기 때문이다. 종교적 형상은 단순히 인간만일 수는 없는 것이다; 종교적 형상은 그 자신에 고유한 것, 즉 어디서나 언제나 '비상하게 큰 영향력'으로 표현되는 원상源像들Urbilder의 총체성을 나타내는 것이어야 한다. 사람들은 눈에 보이는 인간의 형태에서 인간을 찾지 않고 초인, 영웅, 혹은 신, 바로 인간 비슷한 실재성을 찾고 있다. 이 실재는 인간 심혼을 사로잡고 형상화하는 저 이념들Ideen, 형식들Formen, 그리고 힘Kräfte을 표현한다. 심리학적 경험으로 그것은 집단적 무의식의 원형적 내용들이다. 그것은 인간 모두에게 똑같이 남아 있는 태곳적 인류의 잔여들로서, 햇빛과 공기처럼 모든 인간에게 선사된 것으로, 모든 분화와 진보 뒤에 남겨진 공유재산인 것이다. 그런데 인간은 이러한 유산을 사랑하기에 또한 모두에게 공통된 것을 사랑한다; 이렇게 인간은 인간의 어머니, 즉 의식이 있기 전에 있었던 정신Psyche으로 돌아가 이러한 방식으로 항상 전체와 함께한다는 연대감을 제공하는 저 은밀하고도 저항할 수 없는 힘으로부터, 그리고 그러한 결합으로부터 다시금 무엇인가를 획득한다. 안테우스〔바다의 신과 대지의 여신 사이에서 태어난 거인〕의 문제는 오직 어머니인 대지와의 접촉만으로 자신의 거대한 힘을 유지한 데 있다. 때때로 자기 자신 안으로 되돌아가는 것은 어느 정도까지는 개체의 정신 상태에 유익한 영향을 미치는 것 같다. 정신Psyche의 두 가지 기본 기제, 즉 외향과 내향은 콤플렉스에 대항하는 합목적적인 정상적 반응 방식임을 예상할 수 있다: 외향은 콤플렉스를 피해 현실로 도망가는 수단이다. 내향은 콤플렉스와 함께 외부 현실을 벗어나려는 수단이다.

「사무엘」1서 3장 1절의 이야기는 리비도가 어떻게 내면을 향하는가를 묘사한다: 간구함은 내향화를 표현하며, 하나님이 말씀하실 것이라는 어떤 특별한 기대를 나타낸다. 그래서 활동성을 의식에서 끄집어내어 간구로써 배정된 본체로 옮겨놓는다. 그 본체는 우리의 경험적 이해에서 보면 원상原象, Urbild임을 드러낸다. 이것은 한편으로는 저절로 나타나고, 다른 한편으로는 심지어 자주 엄청난 강박성을 행사할 만큼 일종의 자율성을 가진 원형적 내용이다(나는 독자에게 나의 후기 논문들을 제시해야겠다). 그러므로 '신'이 의식의 활동성과 자발성을 넘겨받을 수 있으리라는 기대 자체는 전혀 무의미한 것이 아니다. 왜냐하면 원상들에는 그런 능력이 있기 때문이다.

이제는 우리가 기도의 보편적인 의도에 대해 잘 알게 되었으니 꿈꾼 이의 환영들에 관해 계속 들을 준비가 되었을 것이다: 그녀의 환영에 의하면 기도 후에 "이집트풍의 머리 장식을 한 스핑크스의 머리"가 나타났다가 금방 사라진다. 이때 꿈꾼 사람은 방해를 받아 한순간 잠에서 깨어난다. 그 환영은 서두에 언급한 이집트 입상立像에 대한 환상을 상기시킨다. 여기에서 입상의 굳은 몸짓은 질버러Herbert Silberer가 말하는 '기능적 범주funktionale Kategorie'의 현상으로서 아주 안성맞춤이다. 가벼운 최면의 단계들을 전문적으로 '앙구르디스망Engourdissement(마비)'이라고도 부른다. '스핑크스'라는 말은 '수수께끼'를 가리킨다; 오이디푸스의 스핑크스처럼 또한 수수께끼를 던지는 불가사의한 피조물이며 그의 운명의 입구에 서서 숙명의 피할 수 없음을 상징적으로 알리는 존재다. 스핑크스는 우리가 무서운 어머니라고 부를 만한 어머니-이마고의 표현으로 반은 동물의 형상을 취하고 있다. 신화에는 이에 대한 풍부한 자취가 발견된다. 미스 밀러의 환영에는 '스핑크스'라는 말 이외에는 오이디푸스의 스핑크스라는 암시를 정당하게 증명할 만한 것이 아무것도 없다고 사람들은 비난할 것이다. 꿈에 대한 개인적인 맥락이 부족한 상태에서 개인적 해석은 물론 불가능한 것이다. 어떤 '이집트적' 환상이라는 암시(『기본 저작집』 7권, 65쪽)를 여기에 적용하기에는 너무 불충분하다. 따라서 우리가 이 환영을 감히 이해하려고 한다면, 아마 아주 대담하고 모험적인 방법으로 민족사적 자료들을 다루도록 해야 할 것이다. 이때에는 무의식이 아득한 과거와 똑같은 상징들을 오늘날에도 만들어내고 있다는 전제가 있어야 한다. 스핑크스와 관련하여 이 책의 상권에 상술한 내용을 참조할 것이다[7권 43쪽 이하]. 리비도가 동물의 형상을 하고 나타난 모습이 그곳에 언급되어 있다(7권의 그림 5). 의사는 환자들의 꿈과 환상에서 이러한 표현 방식에 익숙해져 있다. 충동Trieb은 곧잘 황소, 말, 개 등으로 묘사된다. 여자들과 위험한 관계를 가지고 있었고, 의사인 내가 자신에게 그의 모험을 금지하지 않을까 하는 두려움을 안고 치료받으러 온 환자가 있었다. 그는 (그의 의사인) 내가 반은 돼지이고, 반은 악어 같은 이상한 동물을 창으로 아주 능숙한 솜씨로 찔러 벽 쪽으로 몰아치는 꿈을 꾸었다고 하였다. 대개 이와 같은 리비도의 동물 형상의 묘사들은 꿈에 무리져 많이 나타나는 법이다. 이 꿈에 나온 것 같은 혼합체도 자주 등장하는 것들이다. 베르칭거Hans Bertschinger는 특별히 하위의 (동물적인) 반쪽이 동물 형상으로 묘사된 일련의 예증을 제시하였다.[9] 동물 형상으로 드러나는 리비도는 억압된 상태로 있는 '동물적' 충동성[10]을 나타낸다. 앞서 제시된 예의 경우에서 자신의 충동을 실컷 누리는 사람은 도대체 자신의 어디에서 억압이 가능한가 하는 의문을 제기하게 될 것이다. 그런데 성적 욕구는 유일한 충동이 아니다. 충동성을 단순히 성적 욕구와 동일시할 수는 없다. 따라서 위에 언급한 나의 환자는 성적 억압이 현저히 부족하였기에 바로 그의 본능을 해치게 되었다고 볼 수 있다. 그의 꿈은 의심받지 않기 위해 무엇을 정확히 끊어버리도록 의사인 내가 그에게 의료상의 금기를 강요할지 모른다는 두려움을 나타내고 있다. 현실을 너무도 강력하게 반복하는 꿈이나, 예상된 현실을 너무도 분명히 주장하는 꿈들은 무의식보다도 의식 내용을 표현의 형식으로 이용한다. 그의 꿈은 그러니까 하나의 투사를 나타낸

다: 그는 짐승 살해를 의사인 내게 투사했다. 즉, 스스로가 자기의 본능을 다치게 했다는 것을 모르기 때문에 그것이 그에게는 그렇게 보였던 것이다. 일반적으로 뾰족한 기구는 딱정벌레를 찌르거나 분류하는 지적知的 바늘이다. 환자는 성에 대한 '현대적' 관념들을 갖고 있어서, 그가 좋아하는 관념을 내가 앗아갈 수 있다는 두려움이 그의 내부에 존재하고 있는 것을 모르는 것이다. 그가 이러한 가능성을 두려워하는 것은 당연한 일이다. 왜냐하면 이런 가능성이 그의 내부에 있지 않다면 이런 꿈을 꾸지 않을 것이기 때문이다. 동물 형상을 한 상징들은 무의식적인 리비도의 발현들과 관계된다.

본능적 흥분을 의식하지 못하는 무의식성에는 두 가지 이유가 있다. 하나는 모든 사람이 크든 작든 관여하고 있는 보편적 무의식성이고, 또 다른 하나는 서로 용납될 수 없는 내용들을 억압하기 때문에 생기는 이차적 무의식성이다. 후자의 현상은 원인이 아니라, 신경증적 태도의 증상들이다. 신경증적 태도는 어떤 불쾌한 사실들을 간과하기를 좋아하고 병적인 현상들의 전체 연결 고리를 현재의 작은 이익과 바꾸기를 주저하지 않는다.

우리가 보았듯이, 억압이 항상 성적 욕구에만 관련되는 것은 아니고 오히려 보편적으로 본능과 관련된다. 본능은 생명의 원리, 생명의 법칙이다. 본능의 억압으로 생기는 퇴행은 항상 정신적 과거로 유도되는데, 그래서 결정적인 힘은 어떤 부분에 있어서는 실제로 부모라고 할 수 있는 유년 시절로 이끌어간다. 그러나 부모 외에도 어린이의 선천적인 본능의 충동Impuls이 어떤 특정한 역할을 한다. 이것은 부모가 여러 다른 자식들에게 똑같은 영향을 미치지 않는다는 것, 즉 아이들은 제각기 다른 방법으로 부모에게 반응한다는 사실에서 알 수 있다. 아이들은 모두 개체로서의 결정요소들을 갖고 있다. 물론 아이의 의식이 비어 있는 것으로 보이기 때문에 마치 모든 결정적인 영향들이 외부로부터 오는 것처럼 보일지도 모른다. 아이들은 자신의 고유한 본능을 부모의 영향이나 의지와 구분할 수 없는 것이다. 유아적 상태에서의 분별능력의 부족은 결과적으로, 본능을 나타내는 동물들이 동시에 부모의 속성들이 되며, 그래서 아버지는 황소로, 어머니는 암소로 등장하는 등 부모가 동물 형상으로 나타나게 된다(그림 94 참조).[11]

만일 유년기 이전, 즉 전의식적 '출생 전' 단계까지 퇴행이 계속된다면, 개인의 기억과 전혀 상관없는, 즉 모든 인간과 더불어 다시 태어난, 유전된 여러 가지 표상 가능성들의 보고寶庫에 속하는 원형적 상像들이 나타날 것이다. 여기에서 한편으로는 인간적인 성질을 가지면서 또 다른 한편으로는 동물적 성질을 가지는 '신적' 본체의 상들이 생긴다. 이러한 형상들이 나타나는 방식은 의식의 입장에 따라 다르다: 의식이 무의식에 대해 부정적 자세를 취하면 동물들은 불안해진다. 긍정적 자세라면 동물들은 '도움을 주는 동물들'이 된다. 부모에 대해 지나친 애착을 가지고 의존적인 자세를 갖고, 부모도 이에 호응할 때 꿈에서는 공포를 불러일으키는 부모에 해당하는 동물들이 보상적으로 자주 등장한다. 그러한 공포를 불러일으키는 동물이 스핑크스이다. 스핑크스가 모성에서 파생된 것이라는 뚜렷한 특징들이 인식된다. 오이디푸스의 전설에서 스핑크스는 헤라가 바쿠스의 출생 때문에 테베를 증오하여 보낸 것이다. 오이디푸스는 어린애같이 단순한 수수께끼를 풀어 어머니 신神에서 유래한 스핑크스를 극복했다고 믿었지만, 바로 어머니와의 근친상간에 빠져 어머니 이오카스테와 결혼한다. 왜냐하면 스핑크스의 재앙에서 나라를 구한 자가 테베의 왕위를 갖고 과부가 된 왕비와 결혼해야 했기 때문이다. 그래서 이런 비극적 결과가 생겨났는데, 이것은 만약 오이디푸스가 스핑크스의 위험한 출현에 경악했던들

피할 수도 있었을 일이다.

스핑크스는 외면적으로 '무서운' 혹은 '잡아먹는' 어머니를 의인화한 것이다. (아래를 보라!) 오이디푸스는 파우스트가 "어머니들이여, 어머니들이여!―그것은 너무도 가슴을 울리는구나Die Mütter! Mütter!―'s klingt so wunderlich!"[12]라고 외친 철학적 경탄을 아직 몰랐다. 그는 남성의 기지가 스핑크스의 수수께끼를 결코 능가하지 못한다는 것을 알지 못했다.

스핑크스의 계보는 여기에서 제기된 문제와 여러 가지로 관계가 있다: 스핑크스는 상체는 아름다운 처녀이고 하체는 끔찍스러운 뱀의 모습을 한 혼합체인 에키드나Echidna의 딸이다. 이러한 이중적 존재야말로 어머니 상에 상응하는 것이다: 그것은 그 위로는 인간적이며 사랑스럽고 매력적인 반쪽, 아래로는 동물적이고 근친상간을 금한 것 때문에 무서운 동물로 변한 무시무시한 반쪽으로[13] 이루어져 있다. 에키드나는 만물의 어머니, 즉 대지의 어머니인 가이아가 지하계의 인격화된 신, 타르타로스Tartaros와 관계하여 태어났다. 에키드나 자신은 모두를 소스라치게 하는 것들, 키메라Chimära, 스킬라Scylla, 고르고Gorgo(그림 39), 끔찍한 케르베루스Cerberus, 네메아의 사자, 그리고 프로메테우스의 간을 파먹은 독수리의 어머니이며, 그 밖에도 또한 일련의 용들을 낳았다. 그녀의 아들 중 하나는 오르트로스(오르토스)인데, 그는 거대한 괴물 게리온Geryon의 개로 헤라클레스에 의해 살해되었다. 에키드나는 아들 오르트로스와 근친상간의 관계를 맺어 스핑크스를 낳는다. 이러한 자료들은 스핑크스의 상징 콤플렉스를 설명하기에 충분할 것이다. 이제 그러한 요소가 어린이 수수께끼를 풀었다고 해서 해결될 것이 아니라는 점은 분명하다. 수수께끼는 바로 스핑크스가 방랑자에게 제시한 함정이었다. 방랑자는 자신의 오성을 과대평가한 결과 순전

그림 39. 고르고Gorgo. 그리스 단지 그림의 세부.

히 남성적인 방법으로 탐색해 들어가게 되고, 아무것도 모른 채 근친상간의 죄를 저질렀다. 스핑크스의 수수께끼는 그녀 자신, 즉 무서운 어머니 상이었다. 오이디푸스는 무서운 어머니 상에 대한 경고를 받아들이지 않은 것이다.

만일 우리가 주관적 자료가 결핍된 상황인데도 앞에 언급된 꿈꾼 여성에서 스핑크스 상징에 대한 귀납적 추론을 감행해도 좋다면 물론 오이디푸스는 남자이지만, 스핑크스의 의미가 여기서도 오이디푸스의 경우와 똑같다고 말할 수 있을지 모른다. 다만 우리의 사례에서는 거의 남성 스핑크스를 기대해야 할 것이다. 실제로 이집트에는 남성 스핑크스와 여성 스핑크스가 있다. 그것을 미스 밀러도 아마 알고 있었을 것이다. (물론 테베의 스핑크스는 의심할 여지 없이 여성이다.) 예상하건대 그것은 남성적 괴물임에 틀림없다. 왜냐하면 여성에게 있어서 위험은 처음에 어머니로부터 오는 것이 아니라 아버지로부터 오기 때문이다. 우리는 이런 문제를 열어놓은 채 먼저 보고된 사실로 돌아가자.

영웅의 기원 — 27

미스 밀러가 다시 집중한 뒤 여러 환상들이 계속 전개되었다.

"갑자기 아즈텍 사람이 나타난다. 그의 모습이 아주 세세하게 드러난다: 펼쳐진 손엔 커다란 손가락이 있고 특색 있는 머리, 갑옷, 미국 인디언의 깃털 장식과 유사한 머리 장식을 하고 있다. 전체적으로 어딘가 멕시코 조각품을 연상시킨다."

스핑크스에 남성적 모습이 숨어 있다는 우리의 추측은 여기서 확인된다. 아즈텍 사람은 인디언 조상 혹은 아메리카 원주민이다. 그는 개인적 단계에서는 아버지의 원시적 측면을 묘사한다. 왜냐하면 미스 밀러는 미국인이기 때문이다. 여기서 덧붙여 말하고 싶은 것은 내가 미국인들을 분석할 때 인격의 열등한 부분('그림자'[14])이 흑인 혹은 인디언으로 나타나는 것을 자주 목격했다는 사실이다. 즉, 유럽인의 꿈에서 자기와 같은 성의 어떤 부정적인 성격을 대변하는 자로 묘사될 법한 것이 미국인의 경우에는 인디언이나 흑인으로 묘사되는 것이다. 남성의 열등한 인격 부분은 낮은 민족성을 대변하는 자로 표현된다. 그러나 미스 밀러는 여성이다. 그런데 여기에 나온 것은 남성의 형상이다. 따라서 그녀의 그림자는 여성적 모습이어야 한다. 이 형상이 미스 밀러의 환상에서 취하는 역할을 고려해보면, 그것은 여성의 인격에 내재한 남성성의 인격화라고 불러도 좋을 것이다. 나는 이러한 인격화를 후기 논문들에서 '아니무스Animus'라고 불렀다.[15]

환영의 세부를 자세히 살펴보는 것은 도움이 될 것이다. 왜냐하면 여러 가지가 주목할 만한 가치를 가지고 있기 때문이다. 머리에 쓰고 있는 독수리 깃털로 만든 장식은 마술적 의미를 갖는다. 인디언은 새의 깃털로 머리를 장식함으로써 새의 태양과 같은 특징을 획득하는

그림 40. 축제의 장식을 한 인디언 무용수.

것이다. 그것은 적의 심장을 삼키거나 그 머리 가죽을 취하면 적의 용기와 힘을 획득한다고 믿었던 것과 같다. 동시에 깃털의 관은 태양의 광관光冠과 같은 의미이다(그림 40). 태양과 동일시한다는 것이 얼마나 중요한지는 『변환의 상징』상권(『기본 저작집』7권)에서 보았다. 이에 대한 그 밖의 증거는 수많은 고대의 관습들뿐만 아니라, 종교적 언어에 나타난 그만큼 아주 오랜 형상들에도 발견된다. 예를 들어 「솔로몬의 지혜의 서」 5장 16절에 보면 "그러므로 그들은… 주님의 손에서 아름다운 왕관을 수여받게 될 것이다.…"[16] 또한 성경에는 이와 비슷한 구절들이 수없이 많이 있다. 요한 루드비히 콘라트 알렌도르프Johann Ludwig Konrad Allendorf의 찬송가에는 영혼에 대해 다음과 같이 말하고 있다:

이제 영혼의 모든 고통이 없어지고
영혼의 고난과 한숨은 저편으로 사라졌네;
영혼은 환희의 왕관에 이르고,
신부이자 왕비가 되어 서 있네.
영원히 찬란한 황금의 빛 속에서
위대한 왕 옆에 나란히 서 있네;

영혼은 왕의 환한 얼굴을 보네;
그의 온화하고 사랑스런 존재가
영혼을 속속들이 치유하게 하네;
영혼은 그의 빛 안에서 하나의 빛이 되었네.

이제 아이가 아비를 볼 수 있게 되었네.
아이는 부드러운 사랑의 충동을 느끼네;
이제 아이는 예수의 말씀을 이해하네:
그 자신, 아버지는 너를 좋아한다네.

바닥을 알 수 없는 깊은 선善의 바다
영원한 축복이 넘치는 심연이
성스러운 영靈, Geist(정신)에 드러나네;
그 영이 정면으로 신을 바라보니
빛 가운데 하나님의 유산이 무엇인지,
그리스도의 공동 상속이 무엇인지 알게 되었네.

지친 육신이 대지 안에서 쉬네;

그 육신은 예수가 깨울 때까지 잠을 자네.
깨어나면 티끌이 태양이 될 것이며,
이제 어두운 무덤이 티끌을 덮네;
우리는 이제 모든 신앙 깊은 사람들과 함께 오리라.
얼마나 빨리 올지를 아는 자들,
영원히 주님 곁에 머물러 있을 자들과 함께…[17]

마찬가지로 라우렌티우스Laurentius Laurentii의 찬송가에도 영혼에 대해 언급되었다.

…신부가 되니,
이제 그녀는 이겨냈으므로,
그 왕관은 그녀의 것이 되었노라.[18]

고트프리트 빌헬름 자커Gottfried Wilhelm Sacer의 찬송가에도 다음과 같은 구절이 있다.

나의 관을 화환으로 장식하고서,
여느 때처럼 한 승리자가 찬란하게 빛나네.
저 하늘의 봄으로부터
나의 영혼은 얻었노라.
영원히 푸르른 왕관을;
소중한 승리의 찬란한 빛이
하나님의 아들에서 흘러드네:
나를 그토록 생각하시는 분이시여.[19]

환상에 나타난 손의 역할이 중요한 것 같다. 그녀의 손은 '펼쳐져' 있었고, 손가락은 '크다'고 기술되어 있다. 두드러지게 강조되어 있는 것이 손이라는 사실이 인상적이다. 우리는 아마 얼굴 표정이 묘사되길 기대했을지도 모른다. 하지만 분명 손의 동작이 더 큰 의미가 있다; 유감스럽게도 그 외에 더 상세한 내용을 알아낼 수 없다. 이해를 돕기 위해 여기서 손에 관한 유사한 환상 한 가지를 소개하겠다: 한 남자 환자는 잠이 들려는 상태에서 다음과 같은 환영을 보았다. 그의 어머니가 비잔틴 교회의 벽화처럼 벽에 그려져 있다; 그녀는 한 손을 높이 쳐들고 있었다. 쳐든 손은 부자연스러울 정도로 손가락을 쫙 펴고 있었다. 손가락은 매우 컸고, 손끝이 곤봉처럼 부풀어 있었고 작은 빛의 관冠으로 둘러싸여 있었다. 이 상像에 대해 바로 떠오른 생각은 흡반을 가진 개구리의 손가락이었다. 그 다음에 남근과 비슷하다는 것이었다. 어머니 상이 고대풍의 외관을 하고 있는 것도 주목할 만하다. 아마도 이 환상에서 손은 생식과 창조적인 것의 의미를 가지고 있다. 이런 해석은 계속 이어지는 같은 환자의 환상으로 더욱 분명해진다: 그는 어머니의 손에서 로켓처럼 생긴 무엇이 위로 올라가는 것을 보았다. 자세히 보니 그것은 황금의 날개를 가진 빛나는 새, 황금 꿩이었다. 우리는 이미 앞에서 손이 생산의 의미에 부합되고 불을 만들 때도 손이 생산의 역할을 한다는 사실을 보았다. 손으로 비벼 불을 만들듯이 손에서 불이 나온다. 인도의 아그니Agni, 즉 불은 금빛 날개의 새로서 찬양되었다.[20]

미스 밀러는 아즈텍 사람에 대해 이렇게 말했다: "어린 시절 나는 특별히 아즈텍 시편들이나 페루와 잉카의 역사에 관심이 굉장히 많았어요."[프랑스어 원문은 『전집』을 보라.] 우리는 유감스럽게도 더 이상은 아는 것이 없다. 그러나 아즈텍 사람의 등장으로 우리가 추론하기로는, 무의식이 기꺼이 이런 글의 표현을 받아들였다는 사실이다. 왜

그림 41. 왕관을 쓴 헤르마프로디투스(양성체).(1520년경)

냐하면 분명 이러한 자료는 본질적인 친족관계로 인해 무의식적 내용들에 잘 들어맞기 때문이거나 혹은 그것이 무의식을 만족할 만하게 표현할 수 있기 때문이다. 스핑크스에서 어머니를 보았듯이, 아즈텍 사람에게서는 아버지의 측면을 추측해도 좋을 것이다. 어머니는 주로 아들의 에로스에 영향을 미치기 때문에 오이디푸스는 필연적으로 어머

영웅의 기원 —— 33

니와 결혼하게 된 것이다. 그러나 아버지는 딸의 정신(로고스)에 영향을 미치므로 아버지는 딸의 정신을 고양시켜서 심지어는 흔히 병적인 강도에 이르게 하는 경우까지 있다. 나는 후기 논문들에서 이런 상태를 '아니무스에 사로잡힌 상태'라고 불렀다. 우리의 여성 작자의 경우에는 이 정신적 사명이 개인적으로 결코 작지 않은 역할을 하였으므로 결국 이 책의 재판 서문에 밝혔듯이[7권 머리말의 제2판 서문], 정신착란을 일으키게 된다. 아즈텍 사람 안에 남성적인 형상이 내포되어 있고 그로써 아버지의 영향이 분명히 나타남에도 불구하고, 여성적 스핑크스가 먼저 나타났다. 미국 여성일지라도 여성적 요소가 어느 정도 우세하다는 점에 있어서는 예외가 없다. 어머니 콤플렉스는 미국에서 흔하고 매우 뚜렷하게 나타나는 경우가 많다. 가족에게 미치는 어머니의 영향이 매우 강하고 마찬가지로 여성의 사회적 지위도 높기 때문일 것이다. 미국 경제 자본의 반 이상이 여성의 수중에 있다는 사실은 이런 관점에서 생각해볼 거리를 제공한다. 이러한 상황에서 수많은 미국 여성들은 주로 자신의 남성적 측면을 발전시킨다. 바로 이러한 남성적인 면이 무의식에서는 탁월한 여성적 본능성, 즉 스핑크스를 통하여 보상된다.

　아즈텍 사람의 모습은 거의 '영웅적'인 특징을 보인다. 이 모습은 미스 밀러의 원시적 여성성에 대한 남성적 이상형을 나타내는 것이다. 우리는 이러한 이상형을 소리 없이 사라진 이탈리아 고급 선원과의 만남에서 이미 본 적이 있다. 그 장교는 어느 정도 미스 밀러의 눈앞에 어른거리는 무의식적 이상형에 어느 정도는 일치하였으나 아즈텍 사람과 경합해서 더 이상 버틸 수 없었다. 왜냐하면 이탈리아 고급 선원에게는, 간혹 천사들이 이런 행동을 하는 듯하지만, 인간 여성을 좋아하는 천사인 '데몬-애인demon-lover'이 지닌 신비한 매력이 없기 때문이다. (이 때문에 천사들이 있는 교회에서는 여자들이 머리카락을 미사포로 가려야 했다!) 이제 우리는 미스 밀러가 선원에게서 고개를 돌리도록 한 것이 무엇인지를 이해한다. 그것은 아즈텍 영웅을 통해 인격화된 영적 태도이다. 그런 영적 태도로는 애인을 세속 인간의 아들들 가운데서 찾기는 어렵거나 전혀 찾을 수 없다. 왜냐하면 그녀의 기대가 너무 높이 걸려 있기 때문이다. 그러한 경우에 의식의 태도는 아직 너무나 이성적이고 욕심 부리지 않을 수 있다. 그러나 무의식적 기대는 조금도 영향을 받지 않는다. 아무리 힘든 역경과 저항을 극복한 뒤에 소위 정상적인 결혼을 하게 되었다고 해도, 무의식이 무엇을 의도하고 있는지는 나중에 비로소 발견될 뿐이다. 그리되면 무의식은 생활방식의 변화라든가 노이로제, 심지어는 정신병의 형태로 그의 의도를 관철한다.

미스 밀러는 이 환영을 본 후에 한 이름이 "한 음절 한 음절씩" 만들어지는 느낌을 받았다. 그것은 아즈텍 남성, 즉 "페루의 한 잉카인의 아들"에 속하는 것 같았다. 그 이름은 "치완토펠Chi-wan-to-pel"이라 했다.[21] 그녀는 이런 것들이 그녀의 추억 속에 있었음을 암시하고 있다. 명명命名 행위는 세례와 마찬가지로 인격의 창조를 위해서 엄청나게 중요한 의미를 갖는다. 옛날부터 이름에는 마술적인 위력이 있는 것으로 믿어져왔기 때문이다. 누군가의 비밀스러운 이름을 안다는 것은 그를 지배할 수 있는 힘을 갖게 되는 것을 의미한다. 잘 알려진 예로 '룸펠슈틸츠헨Rumpelstilzchen(작은 요귀)'이라는 민담이 있다. 한 이집트 신화에서는 이시스가 태양신 레Rê에게 그의 진짜 이름을 알려 달라고 억지를 부린다. 할 수 없이 레Rê가 그녀에게 이름을 알려주었는데, 그로 인해 이시스는 레의 힘을 획득하게 된다.[22] 그러므로 이름을 준다는 것은 힘을 준다는 것, 특정한 인격이나 혼을 부여하는 것이다. 또한 우리의 저자는 그 이름을 들었을 때 포포카테페틀Popocatepetl이라는 이름이 생각난다고 말한다. 그 이름은 우리가 아는 바와 같이 지워질 수 없는 학창 시절의 추억이나, 분석 중에 환자들에게 불쾌하게도 꿈이나 착상에서 떠오르는 것들에 속한다. 이러한 불건전한 농담을 선입견 없이 고려하는 데 주저하지 않는다고 해도 우리는 그래도 그 농담의 합당성을 묻게 될 것이다. 우리는 다음과 같이 반문해야 할 것이다. 그러면 왜 그것이 언제나 포포카테페틀이어야 하는가, 인접한 이즈타치후아틀Iztaccihuatl이나 더 고급하고 마찬가지로 인접한 오리자바Orizaba가 아닌가 하고.—더구나 오리자바는 더 아름답고 발음하기도 쉬운 이름이다. 포포카테페틀은 의성어 때문에 인상적이다. 영어에서 이 단어는 '튀어나오다'라는 'to pop = paffen(공기총popgun = 종이 철포Knallbüchse 등)'에 해당하지만, 그것도 의성어로 여겨진다; 독일어와 프랑스어에는 동성애자Hinterpommern, 조제한 호밀빵Pumpernickel, 폭탄Bombe, 폭죽, 혹은 폭발기구pétarde(le pet = 방귀flatus) 등과 같은 낱말이 있다. 독일 사람에게 익숙한 낱말 '포포Popo(엉덩이)'는 영어에 없지만, 반면 방귀Flatus를 '투 푸프to poop'라고 부르며, 유아의 언어로는 '투 푸 푸(미국식 표현)'가 있다. 아이들이 응가하는 행동을 흔히 '투 포프to pop'라고 부른다. 엉덩이를 재미있게 표현한 것이 '붐the bum'이다(또한 Poop는 선박의 뒷부분을 칭하는 것이다). 프랑스어에서 의성어 '푸후pouf!'가 있는데 '팍 터지다pouffer = platzen, 배의 뒷부분la poupe = Schiffshinterteil, 갓난아기le poupard, 인형la poupée'의 뜻을 갖는다. '푸폰Poupon'은 뺨이 통통한 아이를 애칭으로 부를 때 쓰는 말이다; 네덜란드 말로 폽Pop은 인형이고, 라틴어로 푸피스puppis는 후갑판poupe이다. 플라우투스Plautus도 익살스럽게 신체의 뒷부분(엉덩이)에 대해 그런 표현을 사용하였다; 푸푸스pupus는 아이를, 푸풀라pupula는 소녀, 혹은 작은 인형을 뜻한다. 그리스어 포퓌조ποππύζω는 혀를 딱 치는 소리, 찰싹 하는 소리, 푸푸 부는 소리를 표시한다. 그래서 키스할 때 나는 소리라고 하지만 플루트를 불 때 나는 잡음 소리라고도 한다(테오크리토스Theokritos).

내 환자 중의 한 사람은 어린 소년 시절에 용변을 볼 때 항상 자신의 엉덩이가 화산이며, 그래서 강한 폭발을 일으켜 가스가 폭발되고 용암이 분출된다는 환상을 가졌다고 한다. 기본적인 자연현상들을 지칭하는 말들은 원래 별로 시적詩的인 말이 아니다. 예를 들어 우리는 유성流星의 아름다운 모습을 생각하지만 독일어로 유성은 전혀 시적 표현과는 거리가 먼 별심지Sternschnuppe[Schnupe = 까맣게 탄 초 심지의 끝, 우리나라 말로는 별똥]라고 부른다(남아메리카 인디언은 유성을 '별들의 오줌'이라고 부른다). 아름답기로 유명한 스위스 발리스에 있는 폭포가 동정녀의 면사포Voile de la Vierge라는 시적 이름으로 바뀐 것은 불과 얼마 전 일이다. 바뀌기 전의 폭포 이름은 암소오줌가죽Pissevache이었다. 이처럼 사람들은 그 이름을 가장 가까운 근원지에서 취하는 것이다.

미스 밀러는 논평에서 치완토펠을 심령술사들의 지도령Kontrollgeist과 비교했는데 그렇게 신비적이라 예기된 치완토펠의 모습이 어째서 그렇게 불경한 이웃관계에 빠져버려서 그 본체(이름)가 신체의 저 멀리 떨어진 부분과 연결되는지 우선은 전혀 해명될 듯하지 않다. 이러한 일이 일어나게 된 가능성을 이해하기 위하여 사람들은 다음과 같이 말하고자 할 것이다: 무의식에서 무엇이 생산되면 우선 기억에서 사라져버린 유아기 자료들이 등장한다고.—그래서 우리는 그런 자료들이 아직 표면에 있던 유아기의 관점에 서 있게 된다. 만일 매우 존경하는 대상이 무의식에 의해 항문 부근으로 밀려난다면, 어른에게는 꺼려지는 기능들이지만 아이들은 호의를 나타내는 관심과 가치평가가 표현된다고 추론해야 한다. 어쨌든 아직 이 유아적인 관심의 잔재가 어른에게 남아 있다. 문제는 다만 그것이 아동 심리학에 상응하는 것인가 하는 점이다. 이 문제를 풀기 전에 항문이 숭배와 아주 밀접하게 연관된다는 것을 확인할 필요가 있다: 동방의 어떤 민담에 보면 자신을 위협적인 존재로 보이기 위해 성직자의 똥을 몸에 바르는 기독교 기사들의 이야기가 있다. 또 아버지에 대해 각별한 존경심을 가졌던 어떤 여자 환자는 자신의 아버지가 침실용 변기에 품위 있게 앉아 있고, 지나가는 행인들이 그를 보고 경건하게 경의를 표하는 환상Phantasie을 가지고 있었다. 또 언급할 것은 배설물과 황금 사이에 내적인 연관성이[23] 있다는 점이다; 가장 무가치한 것이 가장 귀중한 것과 서로 통하는 것이다. 무엇보다도 연금술사들이 '배설물에서 발견한 것in stercore invenitur' 이 다름이 아니라 철학자의 아들filius philosophorum의 신비한 형상이 나오는 원질료prima materia였다. 신앙 교육을 받은 젊은 여성 환자는 파란 꽃이 현란하게 그려진 변기를 토대로 한 십자가에 못 박힌 그리스도의 꿈을 꾸었다. 그 둘 사이의 대극이 너무 크기 때문에 우리는 어린 시절의 가치평가가 성인의 그것과 분명 다를 것이라는 사실을 수용해야 한다. 그런데 사실이 그러하다. 아이들은 배변하는 행위에 전념하고 그 생산물에 흥미를 보인다.[24] 나중에 어른이 되면 건강염려증 환자만이 그런 관심을 보인다. 아이가 일찍부터 번식이론을 배변 행위와 연결시키고 있다는 것을 안다면, 우리는 이와 같은 관심을 조금은 이해하게 된다.[25] 여기에서 이 관심은 무엇인가 다른 모습을 취하게 된다. 아이는 그것이 생산하는 방식, 즉 무엇인가가 '밖으로 나오는' 방식이라고 생각한다.

나의 소책자 『어린이의 정신적 갈등에 관하여Über Konflikte der kindlichen Seele』[전집 17권]에서 소개한 아이는 프로이트의 글에 나오는 소년 한스처럼 항문 탄생설을 가지고 있었는데 나중에 이 아이에게 화장실에 오래 있는 버릇이 생겼다. 한번은 아이의 아버지가 참지 못하고 화장실 앞에 가서 소리쳤다: "너 당장 나오도록 해라! 도대체 뭘 하고 있는 거야?" 화장실 안에서 아이는 "작은 유모차 한 대와 망아지 두 마리를 만들어요!"라고 응답했다. 그러니까 아이는 작은 유모차와 망아지 두 마리, 즉 당시에 아이가 가장 소망하는 것들을 '만들고' 있었다. 이런 방법으로 우리는 원하는 것을 만들 수 있다. 아이는 인형이나 (근본적으로는) 진짜 아이를 간절히 원하였다. (즉, 그 아이는 장래의 자신의 생물학적 임무를 실습하고 있는 것이다.) 그래서 무엇이든 산출되는 도중에 인형은 아이의 대리자, 원하던 것의 대리자가 된다. 어떤 여성 환자가 그녀의 어린 시절에 유사한 환상이 있었음을 이야기한 적이 있다: 화장실 벽이 갈라져 있었는데 그녀는 그 틈새로 요정이 나와 그녀가 원하는 모든 것을 선사해주는 환상을 가졌다. 특히 '변소locus'는 꿈에 자주 등장하는 장소이다. 어른이 되면 이 근원적 장소를 더 이상 주시하지 않게 되지만, 많은 것이 생산되는 장소인 것이다. 다음에 소개되는 것은 롬브로소Cesare Lombroso가 이야기한 정신병을 앓는 두 명의 예술가의 병리적 환상에 관한 것이다.

"그들 둘 다 자신이 신이고 세계의 지배자라고 생각했다. 그들의 직장直腸에서 세계를 나오게 한다. 마치 새의 알들이 알의 길(즉, 배설구)에서 뿜어져 나오듯이, 두 예술가 중의 한 명은 진실한 예술 감각을 갖추고 있었다. 그는 그림을 하나 그렸는데… 그림 속에서 그는 바로 창조 행위를 하고 있었다. 세계는 그의 항문에서 출현한다. 그의 생식기는 충만하게 발기되어 있다. 그는 한 오라기도 걸치지 않은 나체인 채 여자들과 그의 권력을 나타내는 휘

장들에 둘러싸여 있다."²⁶

이러한 연관성을 파악했을 때 비로소 나는 몇 년 전에 관찰했지만 잘 이해하지 못했고 그래서 계속 골몰해온 관찰 사례를 분명히 알게 되었다. 그 여자 환자는 교육을 받은 여성이었다. 그녀는 비극적인 정황에서 남편과 자식으로부터 헤어져야 했고 정신병원에 보내졌다. 그녀는 '정감적 치매affektive Verblödung'로 알려져 있는 전형적인 무감동과 '건방진 언행'을 보이고 있었다. 나는 이러한 정감적 치매라는 진단을 믿지 않고 그 안에 어떤 이차적인 태도를 찾을 수 있으리라 생각하였기 때문에 어떻게 하면 그녀의 말라버린 정감의 근원에 도달할 수 있을까 특히 고심하였다. 결국, 세 시간도 넘는 노력 끝에 나는 드디어 한 가지 사고과정을 발견하였고 그것은 이 환자로 하여금 전적으로 충분한, 그래서 충격적인 정감을 갑자기 나타내게 하였다. 바로 그 순간에 그녀와의 정감적 치료 관계가 완전히 이루어졌다. 그런 변화는 오전에 일어났다. 저녁 무렵 약속된 시간에 다시 그녀를 보러 병실로 갔을 때, 그녀는 나를 반긴다는 뜻으로 머리에서 발끝까지 온몸에 똥을 바르고 웃으면서 부르짖었다: "이제 내가 맘에 드나요?" 그전에는 그런 행동을 전혀 한 일이 없었다; 그것은 분명 나를 위한 특별한 몸짓이었다. 내가 받은 인상은 너무도 강렬해서 나는 그런 사례의 정감적 치매를 그 뒤 수년간 확신할 정도였다. 환자가 성인이라는 점에서 보면 사실 이러한 환영의식은 전이에 대한 노골적인 방어였다. 그러나 그녀의 수준이 퇴행적인 유아성의 수준에 있었다는 점에서 보자면 이런 환영의식은 긍정적 감정의 분출을 의미한다. 그래서 그녀의 이중적 의미를 지닌 "이제 내가 맘에 드나요?"라는 말이 나오는 것이다.

그러므로 포포카테페틀에서 치완토펠이 생겨난 것은 위에서 설명한 의미로 살펴보면 다음과 같다: "나는 그를 만들고, 생산하고, 발명한다." 그것은 일종의 인간 창조, 혹은 유아적 방식의 탄생이다. 최초의 인간은 흙이나 진흙으로 만들어졌다. 라틴어로 루툼lutum은 '질척이는 땅'을 의미하는데, 이는 오물의 비유적 표현이다. 플라우투스Plautus에게 이 말은 "너, 더러운 놈!"과 같은 욕설이었다. 항문으로의 탄생은 또한 뒤로 던짐의 모티브를 떠올리게 한다. 잘 알려진 예로 대홍수에서 유일하게 살아남은 데우칼리온Deukalion과 퓌라Pyrrha가 받은 신탁이다: 그들은 태모太母의 유골을 뒤로 던져야 했다. 그래서 그들은 돌을 뒤로 내던졌다. 그럼으로써 인간이 탄생되었다. 이런 비슷한 방법으로 전설에 나오는 닥틸렌Daktylen(이다산에 사는 그리스의 전설적 존재. 대장장이이며 음악을 도입한 자. 셋, 다섯, 혹은 열 개로 무리를 이룸)은 안키알레Anchiale 요정이 뒤로 던진 먼지에서 태어났다고 한다. 항문의 산물에 대한 익살스러운 이야기도 생각해봄직하다: 배설물은 민간의 재담에서는 종종 기념비 혹은 추억의 표지로 이해된다. (범죄자에게는 똥무더기grumus merdae가 하나의 역할을 하는 것이다.) 아주 유명한 우스갯소리가 생각난다. 어떤 사람이 유령의 인도로 미로를 통과하여 숨겨진 보물을 찾아가게 되었는데, 자기의 옷을 모두 벗어버린 후 최후의 이정표로 배설물을 싸서 표시하였다. 물론 옛날 원시 시대에는 무엇이 있다거나 준비되어 있다는 것을 알리는 이와 같은 징표로 짐승의 똥이 마찬가지로 큰 의미를 가지고 있었다. 아마도 '돌무더기Steinmännchen'들은 없어지기 쉬운 대변을 대신하게 되었을 것이다.

언급되어야 할 것은 미스 밀러가 치완토펠에 관한 의식화와 나란히 또 다른 사례를 제시하고 있다는 사실이다. 갑자기 '아-하-마-라-마A-ha-ma-ra-ma'라는 이름이 그녀를 엄습했는데, 이 말은 마치 앗시리아적이라는 느낌을 주는 것이었다. 그 출처로 그녀에게 떠오른 것은 "설형楔形문자 점토판을 만든 아수라바마Asurabama"였다. 이런 사실은 나에게 알려지지 않은 것이다. 물론 쿠윤지크Kujundschik에서 발굴된 것으로 아쉬쉬르바나플루Aschschurbanaplu 혹은 아슈르바니팔Assurbanipal이 남긴 저 설형문자 문고文庫가 있기는 하다. 아마도 '아수라바마'라는 이름과 관계가 있는 것 같다. 주목할 것은 아홀리바마흐Aholibamah라는 이름인데, 이것은 이 논문 제1부(『기본 저작집』 7권)에서 볼 수 있다. '아하마라마Ahamarama'라는 말은 안나흐Anah와 아홀리바마흐Aholibamah와 연관이 있다. 안나흐와 아홀리바마흐는 신의 아들들에 대해 사악한 마음을 품은 카인의 딸들이다. 이러한 가능성은 치완토펠이 대망의 하나님의 아들임을 암시한다. 아마도 바이런은 매음하는 자매 오홀라Ohola와 오홀리바Oholiba를 생각하였던가?(「에제키엘Ezechiel」, 23장 4절) 오홀리바마Oholibama는 에서의 아내의 이름이다(「창세기」, 36장 2절과 14절). 에서의 또 다른 아내는 아다Ada이다. 샤르프F. Schärf 박사가 내게 바이런의 『하늘과 땅Heaven and Earth』에 관한 게오르크 마인Georg Mayn의 브레슬라우 박사 논문(1887)에 대해 정보를 주었다. 저자는 안나흐의 원래 발음이 아다흐Adah였을 가능성이 크다고 했다. 그러나 바이런은 이 이름을 아나흐로 바꾸었다고 했다. 왜냐하면 아다흐는 앞서의 드라마 「카인Cain」에 나왔기 때문이다. 낱말의 의미에 따르면 아홀리바마흐는 「에제키엘」 23장 4절 이하에 나오는 오홀라와 오홀리바를 상기시킨다. 오홀라는 "(그녀가) 그녀 (자신의) 천막을 (갖는다)"는 뜻으로, 그것은 그녀 자신의 신전을 의미한다. 오홀리바는 "나의 천막이 그 안에 있다"(그녀 안에, 즉 예루살렘 안에 있다는 뜻, 「에제키엘」 23장 4절 이하. 여기서 오홀라는 사마리아인의 이름이다)는 뜻이다. 「창세기」 36장 41절에도 에돔 민족의 이름이 있다. 가나안의 제식은 예언자들이 특별히 통찰을 이루었던 장소인 언덕, '바모스bamoth'에서 이루어졌다. 또한 언덕의 동의어로 '라마흐ramah'가 있다. 따라서 미스 밀러의 신조어 아하마라마Ahamarama를 연관지을 것인지는 여전히 의문으로 남는다.

미스 밀러는 아수라바마라는 이름과 더불어 '아하주에루스Ahazuerus'라는 이름도 떠올랐다고 하였다. 이러한 착상은 무의식적 인격의 전혀 다른 측면과 연결된다. 이제까지의 자료들이 우리에게 유아적 인간 창조설을 노출하는 것이라면 이제 이런 착상에 의하여 무의식적 인격 형성의 역동성을 전망하는 길이 열린다. 이미 알려졌듯이 아하스베르Ahasver는 영원한 유대인이다. 그의 성격적 특성은 세계가 멸망할 때까지 끊임없이, 쉼 없이 방랑하는 것이다. 우리의 저자에게 이 이름이 떠올랐다는 사실은 우리에게 이러한 자취를 따라가도 된다는 것을 확인시켜 준 것이다.

아하스베르 전설의 최초의 문헌적 자취는 서양의 경우 13세기까지 거슬러 올라간다. 이 영원한 유대인의 형상을 다룬 문헌이 파우스트의 형상을 다루는 것보다 더 많다. 파우스트 형상을 다룬 작품들은 대부분 19세기에 등장하였다. 이 형상이 아하스베르라고 불리지 않았더라도 그 형상은 다른 이름으로 그곳에 있었을 것이다. 아마 불가사의한 장미십자 회원인 생제르맹 백작Comte de Saint-Germain이라고 불렸을 것이다. 그의 불사성不死性이 확인되면서 그의 잠정적 거주지도 알려지게 되었다고 한다.[27] 아하스베르에 관한 이야기가 13세기 이전 것은 알려진 바가 없음에도 불구하고, 구전되어 내려온 이야기에 따르면 더 이전으로 거슬러 올라갈 수 있고, 거기에서 근동과도 연결되어 있다는 것을 알 수 있다. 근동에서는 키드르Chidr 혹은 알 카디르al Chadir라고 불리는 비슷한 형상이 있는데, 뤼케르트Friedrich Rückert가 키드허Chidher라는 '영원한 소년'에 대해 노래한 것이 있다. 그 전설은 순전히 이슬람교적이다.[28] 특별한 것은 키드르가 성자뿐만 아니라, 이슬람교의 금욕적 신비주의 가르침인 수피교 무리들에게는 신적인 의미에 이르기까지 추앙된다는 것이다. 이슬람교가 강한 일신교이므로, 키드르에 관한 것이 어떤 하나의 독립된 종교로서 공식적으로 승인되지는 못했지만, 아마도 이슬람 이전에 있었던 아랍적 신격으로 여겨져서 그럭저럭 묵인되어 명맥을 유지해왔던 것이다. 그러나 그에 대해 아무것도 입증된 바는 없다. 키드르의 첫 번째 흔적은 알부카리Muhammad al-Bukhari(870년 사망)와 알타바리al-Tabari(923년 사망)라는 코란의 주석가들의 작업에서 발견된다. 특히 『코란』 18장의 주석에서 눈에 띄는 부분이 나타난다. 18장의 제목은 '동굴'이다. 성담聖譚에 따르면 박해를 피해 309년 동안 동굴에서 잠을 잔 일곱 성자는 새로운 시대가 열릴 때 깨어난다. 코란이 같은 장에서 오랜 도덕적 성찰 후에 어떻게 키드르 신화의 형성에 특별한 의미를 가지는 다음 구절에 도달하게 되는지를 살펴보는 것은 흥미로울 것이다. 그래서 나는 여기에다 『코란』을 그대로 인용하였다.

한번은 모세가 그의 종, 눈Nûn의 아들 여호수아에게 말했다: "나는 계속 길을 떠날 것이다. 내가 두 바다가 합류하는 곳에 이를 때까지 적어도 80년 동안은 여행해야 한다"라고 말했다. 마침내 그들이 두 바다가 합류하는 곳에 이르렀을 때, '그들이 먹으려고 지니고 있던 물고기'를 잃어버렸다. 그 물고기는 운하를 통과하여 바다로 가버린 것이다. 그들이 이곳을 지날 때, 모세가 여호수아에게 말하기를: "오랜 여행으로 몹시 지치는구나. 점심으로 먹을 빵을 가져오라." 그러나 종이 답하기를: "내게 무슨 일이 일어났는지 좀 보세요. 우리가 절벽에 머물렀을 때, 거기서 물고기를 깜

그림 42. 뿔을 달고 있는 알렉산더Alexander.
리시마코스Lysimachos 주화.(기원전 3세기)

빡 잊고 안 가져왔어요. 사탄이 나로 하여금 물고기를 생각하지 못하도록 했어요. 놀랍게도 물고기는 제대로 자기 길을 찾아 바다로 갔어요."그때 모세가 말하기를: "바로 그곳이 우리가 찾는 곳이다" 하면서 그들이 왔던 길로 다시 되돌아갔다. 그리고 그들은 우리가[29] 우리의 은총과 지혜를 갖추어준 우리의 종들 중 한 사람을 발견했다. 모세가 그에게 말했다: "내가 당신을 따라야 하지 않겠소? 당신이 배운 지혜의 일부를 내게 가르쳐주고 나를 인도해주도록 말이오." 그러나 그는 대답하기를: "그대는 결코 나를 견디어내지 못할 것이오. 왜냐하면 어떻게 이해할 수 없는 것들을 참아내겠습니까?"[30]

이제 모세는 신비에 가득한 하나님의 종과 동행한다. 물론 하나님의 종은 모세가 이해할 수 없는 것들을 행한다. 마침내 그 미지의 종은 모세와 헤어지면서 이렇게 말하였다.

유대인들은 너에게 둘카나인Dhulkarnain[31]에 대해 묻게 될 것이다. 이렇게 답하여라: "나 또한 그에 관한 이야기를 해주겠다: 우리는 지상에 그의 왕국을 공고히 세웠으며, 그에게 자신의 소원을 모두 성취할 수 있는 방법을 부여했다. 한번은 그가 태양이 지는 곳까지 간 적이 있다. 그에게는 태양이 검은 진창으로 된 샘 속으로 가라앉고 있는 것처럼 보였다. 거기에서 그는 어떤 민족을 만났는데…."[32]

이제 도덕적 성찰이 이어지고 이야기는 계속된다.

"그런 다음 그는 자기의 길을 계속 걸었다. 태양이 뜨는 곳이 나올 때까지…."[33]

우리가 이제 미지의 하나님의 종이 누구인가를 알기를 원한다면, 이 구절은 우리에게 그것에 관해서 가르쳐주고 있다: 그는 둘카나인, 알렉산더이다. 그는 태양처럼 하강과 상승의 장소까지 간 자이다. 미지의 하나님의 종이 나오는 구절에 대해 주석자들은 그를 키드르, 즉 "초록인", "결코 지치지 않는 방랑자 … 신심이 깊은 인간의 교시자 혹은 조언자, 신적인 것들을 아는 현자…, 불사의 존재"[34]라고 설명한다. 주석의 권위자인 타바르트는 키드르를 둘카나인과 연관지었다: 키드르는 알렉산더와 마찬가지로 '생명의 강'에 이르렀다. 그들 둘은 생명의 물인 줄 모르고 그 물을 마셨기 때문에 죽지 않았던 것 같다. 더욱이 고대 주석자들은 키드르를 죽지 않고 불의 마차를 타고 하늘로 올라간 엘리야Elias와 동일시하였다. 엘리야는 태양신 헬리오스Helios와 함께 마차를 탔다.[35] 아하스베르에 관하여는 그의 존재가 성서의 불분명한 구절 덕분이라고 추정되어왔다. 실제로 그에 대해서는 「마태복음」 16장 28절에 나타나 있다. 거기에 그리스도께서 베드로를 자신의 교회의 반석으로 내세우고 그에게 자신의 힘을 대신 행하는 대리자로 명하였다; 그런 후 자신의 죽음에 관한 예언을 하고 나서 다음과 같은 내용을 제시한다.

"진실로 너희에게 이르노니 여기에 있는 자들 가운데 몇몇은 인간의 아들이 왕의 통치권을 가지고 오는 것을 볼 때까지 죽지 아니할 것이다."

그런 다음 그리스도의 변용 장면이 이어진다.

그리고 그리스도가 그들 앞에서 변하셨다. 그의 모습은 마치 해처럼 빛났고 그의 옷은 빛과 같이 희어졌다. 보라, 모세와 엘리야가 이야기를 나누었던 바로 그분이 그들에게도 나타난 것이다. 그때 베드로가 예수에게 말하기를: "주님, 우리는 여기에 있답니다. 당신이 원하신다면 저는 오두막 세 채를 짓겠습니다. 한 채는 주님을 위해, 한 채는 모세를 위해, 또 한 채는 엘리야를 위해."[36]

이 구절에서 그리스도가 어딘지 모르게 엘리야와 비슷하다는 것이 드러난다. 비록 그리스도가 엘리야로 여겨졌다고 하더라도 둘이 동일하지는 않다.[37] 그러나 그리스도와 엘리야의 승천은 서로 유사한 점이 있다. 그리스도의 예언은 그 자신 외에도 재림에 이를 때까지 몇 명은 죽지 않고 계속 살 수 있다는 사실을 알린다. 「요한복음」 21장 21절 이하에 따르면 청년 요한이 이러한 불멸의 존재로 나타난다. 성담에는 그가 실제로 죽지 않았으며, 재림까지 땅 속에 단지 잠들어 숨 쉬고 있어서 그의 무덤에는 흙먼지가 소용돌이쳐 오른다고 한다.[38]

어떤 기록[39]에 보면, 둘카나인이 그의 '친구' 키드르를 영원히 살게 하기 위해 생명의 샘으로 데리고 갔다는 이야기도 있다.[40] 알렉산더는 생명의 강에서 목욕도 하고 제식적인 세욕도 행하였다. 아랍 성담에는 키드르가 동반자이거나 동반했던 것으로 등장한다. (키드르는 둘카나인 혹은 엘리야와 '같다'고 비교되었거나, 이들과 동일시되었다.)[41] 둘은 유사하지만 또한 차이가 드러난다. 비슷하게 요한이 예수를 '생명의 샘으로' 이끌었던 요단강 장면이 있다. 처음에 예수는 세례를 받는 자로 하위의 역할을 하고 요한은 세례를 주는 상위의 위치에 있는 자다. 이는 둘카나인과 키드르, 혹은 키드르와 모세, 키드르와 엘리야의 관계와 비슷하다. 명목상 폴러스Karl Vollers[42]는 키드르와 엘리야의 관계를, 한편으로는 길가메시와 그의 원래 형제 에아바니Eabani 혹은 엔키두Enkidu와 비교하고 또 다른 한편으로는 제우스의 쌍둥이들인 디오스쿠렌Dioskuren('제우스의 아들들'이라는 뜻. 그리스 신화의 쌍둥이 형제)과 비교하였는데, 형 제우스가 불멸의 존재인 데 반해 그의 쌍둥이 형제들은 유한한 존재로서 나타난다. 이러한 관계는 한편으로 예수와 세례 요한에게서 발견[43]되고, 다른 한편으로 그리스도와 베드로의 관계에서도 볼 수 있다. 물론 그리스도와 베드로의 비유는 적어도 우리에게 밀교적 내용의 기념비로 드러낸 미트라스Mithras 비의와의 비교를 통해 설명될 수 있다. 클라겐푸르트Klagenfurt[44]에 나타난 미트라스의 대리석 부조에 보면 미트라스가 그 앞에 무릎 꿇고 있는 것, 혹은 아래로부터 그를 향해 떠오르는 헬리오스에 빛의 왕관을 씌워주거나 그를 위로 인도하는 듯하다(?). 오스터부르켄Osterburken에 미트라스가 그려진 기념비에서는 미트라스가 오른손으로 신비한 소의 어깨를 그의 앞에서 허리를 굽혀 인사하는 헬리오스의 머리 위에 받쳐 들고 있는 모습이 묘사되고 있다. 왼손은 칼자루에 얹혀진 모습이었다. 그들 둘 사이에 왕관이 하나 놓여 있다. 쿠몽Franz Cumont[45]은 이 장면에 대해 전사의 작위식의 전형을 보여주고 있으며, 동시에 후보자는 칼과 왕관을 부여받는다고 설명하였다. 그러니까 헬리오스는 미트라스의 전사로 임명된 것이다. 미트라스는 헬리오스에 대해 상대적으로 후견인 같은 역할을 하는 것처럼 보인다. 이를 보면 헬리오스에 대한 헤라클레스의 용맹이 떠오른다: 게리온Geryon에 대한 적대적인 관계 때문에 헬리오스는 계속 뜨겁게 불타고 있었다; 헤라클레스는 분노하여 결코 오발誤發이 없는 화살로 헬리오스를 위협한다. 이에 헬리오스는 굴복하여 영웅에게 자기가 바다를 건널 때마다 탔던 태양의 배를 빌려준다. 그래서 헤라클레스는 게리온의 소 떼가 있는 에리티아Erythia에 이르게 된 것이다.[46]

클라겐푸르트 기념비에는 미트라스가 더 자세히 묘사되어 있다. 미트라스가 어떻게 헬리오스와 손을 잡았으며, 어떻게 헤어지거나 인정하는가에 대한 그림이 있다(그림 43). 또 다른 장면에는 미트라스가 헬리오스의 마차에 올라 승천하거나 '항해'하는 것 같은 모습으로 묘사되어 있다.[47] 쿠몽은 이 그림에 대해 미트라스가 헬리오스(태양)에게 몸소 왕관을 씌워줌으로써 일종의 격식을 갖춘 직책을 수여하여 그의 신적인 힘을 부여한다는 견해를 제시하였다.[48]

이 관계는 그리스도와 베드로 사이에도 해당된다. 베드로는 그의 상징물인 수탉으로 태양의 특성을 나타낸다. 그리스도의 승천 이후에 베드로는 신격Gottheit의 가시적 대리자가 되었다. 그래서 그는 그리스도와 같은 죽음(십자가에 못 박힘)을 당했고, 로마 제국의 주신主神, 무적無敵의 태양Sol invictus을 대치하여, '전투적이고 의기양양한 교회Ecclesia militans et triumphans'의 머리가 된다; 말쿠스 장면Malchusszene에서 이미

그림 43. 미트라스와 헬리오스.
클라겐푸르트에 있는 미트라스 성소의 조각.

검劍을 받은 베드로는 그리스도의 군사임이 증명된다. 베드로의 후계자는 삼중의 의미를 가진 관을 쓰고 있다. 더욱이 관은 태양의 속성을 가지고 있다. 그래서 교황은 로마의 황제처럼 '무적의 태양의 동반자 solis invicti comes'이다. 저물어가는 해는 자신의 힘을 넘겨받을 후계자를 임명한다. 둘카나인은 키드르에게 영원한 생명을 주고, 키드르는 모세에게 지혜를 전한다; 심지어 건망증이 있는 종 여호수아가 아무 생각 없이 생명의 샘을 마셔 영생을 얻게 되었고 (그 벌로) 키드르와 모세에 의해 배에 태워져 바다로 쫓겨나게 된 이야기가 있는데, 이것 역시 태양신화의 한 단편으로 '항해'의 모티브이다.[49]

태양이 동지冬至를 시작으로 다시 일 년을 순환하는데, 여기에 해당하는 황도대의 상징은 염소의 뿔이 있는 αἰγόκερως(염소물고기 Ziegenfisch)이다; 태양은 염소처럼 높은 산에 오르고 물고기처럼 바다의 심연으로 가라앉는다. 꿈에서 물고기는 종종 태내의 아기를 의미한다.[50] 왜냐하면 아기는 출생 전에 물고기처럼 물속에 있기 때문이다; 그리고 태양은 바다에 잠길 때 아기나 물고기와 똑같다. 따라서 물고기는 개신改新과 재탄생과 관계한다.

모세와 그의 종 여호수아의 여행은 평생이 걸린 여행이었다(80년). 그들은 늙었고 생명력, 즉 물고기를 잃는다. 물고기는 놀라운 방법으로 자신의 길을 찾아 바다로 간다. 다시 말해 태양이 가라앉는다. 모세와 그의 종 여호수아가 물고기를 잃었음을 알아차렸을 때 생명의 샘이 있는 곳(죽은 물고기가 다시 살아나 물속으로 뛰어들어간 곳)에서 외투를 머리에 둘러쓰고 땅바닥에 앉아 있는[51] 키드르를 발견한다. 다른 이본異本에 따르면 그는 바다 속에 있는 섬, 혹은 "지상의 가장 축축한 지점"에 앉아 있었다고 한다. 즉, 그는 모성적 심연에서 막 태어났음을 의미한다. 물고기가 사라진 곳에서 키드르, 즉 '청록靑綠인 자der Grünende'가

그림 44. 물고기 가면을 쓴 사제 오아네스Oannes.
쿠윤지크에서 나온 부조.(니네베Ninive)

태어났다. '심연의 아들'인 그는 머리를 감추고 태어났다. 신의 지혜를 전할 자, 그는 마치 물고기 형상을 하고 민중에게 지혜를 가르치기 위해 매일 바다에서 나왔던 바빌론의 오아네스-에아Oannes-Ea와 같았다(그림 44).[52]

그의 이름은 요하네스Johannes와의 연관성을 나타낸다. 새로운 태양이 솟아오르면서 그 전에는 어둠 속에서 밤과 죽음의 공포에 싸여 살고 있던 물고기가[53] 빛나며 불타는 낮의 별이 된다. 그래서 세례 요한의 말씀은 특별한 의미를 갖는다.

"나는 너희의 죄를 물로 사하지만, 내 뒤에 오실 분은 나보다 더 강하다.… 그는 성령과 불로써 너희에게 세례를 주실 것이다."[54]

그림 45. 불사의 약초를 들고 있는 길가메시.
앗시리아의 칼후에 있는 아슈르나시르팔 2세(기원전 885~860) 궁전의 부조.

영웅의 기원 —— 53

우리도 폴러스처럼 키드르와 엘리야(혹은 모세와 그의 종 여호수아)를 길가메시와 그의 형제 에아바니Eabani와 비교해도 좋을 것이다. 길가메시는 불사의 능력을 얻으려고 공포와 그리움에 쫓겨온 세상을 두루 헤매며 다녔다(그림 45). 그는 바다 건너 현자 우트나피쉬팀 Utnapishtim(아마도 노아)에게 간다. 그는 죽음의 바다를 건너는 방법을 알고 있다. 그곳에서 길가메시는 마법의 약초가 있는 바다 밑바닥으로 잠수해야 한다. 다시 고향에 돌아왔는데 뱀 한 마리가 그 마법의 약초를 훔쳐갔다(물고기는 다시 바다로 미끄러지듯이 달아나버린 것이다). 축복의 나라에서 되돌아오는 길에 길가메시는 불사의 사공을 동반하지만, 이 사공은 우트나피쉬팀의 저주로 유배되어 더 이상 축복의 나라로 돌아가지 못한다. 마법의 약초를 잃어버려서 길가메시의 여행은 그 목적을 상실한다; 대신에 그는 불사의 존재와 동반하게 된다. 영웅의 숙명에 대하여 우리는 서사시의 단편들에서 더 이상 정보를 얻을 수 없다. 여기서 유배된 불사의 존재는 옌젠P. Jensen의 추측대로 아하스베르의 전형이다.[55]

우리는 여기에서 디오스쿠렌(쌍둥이 형제)의 주제와 마주치게 된다; 죽음과 영생, 지는 태양과 뜨는 태양. 미트라스식 희생제의(황소를 희생시킴)는 제의적 표현에서 보면 종종 두 개의 다도포렌Dadophoren(햇불의 전달자), 즉 카우테스Cautes와 카우토파테스Cautopates(페르시아 신화에서 횃불 든 자, 일출과 일몰)가 양측 방을 지키고 있다. 그들 중 한 사람은 횃불을 위로 쳐들고 다른 한 사람은 아래로 내려 들고 있다(그림 46 참조). 이 두 사람은 횃불의 위치로 각기 자신의 고유한 특징을 드러내는 형제 쌍을 묘사한다. 쿠몽이 횃불을 거꾸로 든 수호신으로서 전통적인 의미를 가지고 있는 묘석墓石의 에로스 신들과 결부시킨 것은 부질없는 일이 아닐 것이다. 그 하나가 죽음이라면 다른 쪽은 삶일 것이다.

그림 46. 횃불을 위로, 아래로 향하게 들고 있는 다도포렌(기둥지킴이).
대리석으로 된 미트라스식 부조의 측면 형상들.

나는 미트라스식 희생제의(가운데에는 황소가 봉헌되고 양쪽에 다도포렌이 엄호하고 있는)에 대해 기독교의 어린 양(숫양)의 희생제의와 연관이 있음을 언급하지 않을 수 없다. 십자가에 못 박힘 또한 관습적으로 악인 두 사람(그리스도와 함께 처형된)에 의해 호위되었다. 그중 한 명은 천국으로 가고 나머지 한 명은 지옥으로 떨어지게 된다.[56] 셈족의 신들은 자주 두 파레드로이Paredroi(보좌관)에게 호위되어 표현된다. 예를 들어 에데사Edessa의 바알Baal 신은 아지조스Aziz와 모니모스Monimos를 동반한다(점성학적 해석에 의하면 바알은 태양으로서 운행할 때 화성Mars과 수성Merkur을 동반한다). 바빌로니아 사람들은 신들이 삼위로 집결된다고 생각했다. 이런 의미에서 두 악인들도 그리스도에 속하는 것이다. 쿠몽이 밝히고 있듯이, 두 다도포렌(그림 46)은 밀교적 3위적 특성이 있는 미트라스의 중심 형상으로부터 분리된[57] 것이다. 디오니시우스 아레오파기타Dionysius Areopagita의 말에 의하면 고대의 마법사들은 "삼중의 특징을 지닌 미트라스τοῦ τρι-πλασίου Μίϑρου"[58]의 축제를 펼쳤다고 한다.

쿠몽이 말했듯이[59], 어떤 때에 카우테스와 카우토파테스는 각각 한쪽은 황소 머리를, 다른 쪽은 전갈을 손에 들고 있다고 한다. 황소와 전갈은 밤낮의 길이가 같은 춘분과 추분을 나타내는데[60], 이것은 희생 장면이 먼저 태양의 순환과 관계됨을 암시한다: 떠오르는 태양, 여름 한낮에 자신을 불태우는 태양, 그리고 지는 태양. 희생제의에서 일출과 일몰이 쉽게 그려질 수 없었으므로 이런 생각들이 희생의 상像에서 배제된 것이다.

우리는 위에서 다도포렌이 비록 각기 다른 형태이긴 하지만 매우 비슷한 생각을 표현하고 있다는 것을 밝혔다. 한쪽 태양은 유한하고, 또 다른 한쪽의 태양은 영원하다. 이 모든 태양신화는 하늘에 투사된 심리를 표현하므로 그것의 기초가 될 문장은 아마 다음과 같은 내용이 될 것이다: 인간이 유한한 것과 무한한 것으로 구성되어 있듯이, 태양도 한쪽은 유한하고, 또 다른 한쪽은 불사인 형제의 쌍으로 구성된다. 인간은 유한하지만 예외적으로 불사의 인간이 있다. 혹은 불멸하는 무엇인가가 우리 안에 있다. 그래서 어디선가 알 수 없게 머무는 불멸의 존재들이 바로 신들, 키드르, 혹은 생제르맹 백작이다. 태양과의 비교는 우리에게 늘 신들의 역동성이 심적心的인 에너지라는 사실을 가르쳐준다; 바로 그것이 우리들의 불사성이다. 심적인 에너지야말로 인간으로 하여금 결코 꺼지지 않는 생명의 연속성을 느끼게 하는 연결고리이다.[61] 그것은 인류의 삶에서 나온 삶이다. 그의 무의식의 심연에서 용솟음치는 생명의 원천은 전 인류의 원줄기에서 나온다. 왜냐하면 각기 개별적인 것은, 적어도 생물학적으로 어머니로부터 떨어져나와 이식된 가지일 뿐이기 때문이다.

정신적 생명력, 즉 리비도는 태양으로 상징화되거나[62] 태양의 속성을 지닌 영웅의 형상에서 인격화된다. 그러나 동시에 그것은 남근적 상징들로 표현되기도 한다. 그 두 가능성은 라자르Félix Lajard[63]가 그린 (그림 47) 후기 바빌로니아의 보석 음각에서 발견된다. 그림의 가운데에 자웅동체적 신이 있다. 남성 쪽에는 해무리가 머리를 둘러싸고 있는 뱀 한 마리가 있고, 여성 쪽에도 머리 위에 달이 있는 뱀 한 마리가 있다. 이 그림은 상징적인 성적 뉘앙스를 가지고 있는데, 남성 쪽에는 여성 생식기를 상징하는 마름모꼴이 있고, 여성 쪽에는 테가 없는 바퀴가 그려져 있다. 바퀴살들은 바깥 원의 끝으로 가면서 곤봉 모양처럼 두꺼워졌다. 이것은 위에서 언급한 곤봉 모양의 손가락으로 남근적 의미를 가지고 있다: 그것은 남근적인 수레바퀴인 듯하다. 고대 그리스인들도 이런 그림의 의미를 모르는 것이 아니었다. '외설적인' 부조

그림 47. 자웅동체의 신격.
후기 바빌로니아 보석 음각.

에 보면 아모르amor가 분명 남근들로 엮어진 수레를 돌리고 있다.⁶⁴ 태양의 의미에 관해서는 다음 예를 언급하고 싶다. 베로나의 고대 그리스 유물 수집품 중에서 나는 후기 로마 비명碑銘을 발견하였는데, 그 가운데 다음과 같은 그림들이 있었다.⁶⁵

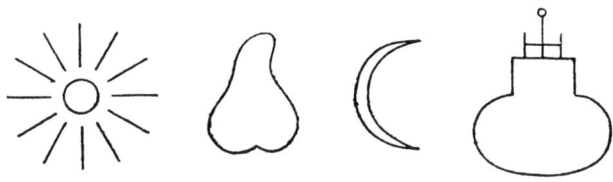

이 그림들의 상징은 매우 간단하다: 태양 = 남근, 달 = 담는 그릇 등이다. 이런 의미는 같은 수집품의 다른 기념비에서도 확인된다: 거기에도 같은 표현들이 있다. 그릇⁶⁶이 여성의 형상으로 대치되어 있다. 마찬가지로 몇 개의 주화에도 같은 표현이 되어 있다. 라자르⁶⁷가 소개하는 페르가Perga의 동전에는 수렵의 여신 아르테미스Artemis가 원추형 돌에 묘사되어 있는데, 거기에는 한 남자(자칭 멘Men)[프리기아의 신]와 한 여성상(자칭 아르테미스)이 호위하고 있다. 아테네풍의 부조에서는 멘Men(소위 루누스Lunus)이 창을 들고 있는데, 이를 곤봉을 들고 있는 목양신牧羊神 판Pan과 여성의 형상이 호위하고 있다.⁶⁸ 우리는 이와 같은 그림에서 태양과 마찬가지로 성애도 리비도의 상징화에 이용된다는 것을 알 수 있다.

여기서 특별한 흔적 한 가지를 더 제시해볼 필요가 있다. 미트라스를 대변하는 다도포렌인 카우토파테스가 수탉과⁶⁹ 솔방울을 들고 있는 모습이 그려져 있다. 그러나 수탉과 솔방울은 프리기아의 신, 멘(그림 48)의 속성들이다. 멘의 제의祭儀는 매우 널리 퍼져 있었다. 멘은 필레우스Pileus⁷⁰, '프리기아' 모자(원추형으로 끝이 앞쪽으로 굽은 모자로 현재

그림 48. 수탉 위에 앉은 신, 멘Men.
아테네의 축성 부조.

도 나폴리 선원이 사용한다), 솔방울과 수탉, 그리고 다도포렌처럼 소년의 모습으로 묘사되었다. 이러한 특징들은 이들과 멘을, 카비렌과 닥틸렌에 접근시키고 있다. 이제 멘은 프리기아의 모성 신 키벨레Kybele의 아들이자 연인인 아티스Attis와 아주 밀접한 관련이 있는 것으로 드러났다. 로마 제국시대에는 멘과 아티스가 서로 혼합되어 있었다. 위에서 이미 짐작했듯이 아티스도 멘, 미트라스, 그리고 다도포렌처럼 프리기아 모자인 필레우스를 쓰고 있다. 그는 자신의 어머니의 아들이자 연인이므로 근친상간 문제에 이른다. 필연적으로 근친상간은 아티스-키벨레-제의에서 희생제의적 거세로 귀결된다. 그의 전설에 따르면, 아티스는 어머니 때문에 미쳐서 자기 스스로 거세를 하였기 때문이다. 이 근친상간 문제는 이 글의 결말 부분에서 자세히 다루기로 하고 여기서는 더 자세히 언급하지 않겠다. 다만 말해두고 싶은 것은 내적, 혹은 외적 필연성에서 내향화되면 퇴행하는 리비도가 반드시 부모상을 다시 되살리게 되고, 그래서 유아기의 관계를 재현하려고 하므로 근친상간적 모티브가 필연적으로 등장하게 된다는 점이다. 그러나 문제되는 것이 성인의 리비도이기 때문에 이것은 성공할 수 없다. 성인의 리비도는 이미 성욕에 부착되어 있어서 이차적인, 즉 재활성화된 부모와의 용납될 수 없는, 혹은 근친상간적, 성적 특성을 어쩔 수 없이 끌어들이기 때문이다.[71]

이러한 성적 특징이 근친상간의 상징을 만들어내는 데 계기를 부여하는 것이다. 근친상간은 어떤 상황에서라도 피해야만 하기 때문에, 불가피하게 아들이자 연인이 죽거나, 근친상간에 대한 징벌로 그 자신의 거세를 하게 된다. 혹은 충동, 특히 성욕의 희생이 행하여진다. 그것은 근친상간을 하려는 성향의 예방, 혹은 속죄의 조처로서 행하여진다. 성욕은 가장 확실한 충동 중의 한 예이므로(그림 49) 가장 빨리 희생의 조치를 겪게 된다. 그것은 금욕으로써 이루어진다. 영웅들은 대개 방랑자들이다.[72] 방랑은 그리움을[73] 나타내는 상像이다. 어떤 곳에서도 대상을 발견하지 못하여 방랑하는 끊임없는 요구를 나타내는 심상이며, 잃어버린 모성을 찾고 있는 상像이다. 이러한 관점에서 보면 태양과의 비유도 쉽게 이해할 수 있다. 따라서 영웅들은 항상 태양과 비슷하다. 영웅신화가 곧 태양신화라는 추론을 믿는 것은 합당한 것이다. 그런데 영웅은 우선 무의식의 찾아 헤매는 그리움을 스스로 표현한 것이라는 생각이 든다. 의식의 빛을 향하여 나아가지만 결코 충족되지 않은, 그리고 거의 충족될 수 없는 열망을 가진 무의식의 그리움을 말하는 것이다. 그러나 의식의 빛은 자기 자신의 빛에 의해 유혹받고, 뿌리를 잃은 도깨비불이 되기도 하여, 항상 위험 속에 있으므로, 영

그림 49. 키벨레와 그녀의 아들이자 연인인 아티스.
로마 주화에 그려진 그림.

웅은 자연의 치유적인 힘, 존재의 깊은 원천, 그리고 셀 수 없이 많은 형상들의 삶과의 의식 없는 유대를 그리워한다. 나는 여기서 파우스트적 그리움의 뿌리를 예감한 대문호의 말을 빌려야겠다.

메피스토펠레스

그 숭고한 비밀을 밝히고 싶지 않습니다만—
여신들은 고독 속에서 거룩하게 좌정하고 있는데,
그들 주위에는 공간도 없고 또한 시간도 없소이다.
그들에 관해 이야기하는 것조차 당황스럽습니다.
그들은 바로 어머니들이랍니다!

…그대들 유한한 존재에겐 알려지지도 않았고,
우리도 그 이름을 즐겨 부르지 않는 여신들.
그들의 거처로 가려면 아주 깊은 심연으로 잠입해야 합지요.
그들을 필요로 하다니 잘못을 저지르는 겁니다.

파우스트
그 길이 어디로 나 있지?

메피스토펠레스
길이 없어요! 발을 들여놓은 적도 없고,
발을 들여놓을 수도 없는 길, 바랄 수도
가볼 수도 없는 길이죠. 그럼, 준비가 되셨습니까?
열어야 할 자물쇠도 없고 빗장을 풀 필요도 없으며,
외로움 때문에 이리저리 방황하게 될 것입니다.
그 황량함과 외로움의 참뜻을 알고 계십니까?

당신이 대양大洋을 헤엄쳐 다녔다면,
거기서 끝없이 아득한 것만 보였겠지만,
그곳에서 끝없이 밀려드는 파도를 보았겠지요.
물속에 빠질까 두렵긴 하면서도
그래도 무언가를 보았겠지요! 아마 저 푸름 속에서,
고요한 바다의 푸른 물속을 지나는 돌고래며,
지나가는 구름, 해, 달, 별들을 볼 수 있겠지요.
그러나 영원히 텅 빈 먼 나라에서는 아무것도 볼 수 없을 것
입니다.
당신의 발소리도 들리지 않고,
당신이 쉴 만한 튼실한 자리도 찾을 수 없을 것입니다…
여기 이 열쇠를 받으십시오…

이 열쇠가 올바른 자리를 냄새 맡아 줄 것입니다;

그것을 따라 내려가면; 당신을 어머니들께 데려다줄 것입니다…

그러면 내려가십시오! 아니, 올라가십시오!라고 말해도 되겠군.
그건 매한가지니까요. 이미 생성된 것에서 벗어나,
형상에 얽매이지 않는 나라로 가십시오!
오래전부터 존재하지 않았던 것을 즐겨보십시오.
떠다니는 구름처럼 휘감기는 것들이 있으니
열쇠를 흔들어 달라붙지 못하게 하세요.

당신에게 불이 타오르는 삼발이 향로가 나타나면;
당신은 마침내 깊고 깊은 바닥에 이른 것입니다.
향로의 빛으로 어머니들을 보게 될 것인데:
앉아 있기도 하고, 서 있기도 하고, 바로 올 것처럼 가기도 합니다.
형상을 만들어내고 형상을 바꾸면서
영원한 의미의 영원한 오락을 나누고 있는 것이지요.
주위에 온갖 피조물의 영상들이 떠돌고 있지만,
당신을 보지는 못할 겁니다. 그들이 보는 건
그림자뿐이니까요.
마음을 단단히 가지세요. 무척 위험합니다.
곧장 삼발이 향로 쪽으로 걸어가
열쇠로 향로를 건드리십시오![74]

어머니와 재탄생의 상징들

　미스 밀러는 영웅의 탄생에 뒤이은 환영을 '사람들의 무리들'이라고 묘사하고 있다. 이 상像은 우리에게 우선 비밀[1]의 상징, 아니 더 정확히 말하면, 무의식의 상징으로 알려져 있다. 비밀을 가짐으로써 사람은 인간 공동체와 분리된다. 개인적으로 중요한 비밀을 소유함으로써 인간관계에 매우 해로운 영향을 끼치게 된다. 주변 세계와 가능한 마찰 없이, 온전한 관계를 맺는 것이 리비도의 운영에 있어서 매우 중요하기 때문이다. 따라서 치료 중에 있는 신경증 환자가 마침내 자신의 비밀을 처리하게 된다면 그것은 아주 특별한 은혜인 것이다. 군중의 상징, 특히 물결치고 움직이는 무리가 상징하는 것은, 내가 자주 본 바에 의하면, 무의식의 큰 움직임에 해당하는 것이다. 그러한 상징들은 항상 무의식의 활성화와 자아와 무의식 사이에서 시작될 어떤 해리를 암시한다.
　미스 밀러가 본 사람의 무리들의 환영은 더 계속 전개된다: 말들이 등장하고 전투가 벌어진다. 나는 이런 환영의 의미를 우선 질버러가 생각한 것과 같이 '기능적인 범주'에 속하는 것으로 보고 싶다. 왜냐하면 뒤죽박죽 흘러가는 사람들의 무리라는 기본 사고는 이제부터 엄습

그림 50. 새 예루살렘(「요한계시록」, 21장 2절 이하).
메리안Merian-성경.(1704)

해오는 생각의 뭉치를 표현하기 때문이다. 마찬가지로 전투와 말은, 움직임, 즉, 에너지를 구체화한 것이다. 말의 등장에 관한 좀 더 깊은 의미는 앞으로 계속 어머니 상징을 다룰 때 소개될 것이다. 더 특징적이고, 또 내용적으로 더 의미가 있는 특성은 다음의 환영이 가지고 있다. 미스 밀러는 '꿈의 도시cité de rêve'를 본다. 이러한 상은 그녀가 얼마 전에 보았던 어떤 '잡지'의 표지에서 본 것과 같은 것이다. 그러나 더 이상 우리는 그에 대해 아는 바가 없다. 우리는 '꿈의 도시'라는 낱말에서 묵시록 저자가 꿈에서 본 일종의 하늘의 예루살렘과 같은 아름답고 열망하는 것을 상상해도 좋을 것이다(그림 50).[2]

도시는 모성적 상징이다. 그곳의 주민들을 아이들처럼 품고 있는 여인과 같다. 따라서 두 어머니 신인 레아Rhea와 키벨레Kybele가 도시 성

그림 51. 성곽의 관을 쓴 에페수스의 디아나Diana.
설화 석고와 청동.(기원전 2세기, 로마)

벽 모양의 관을 쓰고 있는 것을 이해할 수 있다(그림 51).『구약성서』는 예루살렘, 바벨 등과 같은 도시들을 여자들로 취급하였다.「이사야」 (47장 1절 이하)에 이렇게 외치고 있다.

"처녀야, 딸 바빌론아, 아래로 내려가 티끌에 앉으라! 딸 갈대아

(칼데아)야! 풍요한 자여, 용상에서 내려와 땅 위에 앉으라! 누가 다시 너를 다정하고 애교 넘치는 여인이라 하랴? 맷돌이나 잡고 밀이나 갈아라; 너울을 벗고 치맛자락을 걷어올려 허벅다리를 드러내고 강을 건너라. 네 알몸이 드러나고, 그것은 너의 치욕이 될 것이다! 내가 가차 없이 복수하리라, 하고 우리의 구세주가 말씀하신다; 그 이름 만군의 주인, 이스라엘의 거룩하신 이. 딸 갈대아여! 아무 말 말고 주저앉아 어둠 속으로 들어가라. 더 이상 사람들은 너를 복수의 주인이라고 부르지 못하리라."

「예레미야」 50장 12절에 바벨(바빌론의 히브리 말)에 대해 다음과 같이 적고 있다.

"…너희 어머니가 온전히 수치를 당하리라. 너희를 낳은 자가 수치스럽게 되리라."

탄탄해서, 결코 정복되지 않는 견실한 도시들은 처녀들이다; 식민지들은 어머니의 아들과 딸들이다. 도시들은 또한 창녀이기도 하다: 「이사야」는 티루스Tyrus에 대해 이렇게 말했다(23장 16절).

"잊혀진 창녀여, 수금을 들고 도시를 두루 돌아다녀라."

그리고 1장 21절:

"정의로 공평함이 가득했던 진실의 도시가 어찌 창녀로 되어버렸는가!"

그림 52. 시바Shiva와 파르바티Parvati가 하나로 합쳐짐.
시바-아르다나리(캉그라), '양성체의 시바'.(19세기 초)

이와 유사한 상징은 고대 이집트 테베시市를 지배한 오기게스Ogyges 왕 신화에도 있다. 그는 아내를 도시의 이름과 똑같이 테베라고 불렀다. 그런 이유로 카드모스Kadmus가 건립한 보이오티아의 테베시는 '오기게스적ogygisch'이라는 별명이 붙었다. '오기게스적'이라는 별명은 또한 대홍수를 의미하는데, 오기게스의 통치 기간에 대홍수가 있었기 때문에 그렇게 부르는 것이다. 이와 같은 일치는 결코 우연한 것이 아니라는 사실이 다음에 밝혀졌다. 도시와 오기게스의 아내 이름이 똑

어머니와 재탄생의 상징들 ─ 69

같다는 사실은 도시와 아내 사이에 어떤 관계가 있음을 암시한다. 도시와 여인이 바로 동일하다는 점에서 이를 통찰하는 것은 어려운 일이 아니다. 비슷한 관념이 인도에도 있다. 우르바라Urvarâ의 남편이 인드라Indra인데, 우르바라는 '비옥한 땅'이라는 뜻이다. 마찬가지로 왕이 땅을 점유한다는 것은 결국 경작지와의 결혼으로 이해된다.

비슷한 표상들은 분명 유럽에서도 지배적이었던 것 같다. 군주들은 즉위할 때 좋은 수확을 보장하였다. 심지어 스웨덴의 왕 도말디Domaldi는 곡물의 수확 실패 때문에 처형된다(잉글린가 전설Ynglingasage 18). 라마Râma 전설에서 영웅 라마는 밭고랑인 시타Sîtâ와 혼인한다.

왕이 즉위할 때 쟁기질을 했던 중국의 풍습은 같은 의미 범주에 속한다. 땅이 여성성이라는 생각은 여인과의 지속적인 공존, 육체적인 교합交合 생활을 그 안에 포함하고 있다. 양성체의 신, 시바는 마하데바Mahadeva이면서 또 파르바티Parvati인데 이는 남성적이면서 여성적이다; 그는 아내 파르바티에게 심지어 자기 육체의 반을 살림집으로 내주었다(그림 52). 끊임없는 교접交接의 주제는 또한 인도의 수많은 절에서 볼 수 있는 유명한 링감Lingam 상징에도 묘사되고 있다; 기초가 되는 밑바닥은 여성을 상징하고, 그 가운데에 돌출된 것은 남근이다(그림 53).[3]

이 상징은 그리스의 남근 바구니, 또는 남근 상자와 유사하다. 상자나 궤는 여성을 상징하는 것으로(그림 55와 98 참조), 말하자면 어머니의 자궁인데, 이미 고대의 신화학에서 잘 알려진 것이다.[4] 귀중한 내용물을 담는 상자, 그릇, 바구니 등은 종종 물 위에 떠도는 것으로 여겨졌고, 또한 이것은 태양의 운행과 유비되었다. 왜냐하면 태양은 저녁마다 어머니의 바다로 침수하였다가 아침이면 다시 새롭게 탄생하는 불멸의 신으로, 바다 위를 헤엄쳐가기 때문이다.

그림 53. 요니와 더불어 있는 링감.
일곱 개의 탑, 마드라스Madras(인도).

프로베니우스Leo Frobenius가 말하기를:

"이제 붉게 떠오르는 일출이 곧 하나의 탄생, 다시 말해서 어린 해의 탄생의 표상이라고 한다면, 여기서 도대체 부성父性은 어디서 오는가, 이 여인이 어떻게 임신하게 되는가, 라는 의문에 부딪히게 된다. 그리고 이 여인이 물고기, 즉 바다를(태양이 바다로 지

어머니와 재탄생의 상징들 —— 71

그림 54. 무서운 어머니에 의해 삼켜진 한 쌍의 남녀.
틀링깃Tlingit족의 샤먼 부적, 남동-알래스카.(19세기)

고, 바다에서 떠오른다는 것을 받아들여서) 상징하기 때문에, 이에 대하여 바다가 일찍이 태양을 삼켰다는 아주 특이한 원초적 대답이 나온다. 그 결과 일관된 신화가 형성된다. 여인인 '바다'는 이전에 태양을 삼켰고 이제 새 태양을 출산하기 때문에 바다는 분명 그렇게 새로운 태양을 수태한 것이다."[5]

바다를 항해하는 모든 신들은 태양의 형상을 지닌다. 그들은 "밤의 항해Nachtmeerfahrt"(프로베니우스)를 하기 위해 작은 상자나 궤에 밀폐된다. 이때 종종 여인과 함께한다(그림 54); 다시 실제적 관계가 뒤바뀌어서(그러나 우리가 위에서 보았듯이 지속적인 교접의 주제에 의거하여) 밤의 항해 동안 태양신은 온갖 위험으로 위협받으며 어머니의 자궁 속에 밀폐된다.

개별적인 예를 많이 드는 것 대신에 나는 프로베니우스[6]가 이런 유형의 수많은 신화에 대해 그린 도식을 여기에 소개하겠다.

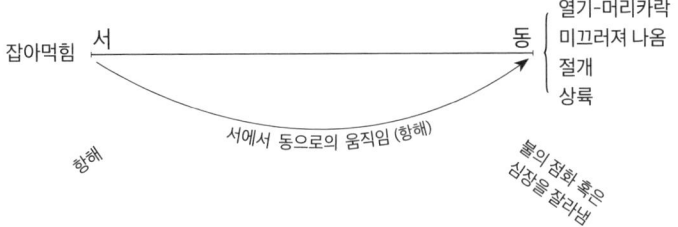

프로베니우스는 위의 그림에 대해 다음과 같은 전설을 이야기한다.

"한 영웅이 서쪽에 있는 수중 괴물에게 잡아먹혔다(잡아먹힘). 그를 삼킨 짐승은 동쪽으로 향하여 항해한다(항해). 그동안 괴물의 배 속에서 영웅은 불을 피우고(불의 점화) 배가 고파서 매달려 있는 심장 한 조각을 잘라낸다(심장 절단). 얼마 안 되어 그는 물고기가 뭍에 이르렀다는 것을 알게 된다(상륙); 곧 괴물의 안에서 빠져나오려고 배를 잘라내기 시작한다(절개); 그런 다음 그는 밖으로 빠져나왔다(미끄러져 나옴). 괴물 물고기의 배 속이 너무 더워 그의 머리카락이 빠져버린다(열기-머리카락)—영웅은 동시에 예전에 잡아먹힌(모두-삼켜짐) 모든 사람들을 해방시킨다. 그리고 이제 모두 밖으로 빠져나온다(모두 빠져나옴)."

이와 아주 유사한 것으로 모든 생명이 죽는 대홍수 때의 노아의 항해를 들 수 있다; 오직 노아 덕분에 생명을 보존한 생물이 새로운 세계로 인도되었다. 멜라폴리네시아의 전설에[7] 영웅은 왕 물고기 Kombili의 배 안에서 자신의 흑요석 Obsidian을 얻고 물고기의 배를 절개한다고 묘사되어 있다. "그는 밖으로 기어나와 빛나는 것을 보았다. 그러고는 마침내 주저앉으면서 생각하였다: '놀랍구나, 도대체 내가 어디 있는가?'라고 말했다. 그때 태양이 단숨에 떠올라 한편에서 다른 편으로 점차 옮겨갔다." 태양이 그렇게 미끄러지듯이 출현한다. 프로베니우스는 『라마야나Ramayana』에서 태양 영웅을 나타내는 하누만Hanumant이라는 원숭이 이야기를 인용하였다: "자신 안에 하누만을 지닌 채 공기를 가르며 태양은 이제 막 그림자를 바다에 드리우고 있었다; 바다 괴물이 그 그림자를 보고 그것으로 하누만을 끌어들인다. 하누만은 그 바다 괴물이 자기를 삼키려는 것을 보고, 자신의 형상을 측량할 수 없을 만큼 크게 확장시켰다; 그 괴물도 그와 마찬가지로 자신을 크게 만들었다. 괴물이 그렇게 하자 하누만은 자신을 엄지만큼 작게 만들어 커다란 괴물의 몸속으로 들어갔다가 다른 한쪽으로 다시 나온다."[8] 다른 곳에서는 이 부분을 그가 괴물의 오른쪽 귀로 들어가 왼쪽 귀로 나왔다고 적고 있다(라블레François Rabelais의 가르강튀아Gargantua가 어머니의 귀에서 태어난 것처럼). "하누만은 그런 후에 다시 날고자 하는데 바다 괴물에 또 하나의 새로운 방해물이 있는 것을 발견한다. 그 방해물은 '태양을 삼킬 데몬'인 어머니 라후Rahus이다. 라후도 하누만의 그림자를[9] 끌어들였다; 하누만은 예전의 싸움 전략대로 엄청나게 작아져서 라후의 몸으로 들어갔다; 그가 그 속에 들어가서는 엄청난 덩어리로 불어나자 라후는 찢겨져 죽게 된다. 그런 후 하누만은 그곳을 떠난다." 이제 우리는 왜 인도에 불을 가져온 마타리슈반Mâtariçvan이 '어머니 속에서 부풀어 오른 자'라고 부르는지를 이해할 수 있을 것이다. 방주(작은 상자, 궤, 통, 배 등등. 그림 55)는 자궁을 비유한다.

또한 바다에서 태양은 재탄생을 위하여 침강한다. 어머니 속에서 부풀어 오른다는 것은 또한 어머니를 극복하거나 죽이는 것을 의미할 수 있다. 불을 피운다는 것은 특히 주목할 만한 의식의 행위이고 그래서 모성유착의 어두운 상태를 '죽이는' 것이다.

그림 55. 방주 안에 있는 노아.
페드룬의 니콜라우스의 에나멜 제단(1186),
빈의 노이부르크 수도원 참사회 성당.

　이러한 표상의 범주에서 벗어나서 오기게스의 신화적 표명을 한번 살펴보자: 오기게스는 어머니, 도시를 소유한 자, 그러니까 어머니와 하나된 자다; 따라서 그는 엄청난 홍수를 만난다. 영웅이 여인과 결합하면 나무통 같은 것에 넣어져 바다에 버려지고 먼 해안가에 새로운 삶을 위해 상륙한다는 이야기는 태양신화의 전형적인 부분이다. 방주를 타고 '밤의 항해'를 하는 중간 부분이 오기게스의 전통에서는 빠져 있다. 그러나 신화학에서는 원칙적으로 신화의 전형적인 부분들이 온갖 상상할 만한 변이들로 서로 짜여 있을 수 있으므로 하나하나의 신화의 해석은 다른 모든 신화를 모르고는 이해하기 어렵다. 여기에 제기된 신화 범주의 의미는 분명하다: 그것은 자궁으로 되돌아감으로써

어머니와 재탄생의 상징들 —— 75

새롭게 태어나고자 하는 그리움이다. 즉, 태양처럼 불멸의 존재가 되려는 것을 의미한다. 어머니를 향한 이러한 그리움은 성경에도 풍부하게 표현되어 있다. 먼저 머리에 떠오르는 것은 「갈라디아서」(4장 26절 이하와 5장 1절)의 다음 구절이다.

"저 위에 있는 예루살렘은 자유민 여자이니, 곧 우리의 어머니이니라. 왜냐하면 성경에 이렇게 씌어 있지 않으냐? '아기 못 낳는 자는 기뻐하라; 고통 속에 있지 않음을 소리 질러 환호하라! 홀로 사는 자의 자녀가 남편이 있는 자의 자녀보다 많으리라'라고. 형제들이여, 너희들은 이삭과 같은 약속된 자녀들이다. 그때 육체적 욕정을 따라 태어난 자가 성령을 따라 태어난 자를 핍박한 것처럼 지금도 그렇게 되리라. 그러나 성경이 무엇이라 말했느냐? '계집종들과 그들의 아들을 내쫓으라. 계집종의 아들이 자유민 여자의 아들과 더불어 유산을 물려받아서는 안 된다' 하였느니라. 그런즉 형제들아, 우리는 계집종의 자녀가 아니요, 자유민 여자의 자녀이니라." "그리스도께서 자유를 위해 우리를 해방시켰느니라.…"

기독교 신자들은 저 위에 있는 도시의 자녀들이지, 추방되어야 할 속세의 도시-어머니의 자식들이 아니다. 왜냐하면 육욕으로 태어난 자는 영적으로 태어난 자와는 전혀 반대가 되기 때문이다. 영적으로 태어난 자란 육체적인 어머니가 낳은 것이 아니라, 어머니의 상징에서 태어난 자이다. 우리는 여기서 다시 인디언들을 떠올려야 한다. 그들은 최초의 인간이 칼자루와 베틀의 북에서 나왔다고 생각했다. 상징을 형성하는 과정이 어머니 대신 그 자리에 도시, 샘, 동굴, 교회 등을 내

세운 것이다(그림 50과 61). 이러한 대치는 리비도의 퇴보가 어린 시절의 수단과 방법, 무엇보다 어머니와의 관계를 다시 활성화시키는 데서 나온 것이다[10]; 이것은 아이에게는 한때 자연스럽고 유용하던 것이지만 성인에게는 근친상간의 상징으로 표현되는 심적인 위험을 의미한다. 근친상간의 금기가 그러한 리비도의 흐름을 저지하여 리비도의 퇴행적인 방식을 제지하기 때문에, 리비도는 무의식에 의해 생산된 어머니의 유비들로 이행移行될 수 있게 된다. 이로써 리비도는 다시 전진하게 되고 심지어는 이전보다 더 고양된 의식의 단계로 발전된다. 이와 같은 이행의 합목적성은 어머니의 자리에 도시가 등장할 경우 특히 분명해진다: 어머니에 대한 갓난아기의 유착은 (일차적이든 부차적이든) 성인의 제약이자 마비를 의미한다. 이에 반해서 도시에 결합된 사람은 시민으로서의 덕목을 촉진하고 적어도 도시에 유용한 존재가 되도록 한다. 원시인에게 있어서는 도시의 자리에 종족이 있다. 우리는 도시의 상징성을 「요한계시록」(17장 1절 이하)에서 좀 더 발전된 형태로 발견할 수 있다. 여기에 나오는 두 도시에서 그 하나는 그에 의해 비난받고 저주받는 것으로, 또 다른 하나는 그리움의 대상으로서 큰 역할을 하고 있다. 직접 성경 구절을 살펴보자.

"…오라, 내가 너에게 큰 물 곁에 앉아 있는 엄청난 탕녀가 받을 심판을 보여주리라. 지상의 왕들도 그 여자와 놀아났고, 땅에서 사는 사람들도 그 음행의 포도주에 취하였도다. 천사는 성령으로 나를 광야로 데려갔노라. 나는 거기서 한 여인이 진홍색 짐승 위에 앉아 있는 것을 보았노라. 그 짐승의 몸에는 하나님을 모독하는 이름들이 가득하고 머리가 일곱 개에 뿔이 열 개였노라. 그 여자는 자줏빛과 진홍색 옷을 입고 황금과 보석과 진주로 뒤덮여 있으며 손에는 황금의 잔을 들었는데 그 속에는 자기의 음행에서 비롯된 흉측하고 더러운 것들이 채워져 있었느니라. 그녀의 이마에는 '대바벨, 온 땅의 탕녀들과 흉측한 것들의 어머니'라는 이름이 비밀스럽게 새겨져 있었느니라. 그리고 내가 보니 그 여자는 성인의 피와 예수를 증거하여 순교한 사람들의 피에 취해 있었느니라. 나는 그 여자를 보고 너무도 기이하여 무척 놀랐노라." (그림 56)

여기 원전에는 환영에 관해 우리가 이해하기 어려운 해석이 뒤따르고 있다. 그러나 여기서 강조해둘 것은 용의 머리가 일곱 개라는 것은 일곱 산 봉우리를 의미하고 이 위에 여인이 앉아 있다는 것이다. 이것은 분명 로마를 암시한다고 보아도 좋을 것이다. 그러니까 그것은 묵시록의 저자의 시대에 속세적 힘으로 세계를 제압하였던 도시다. 여인, 즉 '어머니'가 앉아 있는 큰 물은 '민족이고 군중이며 국가이고 언어들'이다. 그 또한 로마에 해당될 듯하다. 그 이유는 그것은 민족들의 어머니이며 모든 나라들을 소유하기 때문이다. 예를 들어 식민지를 '딸들'이라 부르는 언어 관습처럼, 로마에 예속된 민족들은 마치 어머니에 예속된 하나의 가족 구성원들과 같다. 그림의 또 다른 판본에서 민족들의 왕들, 즉 '아들들'이 바로 이 어머니와 음행을 하였다고 적혀 있다.「요한계시록」(18장 2절 이하)에 다음과 같은 내용이 있다.

"'무너졌다, 대바빌론이 무너졌다!' 바빌론은 악마들의 거처가 되고 불순한 모든 귀령들의 은신처가 되었으며 그리고 더럽고 추악한 모든 새들의 소굴이 되었도다. 왜냐하면 모든 민족들이 그 여자의 음행으로 말미암은 진노의 포도주를 마셨으니…"

그림 56. 대바빌론.
「신약성서」를 그린 부르크마이어Hans Burgkmair의 동판화.(아우크스부르크, 1523)

여기에서 어머니는 모든 흉측한 것의 어머니일 뿐만 아니라, 실제 모든 악과 불순함의 담지자이다. 새는 심혼의 상이며[11] 여기서는 저주받은 자, 그리고 악령들의 모든 혼을 의미한다. 그리하여 어머니는 지하계이며 저주받은 자의 도시가 된다. 우리는 용을 타고 앉은 여인의

어머니와 재탄생의 상징들 —— 79

원초적 상[12]에서 위에서 언급한 에키드나Echidna, 즉 지옥과 같은 모든 끔찍한 것의 어머니를 인식하게 된다. 바빌론은 악마적 유혹으로 모든 백성들을 간음하게 하고 그녀의 포도주를 마시게 하는 '무시무시한' 어머니 상이다(그림 56). 여기서 취하게 만드는 음료는 간음과 밀접한 관계가 있다. 왜냐하면 그것은 곧 우리가 이미 불과 태양의 유례에서 본 것처럼 리비도를 상징하기 때문이다.

바빌론의 함락과 저주 후 「요한계시록」 19장 6절 이하에서 우리를 어머니의 하반신에서 상반신으로 옮겨주는 찬송을 발견한다. 이제 근친상간을 피하지 않고서는 불가능했을 것들이 모두 가능하게 된 것이다.

"할렐루야! 전능하신 우리 주 하나님이 다스리신다. 기뻐하고 즐거워하며 하느님께 영광을 드리자! 어린 양의 혼인이 다가왔다.[13] 그분의 아내는 몸단장을 마쳤고, 하느님의 허락으로 빛나고 깨끗한 모시옷을 입게 되었다.

이 모시옷은 성인들의 올바른 행실이다. 또한 천사는 내게 말했다: '기록하라, 어린 양의 혼인 잔치에 초대된 자들은 복되도다'라고."

어린 양은 '여자'와 혼인할 사람의 아들이다. 여자가 누구인지는 처음에 드러나지 않는다. 그러나 「요한계시록」 21장 9절 이하는 우리에게 그 여자가 숫양Widder의 신부임을 밝힌다.

"… 이리 오라, 내가 너에게 어린 양의 아내인 신부를 보여주리라![14] 하였는데, 그는 성령으로 나를 인도하여 크고 높은 산으로 올라가 신이 머문 것 같은 거룩한 도시 예루살렘을 보여주었

다."(그림 50 참조)

이 대목에서 선행된 모든 것에 비춰보면 도시는 아들에게 주기로 약속된 천상의 신부이고, 어머니 혹은 어머니-이마고[15]이다.「갈라디아서」(4장 21절 이하)의 말을 빌려 말한다면 천상의 예루살렘에서 어머니-신부를 확실하게 선발하기 위해 바빌론에서 순결하지 못한 처녀가 내쳐진 것이다. 교회의 교부들이「요한계시록」을 분실하지 않게 하려고 전범을 정했다는 것은 섬세한 심리학적 감각을 반영했다는 증거이다. 어찌되었든「요한계시록」은 초대 기독교에 있어 본질적 상징의 형성을 위한 매우 가치 있는 보고寶庫이다.[16] 천상의 예루살렘에 부여된 또 다른 상징들은 의심할 여지 없이 어머니의 의미를 지닌다.

"그리고 그는 수정같이 맑은 생명수가 흐르는 강을 내게 보여주었다. 그 강은 신과 어린 양의 보좌로부터 시작되었다. 길 한가운데와 강 양쪽에 생명의 나무들이 있어 열두 개의 열매가 달려 있다. 그 나무들은 매달 열매를 맺는다. 그 나무들의 잎사귀들은 사람들을 치료하는 데 소용된다. 이제 더 이상 저주로 쓰러지는 자가 없게 될 것이다."[17]

위의 내용에서 물의 상징이 나온다. 물의 상징은 우리가 오기게스를 언급할 때 도시와 연관 지은 바 있다. 물이 지니고 있는 모성적 의미는 (그림 57) 신화의 영역에서 가장 분명한 상징에 해당한다.[18] 고대인들은 이렇게 말했다: 헤 탈라사—테스 게네세오스 쉼볼론ἡ θάλασσα—τῆς γενέσεως σύμβολον(바다—생성의 상징)물에서 생명이 나온다.[19] 그러므로 여기에서 우리가 가장 관심을 두는 두 신이 그리스도와 미트라스이

그림 57. 생명의 샘.
콘스탄티노플 학파에서 유래한 성화상Ikone.(17세기)

다. 기록에 따르면 미트라스는 강가에서 태어났고, 그리스도는 요단 강에서 '재탄생'을 경험하였다. 더구나 그는 '샘, 즉 사랑의 영원한 샘 Πηγή, sempiterni fons amoris'[20], 즉 신의 어머니에서 태어났다. 이교적-기독교 전설에서는 신의 어머니를 샘의 요정으로 만들고 있다. '샘'은 미트라스에게서도 발견된다. 로마 시대의 지방 판노니엔Pannonien의 축성 비문에 '영속하는 샘'이라고 적혀 있다. 아풀룸Apulum 비문은 '영원한 샘'에 봉헌되었다.[21] 페르시아에는 생명의 물을 내뿜는 아르드비샤라Ardvîçûra 샘이 있다. 아르드비샤라-아나히타Anâhita는 물의 여신이자 사랑의 여신이다('거품에서 태어난' 아프로디테 여신처럼).『베다』경전에는 큰 물이 모성적인 것mâtritamâh으로 간주된다. 생명이 있는 모든 것은 태양처럼 물에서 떠올라 저녁에 다시 물로 침강한다. 샘, 강, 호수에서 태어나 인간은 죽을 때 '밤의 항해'를 하기 위해서 명부의 강 스틱스Styx의 물가에 이른다. 그 죽음의 검은 물은 생명의 물이고, 그 차가운 포옹과 더불어 죽음은 곧 어머니의 태내에 있음을 의미한다. 마치 바다가 태양을 삼키지만 어머니의 태내에서 다시 태어나게 되는 것과 같다. 생명은 죽음을 알지 못한다.

> 생명의 흐름에서, 행위의 폭풍 속에서
> 오르락내리락 골고루 관장하고
> 이리저리 누비며 짜낸다!
> 탄생과 무덤,
> 영원한 바다,
> 서로 변화하며 짜내는 것
> 작열하는 생명…[22]

어머니-이마고를 물에 투사하면 물에 누미노제나 마술적 특질을 부여하는데 그것은 어머니에 합당하다. 그 좋은 예가 교회에 있는 세례용 성수의 상징이다(그림 58). 꿈과 환상에서 바다나 큰 물은 무의식을 의미한다. 물의 모성적 측면은 무의식의 성질과 일치한다. 물이 (특히 남성인 경우에) 의식의 모체 혹은 모상母床이라고 볼 수 있기 때문이다. 따라서 무의식도——주관단계로 해석한다면[23]——물처럼 모성적 의미를 지닌다.

물과 거의 마찬가지로 흔한 어머니 상징이 생명의 목재ξύλον ζωῆς와 생명의 나무이다. 우선 생명의 나무는 열매들을 달고 있는 족보나무, 즉 일종의 종족의 어머니이다. 인간의 기원이 나무에서 비롯되었음을 수많은 신화들이 이야기하고 있다; 많은 신화가 또한 영웅이 어떻게 모성의 나무 속에 밀폐되어 있는지를 제시한다. 죽은 오시리스는 에리카Erika 나무 속에, 아도니스는 도금양 나무Myrthe 속에 있다는 등 (그림 64 참조) 여러 경우가 있다. 여성 신격들은 자주 나무로서 숭배되었으며, 그래서 성스러운 숲과 나무들의 의례儀禮가 있다. 따라서 아티스가 소나무 아래서 거세된 것은 이해할 만하다. 즉, 그는 그것을 어머니 때문에, 혹은 어머니와의 관련에서 행한 것으로 볼 수 있다. 테스피아Thespia들의 유노Juno(로마 신화에서 유피테르의 아내, 고귀한 미인이라는 뜻도 있다)는 나뭇가지였고, 사모스Samos섬의 유노는 널빤지였으며, 아르고스Argos의 유노는 기둥이었고, 카리스Carian의 디아나는 다듬지 않은 나무토막이었고, 리노도스Linodos의 아테네는 대패질해서 매끈한 기둥이었다. 테르툴리아누스Tertullian는 파로스Pharos섬의 세레스Ceres(고대 로마 곡물의 여신)를 '거친 말뚝, 혹은 어떤 형상으로 깎지 않은 나무토막rudis palus et informe lignum sine effigie'이라고 명명했다. 아테나이오스Athenaeus는 델로스의 밤의 여신, 라토나Latona를 정형화되지 않은 나무

그림 58. 앵글로 색슨식 세례용 수반.
영국 킬펙.(12세기 초)

토막ξύλινον ἄμορφον이라고 했다. 테르툴리아누스는 아테네풍의 성을 '십자 모양의 나무 말뚝, 혹은 돛대crucis stipes'라고 하였다. 단순한 나무 막대는(그림 59 참조) 이미 이름(Pfahl, palus, φάλης)이 암시하고 있듯이 남근을 상징한다.[24] 팔로스φαλλός는 막대기, 무화과나무를 잘라 만든 제례용 링감이다. 이는 로마의 프리아푸스(생식 신) 조상과도 비슷한 것이다. 팔로스φάλος는 중세 기사들이 머리에 썼던 투구의 돌출부 혹은 장식을 의미하며, 나중에는 코노스κῶνος라고 불렀다. 팔레노스φάλληνος는 팔로스φαλλός에서 나왔는데 '목제木製의'라는 의미가 들어 있다; 그 밖에 팔-아고마φαλ-άγγωμα = 원통; 팔라크φάλαγξ: 둥근 대들보를 의미; 같은 표기는 육중하게 미는 힘이 특징인 마케도니아의 전투 대열을 말하고, 더 나아가서는 손가락 관절도[25] 팔라크라고 한다. 팔로스φάλος는 또한 빛나고 번쩍인다는 의미도 함께한다. 인도게르만어의 뿌리는 'bhale = 충만하게 부풀다, 불어나다'이다.[26] 여기서 파우스트의 대목을 떠올리지 않을 사람이 있겠는가?

> 그가 내 안에서 자라서,
> 밝게 빛나는구나, 번쩍이는구나![27]

이것이 '근원적' 리비도의 상징이다. 리비도와 빛이 직접적 관계가 있음은 『리그베다』에 있는 루드라를 향한 간청에서 볼 수 있다.

> 1, 114, "3. 남자들을 지배하는, 오, 방뇨하는 (오줌으로 축복할 정도로 강한 번식력을 가진) 루드라여, 그대의 신들을 경배함으로써 우리는 당신의 은총에 이르고자 하나이다;···
> 4. 불꽃을 피우는 루드라여, (희생제의를 관장하는 원으로 빙빙 도

그림 59. 남근 모양을 한 옷걸이.
중간 부분: 태양의 상징일 것이다.
나뭇조각, 뉴기니섬.

어머니와 재탄생의 상징들 —— 87

는, 하늘에서 곡선을 만들며 떠다니는) 선지자여, 도움을 청하기 위하여 우리가 부르나이다.…"

2, 33, "5. … 달콤한 것에 길을 열어주시는 (자애로우신?) 이여, 부름에 잘 응답해주시며, 적갈색 모습의 아름다운 투구를 쓴 이여, 우리를 질투에 빠져 폭력에 휩쓸리지 말게 하소서.

6. 마루트Marut에 결합된 황소는 나를 기쁘게 하고 강건한 생명력으로 탄원하는 자를 기쁘게 하는 이여…

8. 적갈색 황소, 희고 빛나는 황소에게 나는 힘차게(?) 송가를 부른다; 저 불길처럼 빛나는 이를 경배하라. 우리는 루드라의 빛나는 존재를(고귀한 이름?) 찬양하노라.

14. 루드라의 화살이 우리를 빗겨가기를, 빛나는 이의 엄청난 노여움이 지나가기를 비노라; 군주들을 위해 팽팽한 활(시위, 혹은 단단한 화살?)을 느슨하게 풀어라. (오줌으로) 축복하는 이 (왕성한 생식력을 가진 자)여, 우리의 자손들에게 은총을 베푸소서.…"[28]

심혼적 생명력의 강인함, '비상한 영향력', 의인화된 마나 개념 등 여러 가지 측면들이 루드라의 형상에 합쳐진다; 불타오르는 희게 빛나는 태양, 아름다운 투구; 왕성한 생식력을 지닌 황소, 그리고 오줌(오줌을 누다urere = 연소하다brennen).

남신들뿐만 아니라, 여신들도 그들의 역동성의 관점에서 보면 리비도의 상징인 것이다. 리비도는 태양, 빛, 불, 성욕, 풍요 그리고 성장의 비유로 표현된다: 이런 방식으로 여신들도 본질적으로 남성적 특성이 드러나는 남근적 상징을 갖게 되는데, 이는 앞에서 본 바와 같다. 이렇게 볼 수 있는 가장 중요한 이유는 바로 남성 안에 여성적인 것이 있듯

그림 60. 링감 안에 새겨져 있는 여신.
캄보디아.(14세기)

이(그림 60), 여성 안에 남성적인 것이 숨어 있기 때문이다.[29] 여신을 나타내는 나무(그림 62)의 여성성은 남근적 상징성과 혼합되어 있다. 예를 들어 족보나무는 아담의 몸에서 자라난다. 나의 저서『심리학과 연금술』[『기본 저작집』6권, 그림 131]에 교황청의 필사본을 복사한 그림이 실려 있다. 그 그림에서 나무는 남성의 음경에 상응하는 것이다. 그래서 나무에는 자웅동체의 특징이 들어 있다. 이런 특징은 라틴어로 나무arbor가 어미 부분은 남성인데도 단어의 성은 여성이라는 사실로도 확인된다.[30]

나무의 자웅동체적 특징[31]은 어느 젊은 여성의 다음의 꿈에서도 드러난다: 그녀는 정원에 서 있다. 거기에는 기이하고 진귀한 나무 한 그

어머니와 재탄생의 상징들 —— 89

루가 서 있다. 그 나무에는 특별히 빨갛고 과육이 많은 꽃, 혹은 열매가 맺혀 있다. 그녀는 그 열매를 따서 먹었다. 그러자 그녀는 독이 있는 것 같은 느낌 때문에 깜짝 놀랐다.

이 여성의 결혼 생활은 성적인 문제를 안고 있었다. 그래서 그녀의 환상은 그녀가 아는 사람들 중 어떤 젊은 남성에게 쏠리기 시작하였다. 그 나무는 이미 파라다이스에 있었고 최초의 인류의 부모의 경우에도 그녀의 꿈에서와 비슷한 역할을 했던 것이다. 그것은 리비도의 나무로서, 이 경우에는 여성적 측면을 묘사하기도 하고 남성적 측면을 나타내기도 하는데, 그 나무는 단순히 두 측면의 상호 관계양식을 나타내고 있는 것이다. 노르웨이에 이런 수수께끼가 있다.

빌린스베르크Billinsberg에 나무 한 그루가 서 있다.
그 나무가 바다 위로 드리워졌는데,
그의 가지들이 황금같이 빛난다;
오늘은 네가 그것을 알아맞히지 못할 것이다.

태양의 딸이 저녁에 신비한 떡갈나무에서 부러진 황금 가지들을 모은다.

작은 아들 태양이 슬피 울고 있네.
사과나무 정원에서.
사과나무에서
황금사과가 떨어졌네.
울지 마라, 아들 태양아.
하느님은 다른 사과들을 만드신다.

금사과, 청동사과
은사과를.

태양, 낙원의 나무, 어머니, 남근으로 나타나는 나무의 변화무쌍한 의미는 나무가 리비도의 상징일 뿐, 이것이나 저것 등의 구체적인 대상을 비유하는 것이 아니라는 사실에서 설명된다. 따라서 남근적 상징은 성기를 의미하는 것이 아니라, 리비도를 상징하는 것이다. 리비도 또한 비록 그것이 분명 그 자체로 나타난다 하더라도 결코 그 자체를 말하는 것이 아니고 리비도에 대한 상징을 묘사하고 있는 것이다. 상징은 알려진 어떤 사물에 대한 기호나 비유가 아니다. 상징은 거의, 혹은 전혀 알려지지 않은 사상事象만을 암시하려고 한다. 이런 모든 상징들의 제3의 비교가 리비도인 것이다. 의미의 통일성은 오직 리비도 비유에 있다. 이 영역에서 사물의 고정된 의미는 끝이 난다. 거기서 유일한 실재성은 리비도인데, 우리는 리비도의 존재를 단지 우리의 작위作爲됨Bewirktsein을 통해서만 경험한다. 그러므로 그것은 실재의 어머니가 아니라, 아들의 리비도인데 그 리비도가 한때 어머니를 대상으로 삼았던 것이다. 우리는 신화적 상징을 너무 구체적으로 받아들여서 매번 그곳으로 발을 들여놓을 때마다 신화들의 끝없는 모순에 놀란다. 그러나 우리는 그것이 상像으로 감싸여 있는 무의식의 창조력이라는 것을 늘상 잊어버린다. 그러니 만약 "그의 어머니는 못된 마녀야"라고 한다면, 그것을 다음과 같이 번역해야 하는 것이다: 아들은 모성-이마고로부터 리비도를 해방시킬 수 없다. 그는 어머니에 유착되어 있어서 그것에 저항하노라고 고통을 겪고 있다고.

도시의 상징 외에 계속되는 상징어인 물과 나무도 마찬가지로 어머니 상像 안에 무의식적으로 고정된 리비도를 암시한다. 「묵시록」은 몇

몇 주요 부분에서 어머니에 대한 그리움을 풍기고 있다.³² 묵시록 기록자의 기대도 어머니에 이르러 끝난다: "더 이상 저주받을 것이 아무것도 없을 것이다καὶ πᾶν κατάθεμα οὐκ ἔσται ἔτι."[22장 3절] 더 이상 죄도, 억압도, 자신과의 불일치도 없고, 어떤 허물, 죽음에 대한 불안도, 이별의 고통도 없다. 왜냐하면 어린 양의 혼인으로 아들이 어머니이자 아내인 여성과 결합하여 행복한 결말에 이르기 때문이다. 이러한 상징은 화학적 결합nuptiae chymicae, 즉 연금술의 융합에서 반복된다.

그래서 「묵시록」은 그와 같이 신비적인 찬란한 화음和音으로 끝을 장식한다. 2천 년 후의 시적 영감은 이 화음을 다시금 엿듣게 하였다. 그것은 "마리아누스 박사Doctor Marianus"(마리아를 숭배하는 성인이자 학자. 중세의 많은 신비가들의 별명. 연금술의 원조, 모리에누스의 다른 이름이기도 하다)의 마지막 기도이다.

> 구원자의 눈길을 우러러보라,
> 참회하는 모든 연약한 자들아,
> 지극히 거룩한 신의 섭리대로
> 감사하며 자신을 변용하기 위해.
> 선한 마음들 모두,
> 당신을 받들어 모시도록!
> 동정녀여, 어머니여, 여왕이여,
> 여신이시여, 오래도록 자비를 베푸소서!³³

이러한 감정이 주는 아름다움과 위대함을 바라볼 때 근본적인 질문이 제기된다. 즉, 프로이트의 주장대로, 상징 형성이 단지 일차적인 근친상간 성향의 저지로 생기며 따라서 어떤 단순한 대체적 산물이라고 설명하는 인과론적 견해가 과연 옳은가 하는 점이다. 여기서 실효성 있는 '근친상간의 금기'라는 것은 원래 일차적 현상이 아니라, 훨씬 더 중요한 원시적 결혼 분류 체계이다. 결혼 분류 체계는 그 나름대로 종족의 조직 체제에 있어서 매우 중요한 의미가 있는 필수적인 것이다. 따라서 여기서 문제는 단순히 인과성보다는 목적론적으로 설명할 만한 현상들이다. 더욱이 중요한 것은 태양신화에 잘 나타나 있듯이, '근친상간의' 욕구가 성교를 목적으로 하는 것이 아니라 다시 아이가 되려는, 즉 부모의 보호막으로 되돌아가서 어머니로부터 다시 태어나기 위해 어머니로 되돌아가려는 그런 독특한 생각에 기초하고 있는 것이다. 이 목적지로 가는 도중에 어머니의 몸으로 다시 들어가기 위해 근친상간이 필연적으로 일어나는 것이다. 가장 단순한 방법 중 하나는 어머니를 수태시켜 다시 자신을 생산하게 하는 것이다. 이를 방해하며 끼어드는 것이 근친상간의 금지이다. 이런 이유로 이제는 태양신화들, 혹은 재생신화들이 새삼스럽게 어머니에 관한 (예: 동물과 같은) 모든 연결 가능한 유비를 찾아낸다. 그리하여 리비도를 새로운 형태들로 흘러 들어가게 하고, 그로써 리비도가 어떤 실제적인 근친상간으로 퇴보하는 것을 효과적으로 저지하려고 한다. 그 방법 중 하나는 예를 들면 어머니를 다른 존재로 변화시키거나 젊게 만드는 것이다.[34] 그렇게 하면 어머니는 출산 후 다시 사라지며 그녀의 옛 모습으로 되돌아간다. 그러므로 찾고 있는 것은 근친상간적 동침이 아니라, 재탄생이다. 근친상간 금지라는 장애물은 독창적인 환상을 만들어낸다: 예를 들어 수태의 마술로써 어머니를 임신시킨다. 근친상간 금지의 성공과 이행 시도는 결국 환상연습이 된다. 환상연습은 점차 가능성들을 창조하면서 리비도가 활동할 수 있는 길을 열어 가게 된다. 이로써 리비도는 어느새 눈치채지 못하는 사이에 영적인 형태들로 인도된다. '항상 악을 원하는' 힘이 영적 삶을 창조한다; 그 때문에 종교에서는 이런 노정路程이 체계화된다. 따라서 어떻게 종교들이 상징적인 번안을 촉진하려고 노력하는지를 본다면 배우는 바가 클 것이다.[35] 이에 관련해서 가장 적합한 예를 『신약성서』가 우리에게 제공하고 있다. 니고데모Nikodemus는 재탄생에 대한 담론에서 그것을 현실적으로 이해하지 않을 수 없었다.

"사람이 늙는데 어떻게 다시 태어날 수 있겠습니까? 다시 어머니의 몸속에 들어갔다가 태어나는 것인가요?"[36]

예수는 니고데모를 보고 물질적인 중요성에 사로잡혀 희미해진 그의 정신의 감관적인 견해를 정화시키고 지양시키려고 노력하였다. 그래서 그에게 근본적으로 같은 것과 동시에 같지 않은 것을 알려주었다.

"진실로 진실로 네게 이르노니, 물과 성령Geist으로 거듭나지 않은 사람은 하나님 나라에 들어갈 수 없다. 육으로 난 것은 육이요, 영으로 난 것은 영이니라. 내가 너에게 위로부터 태어나야 한다고 말했다고 놀라지 말라. 바람은 자기 원하는 대로 분다. 너는 바람의 소리를 들으나 바람이 어디서 와서 어디로 가는지 알지 못한다. 그러나 영으로 태어난 사람이 바로 그러하다."

물에서 태어남은 본래 모태에서 태어남을 말한다. 영으로 태어남은 바람으로 수태되어 태어남을 말한다. 다음의 그리스어 원전도 영과 바람을 똑같이 프네우마πνεῦμα라는 단어로 표현하면서 이 사실을 가르쳐주고 있다: τὸ γεγεννημένον ἐκ τῆς σαρκὸς σάρξ ἐστιν, καὶ τὸ γεγεννημένον ἐκ τοῦ πνεύματος πνεῦμά ἐστιν … τὸ πνεῦμα ὅπου θέλει πνεῖ(육으로부터 난 것은 육이요, 영으로부터 난 것은 영이로다.⋯ 바람은 불고 싶은 곳으로 분다) 등.

이 상징은 독수리가 암컷일 뿐이어서 바람으로 수태된다는 이집트 전설과 동일한 필요성에서 생겼다. 우리는 이 요청을 이와 같은 신화적 주장의 기초로서 인식한다: 너는 어머니에 관해 이렇게 말해야 한다. 어머니는 어떤 남성에 의해 평범하게 수태되는 것이 아니라, 비상하게도 바람의 숨결에 의해 수태된다고. 이러한 요청은 경험적 진실과는 철저하게 대립된다; 그러니까 신화는 적절한 유비類比의 다리인 것이다: 우리는 흔히 여기 한 영웅이 있었는데, 그가 죽어 불멸성에 도달하였다고 말한다. 이러한 요구를 제기할 필요가 생기는 것은 분명 현실을 뛰어넘으려는 경향 때문이다. 물론 아들은 아들 스스로가 어머니를 수태시켜서 새로운 젊은이로 다시 태어난다고 생각하지 않고 아버지가 그를 육적인 방법으로 생산하였다고 생각해도 좋을 것이다. 앞의 생각은 퇴행의 위험 때문에 엄중히 금지되었으며(특정한 조건하에서) 재탄생의 문제를 상징적으로 표현하는, 위에서 기술한 요구로 대치된다. 예수가 니고데모에게 한 권고에서도 우리는 이런 요구를 알아차리게 된다: 육적으로 생각하지 말라, 그렇게 생각한다면 너는 곧 육이 되고 말 것이다. 상징적으로 생각하라, 그러면 너는 영이다. 상징적인 것이 되도록 강요하는 이것이 얼마나 교육적이고 발전적인지 명백하다: 만약 니고데모가 그의 구체성을 상징적으로 지양시키는 데 성공하지 못한다면 무미건조한 일상 속에 남아 있게 될 것이다. 그가 교양 있는 속물이었다면, 분명 이러한 교시의 비합리성과 비현실성에 부딪혀 결국 이것을 이해할 수 없고 불가능한 것이라고 거부하기 위해 글자 그대로의 의미만을 수용했을 것이다. 그러나 예수의 말씀은 인간의 정신 구조에 근거를 둔 상징적 진실들이기 때문에 그렇게 큰 암시의 힘

그림 61. 교회인 어머니.
힐데가르트 폰 빙겐.(12세기)

을 나타내는 것이다. 경험적 진실은 사람들을 감관적 구속에서 벗어나게 하지 못한다. 왜냐하면 그것은 인간에게 늘 그러했던 것, 달라질 수 없는 것을 보여줄 뿐이기 때문이다. 그에 반해 어머니 대신에 물, 아버지 대신에 성령, 혹은 불을 설정하는 상징적 진실은 소위 근친간의 성향에 묶여 있는 리비도에 새로운 낙차落差를 제공한다. 그래서 리비도를 해방시키고 영적인 형태로 유도한다. 그래서 인간은 영적 존재로서 다시 아이가 되어 형제자매 동아리 속에서 태어난다. 그러나 그의 어머니는 '성자들의 공동체', 즉 교회가 된다(그림 61). 그리고 그의 형제자매 동아리는 상징적 진실의 공동 유산 안에서 새로운 차원으로 그와 결합하는 인류이다. 이러한 과정은 특히 기독교가 생긴 초기에 특히 필요했던 것 같다. 왜냐하면 그 시기는 노예와 시민, 혹은 주인의 자유 사이에 생긴 대립들이 엄청났기 때문에, 인간들이 함께 공존한다는 그런 의식을 바라게 되었던 것이다.

예수가 니고데모로 하여금 사물을 상징적으로 이해하도록 하기 위해, 즉 구체적인 실제 사실에 베일을 덮어씌운 것과 같은 것을 수용할 수 있도록 하기 위해 얼마나 노력하였는지 볼 때, 그리고 이런 식으로 생각하였고 앞으로도 생각하게 될 것이라는 점이 인류 문명사에서 얼마나 의미 있는 것인지를 볼 때, 우리는 현대 심리학의 상징학에 관한 노력들이 왜 곳곳에서 강한 거부를 당해왔는지를 잘 이해할 수가 없다. 오직-합리적인 것, 오직-현실주의적인 것에서 리비도를 끌어내서 옮겨놓는 일은 오늘날 어느 때보다 절실하다. 이성과 현실주의가 우세해진 때문이 아니라 (바로 그렇지 못했다) 상징적 진실들의 보호자와 지킴이인 종교들이 과학에 대항하는 효능을 상실했기 때문이다. 지식인들도 상징적 진실이 왜 좋은 것인지, 그 가치와 목적을 더 이상 알지 못하고, 종교 지도자들은 시대정신에 맞는 호교론護敎論을 완성하는 작업을 게을리하였다. 도그마에 대한 단순한 구체주의적 고집, 윤리 그 자체를 위한 윤리, 심지어 그리스도 형상의 단순한 인간화, 그에 대해 불충분한 전기를 만들려는 시도 등으로는 효험이 없다. 오늘날 상징적 진실은 이러한 대상에는 부적합한 자연과학적 사고의 장악으로 말미암아 무방비 상태로 희생되고, 현재의 상태에서는 그 자연과학적 사고에 맞먹을 수 없는 것으로 판명되고 있다. 진실의 증명은 아직 나오지 않고 있다. 신앙에만 전적으로 호소하는 것은 궁한 변명petitio principii 〔아직 증명되지 않은 전제에 기초를 두고 입론하는 오류〕일 뿐이다. 왜냐하면 믿음을 방해하는 것이 바로 상징적 진실의 명백한 비개연성이기 때문이다. 내가 보기에 신학자들은 안일한 신앙의 요구를 고집할 것이 아니라, 오히려 이 믿음을 어떻게 가능하게 할 수 있는지 그것을 위해서 애써야 한다. 그러기 위해서는 상징적 진실의 새로운 기초, 심정心情뿐만 아니라 오성悟性, Verstand에도 호소하는 그러한 기초가 수립될 수 있어야 할 것이다. 그러나 이것이 이루어지려면 인류가 어찌하여 종교적 표명들의 비개연성에 대한 필요를 갖게 되었는지, 그리고 만일 감관적으로 지각되고 만질 수 있는 세계의 현존 위에 전혀 다른 종류의 영적인 실재성을 둔다면 그것이 무엇을 뜻하는지를 곰곰이 생각해야만 할 것이다.

만일 충동과 갈등을 일으키는 의식이 없다면, 혹은 만약 그곳에 이미 존재하는 의식이 전적으로 그 충동들에 사로잡히고 있다면, 충동들Triebe은 아무 방해를 받지 않고 작동할 것이다. 물론 충동에 사로잡힌 상태는 이제는 원시인에서도 더 이상 볼 수 없다. 왜냐하면 우리는 순수한 충동성에 어느 정도 대립되는 정신 체계가 작동하고 있는 것을 도처에서 발견하기 때문이다. 그리고 만약 원시 종족이 문화의 흔적만이라도 보여줄 만한 것을 가지고 있다면, 우리는 거기서 본능적 충동 과정들의 유비類比를 만들어내려는 창조적 환상을 발견한다. 그 목적은 리비도를 유사한 표상들로 옮김으로써 단순한 충동성에서 해방하려는 데 있다. 이러한 이행 체계는 리비도에 낙차를 제공할 수 있도록 만들어져야 할 것이다. 리비도의 흐름은 어떤 것을 임의로 취하지 않는다. 그렇지 않다면 사람은 그 흐름을 마음대로 어떤 곳으로 향하게 할 수 있을 것이다. 그러나 그것은 의지의 과정들에서만 가능하고 거기에서도 제한된 정도로만 그러하다. 리비도는 하나의 자연적인 경향Penchant이다; 리비도에는 물과 같이 흐를 수 있기 위해 낙차가 있어야 한다. 그러므로 유비Analogie를 조달하는 것은 중대한 문제이다. 이미 말했듯이 유비는 리비도를 꾀어 들이는 표상들이어야 한다. 나는 그것의 특성을 원형들, 즉 그 총체성이 무의식의 구조를 형성하는, 보편적으로 내재하는 유전된 형식들에서 볼 수 있다고 믿고 있다. 그리스도가 니고데모에게 성령과 물을 이야기했을 때 그것은 어떤 임의의 표상들이 아니라, 태곳적부터 홀리는 것fascinosa을 표현해온 전형적인 표상들을 말하는 것이다. 그리스도는 원형을 건드렸고—그것이 무엇이든—니고데모를 설득시켰다. 원형들은 태곳적부터 그 속에서 정신적 사건들의 흐름을 움직이게 한 저 강 밑바닥河床, 혹은 형식들Formen이다.

상징 형성의 문제는 충동 과정들을 끌어들이지 않고서는 논할 수 없다. 왜냐하면 충동 과정들에서 상징의 동력이 나오기 때문이다. 만약 상징에 대해 저항하는 충동이 없다면, 상징 자체는 모든 의미를 상실한다. 마찬가지로 만약 상징이 충동들에 대해 아무런 형식도 부여하지 않는다면 무질서한 충동들은 다만 인간을 파멸시키게 될 뿐이다. 그러므로 매우 강한 충동 중 하나인 성적 충동을 깊이 성찰해야 하는 것은 어쩔 수 없는 일이다. 대부분의 상징들이 다소간 성 충동의 유비를 나타내기 때문이다. 상징 형성을 충동 과정의 측면에서 다룬다는 것은 자연과학적 고찰방식에 해당되는데 그렇다고 그것이 있을 수 있는 유일한 방식이라고 자처하는 것은 아니다. 나는 우리가 상징의 형성을 정신적(영적)인 측면에서도 설명할 수 있음을 주저없이 시인한다. 이를 위해서는 다만 '정신Geist'이 특수한 에너지를 사용할 수 있으며, 충동들을 변화시켜서 영적인 형식을 갖도록 강요할 만큼 강한 것이며 하나의 자율적인 현실Wirklichkeit이라는 가정이 필요하다. 물론 자연과학적인 입장에서 보면 이러한 가정은 걸리는 데가 있다. 그러나 결국 이러한 가정에 반대하는 결정적인 근거를 상상하기에는 정신Psyche의 성질에 대해 우리가 아는 것이 아직 너무도 적다. 그러나 나는 나의 경험적 입장에 비추어, 어쩌면 나의 관점이 일방성을 나타낼 가능성이 있다고 충분히 의식하면서도, 상징 형성을 하나의 자연적인 과정으로서 기술하고 설명하고자 한다.

이미 언급했듯이, 성욕Sexualität은 일반적 상징 형성, 또한 종교적 상징 형성에서도 중요한 역할을 한다. 성제식性祭式이 다소 개방적으로 성행된 지는 2000년이 채 안 되었다. 물론 그 당시에는 이교도들이 성을 다루었지만 이들이 성을 더 잘 알고 있는 것은 아니었다. 그러나 상징을 형성하는 힘의 본질은 세대가 흘러가도 변하지 않는다. 만약 고대 그리스 로마의 제식의 성적인 내용에서 깊은 인상을 받았다면, 그래서 고대부터 신과 하나됨이 다소간 구체적인 성교라고 파악되고 있었음을 상상한다면, 상징을 형성하는 충동력이 기독교가 생겨난 이후에 갑자기 전혀 다른 것이 되었다고는 생각할 수 없을 것이다. 초대 기독교가 모든 자연과 충동성으로부터 벗어나도록 엄청난 에너지를 쏟은 것이나, 특히 금욕적 경향을 취함으로써 성욕을 외면한 것도 바로 성욕의 동인動因이 되는 힘의 근원을 증명하는 것이다. 그러므로 이 변환이 기독교적 상징학에서 현저한 흔적을 남겼다는 사실은 결코 놀랄 일이 아니다. 그렇지 않았다면 이 종교는 결코 리비도를 변화시킬 수가 없었을 것이다. 기독교가 리비도의 변환을 크게 성공시킨 이유는 기독교의 원형적 유비들이 변화될 충동성에 훌륭하게 맞아떨어졌기 때문이다. 사람들은 내가 가장 숭고한 영적 상像들조차 말하자면 인간 이하의 짐승 같은 것과 연관 짓는 일을 두려워하지 않았다고 나를 심히 의심했다. 그러나 무엇보다도 나에게는 종교적 표상들을 이해하는 것이 중요했다. 나는 그 표상들의 가치를 합리주의적인 논쟁으로 처리해버리기에는 너무도 깊이 이해하고 있었다. 결국 이해하지 못하는 것들을 가지고 무엇을 하겠다는 건가? 사람들은 그로써 오직 사유니 이해니 하는 것을 전혀 중요시하지 않는 방향으로 고개를 돌리게 된다. 그럼으로써 맹목적인 믿음을 호소하고 그것을 극도로 찬양한다. 그 결과 도달되는 것은 사상도 비판도 없도록 하기 위한 교육이다. 독일이 마침내 어쩔 수 없이 기독교 도그마에서 등을 돌렸을 때, 그토록 사람들이 오랫동안 칭송해온 맹신이 독일에서 결국 무슨 짓을 저질렀는지, 현대사가 잔학하고도 남음이 있을 정도로 보여주고 있다. 위험한 것은 대단한 이단자들과 무신론자들이 아니라, 수많은 사소한 식자들이다. 이들은 궤변을 늘어놓을 수 있을 뿐인데 그러다가 어느 날 갑자기 모든 종교적 주장이 얼마나 비합리적인가를 발견한다. 그리하여 사람들은 곧 이해되지 않은 것들과 관계를 끊게 됨으로써 상징적 진실의 높은 가치들을 다시는 돌이킬 수 없을 정도로 상실하고 만다. 이성을 내세우고 따지는 자Vernünftler가 어떻게 동정녀의 출산이라는 도그마와 그리스도의 십자가 죽음, 그리고 삼위일체를 이해할 수 있겠는가?

오늘날 의학적 정신치료자는 교양 있는 그의 환자들에게 종교적인 체험의 기초를 다시 설명해주고 심지어는 그러한 체험을 할 수 있는 길을 제시해야 한다. 내가 의사이자 자연 연구자로서 복잡한 종교적인 상징들을 분석하고 그 상징들의 근원을 더듬어갈 때, 이 작업의 유일한 목표는 오로지 상징들이 나타내고 있는 가치를 요해了解함으로써 이를 보존하고 사람들에게 상징적으로 생각할 수 있는 능력을 다시금 되살리도록 하는 데 있다. 고대 교회의 사상가들은 아직 그것을 할 수 있었다. 종교적 상징은 결코 말라빠진 도그마론이 아니었다. 다만 오늘날에도 여전히 그렇게 독단적으로 생각한다면, 그때는 그것이 낡아 빠진 것이 되어 현대인에게 더 이상 영향을 주지 못하는 것이 될 것이다. 그러므로 현대인에게 기독교 복음의 내용에 영적으로 다시 참여할 수 있도록 하는 길을 찾아내야 하는 것이다.

인류의 대다수가 기독교를 도외시하기 시작하는 시대에 사람들이 도대체 무슨 목적으로 기독교를 받아들였는지를 명확하게 통찰하는 것은 가치가 있는 일일 것이다. 사람들은 고대 그리스의 조야함과 무의식성으로부터 벗어나기 위해 기독교를 수용하였다. 우리가 기독교를 옆으로 밀어놓는다면 벌써 본래의 조야함이 거기에 있게 된다. 그에 관해서는 동시대의 역사가 우리에게 더 나은 인상을 주지 못했다. 그곳으로 가는 발걸음은 전진이 아니라 후퇴이다. 이는 마치 적응 형식은 버렸으나 새 형식을 갖추지 않은 개별적 인간에게서 일어나는 현상과 같다; 그는 틀림없이 퇴행적으로 옛길로 다시 접어들 것이며 그것은 그에게 크게 불리할 것이다. 왜냐하면 주위 환경은 그 이후 현저하게 변했기 때문이다. 기독교 도그마에 철학적 근거가 박약하다는 것, 단지 역사적인 인물로서의 예수라는 관념이 종교적으로 공허하다는 이유—그의 모순에 찬 인간됨에 대해 우리는 너무도 아는 것이 적다. 이 적은 것을 가지고 인간적 판단을 내리기에도 혼란스럽다—때문에 기독교와 도덕의 근거를 벗어던지게 된다면 그는 물론 저 고대 그리스 로마 시대의 야만성이라는 문제에 직면한다. 우리는 한 민족 전체가 도덕적 가면을 너무 바보같이 여길 때 무슨 일이 일어나는지 이미 체험하지 않았던가. 그렇게 되면 야수가 날뛰고 모든 문명은 풍기문란의 광란에 빠져 몰락할 것이다.

오늘날 자신이 왜 자기 고유의 스타일Façon로 기뻐할 수 없는지를 모르는 단지 그 이유 때문에 신경증이 된 환자들이 수없이 많다; 그들은 그들에게서 무엇이 잘못되었는지조차도 알지 못한다. 이런 신경증 환자 외에도 수많은 정상적인 사람들—그것도 더 나은 종류의 사람들—이 답답함과 불만감을 느끼고 있다. 왜냐하면 그들은 더 이상 리비도에 길을 열어줄 상징을 갖고 있지 않기 때문이다. 이런 모든 사람을 위해서는 근원적인 사실들로 환원하는 작업이 필요하다. 그럼으로써 그들은 자신의 원시적 인격과 다시 사귀게 되고 어디에서 어떻게 무엇을 참작해야 하는지 알게 된다. 오직 이 방법만이 특정한 요구들을 충족시킬 수 있다. 다른 방법들은 유치하기 때문에 부당한 것으로 인식되어 배척받게 될 것이다. 우리는 우리의 원시성이 오래전에 사라졌고, 그런 것은 더 이상 존재하지 않는다고 착각하고 있다. 이 점에서 우리는 극도의 절망에 빠져버렸다. 악惡은 일찍이 유례가 없을 정도로 우리의 문화를 홍수처럼 뒤덮었다. 이러한 몸서리치는 광경을 통해서 우리는 기독교가 무엇을 대적하고 있는지, 그리고 무엇을 개조하려고 애쓰는지를 파악할 수 있다. 이러한 개조 과정은 물론 후기 여러 세기에 걸쳐 주로 무의식적으로 수행되었다. 나는 전에[『기본 저작집』7권, 108쪽] 리비도의 그런 무의식적 개조는 윤리적으로는 가치가 없다고 지적하였고, 이에 대해서 고대 로마 시대의 기독교를 예로 들었는데 기독교가 당시 어떤 방종과 야만의 힘에 맞섰는지는 분명하다. 이제 나는 또한 오직 믿기만 하는 신앙은 더 이상 윤리적 이상이 아니라는 말도 해야겠다. 왜냐하면 그것은 리비도의 무의식적 변형을 의미하기 때문이다. 신앙을 갖고 있는 자에게 신앙은 하나의 카리스마이다; 그러나 그것을 믿기 전에 무엇인가를 이해해야만 하는 사람에게 신앙은 아무런 해결책도 아니다. 후자는 엄연히 하나의 기질氣質,Temperament이며, 가치가 없다고 무시할 수 없는 것이다. 왜냐하면 결국 신심이 깊은 사람은 하나님이 인간에게 거짓말과 속임수보다 더 좋은 오성을 주었다는 것을 믿기 때문이다. 사람들이 원래, 그리고 당연히 상징을 믿는다고 하지만 사람들은 또한 상징들을 이해verstehen(요해라고도 번역함)할 수도 있다. 신앙의 카리스마가 주어지지 않은 사람들이 갈 수 있는 유일한 길이다.

종교적 신화는 우리에게 우주의 괴물에 압박당하지 않도록 하는 힘과 안전을 부여하는 가장 위대하고 의미 깊은 성과들 중 하나라고 볼 수 있다. 실재론적 관점에서 보면 상징은 결코 외적인 진실이 아니라 심리학적으로 볼 때 진실이다. 상징은 인류의 가장 위대한 모든 성과로 향해 가는 다리였고, 다리이기 때문이다.[37]

심리학적 진실은 절대로 형이상학적 진실을 배제하는 것이 아니다. 그렇지만 과학으로서 심리학은 형이상학적인 모든 주장들을 삼가야 한다. 심리학의 대상은 정신Psyche이고 그 내용이다. 이 두 가지는 실재하는 것들Wirklichkeiten이다. 왜냐하면 작용wirken을 하기 때문이다. 비록 우리가 심혼Seele의 물리학을 갖고 있지 않고, 또한 그것을 아르키메데스의 점으로부터, 밖에서 관찰하고 판단할 수가 없으며, 심혼에 관해 객관적인 것을 아무것도 알지 못하는 데다가 심혼에 대하여 알고 있는 모든 것이 바로 심혼 그 자체이지만, 그럼에도 불구하고 심혼은 우리의 직접적인 삶의 경험이자 현존재의 경험이다. 심혼은 그 자체로 유일하고 직접적인 경험이고 주관적인 세계 실재성의 필수 조건이다. 심혼은 상징들을 창조한다. 상징의 기초는 무의식적 원형이고 상징이 표현되는 형상形像은 의식이 획득한 표상들에서 나온다. 원형들은 누미노제를 지닌 정신의 구성요소들이며 일종의 독립성과 특수한 에너지를 갖추고 있다. 이 힘으로 원형은 그에 어울리는 의식의 내용을 끌어당길 수 있다. 상징들은 변환자Umformer의 기능을 한다. 즉, 상징들은 리비도를 '저급한' 형태에서 더 고급한 형태로 끌어올리기 때문이다.

이러한 기능은 감정 면에서 그것에 최고의 가치들을 부여할 정도로 매우 중요하다. 상징에는 암시하고 확신하게 만드는 힘이 있고, 상징은 동시에 그 확신의 내용을 표현한다. 상징이 확신을 주도록 작용하는 것은 누멘, 즉 원형에 속해 있는 특별한 에너지의 힘 때문이다. 원형 체험은 사람들에게 깊은 인상을 줄 뿐 아니라, 아주 '충격적'이다. 이러한 원형 체험은 당연히 신앙을 낳는다.

'정당한' 신앙은 항상 체험으로 되돌아간다. 그러나 그 밖에도 전적으로 전통의 권위를 토대로 하는 신앙이 있다. 우리는 후자의 신앙도 '정당한' 신앙이라고 표현할 수 있다. 전통의 힘도 하나의 체험을 나타내기 때문인데 문화의 연속성을 위해 이러한 형태의 신앙에는 물론 단순한 습관이라는 위험, 정신적 태만, 그리고 경솔하고 안일한 체념에 빠질 위험이 있다. 이러한 위험은 문화적 흐름의 정지, 심지어는 문화의 퇴보를 초래할 수 있다. 이렇게 기계적으로 되어버린 의존성은 정신적 퇴보와 손을 잡고 유아성으로 빠지게 된다. 전통적인 내용들은 그 고유의 의미를 점차 잃고 삶에 어떤 영향도 미치지 못한 채 단지 형식적으로만 믿게 되기 때문이다. 그러한 믿음 뒤에는 더 이상 아무런 생명력이 없다. 칭송되는 신앙의 어린이다움이란 체험의 감정이 살아 있을 때라야만 의미를 갖는다. 그러나 체험의 감정을 잃어버린다면, 신앙이 단순히 습관적이고 유아적인 의존성으로 전락할 위험이 있다. 유아적 의존성은 무엇을 새롭게 이해하려는 노력을 대치하거나 심지어 방해한다. 내가 보기에는 오늘날 우리에게 일어나고 있는 것이 바로 이러한 정황이다.

신앙에서 중요한 것은 오직 삶에 필수적인 의미를 부여하는 핵심적이며 아주 중요한 '상위표상들'이다. 그러므로 정신치료자가 제일 먼저 해야 할 과제는 그 자신이 상징들을 새롭게 이해하는 것이다. 그래서 인간 심혼의 전체를 표현하는 하나의 태도를 향하여 무의식적으로 보상적인 노력을 하고 있는 그의 환자들을 이해할 수 있도록 하는 것이다.

그러면 이제 다시 미스 밀러의 환영에 눈을 돌려보자.

도시가 나타난 환영에서 "혹이 달린, 가지들이 무성한 기이한 침엽수"가 나온다. 이러한 상像은 더는 낯설지 않다. 우리는 이미 생명의 나무에 관하여, 그리고 그것과 어머니, 도시, 그리고 생명의 물과의 연관성에 관해 들은 바 있다. '기이하다'는 부가어는 아마도 꿈에서처럼 어떤 누미노제를 강조하려는 표현인 것 같다. 유감스럽게도 우리의 저자는 이에 대해서 아무런 개인적인 자료도 첨가하지 않았다. 환영들이 계속 전개되면서 도시의 상징론에서 이미 암시된 나무가 여기서 특히 강조되었기 때문에 나는 몇 가지를 더 나무의 상징사에서 보여줄 필요를 느낀다.

알려진 바와 같이 제례祭禮와 신화에서 나무는 이미 예로부터 중요한 역할을 했다(그림 62). 전형적인 신화의 나무는 낙원의 나무, 혹은 생명의 나무다; 유명한 것은 아티스의 소나무, 미트라스의 나무 혹은 나무들, 스칸디나비아의 세계수Weltesche인 이그드라실Yggdrasill 등이다. 소나무에 아티스의 상像이 걸려 있는 것(그림 120), 유명한 예술적 모티브가 된 마르시아스Marsyas(아마도 본래는 프리기아의 바람 및 자연신, 그리스 신화에서는 반인반수, 번개의 신, 피리 부는 자, 해체되는 신으로 아티스와 동류의 풍요의 신)의 걸려 있음, 오딘의 나무에 걸림, 게르만 민족의 매달아 걸기 희생제의 등이 우리에게 가르쳐주는 것은, 십자가 나무에 걸림이 종교 신화론에서 일회적인 것이 아니라, 그 밖의 다른 것과 마찬가지로 모두 같은 표상 범주에 속한다는 사실이다. 이러한 신화적 직관세계에서 그리스도의 십자가는 생명의 나무이며 동시에 죽음의 나무이

그림 62. 생명의 나무.
이집트 청동 그릇.(26대 왕조)

다(그림 71). 신화적으로 볼 때 인간의 기원이 나무에서 시작되었다고 주장되었듯이, 빈 나무통 속에 매장하는 장례 관습들도 나무와 관련이 있다. 그렇기 때문에 지금까지도 관을 '죽음의 나무'라고 표현하는 것이다. 나무가 중요한 어머니 상징이라는 사실을 고려한다면(그림 62 참조) 매장 방식의 의미가 이해될 것이다: 죽은 자는 다시 태어나기 위해 어머니 속으로 들어간다(그림 64, 81, 108). 우리는 이러한 상징적 의미를 플루타르크[38]가 전하는 오시리스 신화에서 만날 수 있다.

레아Rhea가 오시리스Osiris를 임신함과 동시에 이시스Isis도 임신하였다; 오시리스와 이시스는 이미 같은 자궁 안에서 짝짓기를 하였다(근친상간을 동반한 '밤의 항해' 주제). 그 둘 사이에서 태어난 아들이 아루에리스Arueris로, 후에 호루스Horus라고 불렀다. 이시스에 대해서는 '아주 축축한' 곳에서 태어났다는 말이 있다.[39] 오시리스에 관해서는 테베에서 한 파밀레스Pamyles라는 자가 물을 퍼 올릴 때 제우스 신전으로부터 소리가 들렸는데 위대하고 자비로운 왕 오시리스가[40] 태어날 것이니 가서 알리라고 그에게 명령했다는 이야기가 있다. 이 파밀레스에 경의를 표하기 위하여 팔로포리아Phallophorien와 비슷한 파밀레스인들이 축하를 받았다고 한다. 그러니까 파밀레스는 아마도 디오니소스처럼 원래 남근의 데몬이었던 것 같다. 파밀레스는 남근으로서 창조적 힘을 표현한다. 그의 창조력은 무의식(즉, 물)에서 '퍼 올려지면서' 그때 의식된 내용으로서 신(오시리스)을 생산한다. 이러한 관계는 개인적인 체험으로도 이해될 수 있다: 파밀레스인이 물을 긷는다. 이런 행동은 상징적이며 원형으로서 체험될 수 있다: 그것은 심연으로부터 끌어올려진 것이다; 끌어올려진 것은 누미노제를 지닌 것, 즉 그 이전에는 무의식이었던 내용이다. 그 내용이 하늘로부터의 목소리에 의해서 신의 탄생이라고 해석하지 않았다면 그것 자체는 어둠 속에 있었을 것이다. 이러한 유형은 요단강의 세례에서 되풀이된다(「마태복음」, 3장 17절).

오시리스는 지하계의 신, 티폰Typhon의 교묘한 술책으로 궤짝에 밀폐되어 죽는다; 그가 갇힌 궤짝이 나일강에 던져져서 바다로 흘러간다. 그러나 오시리스는 하계에서 자신의 둘째 누이동생 네프티스Nephthys와 교접하였다. 우리는 여기서 상징성이 어떻게 발전되는지를 볼 수 있다: 자궁 밖의 존재 이전에 어머니 자궁 안에서 오시리스는 이미 근친상간을 저질렀고; 죽어서 두 번째 자궁 내 존재가 되어 다시 근친상간을 저지른다. 두 번의 근친상간의 상대가 모두 그의 여동생들이었다. 고대에는 여동생과의 결혼이 단지 허용되었을 뿐 아니라, 본래 그것을 고귀한 것으로 간주하였다. 그래서 차라투스트라는 근친 간의 혼인을 **추천**하기도 했다.

악한 티폰은 계략을 써서 오시리스를 궤짝 혹은 상자 안으로 들어가도록 유인하였다: 인간에게 내재한 최초의 '악'은 다시 어머니로 되돌아가려고 한다. 다시 말해서 법으로 금지된 어머니와의 근친상간의 경향은 티폰에 의해 고안된 계략이라는 것이다. 오시리스를 궤짝으로 유인하려는 것이 바로 악이라는 점에 주목할 필요가 있다. 왜냐하면 이러한 주제는 목적론에서 비춰보면, 갇히는 상태는 새로운 탄생 바로 직전의 잠복 상태를 의미하기 때문이다. 악도 자신의 불온전성을 인정하고 온전하게 되려고 완성된 재탄생을 위해 노력한다!—"항상 악을 원하면서도 항상 선을 창조하는 그런 힘의 일부분"[41]이다! 특기할 것은 악이 하나의 계략이라는 점이다: 교묘한 속임수로써 인간은 다시금 아이가 되기 위해 어떻게 해서든지 재탄생을 차지하려 하는 것이다. 바로 그것은 '이성적' 판단에 대해서도 그렇게 나타난다. 한 이집트의 찬가[42]는 심지어 어머니 이시스를 비난한다. 그녀가 태양신 레Rê를 배신

그림 63. 암소머리를 한 하토르.
사카라에 있는 세라피스 신전에서 발견된 청동상.(후기 시대)

하고 쓰러뜨렸다는 것이다: 그녀가 아들을 버리고 배신한 것은 어머니 안에 있는 악의 의지로 해석된다. 찬가는 어떻게 이시스가 뱀으로 변해 레가 가던 길에 나타났고, 어떻게 태양신에게 맹독으로 상처를 입혔는지를 노래하고 있다. 레의 상처는 치유되지 않아 결국 그는 천상의 암소 등에 타고 돌아가야 했다. 그러나 오시리스가 성우聖牛 아피스 Apis인 것처럼 암소는 암소머리를 한 어머니 여신(그림 63)이다. 그녀가 가한 상처를 치유받기 위해서 사람들이 그녀 곁으로 대피할 수밖에 없는 것이 마치 그녀의 책임이듯이 어머니는 사람들로부터 비난받는다. 그 상처가 생긴 것은 근친상간이 금기시되고[43] 인간이 어린 시절과 청소년 초기의 기대에 찬 보장에서 단절되면서, 즉 어린애로 하여금 아무런 책임 부담 없이 부모의 부속물로 살아가도록 허용된 모든 무의식적 충동 행위와 단절되면서 생긴 것이다. 그 속에는 "너는 그래야 한다", "너는 그래도 좋다"라는 것이 아직 없던, 모든 것이 오직 단순하게 일어났던 동물의 시대에 대한 매우 감정 어린 추억들이 들어 있음에 틀림없다. 인간의 내면에는 여전히 깊은 증오가 자리 잡고 있는 듯하다. 왜냐하면 무자비한 법이 언제부터인가 인간을 본능적인 아량과 그 자체로 조화롭게 되어 있는 동물적 속성의 아름다움에서 떼어놓았기 때문이다. 이러한 분리는 무엇보다도 근친상간 금지와 그것의 상관관계에 있는 것들(혼인법, 식이금기 등)로 나타났다. 아이가 어머니와의 무의식적 동일성 상태에 있는 동안, 아이는 아직 동물의 혼과 하나이다. 다시 말해 동물처럼 무의식적인 상태에 있게 된다. 의식의 발달은 어쩔 수 없이 어머니와의 구별로 귀결될 뿐만 아니라, 부모와 가족과 구별됨으로써 무의식과 본능의 세계와 상대적인 결별을 하게 된다. 그러나 잃어버린 세계에 대한 그리움은 계속되며, 힘겨운 적응의 행위가 요구될 때면 항상 옛 유아 시절로 돌아가고, 퇴보하고 싶은 유혹에 빠지며 그럼으로써 근친상간의 상징성이 생기게 된다. 이러한 퇴행을 향한 유혹이 의심의 여지가 없는 한 가지 의미를 가진 것이라면, 강력한 의지가 크게 힘들이지 않고도 그 유혹으로부터 해방시킬 수 있을 것이다. 그러나 그 유혹은 한 가지 의미만을 가지고 있지 않다. 왜냐하면 절대적으로 중요한 새로운 적응과 새로운 방향잡기Orientierung는 본능에 상응한 방식으로 진행될 때만이 성공적으로 성취되기 때문이다.

 본능과 상응하지 않는다면 어떤 영속적인 근거도 생기지 않고, 발작적으로 의도된 인공적 산물만 생길 뿐이며 이것은 긴 시간으로 볼 때 살아남을 수 없는 것으로 판명된다. 인간은 이성만으로는 어떤 무엇으로 변환할 수 없고 오직 자신 안에 가능성으로 이미 내재해 있는 것으로만 변환할 수 있다. 그러한 변화가 불가피하게 될 때는, 점차 무너져 가는 지금까지의 적응방식이 다른 적응 형태의 원형에 의해 무의식적으로 보상된다. 만약 의식이 활성화되어 배정된 원형을 의미상으로, 또는 시대적으로 적절한 방식으로 해석하는 데 성공한다면, 그때야 비로소 생명력 있는 변환이 일어난다. 그리하여 만약 어린 시절로부터의 분리가 예고되어 있다면 어린 시절의 가장 중요한 관계 형식, 즉 어머니와의 관계는 어머니 원형에 의해 보상된다. 이러한 성공적인 해석의 한 예를 들면 이제까지 효과가 있었던 것으로 판명된 어머니인 교회가 (그림 61) 있다. 그러나 이런 형태에도 노화현상이 나타나는 만큼 시간이 지나면서 어쩔 수 없이 새로운 해석이 필요해진다.

어떤 변환이 일어난다 하더라도 그 이전의 형태가 지닌 매력은 결코 사라지지 않는다; 어머니로부터 분리된 자는 늘 뒤돌아보며 어머니를 그리워한다. 이러한 그리움은 이미 성취한 모든 것을 위협하는 소모적인 열정이 될 수 있다. 이 경우에 '어머니'는 한편으로는 가장 최고의 목표이며, 또 다른 한편으로는 가장 위험한 위협적인, '무시무시한' 어머니로 나타난다.[44]

밤의 항해가 종결된 뒤에 오시리스가 들어 있는 상자는 비블로스 해안에서 뭍으로 올라가 에리카(히드) 가지에 걸렸다. 에리카 나무가 관을 둘러싸고 장려한 나무로 무성하게 자랐다(그림 64). 이 나라의 왕이 거목이 된 에리카를 베어 지붕을 떠받치는 기둥으로 사용하였다.[45] 오시리스를 상실한 시기(동지冬至)에, 죽은 신에 대한 애도의 물결이 수천 년 전부터 이어져 내려왔다. 그래서 그의 찾아냄Auffindung(εὕρεσις)은 하나의 축제가 되었다.

티폰은 시체를 잘게 조각내어 여기저기 뿌려버린다. 잘게 조각내는 해체의 주제는 수많은 태양신화에서 볼 수 있다.[46] 이는 자궁 안에서 아

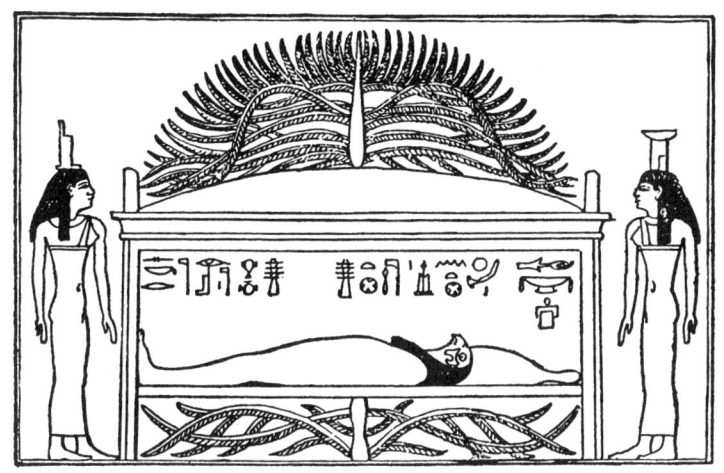

그림 64. 에리카(히드)로 둘러싼 관 안에 누워 있는 오시리스.
덴데라(이집트)에서 출토된 부조.

기가 합성되는 것과는 반대되는 것이다. 실제로 어머니 이시스는 자칼의 머리를 가진 아누비스의 도움을 얻어 시체 조각들을 찾아 모았다. 여기서 시체를 먹어치우는 끔찍한 밤의 개와 자칼이 모든 구성물의 합성, 즉 재탄생의 조력자가 된다.[47] 이집트의 독수리가 어머니라는 상징적 의미를 갖게 된 것은 아마 시체를 먹어치우는 역할 덕택이기도 할 것이다. 페르시아의 고대에는 사람들이 시체를 밖으로 내던져 개가 먹도록 했다. 티베트에서는 아직도 이런 풍습이 있다. 또한 배화拜火교도들은 탑 위에 시체들을 걸어놓고 독수리를 풀어 죽은 시체를 먹게 한다. 페르시아는 죽어가는 자의 침상에 개를 데려오고 죽어가는 사람은 개에게 빵 한 조각을 주는 풍습이 있다.[48] 이러한 풍습이 말하고자 하는 것은 우선 한 조각 빵이 개에 속한다는 사실, 그로써 개가 죽어가는 자의 몸을 보호한다는 것이다. 이는 지옥 여행을 할 때 헤라클레스가 케

어머니와 재탄생의 상징들 —— 113

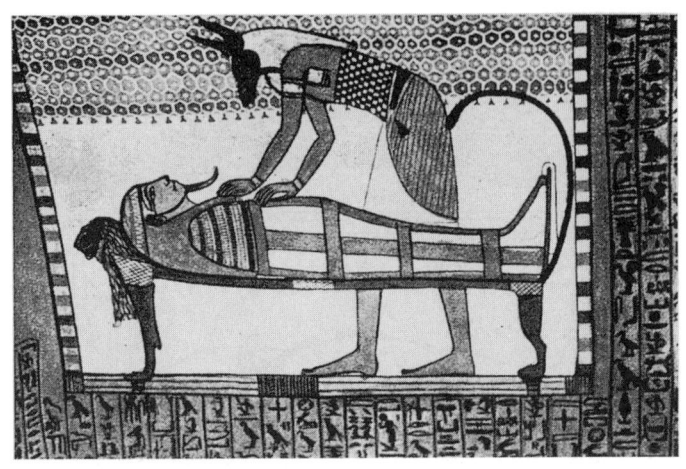

그림 65. 자칼의 머리를 한 아누비스 신이 죽은 시체 위로 몸을 굽히고 있다.
데이르 엘-메디나의 무덤, 테베(이집트).

르베루스Cerberus(Zerberus: 그리스 신화에서 지옥의 입구를 지킨다는 사나운 개나 불친절한 문지기)에게 꿀이 든 과자로 달래는 것과 같다. 그러나 조각난 오시리스의 시체를 다시 합성하는 데 일조한 자칼 머리를 한 아누비스(그림 65)와 독수리의 모성적 의미를 고려해본다면, 이런 의식에 무엇인가 더 심오한 의미가 있는 것은 아닌가 하는 생각이 든다. 크로이처Friedrich Creuzer[49]도 이런 생각에 골몰하여 결국 개의 의식儀式의 천체적天體的 형태, 즉 태양이 가장 높이 올랐을 시간에 견성犬星(시리우스성)이 출현하는 것은 다음과 같은 사실과 관계가 있다는 결론에 도달했다. 즉, 개를 데려온다는 것은 그로써 죽음이 가장 높은 태양의 위상에 다다르게 된다는 점에서 하나의 보상적 의미를 가진다는 것이다. 이것은 전적으로 심리학적인 생각인데 죽음이란(재탄생을 위해) 자궁 안으로 들어가는 것이라고 하는 매우 보편적인 사실에서 드러나는 것

그림 66. 미트라스의 희생 뒤에 이어지는 풍요로움.
헤더른하임의 부조.

과 같다. 미트라스의 희생제식에서 개의 수수께끼 같은 기능도 이러한 해석에 도움이 될 수 있을 것이다. 미트라스가 죽인 황소 옆에 종종 개가 뛰어오르는 모습이 기념비에 그려져 있다. 이때의 개의 희생은 페르시아 전설에서나 기념비에서나 또한 최고로 풍요로운 순간으로 파악된다. 가장 아름다운 것은 헤더른하임Heddernheim에서 출토된 미트라스 부조에 나타난 표현이다(그림 66). 거대한 석판(과거에는 회전할 수 있었던) 한쪽에는 일률적으로 황소의 무릎이 꺾여 희생되어 있는 장면이 있고 다른 한쪽에는 태양Sol이 손에 포도를 들고 서 있고, 미트

어머니와 재탄생의 상징들 —— 115

라스는 보배로운 뿔Füllhorn(꽃, 과일 등을 가득 얹은 뿔 — 풍요의 상징)을 가지고 다도포렌은 과일들을 가지고 서 있는 장면이 있는데, 모든 풍요로움이 죽은 황소에서 나온다는 전설과 일치된다: 즉, 뿔에서 과일이, 피에서 포도주가, 꼬리에서 곡물이, 정액에서 소의 씨족이, 코에서 마늘 등등이 생겨난다. 이러한 장면 너머에는 실바누스Silvanus(로마의 지방신, 숲의 요정, 경계 지킴이)가 그에게서 생성되는 숲의 짐승들과 더불어 서 있다.

이런 맥락에서 보면 개는 크로이처가 추측한 그런 의미를 가지고 있는 것 같다. 지하세계의 여신 헤카테도 아누비스처럼 개의 머리를 하고 있다. 그녀는 견성犬星(canicula = sirius)으로서, 페스트를 예방하기 위해 개의 제물을 받는다. 달의 여신과의 관계는 성장 촉진의 의미가 있을 것으로 짐작된다. 헤카테는 여신, 데메테르에게 처음으로 강탈된 딸의 소식을 알려주었는데, 이 또한 아누비스의 역할을 상기시킨다. 헤카테처럼, 출산의 여신, 에일레이티이아Eileithyia도 개의 희생을 받는다. 헤카테(그림 104) 스스로 때로는 결혼의 여신이기도 하고 출산의 여신이기도 한 것이다. 아직 인간일 때 죽은 자를 소생시킨 죄로 벼락을 맞았던 의술의 신 아스클레피오스Asklepios는 항상 개를 데리고 다니기도 했다. 이런 연관성은 페트로니우스Petronius가 언급한 다음 구절을 설명해준다: "간절히 빕니다. 내 입상 발치에 강아지를 그려주세요.… 내게 그렇게 해주면 당신 덕택에 죽음 후 살아날 것입니다."[50]

다시 오시리스 신화로 돌아가보자! 이시스가 오시리스의 조각난 시체를 모두 모아서 소생시키기 위한 노력을 했음에도 불구하고 오시리스의 성기를 찾지 못했기 때문에 온전하게 그의 소생이 이루어지지 않았다; 성기는 물고기들이 먹어버렸다: 즉 생명력이 상실되었다.[51] 오시리스는 그림자(혼령)가 되어 다시 한 번 이시스와 성교하여 그 결실로 하르포크라테스Harpokrates를 낳는데 하지下肢가 약했다. 여기서 하지는 발γυίον의 의미와 일치한다. 앞에서 언급한 찬가에서는 레Rê가 이시스의 뱀에게 마찬가지로 발을 물렸다. 발은 대지와 가장 가까운 신체 기관으로 꿈에서는 세속적 현실과의 관계를 나타내며 종종 생산적, 또는 남근적 의미를 갖기도 한다.[52] 오이디푸스Οἰδίπους(oedipus = 부은 발)는 이런 의미에서 수상쩍다. 비록 그림자였지만 오시리스는 어린 태양, 그의 아들 호루스를 티폰과의 전투를 위해 단련시킨다. 오시리스와 호루스는 이 논문 서두에 언급한, 아버지-아들 상징성에 일치한다. 오시리스는 한쪽에는 잘생기고 늠름한 아들 호루스를, 또 다른 한쪽에는 대개 불구자로 나타나며 얼굴을 찌푸린 기괴한 아들 하르포크라테스를 두고 엄호를 받고 있다. 동일하지 않은 형제의 주제는 태반胎盤이 갓 태어난 아기의 쌍둥이 형제라는 원시적 표상과 연관이 있는 것으로 보는데, 이는 전혀 터무니없는 것은 아니다.

오시리스는 전해 내려오면서 호루스와 서로 혼합되었다. '호르-피-크루트Hor-pi-chrud'라는 낱말에서 알 수 있듯이 '크루트chrud = 아이', '호르Hor = 위로'라는 뜻이 합쳐져, 그것은 '위로 떠오를 아이'[53]라는 뜻을 지닌다. 지는 해, 즉 '서쪽'에 있는 해를 의인화한 오시리스의 맞은편에서 호루스는 떠오르는 태양을 의미한다. 따라서 오시리스와 호르피크루트 혹은 호루스는 때로는 남편이며, 때로는 같은 어머니의 아들인 존재이다. 거세되지 않은 숫양으로 묘사되는 이집트 남부 지방의 태양신 크눔-레Chnum-Rê는 머리에 물고기를 달고 다니는 여성신 하트메히트Hatmehit를 옆에 두었다. 그녀는 어머니이자 크눔-레의 아내이다. 히비스Hibis의 찬가에서 아몬-레Amon-Rê에게 다음과 같이 기원하고 있다.

"너의 숫양이 멘데스Mendes에 머물러 있고 동물의 신으로서 트무이스Thmuis와 직접 결합한다. 그것은 신들의 주인인 남근이다. 그의 어머니의 황소(신랑)는 암소ahet(어머니)를 기뻐하고 남편은 그의 정액으로 수태시킨다(Ka-mutef)."[54]

다른 문헌[55]들에는 하트메히트가 바로 '멘데스의 어머니'라고 표기되었다(멘데스는 Bi-neb-did의 그리스어: 즉, 숫양이다). 하트메히트는 '선의 여신'으로 불리기도 하고, 또 부가적 의미로 '젊은 여자tanofert'의 뜻도 가지고 있다. 모성을 상징하는 암소는(그림 94) 하토르-이시스의(그림 63) 온갖 있을 수 있는 형태와 변이에서 발견되고 특히 여성적인 눈Nun(이와 비슷한 것이 니트Nit 혹은 네이트Nêith 같은 원초적 여신)과 동시에 남성적이면서도 여성적 성질의 습기 찬 원질료에서 발견된다. 그리하여 눈은 다음과 같이 간구된다[56]: "아몬, 태초의 물[57](바다)…, 시초에 존재하는 것." 그는 아버지들 중의 아버지, 모든 어머니들의 어머니로 표현된다. 이는 눈-아몬Nun-Amon, 니트 혹은 네이트의 여성적인 면을 부르는 경우에 해당한다.

"니트, 노파, 신의 어머니, 에스네Esne의 여주인, 아버지들 중의 아버지, 어머니들 중의 어머니, 딱정벌레이며 독수리이며, 시초에 존재한 것."
"니트, 노파, 어머니(독수리로 나타난), 빛의 신, 레(라Rā)를 낳으셨다. 낳은 것이 아무도 없었던 때에 처음으로 낳으셨다."
"암소, 노파는 태양을 낳으셨고, 신들의 태아와 인간들을 낳으셨다."[58](그림 67)

'눈'이라는 낱말은 '젊고, 신선하고, 새롭다'는 의미를 담고 있으며, 또한 나일강이 범람했을 때 유입된 새로운 물의 의미를 지닌다. 전의된 의미로 '눈'은 혼돈스런 태초의 바다로 사용되고, 여신 누넷에 의해 의인화되어 잉태하는 원초적 물질Urmaterie[59]이기도 하다. 누넷 여신으로부터 천상의 여신 누트가 생겼다. 천상의 여신은 몸에 별이 박혀 있는 모습으로 묘사되거나 혹은 마찬가지로 몸에 별이 박힌 천상의 암소(그림 68)로 표현된다.

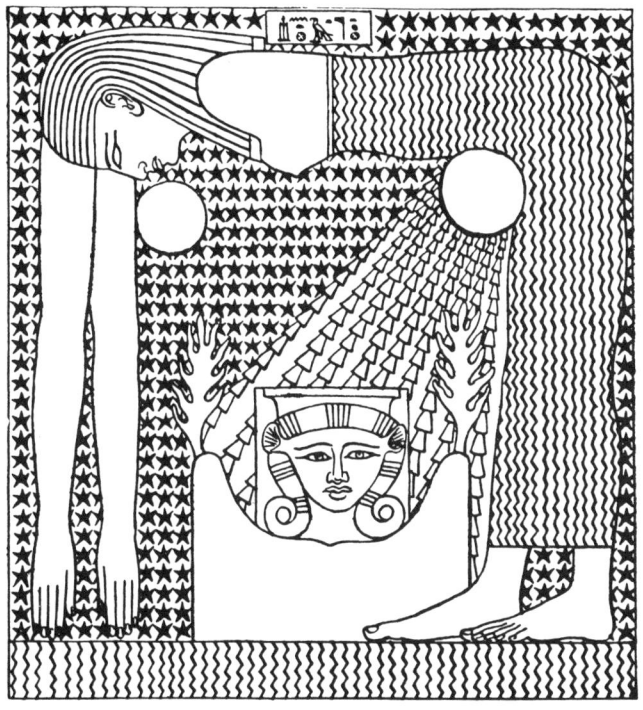

그림 67. 태양을 낳고 있는 니트.
이집트의 부조.

어머니와 재탄생의 상징들 — 119

그림 68. 천상의 암소.
세토스Sethos I세 무덤(이집트)에서.

따라서 태양신이 서서히 천상의 암소의 등 위로 되돌아간다고 할 때 그것은 곧 그가 호루스로 다시 소생하기 위해서 어머니에게 되돌아가는 것을 뜻한다. 여신은 아침에는 어머니이고, 낮에는 누이 또는 아내이고, 저녁에는 다시 어머니가 되어 죽은 자를 품에 안는다.

오시리스의 운명은 이렇게 설명될 수 있다: 그는 모태, 궤짝, 바다, 나무, 아스타르테Astarte(페니키아의 어머니 신, 풍요의 신, 흔히 소의 머리를 하고 있다)의 기둥들로 들어가며, 그는 조각나고 다시 형태를 갖추어 아들 호르-피-크루트로 새롭게 나타난다.

이 신화가 우리에게 주는 또 다른 비밀을 말하기 전에 나무의 상징에 관해 몇 가지를 좀 더 이야기해보자. 오시리스는 그를 둘러싸고 무성해진 나뭇가지 위에 누워 있다.[60] 휘감고 에워싸는 주제는(그림 64) 종종 태양신화나 재탄생 신화에 등장한다. 한 가지 예는 가시 장미공주 이야기이며, 다른 예는 나무껍질과 관목줄기 사이에 둘러싸여 있던 소녀의 전설[61]이다. 어떤 원시 종족의 전설은 태양 영웅을 덩굴식물에서 어떻게 빠져나오게 하는지 이야기하고 있다.[62] 한 소녀가 꿈에서 그녀의 애인을 보았는데, 그가 물에 빠졌다고 한다. 그녀는 그를 구하려고 한다. 그러나 우선 해초들을 물에서 끌어내야 한다. 그런 뒤에 그녀는 애인을 잡아챘다. 또 아프리카 전설에 보면 영웅은 자신의 영웅적 행동 뒤에, 비로소 그에게 엉켰던 해초를 풀고 빠져나온다. 폴리네시아의 이야기에는 영웅의 배가 한 거대한 해파리의 촉수에 감겨버린다. 레Rê의 배는 밤의 항해를 할 때 밤의 뱀에게 휘감겼다. 에드윈 아널드 Edwin Arnold 경이 붓다의 탄생 신화를 시적으로 개작한 작품에도 휘감는 주제가 있다.

> 때가 되었을 때 왕궁 중정에
> 마야 부인은 한낮 팔사Palsa 나무 아래 서 있었다.
> 강건한 수간樹幹을 하고
> 탑처럼 솟아오른
> 향기로운 꽃과 무성한 잎에 싸여서
> 모든 것을 알면서 그에게 이르기를: 때가 왔노라고.
> 이제 나무는 우듬지를 숙여
> 왕비 마마 앞에 절하였다.
> 갑자기 대지가 수천 가지 꽃들을
> 피우고, 편한 침상을 만들었고,
> 옆에 있던 두터운 바위에서 수정 같은
> 물이 흘러나와, 목욕을 준비했다.
> 그녀는 아무런 고통 없이 아들을 낳았다.…[63]

아주 비슷한 주제를 우리는 사모스섬의 헤라 여신의 제례祭禮 전설에서 볼 수 있다. 해마다 신상神像이 신전에서 '사라졌다', 해변가 어디에 있는 버드나무 줄기에 신상을 묶어 놓고 나뭇가지로 둘러쳐놓았다(그림 64 비교). 거기에서 신상이 '발견되면' 결혼식 케이크를 그 상에 바쳤다. 이 축제는 처음에는 제식적 혼인식ἱερὸς γάμος(신성혼)이었다. 왜냐하면 사모스섬에서 제우스가 헤라와 오랫동안 은밀한 정사를 나누었다는 이야기가 있기 때문이다. 더욱이 플라타이아Platää와 아르고스Argos에는 신부의 들러리, 결혼식 음식 등 결혼식 행렬이 그려져 있다. 축제는 결혼식의 달Γαμηλιών(2월 초)에 열렸다. 그러나 플라타이아와 아르고스에서는 신상이 숲의 한적한 자리에 옮겨져 있다. 이것은 아마도 플루타르크가 이야기한 대로 제우스가 헤라를 납치해서 키타이론Kithairon의 동굴에 숨겨놓았다는 이야기와 상응한다. 우리가 이제까지 자세히 설명한 바에 따르면 물론 우리는 거기서 어떤 다른 사유과정, 즉 신성혼Hierosgamos과 결부되어 있는, 다시 젊어지는 마법을 추론할 수 있다. 숲으로, 동굴로, 해안가로 사라지거나 숨기는 것, 그리고 버드나무[64]에 둘러싸이는 것은 곧 죽음과 재탄생을 의미한다. 이른 봄(결혼식의 계절) 가멜리온Γαμηλιών도 그것과 아주 잘 맞는다. 실제로 파우사니아스Pausanias II, 38, 2에 시샘 많은 헤라가 카나토스Kanathos 샘에서 해마다 목욕을 해서 처녀가 되었다는 내용이 기록되어 있다.[65] 이러한 목욕의 의미는 플라타이아 지역 헤라의 제례에서 텔레이아Teleia 전통의 요정들이 물을 나르는 여자들로 등장하고 있다는 내용에서 분명히 드러난다. 『일리아스Ilias』의 이야기에서는 이다Ida 산맥에 있는 제우스의 신방이 묘사되었다.

자, 이제 제우스는 열렬히 아내를 껴안았다.
저 아래 성스러운 땅에 파룻한 풀들이 솟아나고,
이슬 머금은 연꽃들, 크로코스(사프란) 꽃, 히아신스 꽃들이

촘촘히, 그리고 느슨하게 부풀어 올라 땅에서 고개를 높이 들
었다;
꽃들 위에 둘이 누웠고, 아름다운 황금빛 구름이
그들을 에워쌌고 빛나는 안개가 이슬이 되어 아래로 녹아내
린다.
그때 가르가로스Gargaros 높은 곳에 계신 아버지는 달콤한
잠과 사랑에 취해 살짝 잠들었고, 팔로 아내를 안고 있었다.[66]

드렉슬러Drexler는 이러한 묘사[67]에서 태양의 가장 서쪽에 있는 신들의 정원을 암시한다고 보았다. 아마도 호메로스 이전의 신성혼 찬가에서 이러한 표상을 끄집어내었을 것이다.[68] 서쪽나라는 해가 지는 나라로 헤라클레스와 길가메시가 서둘러 가는 곳, 태양과 어머니인 바다가 영원히 젊어지도록 하나로 합치는 곳이다. 그러므로 신성혼이 재탄생 신화와 연결된다는 우리의 추측은 사실로 판명된 것 같다. 파우사니아스[69]는 또한 이와 유사한 신화의 단편들을 언급하고 있다. 즉, 아르테미스 오르티아Artemis Orthia의 신상神像도 리고데스마Lygodesma(버드나무에 묶였다)라고 부르는데 그 까닭은 그것이 버드나무 수풀에서 발견되었기 때문이라고 하였다; 이 보고에 따르면 대부분의 그리스 신성혼 축제와 이미 위에서 논의된 관습들과는 분명히 관계가 있는 것 같다.

프로베니우스가 태양신화들에서 규칙처럼 등장하는 구성요소 중 하나라고 증명한 '삼킴Verschlingen'의 모티브는(그림 69와 70) 여기서 (언어 형상적으로도) '둘러싸다, 얽히게 하다'는 것과 매우 밀접한 관계가 있다. '고래 형상의 용'은 항상 영웅을 '삼킨다'. 때로는 부분만 삼킬 때도 있다. 예를 들면 학교에 가기 싫어하는 여섯 살 난 소녀가 자신의 다리를 커다란 붉은 벌레가 휘감고 있는 꿈을 꾸었다.

그림 69. 태양을 삼키고 있는 데몬.
부조, 동부 자바.(15세기)

소녀는 예상 밖으로 이 징그러운 붉은 벌레에 대해 친근한 관심을 보였다. 자신보다 나이가 많은 여자 친구에게 모성 전이가 되어 친구와 떨어지지 못하는 어떤 성인 여성 환자는 다음과 같은 꿈을 꾸었다. 그녀는 넓은 시내를 건너가려고 하는데 거기에는 다리가 없었다. 그러나 그녀는 시내를 건널 수 있는 장소를 발견한다. 그녀가 막 건너려고 하자 물속에 숨어 있던 커다란 게 한 마리가 그녀의 발을 물고 놓아주지 않았다.[70]

그림 70. 연금술에서 태양을 삼키는 사자.
필사본, 장크트갈렌 중앙도서관.(17세기)

이러한 상像은 어원학적으로도 증명된다: 인도게르만 어근 'vélu-, vel-'이 있는데 이것은 '에워싸다, 둘러씌우다, 돌리다, 향하다'라는 의미를 갖고 있다. 여기서 파생된 것에 다음과 같은 것이 있다: 즉, 산스크리트어 'val, valate = 덮다, 둘러싸다, 에워싸다, 구불구불 휘감다', 라틴어 'vallî = 덩굴식물', 'ulûta = 왕뱀Boa constrictor', 라틴어 'volûtus', 시어詩語로는 'velù, velti = 감다', 슬라브 교회 언어 'vlina', 고대 고지 독일어로는 'wella = Welle(물결)' 등이다. 어근 'vélu'는 또한 어근 '블보vlvo'에 속하는데, 그 의미는 '싸개, 난막, 자궁'을 의미한다. 산스크리트어 'ulva, ulba'도 그와 같은 의미이다. 라틴어로는 'volva, volvula, vulva'이다. 또한 어근 'ulvorâ'도 'vélu'에 속하는데, '비옥한 땅, 식물의 덮개'라는 의미를 지닌다. 산스크리트어 'urvárâ = 파종된 밭', 고대 페르시아어 'urvara = 식물', 같은 어간 'vel'은 '거품이 일다, 물결치다'의 의미를 갖고 있다. 산스크리트어 'ulmuka = 연소燃燒', 'Γαλέα, Γέλα', 고트어 'vulan = wallen', 고대 고지 독일어와 중세 고지 독일어 'walm = 열기, 작열함'[71](열기 때문에 '퇴화Involution' 상태에 있는 태양 영웅이 언제나 머리털이 다 빠져버린다는 것은 전형적인 사실이다)이다. 더 거슬러 올라가서 어근 'vel'이 발견되는데 '소리내다[72], 원하다, 소망하다'의 뜻을 가지고 있다.

에위싸는 주제는 어머니 상징이다.[73] 삼켜버리는 나무들은 동시에 분만하는 어머니들이기도 하다(그림 76). 그리하여 그리스 전설에서 멜리아이 뉨파이μελίαι νύμφαι는 서양 물푸레나무, 즉 청동시대 인류의 어머니들이다. 분데헤쉬Bundehesh는 레이바스Reivas 나무로서 최초의 인간들, 즉 메쉬아Meschia와 메쉬아네Meschiane를 상징한다. 북유럽의 신화에서는 신이 인간을 창조했을 때 생명을 불어넣은 질료가 나무[74](trê = Holz, Baum-나무)라고 기술되었다.[75] 그리스어 휠레ὕλη가 목재Holz라는 사실이 생각난다. 세계수 이그드라실은 세계가 멸망할 때 남녀 한 쌍을 자신 속에 숨겨놓는다. 이 남녀에게서 새로워진 세계의 인류가 태어난다.[76] 세계가 멸망하는 순간에 세계수는 생명을 지켜주는 어머니로, 죽음의 나무이자 동시에 생명의 나무ἐγκόλπιον가 된다.[77] 이집트의 『사자의 서書』에서 「동방의 혼에 대한 지식의 문」이라는 제목의 장章에서 볼 수 있는 상像 또한 세계수의 이러한 재생 기능으로 미루어 볼 때 그 뜻이 분명해진다.

"나는 거룩한 배의 용골龍骨의 조종사. 나는 라Ra의[78] 배 안에서 휴식을 모르는 조타사. 나는 에메랄드 초록빛 나무를 알고 있다. 그 나무 한가운데에서 나는 구름의 높이로 솟아오른다."[79]

배와 나무(죽음의 배와 죽음의 나무[o. p. 90 참조])가 여기에 함께 있

그림 71. 생명의 나무에 매달린 그리스도.
회화, 스트라스부르Straßburg.

다. 그림은 라가 나무에서 태어나 승천했음을 보여준다. 헤더른하임의 부조에 나와 있는 태양신 미트라스의 모습도 그와 같은 것을 암시한다. 미트라스는 한 나무 꼭대기에 몸의 반쪽이 드러나도록 솟아오른다(그림 77). 같은 식으로 미트라스는 다른 기념비에 몸의 반쪽을 바위에서 내밀고 있는 장면이 있는데, 이로써 미트라스의 바위로부터의 탄생을 구체적으로 보여주고 있다. 흔히 미트라스의 탄생 장소 옆에는 강이 있다. 이러한 상징 집성물集成物에 상응하는 것이 최초의 작센 왕 아쉐네스Aschenes의 출생이다. 그는 숲속 한가운데 분수[80] 옆에 있는 송진 바위Harzfelsen들에서 성장한다.[81] 여기서 우리는 대지, 나무, 그리고 물이라는 어머니를 상징하는 모든 것들이 연합되어 나타남을 본다. 따라서 중세 때 나무를 보고 경칭으로 '부인'이라고 시적詩的으로 표현한 것은 전혀 근거가 없는 것이 아니다. 마찬가지로 죽음의 나무 십자가에서 생명의 가지, 즉 생명의 나무를 만들어낸 기독교 전설은 전혀 놀랄 만한 것이 아니다. 종종 그리스도는 푸르게 번성하고 열매를 맺는 생명의 나무에 못 박힌 것으로 묘사되었다(그림 71). 십자가가 이미 바빌로니아에서는 제례의 상징으로 확인되어 있는 생명의 나무로 소급된다는 사실이 십자가 역사 전문가 최클러Otto Zöckler[82]는 전적으로 가능하다고 보았다. (전반적으로 퍼져 있던) 상징에 대한 기독교 이전의 의미는 이런 견해와 모순되지 않는다. 오히려 그 반대이다. 왜냐하면 그 상징의 의미는 생명이기 때문이다. 태양 제례에서의 십자가(여기서 같은 팔 길이의, 태양륜으로 표현되는 스바스티카 卐자)의 출현이나 사랑의 여신들의 제례에서 위의 (역사적) 의미는 결코 모순되지 않는다. 기독교 전설은 이런 상징주의를 충분히 이용하였다. 중세 예술사에 정통한 사람은 십자가가 아담의 무덤에서 자라나는 표현을 잘 알고 있다(그림 72).

전설은 아담이 골고다 언덕에 묻혔다고 전한다. 세트Seth는 아담의 무덤에 낙원의 나뭇가지를 심었고 그것이 자라 그리스도가 매달린 십자가, 즉 죽음의 나무가 되었다.[83] 알려진 대로 아담의 잘못 때문에 죄와 죽음이 세상에 오게 되었고, 그리스도는 자신의 죽음으로 우리를

그림 72. 아담의 무덤에서 자란 십자가.
스트라스부르 대성당 서쪽 문.(1280년경)

죄에서 구원하였다. 아담의 죄가 도대체 어디에 있었냐는 질문을 한다면 그 대답은 아담의 용서받을 수 없는, 그래서 죽음으로 보상해야 하는 죄, 즉 감히 낙원의 나무에서 열매를 따 먹었다는 것이다.[84] 한 유대의 전설은 그 죄의 결과를 다음과 같이 기술하였다; 아담과 이브가 원죄를 저지른 뒤에 낙원을 잠깐 볼 수 있도록 허용된 자가 있었는데 거기에서 그는 나무와 네 개의 강을 보았다. 그러나 나무는 말라버렸고 나뭇가지에는 갓난아기가 놓여 있었다. 어머니는 수태를 하였던 것이다.[85]

어머니와 재탄생의 상징들 — 129

그림 73. 신생아를 유괴하는 라미아.
'하르퓌이아(그리스 신화: 여자 얼굴에 새의 몸을 지닌 괴물)의 무덤'에서 나온
그림 모양의 띠. 크산토스의 언덕Akropolis von Xanthos에 자리한 성.

이 주목할 만한 전설은 아담이 이미 이브 이전에 릴리트Lilith라는 이름의 마녀를 가지고 있었고 그녀와 주권을 다투었다는 유대 전승과 일치한다. 이 여자는 신의 이름을 걸고 마술로서 공중으로 높이 솟아오르고 바다에 몸을 숨겼다. 그러나 아담은 세 천사의 도움으로 그녀를 다시 잡아들였다.[86] 릴리트는 임산부를 위협하고 신생아들을 훔쳐가는 몽마夢魔인 마르Mar, 혹은 흡혈요괴, 라미아Lamia가 되었다(그림 73). 유사한 신화에서 아이들을 놀라게 하는 밤의 유령으로 흡혈요괴 라미아들이 나오는 신화가 있다. 근원적인 전설은 라미아가 제우스를 유혹

했지만, 질투심 많은 헤라가 라미아에게 마법을 걸어 죽은 아이만 낳게 했다는 것이다. 그 이후로 광포한 라미아는 늘 쫓아다니며 아이들을 죽이는, 아이들의 박해자가 되었다. 이 주제는 민담에서 자주 반복된다. 즉, 어머니가 바로 살인자[87]가 되거나 사람을 잡아먹는 마녀로 등장한다(그림 74); 독일 민담Märchen 중 이 주제를 나타내는 모범적인 이야기는 잘 알려진 「헨젤과 그레텔」이다. 라미아Λαμία는 또한 거대하고 탐욕스러운 바다 고기[88] 이름인데, 이로써 프로베니우스가 다른 고래 모습의 용 주제로 이어지는 하나의 다리를 이루고 있다. 우리는 여기서 다시금 죽음의 의인화이며 탐욕스러운 물고기의 형상을 한 무서운 어머니를 만나게 된다.[89] 프로베니우스가 말한 수많은 예를 보면 괴물이 인간뿐만 아니라(그림 74) 동물, 식물, 심지어는 온 나라를 삼켜버린다. 이 모든 것은 영웅에 의해 영광스러운 재탄생으로 구원된다.

라미아들은 여성적인 본성들이 풍부하게 드러나는 전형적인 몽마들이다.[90] 그녀들에 대해 널리 알려진 특이성은 그들이 자신의 제물에 올라탄다는 것이다. 그들과 대립되는 존재는 요괴 같은 말인데 이 말은 올라탄 사람을 광포한 질주로 유괴한다. 이와 같은 상징의 형태들에서 우리는 쉽게 악몽의 전형을 인식할 수 있다. 이것은 라이스너 Max L. W. Laistner[91]의 시도로 이미 민담 해석에서 중요성을 갖게 된 것이다. 승마는 소아심리학 연구 결과 중 하나의 특별한 측면을 갖는다: 이와 관계된 프로이트와 나의[92] 논문은 한편으로는 말이 갖는 공포의 의미를, 다른 한편으로는 승마 환상의 겉보기로 성적인 특성을 지적하였다. 여기서 본질적인 것은 리듬인 것 같다. 이것은 이차적으로만 성적인 의미를 취하게 된다. 만일 우리가 이러한 경험들을 고려한다면, 모성적인 세계수 이그드라실을 독일어로 '공포의 말'이라고 한다는 사실에 대해 그리 놀라지 않을 것이다. 카네히터르Hendrik Cannegieter는 몽

그림 74. 인간을 잡아먹는 어머니.
틀링깃에서 발견된 샤먼의 부적.
알래스카 남동 지역(현대).

마에 대해 다음과 같이 말했다: "농부들은 말의 두개골의 한 뼈를 지붕 위에 던져놓으면서 여자 귀령들(어머니 여신들, 운명의 여신들)을 내쫓는다. 종종 그런 뼈들이 해당지의 농부들 집 위에 있는 것을 보기도 했다. 그러나 밤에 귀령들은 잠자는 시간에 말을 타야 했다. 말들은 오랫동안 계속되는 지루한 여행에 지쳐 있다."[93] 몽마Mar와 말이 짝을 이룬다는 것은 첫눈에 보기에도 어원학적으로도 연관이 있는 듯하다. 몽마nightmare와 암말mare, 암말의 인도게르만 계통의 표현은 마르크mark이다. 독일어로 말은 Mähre이고, 영어로는 mare, 고대 고지 독일어로는 marah(수말)와 meriha(암말), 고대 북유럽어로는 merr(mara = 악령 Alp), 앵글로색슨어로는 myre(maira)이다. 불어 코쉬마르cauchemar〔악몽, 지긋지긋한 것, 괴로운 사건〕는 라틴어 calcare = treten(밟다, 반복 의미가 있어 '포도를 압착한다'의 뜻이 있다)에서 유래하는데, 암탉을 '밟는〔교미하는〕' 수탉이라는 의미로 말하기도 한다(수탉의 교미). 이러한 동작은 마찬가지로 몽마Mar에 전형적인 것이다. 그러므로 발란디Vanlandi 왕에 관해서 이렇게 말하는 것이다. "마라가 수탉을 밟는다Mara tradt hann." 마라Mara는 자고 있는 그를 죽도록 밟는다.[94] 알프Alp나 마르Mar〔둘 다 몽마〕의 동의어로 '트롤Troll' 혹은 '짓밟는 자Treter'가 있다. 밟는 동작(calcare)은 프로이트와 내가 어린이에 관한 경험에서 증명한 바 있는데 아이들의 밟기, 혹은 '손과 발을 버둥댐Strampeln'에는 어떤 2차적인 성적 의미가 있다는 사실이다. 그에 반하여 리듬은 분명 일차적인 것이다. 마라와 마찬가지로 '슈템페Stempe〔아이들을 괴롭히는 몽마〕'도 밟는다.[95]

아리안 공동 어간에서 마르mar는 죽음을 의미한다. 따라서 '마라mara'라는 낱말은 '주검' 혹은 죽음을 의미한다. 여기에서 '모르스mors, 모로스μόρος = 운명', 마찬가지로 '모이라μοῖρα'라는 말이 생겨난다.[96]

세계수 아래에 앉아 있는 노르넨 여신Nornen〔북유럽의 운명의 3여신〕은 다 아는 대로 클로토Klotho, 라케시스Lachesis, 아트로포스Atropos와 같이 운명을 대변한다. 켈트인들에서도 운명의 여신fatae의 개념이 어머니 matres, 그리고 노부인matrone을 파생시켰다.[97] 독일인들은 어머니의 개념에 신적인 의미를 담았다. 어머니의 이런 신적인 의미는 율리우스 카이사르의 유명한 구절이 말해주고 있다: "…그로써 그들 가족의 어머니들은 전투를 개시하는 것이 유리한지, 개시하지 않는 것이 유리한지의 여부를 제비뽑기와 신탁으로 알아낸다."[98] Mar의 어원학에 덧붙일 것은 불어의 mère가 독일어의 어머니인 Mutter와 Mar 사이의 아주 유사한 소리를 내고 있다는 점이다. 물론 이에 대해 어원학적으로 증명된 것은 없다. 슬라브어에서는 mara는 마녀를, 폴란드어 mora는 Alp(몽마)와 같은 뜻이다. Mor 혹은 more(스위스 독일어에서)는 어미돼지(욕설로도 쓰임)를 뜻한다.―뵈멘 지방어로 mura는 몽마Nachtmar, 저녁 나방Abendschmetterling〔밤에 돌아다니는 나방〕, 혹은 스핑크스Sphinx라고 부른다. 이렇게 특이한 연관성을 갖게 된 것은 아마 나비가 프시케Psyche(정신)의 비유이자 상징이기 때문일 것이다. 스핑기대Sphingidae들은 저녁 나방들이다: 이들은 몽마Mare들처럼 해 질 녘 어스름할 때 나타난다. 마지막으로 언급할 것은 아테네의 신성한 올리브나무를 모리아μορία라고 부른다는 사실인데, 이는 모로스μόρος, 즉 운명에서 파생된 말이다. 할리로티오스Halirrhotios가 나무를 베려고 했으나, 그는 손도끼로 자살하고 말았다.

    mar, mère가 음성학적으로, 또 어원학적으로 우연하게 독일어로 Meer(바다)와 라틴어 mare와 연관되는 것은 주목할 만하다. 이러한 연관은 아마도 우리에게 처음에는 오직 하나의 세계를 의미했고, 나중에는 전 세계의 상징이 된 어머니의 가장 '위대하고, 원초적인 상'을 가리키는 것은 아닐까? 어머니들에 대해 괴테는 이렇게 말했다: 그들은 "모든 피조물의 상들에 의하여 둘러싸여 떠다닌다."⁹⁹ 또한 기독교도들은 끊임없이 성모를 물과 결합시킨다. 성모송은 "복되도다, 바다의 별, 당신이여Ave maris stella"로 시작된다. 유아 언어 마마ma-ma(엄마의 젖가슴)는 모든 언어에서 반복되며, 두 종교의 여자 주인공이라 할 어머니들이 마리아Maria와 마야Maja라고 부르는 것은 매우 의미심장하다. 어린아이의 엄마가 말Pferd이라는 사실은 원시적인 풍습이 가장 분명하게 보여주고 있다. 어린아이를 등에 업거나, 허리에 태워주는 풍습이 그것이다. 게르만 민족의 신 오딘은 세계수, 즉 어머니이며 그의 '공포의 말'에 매달려 있었다.

  이집트적 표상에 따르면 신들의 어머니 이시스는 독사와 함께 태양신에게 악의적인 장난을 쳤고, 또 플루타르크가 기록한 전승에 보면 이시스는 자신의 아들 호루스를 배반한다. 이 사실을 우리는 이미 앞에서 살펴보았다: 그 결과 호루스는 아버지 오시리스를 음험하게 살해하는 사악한 티폰을 제압한다. 그러나 이시스는 티폰을 다시 풀어준다. 이에 화가 난 호루스는 어머니를 손에 쥐고 머리에서 여왕의 장식을 잡아채버린다.¹⁰⁰ 그 대신 헤르메스는 그녀의 머리에 소머리를 씌웠다(그림 63). 그 후에 호루스는 두 번째로 티폰을 제압하였다. 그리스 전설에서 티폰은 용이다. 티폰이 용이라는 확인이 없다고 해도 호루스의 싸움은 태양 영웅의 '고래 용'과의 싸움이라는 것은 분명하다. 그러나 후자에 대해서 우리는 그것이 인간을 집어삼켜 조각내고 가루가 되게 하는 무서운 죽음의 목구멍을 나타낸다는 것을 알고 있다(그림 74).¹⁰¹ 이런 괴물을 이기는 자는 새로운, 혹은 영원한 젊음을 획득한다. 그러나 그러기 위해서는 수많은 위험에 대항하여 괴물의 몸속에 내려가¹⁰²(지옥행) 그 밑에서 얼마 동안 머물러야 한다('밤의 바다 감옥').¹⁰³

그러므로 밤의 뱀과의 싸움은 어머니를 극복하는 것을 의미한다. 이로써 어머니는 치명적인 범행, 즉 아들의 배신을 당하게 되는 것이다. 이러한 연관들을 완벽하게 증명해주는 것이 조지 스미스George Smith가 발견하여 대부분 아슈르바니팔Assurbanipal 도서관에 소장되어 있는 바빌로니아의 세계 창조 서사시의 단편들이다. 이 원전이 만들어진 시대를 함무라비Hammurabi 시대로 추정할 수 있다(기원전 2000년). 이런 창조에 관한 보고에서 우리는 이미 잘 알려진 심연의 아들[104]이자 지혜의 신인 에아Ea가 압수Apsû를 정복했다는 사실을 알 수 있다. 압수는 위대한 신들을 낳은 자다. 그러므로 에아가 아버지를 정복한 것이다. 그러나 티아마트Tiâmat는 복수를 생각했다. 그녀는 신들을 물리치기 위해 전쟁 채비를 하였다:

"모든 것을 만드셨던 어머니 후부르Hubur는
대항할 수 없는 무기들을 손에 넣고, 거대한 뱀을 낳았다.
날카로운 송곳이, 어느 면에서도 가차 없는(?);
그녀의 몸에는 피 대신 독이 가득했다.

성난 거대한 도롱뇽들(?)을 그녀는 공포로 포장하고;
끔찍한 광채로 가득 채워 높이 솟아 있게 만들었는데(?)
그들을 본 자는 공포에 질려 꺼져버릴 듯(?)
그들의 몸들은 일어설 것이다. 어떤 것도 도망치지 않은 채.

그녀는 도롱뇽들(?), 용들과 라하무들Lahamen〔바빌로니아 신화에서 재앙을 의인화한 혼돈의 뱀〕, 태풍, 미친개들
전갈 사람들을 갖다 놓았다.

엄청난 폭풍, 물고기 사람들과 숫양(?)들을.
싸움을 두려워하지 않고, 무자비한 무기를 든 채
그녀(티아마트)의 명령은 너무도 강력하여 저항할 수 없는…"

"티아마트가 자신의 과업을 막강하게 치르고 난 후,
그녀(악惡)는 신들, 그녀의 후예들에 대항할 궁리를 했다(?);
압수Apsû의 모욕을 앙갚음하기 위해, 티아마트는 악을 행하였 는데…"

"그때 에아Ea가 그런 사실을 들었기에,
몹시 불안해했고, 슬프게 주저앉았다.…"

"그는 아버지, 즉 자신을 낳은 안사르Ansar에게 가서
티아마트가 계획한 모든 것을 알렸다:

우리의 어머니 티아마트는 우리에 대해 적의를 품었고,
매우 화가 나서 도당을 규합할 계획을 세운다."[105]

티아마트의 무서운 군사들에 대항하여 신들은 결국 봄의 신 마르둑 Marduk, 즉 승리의 태양을 내세운다. 마르둑은 자신이 발명한 흉기를 가지고 전투 채비를 한다. 이르기를:

"그는 악의 바람 임훌루Imhullu, 즉 남풍과 태풍;
네 바람, 일곱 바람, 회오리 바람(?)
그리고 재앙의 바람(?)을 일으켰다.

그런 다음 그 바람을 일곱으로 나누어 밖으로 나가게 하였다;
티아마트의 내부로 불게 하여 혼란시키고, 그 바람들을
그의 뒤로 넘어서 잦아들게 하였다.

그런 후 주님은 자신의 위대한 무기인
회오리바람(?)을 높이 쳐들고;
마치 수레처럼 그는 비길 데 없이 끔찍한 폭풍을 올라탔다."

그의 주무기는 바람과 티아마트를 옭아맬 그물이었다. 그는 티아마트에게 다가가 결투를 신청한다.[106]

"그때 티아마트와 신들 중의 현자(?), 마르둑이 함께 등장했다,
전투를 위해 정신을 가다듬으며(?); 싸움터에 다가가면서:
그때 주님은 자신의 그물을 펼쳐 그녀를 잡았다;
그는 그녀의 얼굴을 향해 그를 수행하는 악의 바람을 불었다.

티아마트가 그녀의 입을 될수록 크게 벌릴 때(?),
그는 악의 바람을 그 속에 들여보냈고, 그 때문에 그녀는
입을 다물 수가 없었다.
그는 성난 바람으로 그녀의 몸을 가득 채웠고;
그녀의 내부는 점령되었고(?), 그녀는 입을 계속 크게 벌리고
있어야 했다.

그는 창을 들고(?), 그녀의 몸을 뚫었고,
그녀의 몸 내부를 갈기갈기 찢었다. (그녀의) 심장을 도려내고

그녀를 꽁꽁 묶어 그녀의 목숨에 종지부를 찍었다;
그는 그녀의 시체를 내던져 짓밟았다."

마르둑은 어머니를 죽이고 난 후, 세계 창조를 계획했다.

"그때 주님은 그녀의 시체를 눈여겨 바라보면서 잠시 쉬었다.
그런 다음 영리하게 계획하면서 그 거인(?)을 쪼갰다;
그는 그녀를 편편한(?) 물고기를 다루듯 둘로 나누었다.[107]
그녀의 반쪽을 세워, (그것으로) 하늘을 덮었다."

이렇게 마르둑은 어머니로부터 세계 만물을 창조했다(그림 117). 여기서 어머니 용의 죽음이 부정적인 조짐을 나타내는 바람의 수정受精이라는 상像 아래에서 이루어진다는 사실을 알 수 있다. 세계는 어머니로부터 창조된다. 즉, 그 창조는 (희생을 통해) 어머니로부터 빼앗은 리비도를 가지고, 그리고 영웅을 지배하려고 위협하는 리비도의 퇴행이 저지됨으로써 이루어진 것이다. 이 의의 깊은 공식은 마지막 장에서 더 자세히 조명하게 될 것이다. 『구약성서』 문헌에도 군켈Hermann Gunkel[108]이 증명하였듯이 이 신화에 대한 흥미로운 유례類例가 있다. 「이사야」 51장 9절 이하에 다음과 같은 말이 있다.

"깨어나소서! 깨어나소서! 여호와의 팔이여, 능력으로 무장하소서. 옛날에 그러셨듯이, 그 아득한 시대의 종족들에게 그러셨듯이 깨어나소서! 라합Rahab을 저미시고 용을 찌르신 이가 바로 당신 아니셨나요? 바다의 한없는 물을 말리시고, 바다 깊은 곳에 길을 내시어 구원된 자들로 건너게 하신 이가 당신이 아니셨나요?"

라합이라는 이름은 『구약성서』에서 용과 마찬가지로 이집트인에 대해 즐겨 사용되었다(「이사야」 30장 7절에 이집트인을 '침묵하게 만들어버린 라합'이라고 하였다); 따라서 라합이라는 이름은 무엇인가 악의적인 것, 적개심에 찬 것을 의미하는 것 같다. 여기서는 라합이 늙은 용, 즉 티아마트로 등장하는데 그 끔찍한 힘에 대항하여 마르둑, 혹은 야훼가 출전한다. '구원된 자들'이라는 표현은 노예 생활로부터 해방된 유대인과 관계되기도 하지만 또한 신화학적으로 보면 영웅이 이미 이전에 고래용이 삼킨 것들을 고래용 배 속에서 꺼내어 해방시킨 것을 의미한다(프로베니우스, 앞에 인용한 곳).

「시편」, 89편 11절[새 판본의 수]:
 "당신은 때려죽일 자에게 하듯 라합을 짓밟으시고…"

「욥기」, 26장 12절 이하:
 "그의 힘은 바다를 잠재우셨고,
 그의 슬기는 라합을 쳐부셨네.
 그의 입김으로 하늘은 개었고,
 그의 손이 도망치는 레비아탄(뱀)을 찔러 죽였네."

군켈은 라합을 혼돈과, 즉 티아마트와 동일하게 보았다. 라합 용은 레비아탄Leviathan, 즉 물에 사는 거대한 괴물이자 바다의 의인화로 나타난다.

「시편」, 74편 13절 이하[새 판본의 수]:
 "당신은 그 크신 힘으로 바다를 가르시고,

물 위에 솟은 괴물들의 머리를 짓부순 분.
당신은 레비아탄의 머리를 쳐내어서,
그 고기로 황야에 사는 짐승들을 먹이신 분.
샘을 터뜨려 물길을 트시고,
엄청난 강물도 말리셨습니다."

또 다른 유례는 「이사야」 27장 1절에 있다.

"그날에 야훼께서는 날서고 모진 큰 칼을 빼어들어 날랜 뱀(레비아탄), 꾸불꾸불 기어가는 뱀, 레비아탄을 쫓아가 그 바다 괴물을 죽이시리라."

「욥기」 40장 20절(25절?) 이하에서 우리는 하나의 특별한 주제를 만나게 된다.

"너는 낚시로 악어를 낚을 수 있겠느냐,
끈으로 악어의 혀를 눌러 맬 수 있겠느냐?
갈대의 골풀 줄로 그 코를 꿸 수 있겠느냐,
갈고리로 그 아가미를 꿸 수 있겠느냐?"

프로베니우스는 이 주제에 대해 바다 괴물을 낚는 원시 신화의 수많은 유례들을 발견하였다.

우리는 근친상간 금기가 어머니를 통해 스스로를 다시 생산하려는 아들을 비유적으로 방해한다는 사실을 앞에서 살펴보았다. 다시 생산되거나 새로워진 전체로 다시 태어나는 것은, 구체적으로 존재하는, 인간 그 자체가 아니다. 그것은 신화의 진술에 따라 다시 젊어지는 영웅이나 신이다. 그러나 이러한 형상들은 일반적으로 리비도 상징들(빛, 불, 태양 등)을 통해 표현되거나 그러한 특징을 나타낸다. 그래서 그 형상들이 마치 정신적 에너지 혹은 삶의 에너지를 묘사하는 것처럼 보인다. 실제로 그 형상들은 리비도를 의인화한다. 그런데 정신의 모든 부분이, 그것이 어떤 자율성을 지니는 한, 인격 특성을 나타낸다는 사실은 정신의학적 경험으로 증명된 사실이다. 히스테리의 해리된 산물들, 심령술사들의 '유령들', 그리고 꿈의 형상들 등이 그 예이다. 모든 해리된 리비도의 값Libidobetrag, 즉 모든 콤플렉스는 (단편적인) 인격을 갖거나 혹은 인격이다. 순수한 관찰이라는 관점에서 본다면 그렇게 보이는 것이다. 그러나 만약 우리가 그것의 밑바닥으로 같이 규명해 들어가본다면, 원형적인 구성이 문제된다는 것을 알게 된다. 원형적인 형상들이 선험적으로 인격적인 특성을 지니고 있는 것이지 이차적으로 의인화되는 것이 아니라는 가정을 반대할 만한 어떤 절대적인 논증도 없다. 즉, 원형들이 단순히 기능적인 연관성을 표현하는 것이 아니라면, 원형들은 다이모네스δαίμονες, 즉 신적인 본질로, 인격적 동인persönliche agentia으로 시현示顯된다. 원형들은 먼저 이러한 형식으로 경험되는 것이다. 그것은 합리주의가 그러기를 원하는 것처럼 고안해낸 것이 아니다. 따라서 인간은 자신의 인격 특성을 신화가 말해주듯이 인간이 영웅들과 신들로부터 기원한다는 것에서 이차적으로 도출한다. 심리학적으로 말하면: 인간의 개인 인격의 의식 Persönlichkeitsbewußtsein은 마치 개인다워진 원형들Personhafte Archetypen의 작용으로 생기는 것이다.[109] 이러한 견해에 대해서는 수많은 신화적 예증들이 제시되어야 할 것이다.

변환하는 것은 우선 신이다. 그리고 그를 통하여 인간도 변환에 동

그림 75. 세계의 알의 형성. 이집트.

참한다. 그리하여, '조형가, 도공, 건축사'인[110] 크늄Chnum은 물레 위에서 그의 알[卵]을 만들어낸다(그림 75). 왜냐하면 그는 "불사의 성장, 자가생식자이자 자가출산자이며… 근원의 물Urwasser에서 떠오른 알의 창조자"[111]이기 때문이다. 『사자의 서』에 이르기를: "나는 고귀한 매(즉, 태양신)이며, 그의 알에서 나온 자이다.…" 더 나아가: "나는 눈Nun(혼돈스런 태초 근원의 물)의 창조자. 지하계에 그의 자리를 취한 자이다. 나의 보금자리는 바라볼 수 있는 것이 아니며, 나의 알은 깨지지 않는다."[112] 그 이후의 몇 구절은 이렇게 되어 있다: "알 속에 있는 저 위대하고 영광스러운 신은 자신에게서 생성된 바로 그것을 나타내는 자, 즉 자신의 창시자."[113] (그림 109) 그러므로 신 또한 나가가-우에르 Nagaga-uer, 즉 "위대한 꽥꽥대는 자Gackerer(거위)"라고 부른다. 『사자의 서』 81장 2절과 98장 2절: "나는 거위처럼 꽥꽥대고[nagaga] 나는 매와

어머니와 재탄생의 상징들 — 143

같이 휘파람 소리를 낸다."[114]

퇴행하는 리비도의 신으로의 이행은 근친상간을 행하는 자가 신 혹은 영웅이라는 직접적인 표명을 허용한다. 아주 옛날 고대적인 전前 단계에서는 아직 어떤 다른 상징화가 필요치 않았다. 상징화는 신의 신용을 떨어뜨리는 직접적인 표명이 시작될 때라야 비로소 필요하게 된다. 물론 그렇게 되는 것은 더 높은 도덕적인 단계에서 비로소 가능한 것이다. 그리하여 헤로도토스는 다음과 같이 보고한다.

"부시리스Busiris시에서 이시스 축제가 열리는 것을 나는 이미 알고 있었다. 봉헌을 한 뒤에 모든 남자와 여자들, 아마 수천 명이 몽둥이로 서로 두들겨댔다. 누구 때문에 그들이 서로 때리는지 이름을 말하는 것조차 죄스럽다.… 하지만 파프레미스Paprémis에서는 그들은 그 밖의 지역과 마찬가지로 성스러운 행동으로 희생제의를 거행했다. 해 질 무렵에 거의 몇 명 안 되는 승려들이 신상神像 주위에서 일하는 반면 대부분의 사제는 나무로 만든 곤봉을 들고 입구에 서 있다; 그리고 서약을 충족시키길 바라는 천 명이 넘는 남자들도 사제들 맞은편에서 모두 뭉쳐서 나무 막대기를 들고 서 있다. 그 전날 저녁에 그들은 작고 금 도금된, 목제의 신전에 있던 신상을 끌어내어 다른 성전으로 옮겨두었다. 그때 조각상 옆에 남아 있던 몇몇은 네 발 수레를 끌었는데, 그 수레 위에는 신상을 에워싸고 있는 신전이 있었다. 그러나 신전의 입구 홀에 서 있던 다른 사람들은 그들을 안으로 들이지 않았다. 오직 신에 의지하여 서약의 의무를 수행하려는 사람들만이 방어하기 위해 그들에게 달려들었다. 이제 그곳에서 격한 막대기 싸움이 벌어졌고, 그들은 서로 머리를 때렸다. 내가 믿기로는 아마 수많은 사람들이 부상을 당해 죽게 되었다. 그럼에도 불구하고 이집트인은 자기들 중 한 사람도 죽지 않았다고 주장했다.

   토착민들은 이러한 축제 집회가 다음과 같은 이유에서 도입되었다고 주장하였다: 이 성전에 아레스Ares의 어머니가 살고 있다는 것이다.[115] 그런데 아레스는 외지에서 양육되다가 한 남자로 성숙했을 때, 그의 어머니와 교제하려고 돌아왔다; 이때 그의 얼굴을 한 번도 못 본 어머니의 하인들이 그를 받아들이지 않고 쫓아냈다; 그러자 그는 타 도시에서 사람들을 불러와 그 하인들을 물리치고 어머니가 있는 성전으로 들어갔다. 그래서 그들은 아레스의 이런 싸움을 그의 축제에 도입했다고 주장했다."[116]

피라미드에서 발견된 한 원전에, 죽은 파라오가 하늘의 패권을 얻기 위해 벌인 싸움을 묘사한 부분이 있다.

"하늘이 울고, 별들이 진동하고, 신들의 파수꾼들이 떨고, 신들의 종들은 유령Geist이 된 왕이 일어나는 것을 보자 도망갔다. 그는 자신의 조상들에 의해 삶을 영위하고 그의 어머니를 장악하는 신 같은 왕이었다."[117]

여기서 신앙심 깊은 사람들이 신들의 근친상간의 비의秘儀[118]에 참여하기 위해 서로 두들겨 패고 심지어는 죽이기까지 했다는 사실이 분명히 드러난다. 그렇게 함으로써 그들은 그들 나름대로 신의 행위에 참여한 것이다.[119] 오시리스의 죽음과 비슷하게 겨우살이 나뭇가지로 상처를 입어 죽은 발더Balder(발드르)의 죽음에 대해서도 비슷한 설명이 필요할 것 같다. 전설에 따르면 모든 피조물은 발더에게 아무런 해도 끼치지 않아야 했다. 그런데 겨우살이 나무가 이런 의무를 잊었다. 그 겨우살이 나무가 너무 어린 나뭇가지였기 때문이라고 한다. 그런데 발더를 쓰러뜨린 것은 겨우살이 나뭇가지였다. 겨우살이 나무는 다른 것에 붙어 자라나는 기생식물이다. 기생식물이거나, 덩굴식물의 목재木材에서는 발화제식發火祭式에서 쓰일 암(여성)나무토막 즉, 불어머니 Feuermutter를 얻을 수 있다.[120] 게르만 전설에서 마라Mara는 밤새 다니다가 메렌타켄maerentakken 위에서 쉬었다고 하는데, 그림Grimm은 이것이 기생목인 겨우살이 나무Mistel의 다른 명칭일 것이라고 추측하였다.[121] 겨우살이 나무는 불임에 대한 치료제였다.[122] 갈리아[로마 시대의 프랑스 이름]에서는 봉헌을 완수한 뒤에야 드루이드Druide[고대 켈트족의 제관]에게 축제 의식 중에 성스러운 떡갈나무로 올라가서 의식에 쓸 겨우살이 나뭇가지를 자르도록 허용되었다. 나무에서 자라는 것은 어린아이다(그림 76). 그것은 새로워지고 젊어진 형태의 사람 자신일 터이다. 그러나 바로 그런 것을 인간은 가질 수가 없다. 왜냐하면 근친상간 금지가 그것과 대립하고 있기 때문이다. 너무 어린 겨우살이가 발더에겐 위험한 것이 된다. 나무에서 자라는 기생목으로서의 겨우살이는 '나무의 아이'와 같은 것을 의미한다. 우리가 이미 살펴보았듯이, 나무는 어머니와 같은 근원의 의미를 갖고 있으므로, 그것은 삶의 시작이고 삶의 원천인 것이다. 다시 말해서 그것은 원시인들에게 익숙한 마술적 생명력이다. 원시인은 영원한 소년puer aeternus, 즉 신적 아들을 숭배함으로써 해마다 그 생명력의 갱신을 축하하는 것이다. 그런 유의 형상의 하나가 귀여운 발더이다. 이런 유형에게는 너무도 짧은 생이 보장되어 있다. 왜냐하면 그는 언제나 다만 어떤 바람직하고 소망하는 것의 예견일 뿐이기 때문이다. 이것은 너무도 생생한 사실이어서 어머니의 총애하는 아들의 어떤 유형은 아주 일찍 꽃 피우는 청년 신들의 특성을

그림 76. 인간 열매가 열린 '와크-와크 나무'.
서인도제도의 터키 이야기에 나오는 나무.(콘스탄티노플, 1730)

구체적으로 보여줄 뿐 아니라 이른 죽음을 맞게 된다.[123] 그 이유는 그가 오로지 어머니에 의지하여 어머니에 의해 살고 있어서 스스로 세상에 뿌리를 내리지 못하고, 계속 근친상간 관계에 머물러 있기 때문이다. 그는 말하자면 어머니의 꿈이었다—그렇기 때문에 그는 모범적인 목표를 미리 보여주는 자이기도 하다—그러나 그 꿈은 나오자마자 곧 다시 삼켜진다. 이에 대한 적절한 예가 서아시아의 아들 신들, 타무즈, 아티스, 아도니스, 그리고 그리스도 등이다. 겨우살이 나무는 바로 발더와 동일한 것, 즉 '어머니의 아이'를 나타낸다. 말하자면 열망하는 '어머니'에서 샘솟고 새로워지는 생명력이다. 그러나 겨우살이 나무는 자기 숙주에게서 떨어져나오면 시들고 만다. 드루이드가 겨우살이 나무를 자른다는 것은 그것을 죽이는 것을 의미한다. 이런 행동으로 그는 아티스의 치명적인 자가거세, 아도니스의 산돼지 이빨에 의한 부상을 반복한다. 이것은 아들 편에 설 아버지가 아직 없는 모권시대의 어머니의 꿈이다.

겨우살이 나무가 발더의 형제자매라면 왜 그것이 그를 죽이는가? 영원한 소년puer aeternus의 귀여운 모습은 일종의 착각이다. 사실 그는 어머니의 기생물, 즉 어머니의 환상의 산물로 오직 어머니의 몸 안에 뿌리박고 있는 한 살 수 있다. 직접적인 내면의 경험에서 어머니는 (집단적) 무의식에 해당하며, 아들은 자유롭게 생각하려 하는 의식에 해당한다. 그러나 이 의식은 늘 다시 수면과 무의식의 위력에 빠져들게 된다. 겨우살이는 그림자 형제에 해당한다. E. T. A. 호프만Hoffmann은 자신의 작품 『마귀의 영약Die Elixiere des Teufels』에서 그림자 형제를 너무도 잘 묘사하고 있다. 그것은 정신치료자가 통상적으로 '개인적 무의식'의[124] 의인화로서 만나게 되는 내용이다. 저녁에 그림자가 더 길어지고 우세하게 되듯이 겨우살이가 생겼음은 발더의 종말을 의미한다. 겨우살이는 발더에 상응하는 것이기 때문에 제관祭官이 나무에서 '쉽게 얻을 수 없는 보배'(아래를 보라)로서 겨우살이를 가져왔다. 만약 영웅의 작업을 완수하기에 너무 미약한 생명력을 가지고 있거나 너무 미약한 의식을 가지고 있으면 그림자는 파멸적인 영향력을 발휘한다.

'어머니의 아들'이 단순히 인간이라면 일찍 죽는다. 그러나 신이면 그는 인간에게는 허용되지 않은 것, 즉 초인간적인 것을 행할 수 있고, 마술적인 근친상간을 저지르고 그럼으로써 불멸성을 획득할 수 있다. 여러 가지 다른 신화들을 보면 영웅은 물론 죽지 않는다. 그러나 그 대신 반드시 죽음의 용을 정복해야 한다.

독자도 이미 분명히 알고 있듯이, 용이 부정적인 어머니상으로 근친상간에 대한 저항, 혹은 그에 대한 불안 공포를 나타낸다는 사실은 알려진 바이다. 용과 뱀은 금기를 위반했을 때, 즉 근친상간으로 퇴행했을 때 이에 따르는 결과에 대한 공포를 상징하는 대표적인 상징이다. 따라서 나무가 뱀과 함께 있는 상像을 만나게 되는 까닭을 이제 이해할 수 있을 것이다. 특히 뱀과 용에게는 귀중한 보물을 보호하고 지키는 의미가 있다. 그런 의미에서 고대 페르시아의 『티쉬트리야 노래 *Tishtriyalied*』에는 검은 말 아파오샤Apaosha가 출현하는데, 그 말은 비의 호수Regensee의 원천을 차지하고 있다. 흰 말 티쉬트리야Tishtriya는 두 번이나 아파오샤를 공격하지만 소용이 없다. 세 번째로 공격할 때 아후라마즈다Ahuramazda의 도움으로 검은 말을 물리친다.[125] 그러자 하늘의 수문이 열리더니, 억수 같은 비가 땅으로 쏟아졌다.[126] 티쉬트리야의 노래의 상징성에서 우리는 어떻게 리비도가 리비도에 맞서는가, 충동이 충동에 대립하는가, 어떻게 무의식이 그 자체와 일치하지 않는가, 그리고 신화학적 인간이 온갖 혐오스럽고 대립적인 외부적 특성

속에서 어떻게 무의식을 인지하는지를, 그러나 그가 그 속에서 그의 의식의 모순된 배경을 목격했다는 사실을 모르고 있다는 점을 분명히 알 수 있다.

그러므로 뱀이 휘감고 있는 나무는 근친상간에 대한 공포에 의해 지켜진 어머니의 상징으로 이해할 수도 있을 것이다. 이러한 상징은 미트라스식 기념비들에 적지 않게 나온다. 뱀이 휘감고 있는 바위도 이와 비슷하게 이해할 수 있다. 왜냐하면 미트라스(멘Men도 마찬가지로)는 바위에서 태어난 자이기 때문이다. 새로 태어난 아기를 위협하는 뱀(미트라스, 아폴로, 헤라클레스)의 주제는 릴리트Lilith와 라미아Lamia 전설이 잘 설명해주고 있다. 레토Leto의 용인 피톤Python과 크로토포스 지역을 황폐하게 만든 포이네Poine는 새로 태어난 아기의 아버지의 심부름을 가게 되었다: 이러한 사실에서 아버지가 공포의 원인이라는 것을 알 수 있다. 잘 알려져 있듯이 프로이트가 질투심 많은 늙은 사내를 우두머리에 둔 원시 집단의 병인론적 신화를 고려하게 된 동기가 여기에 있었던 것이다. 물론 그에 대한 직접적인 원본은 그의 아내, 이스라엘Israel이 이방신들과의 간음에서 지키려 한 야훼의 질투이다. 아버지는 도덕적 계율과 금지의 세계를 대표한다. 인류의 원부原父에 대한 가족적인 선입견보다는 어떤 일반적인 위급상황이 최초의 도덕률을 설명하기에 더 적합한 것은 아닌지 하는 문제는 선사시대의 사정에 관한 정보의 부족으로 아직 미해결인 채 있다. 어쨌든 원초적 집단의 여자보다는 한 상자 가득 들어 있는 거미를 감시하는 것이 더 쉬울 것이다. 아버지는 정신Geist(영靈)의 대표자로서 충동성을 방해한다. 이것이 그의 원형적 역할이다. 이 역할은 그의 개별적 특성들과 무관하게 불가항력적으로 그에게 주어진다; 그렇기 때문에 아버지는 아들에게 자주 신경증적 공포의 대상이 된다. 영웅이 정복해야 할 괴물은 이러한 뱀에 상응하면서, 귀한 보물을 지키는 거인으로 등장하는 경우가 많다. 그것이 잘 드러난 예가 『길가메시 서사시』에서 이슈타르Ishtar의 정원을 지키고 있는 거인 쿰바바Chumbaba(후와와)이다[127]; 길가메시는 거인을 정복하고, 이슈타르를 얻게 되었다. 이슈타르는 곧 길가메시에게 성적 욕망을 보인다.[128] 이상의 자료들은 플루타르크가 주장하는 호루스의 역할, 특히 이시스를 난폭하게 다루는 행동을 이해하기에 충분할 것이다. 어머니를 정복함으로써 영웅은 태양과 비슷해진다. 즉, 그는 자신을 다시 태어나게 한다. 그는 태양의 무적의 힘을 얻고 영원히 젊어지게 된다. 그러니 이제는 헤더른하임의 부조에 나타난 미트라스 전설에 관한 일련의 그림들도 이해할 수 있는 것이다(그림 77). 제일 처음에는 나무 꼭대기에서 태어난 미트라스의 탄생이 묘사되어 있고, 그 다음 그림에는 그가 정복한 황소를 짊어진 미트라스가 그려져 있다(그림 89). 이 황소는 괴물(길가메시에 의해 정복된 황소와 비교될 수 있다), 거인이자 위험한 짐승으로서 역설적이게도 근친상간 금지를 강요하는 '아버지'를 의미한다.

어머니가 생명을 부여했음에도 '끔찍한' 혹은 '집어삼키는' 어머니로 다시 나타나는 것과 마찬가지로 아버지 역시 무척 모순되게, 겉으로 보기에 거침없는 충동성을 위해 사는 것 같지만 충동을 방해하는 계율을 구체화하고 있는 것이다. 그러나 미묘하고도 근본적인 차이가 여기에 있다. 아버지는 근친상간을 하지 않지만 아들은 근친상간을 하려는 성향을 보인다는 사실이다. 부성적인 계율은 근친상간에 대항해서 내세워졌다. 그것도 괴물과 더불어 그리고 거침없는 충동력의 폭력성과 함께 그렇게 하는 것이다. 프로이트는 만약 정신Psyche이 자기조정, 즉 균형을 상실하면 영Geist(정신) 또한 역동성을 발휘할 수밖에 없다는 사실을 간과했다. 그런데 도덕적 규범인 '부성'은 아들의 내면에

그림 77. 미트라스가 황소를 처치하는 장면.
헤더른하임의 양각화.

서 객관적일 뿐만 아니라, 주관적이기도 한 심적 요소이므로 황소를 죽이는 의식은 명백히 동물적 충동성을 극복하는 것을 의미한다. 그러나 남몰래 감추어져 있기로는 또한 계율의 힘을 정복하는 것, 그러니까 정당한 권리Rechte의 포악한 강탈을 의미하기도 한다. 보다 나은 것은 항상 선善의 적이기 때문에 단호한 개혁은 옛부터 다 아는 바와 같이 옳다고 여겨져온 것들을 상처 입히게 마련이고 그래서 때에 따라서는 치명적인 범죄의 의미를 갖게 된다. 다 아는 바와 같이 이러한 딜레마는 유대 법률과 대립한 초기 기독교적 심리학에서 매우 중요한 역할을 하였다. 예수는 유대인의 눈으로 보면 의심할 여지 없는 범법자였다. 예수를 제2의 아담이라고 해도 틀린 말이 아닙니다. 제1의 아담이 나무 열매를 먹은 죄 때문에 의식의 획득이 가능했던 것처럼, 제2의 아담 예수는 필수적인 관계를 근본적으로 다른 신과 함께 형성하였던 것이다.[129]

세 번째 그림은 미트라스가 태양신의 머리 장식, 광륜을 향해 손을 뻗고 있는 장면을 묘사하고 있다. 이러한 행동은 고통을 이겨낸 자들이 영생의 면류관을 얻을 수 있다는 기독교의 사상을 떠올리게 한다.

네 번째 그림은 태양신이 미트라스 앞에 무릎을 꿇고 있는 장면이다(그림 43). 이 두 개의 그림은 미트라스가 태양의 힘을 갖게 되었고, 그래서 그가 태양의 주인이 되었음을 보여주고 있다. 그는 자신의 '동물적 충동성(황소)'을 극복했다. 동물은 충동과 금기를 나타내며, 인간은 동물적 충동을 극복했기 때문에 인간인 것이다. 미트라스는 그렇게 자신의 동물적 충동을 희생하였다(이것은 이미 『길가메시 서사시』에서 길가메시가 영웅이기를 포기함으로써 끔찍한 이슈타르를 맞이해야 했던 것과 같은 해결책이다). 미트라스적 희생제의에서는 충동성의 극복이 더 이상 어머니의 고대적 형태의 정복이 아니라, 자신의 충동성을 포기하는 형태로 나타난다.

어머니의 자궁 속으로 들어감으로써 새로 태어난다는 원초적 사고는 영웅이 근친상간을 행하는 대신에 근친상간의 성향을 희생시켜 불멸성을 획득하려고 시도함으로써 이미 상당히 훈화가 진척될 정도로 자리바꿈을 하였다. 이러한 중요한 변환은 십자가에 달린 신Gott의 상징에서 비로소 완성된다. 아담의 죄를 대신해서 생명의 나무에 피투성이의 인간 제물이 매달리게 된 것이다(그림 71).[130] 생명의 나무가 어머니를 의미하는데도 불구하고 이제는 더 이상 그 나무는 어머니가 아니라, 영웅이 자신의 생명을 희생하는 것의 상징적 등가물이다. 그토록 가차 없이 충동성을 억압하는 상징을 생각해내기는 어려울 것이다. 죽음의 방식 자체가 행위의 상징적 내용을 알리고 있다: 십자가에 못 박히면서 영웅은 말하자면 어머니인 나뭇가지에 매달리고 있다. 그는 죽음으로 어머니와 하나가 되었지만 동시에 하나됨의 행위를 부정하고 자기의 죗값을 죽음의 고통으로 치른다. 이 위대한 용기와 최고의 버림Entsagung〔포기 체념〕의 행동으로 동물적 본성은 극도로 강력하게 억압되었고, 그로 인해 인류 최대의 안녕을 바라게 되었다; 오직 그러한 행동만이 자제되지 않은 충동성에 의해 생겨난 아담의 죄를 속죄하기에 적합한 것처럼 보이기 때문이다. 희생은 바로 퇴행이 아니다. 그것은 리비도를 어머니의 상징적인 등가물로, 그래서 정신적인 사상事象으로 성공적으로 옮기는 것을 뜻한다.

이미 언급하였듯이, 제물을 나무에 매다는 것은 특히 게르만족에서 많이 확인되는 제식의 관습이었다.[131] 제물을 창으로 찌르는 것도 이에 속한다. 그래서 오딘에 관해 다음과 같은 말이 있다.

> 나는 내가 바람에 흔들리는 나무에 매달려 있다는 것을 알고 있다.
> 아홉 날 밤 동안 내내,
> 창으로 찔려 오딘에게 바쳐졌다.
> 나 자신이 나 스스로에게…[132]

제물을 십자가에 매다는 것은 중앙아메리카의 종교적 관습의 하나이다. 뮐러J. G. Müller[133]는 페제르바리Fejérvárysche의 원고(멕시코의 상형문

그림 78. 팔렝케Palenque의 십자가.
마야-부조, 유카탄(멕시코).

자 필사본)를 인용하고 있다. 이 필사본의 결말 부분에 십자가 한가운데 피를 흘리는 신격이 매달려 있는 그림이 있다. 이와 마찬가지로 의미 깊은 것은 팔렝케의 십자가이다[134](그림 78): 십자가 위에는 새가 앉아 있다. 양 옆에는 인간의 모습을 한 두 형상이 십자가를 바라보며 한 아이를 바치고 있다(봉헌하기 위해서인지 아니면 세례를 위해서인지 모르겠지만). 고대 멕시코 사람들은 '하늘의 딸이며 곡물의 여신'인 센테오틀Centeotl의 총애를 얻기 위해 매해 봄마다 청년이나 처녀 한 명을 십자가에 못 박고 활로 희생물을 쏨으로써 은총을 구하곤 하였다.[135] 멕시코 십자가의 이름은: "우리의 생명인 나무, 혹은 육체인 나무이다."¹³⁶ 필라이Philae 섬의 화상畵像에는 십자가에 매달린 형상을 한 오시리스가 묘사되어 있다. 그 옆에 누이이자 아내인 이시스와 네프티스Nephthys가 눈물을 흘리고 있다.¹³⁷

이미 제시하였듯이 십자가의 의미를 생명의 나무라는 내용만으로 설명하기에는 충분하지 않다. J. G. 뮐러는 필사본에서의 십자가를 비와 풍요의 표지로 이해했다.¹³⁸ 또한 강조할 것은 십자가가 모든 재앙을 막아주는 가장 중요한 표지였다는 사실이다(십자의 성호를 긋는 행동).

십자가가 수평으로 팔을 벌리고 있는 인간에 비유된다는 사실을 고려해 볼 때, 초기 기독교의 그림에 나타난 그리스도는 십자가에 못 박힌 모습이 아니라, 두 팔을 쫙 벌리고 서 있는 모습이었다는 사실에 주목할 필요가 있다.¹³⁹ 모리스Thomas Maurice는 이와 같은 해석에 탁월한 논거를 제시했다. 그는 다음과 같이 말했다: "고대 켈트족의 제관들은 사원 경내에서 그들이 숭배하는 신격을 상징하는 가장 훌륭하고 아름다운 나무를 선별하여 길렀다. 그리고 나중에 그 나무의 옆가지를 잘라 근간의 줄기 꼭대기 부분에 단단하게 묶었다. 이로써 마치 인간이 두 팔을 벌리고 있듯이 옆으로 묶인 가지들은 몸통(실체) 줄기와 묶여서 강한 십자가의 풍모를 갖추게 된다. 그리고 나서 실제로 껍질 여기저기에 타우Tau라는 글자를 새겼다."¹⁴⁰

인도 자이나교의 '지식의 나무'도 인간의 형상을 취하고 있다; 이 나무는 인간의 머리 형상을 한 강건하고 두꺼운 근간에 옆으로 길게 두 개의 가지가 묶여 있고, 수직으로는 우뚝 솟은 짧은 가지가 위로 나와 있다. 거기에 꽃봉오리와 꽃들이 빽빽하게 씌워졌다.¹⁴¹ 로버트슨J. M. Robertson은 앗시리아 건축 체계에서도 십자가 형태의 신격을 묘사한 것이 있으며, 인간의 형상을 한 수직의 들보와 수평의 들보는 관습적으로 양 날개와 상응한다고 하였다.¹⁴² 예를 들어 에기나 섬에서 많이 발견되는 고대 그리스 우상들도 이와 비슷한 특성을 보여주고 있다: 측량하기 힘들 정도로 긴 머리와, 날개 모양으로 양쪽으로 벌리고 그 끝이 조금 위로 올라간 팔(?)과 앞으로 돋아난 가슴의 모습이다.¹⁴³

나는 이전에 십자가 상징이 제식祭式 때에 발화를 하는 두 개의 나무 토막과 관계된다고 하였는데, 이 문제는 미결인 채로 남겨두겠다. 그러나 실제로 십자가 상징에 '융합'의 의미가 내재하고 있는 것 같은 생각이 든다. 왜냐하면 결국 십자가와 가장 밀접하게 결부되고 있는 갱신更新의 사상은 풍요의 주술에 속하기 때문이다. 십자가 상징으로 표현된 '융합'의 사상을 우리는 플라톤의 『티마이오스』에서 만날 수 있다. 여기에 보면 데미우르고스Demiurg(세계 형성자)가 여러 부분으로 나누어진 세계의 혼을 X형태의 두 개의 봉합으로 결합시켰다는 내용이 있다. 플라톤에 따르면 세계혼 그 자체가 몸체로서 세계를 품고 있다. 이러한 상像은 당연히 어머니를 생각나게 한다.

> "데미우르고스는 혼Seele을 세계의 몸체 가운데에 자리 잡게 하여 혼을 전체 세계 만물을 관통하도록 팽창시켰습니다. 그러나 또한 세계의 몸체를 밖에서 혼으로 둘러 쌓았습니다. 그래서 그는 세계 만물을 원으로 회전하는 구球로 완성하였습니다. 그것은 외로운 하나뿐인 친구로서 그 선한 본성 때문에 자기 자신과 어울려 지낼 수 있습니다. 그리고 어떤 다른 것도 필요치 않고, 자기 자신에게 충분히 알려져 있으며, 자신을 친구로 삼을 수 있습니다. 이러한 모든 예비 수단들로 데미우르고스는 하나의 복된 신으로서의 세계를 창조했습니다."¹⁴⁴

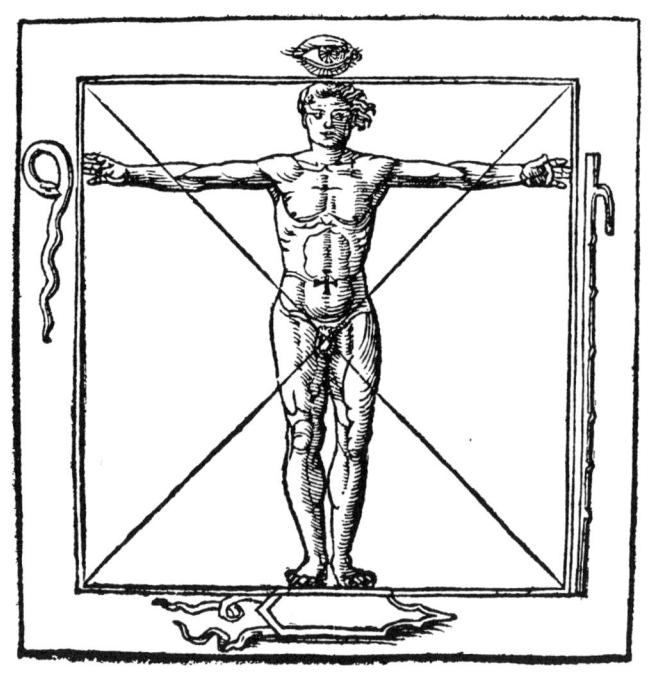

그림 79. 십자가인 인간.
네테스하임의 아그리파Agrippa von Nettesheim.(1533)

이 고도의 무위와 무욕은 자기 자신 속으로의 침잠을 상징하는데 이는 신적인 축복을 의미한다. 이 상태에 있는 인간은 자신의 그릇 안에 있는 것, 연꽃 안에 있는, 혹은 자신의 샤크티와 포옹하고 있는 인도 신의 모습과 같다. 이러한 신화적-철학적 직관에 걸맞게 디오게네스는 나무통에서 살았다. 디오게네스는 그렇게 함으로써 자신의 무욕의 지복함과 신 비슷함Gottähnlichkeit을 신화적 표현으로 드러낸 것이다. 플라톤은 세계혼과 세계의 몸체의 관계에 대해 다음과 같이 말했다:

"우리가 혼Seele에 대해 이제야 비로소 말하기 시작하듯, 신도 몸체를 만든 뒤에 비로소 혼을 만들지는 않았습니다: 왜냐하면 신은 나이든 것이 젊은 것에 의해 지배되는 것을 허락하지 않았을 것이기 때문입니다; 우리는 자주 우연과 우발성에서 벗어나지 못하여 말을 할 때도 그렇게 하죠. 그러나 신은 혼을 생성에 있어서나 선한 성질에 있어서나 몸체보다 앞서고 몸체보다도 더 신성하게 만들었습니다. 신은 혼을 몸체의 여주인이 되게, 그리고 미래의 몸체의 동거인이 되게 하였습니다."[145]

또한 다른 시사들을 근거로 삼을 때 '혼'의 상은 어쩐지 어머니-이마고와 일치되는 것 같다.[146] 『티마이오스』에서 세계혼의 또 다른 설명은 너무 비밀스럽게 다루어져서 논쟁의 여지가 있긴 하다.[147] 창조 작업 과정이 끝나자, 다음과 같은 일이 일어났다.

"그는 그러나 이렇게 전체적으로 합쳐져 있는 형성물을 길이대로 잘라 두 부분으로 나누었고, 이 두 부분을 십자가 모양으로 가운데를 교차시켜 결합시켰습니다. 그래서 두 부분을 카이(X)의 형상으로 만들었습니다.…"
"장인匠人의 생각대로 혼의 전체적 결합을 성공시킨 다음에 그는 여기에서 육체를 이루는 모든 것을 만들었습니다. 이때 혼이 그 내부를 관통하도록 그렇게 함께 모아서 만들었습니다."[148]

무이스카Muysca 인디언들은 십자가 상징을 독특하게 적용하였다; 그들은 수면 위(연못 혹은 강)에 두 개의 밧줄을 팽팽하게 십자로 교차시켜놓고, 교차 지점의 물속에 과일, 기름, 보석들을 제물로 던졌다.[149]

여기서의 신격은 분명 물이지 십자가가 아니다. 십자는 교차 지점을 통해 제물을 던질 지점을 표시했을 뿐이다. 이러한 상징성은 약간 불분명하다. 물, 특히 수심은 일반적으로 모성적인 것, 즉 '품'을 의미한다. 밧줄 두 개가 교차한 지점은 '교차'가 이루어지는 '융합점'이다. (우리는 이 단어의 이중 의미를 주의 깊게 살펴야 한다! 모든 유비들을 살펴본다면, 제물들에 의해서 드러나게 되는 것들이 풍요나 풍부함을 가져다줄 그러한 제물에 대한 것임을 알 수 있다.)

손잡이가 달린 이집트의 십자가(안사타 십자가crux ansata)는 자주 이집트 에네아Ennea의 패권자, 최고의 신, 툼Tum의 손에 쥐어져 있다. 이것은 '생명'을 의미하고, 신이 '생명'을 준다는 뜻이다(그림 80). 이 생명을 주는 신의 특성을 알아보는 것은 불필요한 일이 아닐 것이다. 태양신 계보에서 툼은 '그의 어머니의 아버지'라는 칭호를 지니고 있다. 그와 나란히 있는 여신 유사스Jusas, 혹은 네비트-호트페트Nebit-Hotpet는 때로는 어머니이고, 때로는 딸이고, 때로는 아내로 불렸다. 태양신 계보의 비문들을 보면 입추立秋가 '유사시트Jusasit 여신의 축제일'로 표기된다. 즉, 아버지와 하나가 될 준비를 한 누이동생이 도착하는 날을 기념하는 것이다. 이날은 "메흐니트Mehnit 여신이 오시리스 신의 왼쪽 눈으로 들어갈"[150] 준비를 마친 날이다. 이날을 "신성한 눈을 자신의 요구대로 채우게 된" 날이라고도 부른다. 달의 눈[月眼]을 가진 천상의 소, 이시스는 추분에 호루스를 낳게 될 씨를 받아들인다.[151] 달은 씨를 보존하는 수호자이다. '눈'은 분명 자궁을 나타낸다. 고대 인도의 인드라 신화에서 인드라는 밧세바의 방종한 행동 때문에 요니(여성 성기vulva)의 형상들이 그의 몸 전체로 덮어씌워졌지만 신들이 널리 용서하여 불명예스러운 요니의 형상들이 눈들로 변하게 되었다(형태의 유사성). 눈 안에는 '동공'이 있다. 즉, 작은 영상, 한 아이가 있다. 위대한 신은

그림 80. 생명을 주는 손잡이 십자가 Crux ansata. 이집트.

다시 아이가 되어 새로워지기 위해 자궁으로 들어간다(그림 81).[152] 어느 찬가에 이런 대목이 나온다.

　　당신의 어머니, 하늘이
　　당신을 향해 두 팔을 내민다.

그리고 또 다른 대목에:

　　"오, 신들의 아버지여, 당신의 어머니의 등에서 환히 빛나는, 매일 어머니께서 두 팔을 벌려 당신을 받아들이니 … 당신이 밤의 거처에서 불을 밝힐 때, 당신은 어머니, 하늘과 하나가 된다."[153]

어머니와 재탄생의 상징들 —— 161

그림 81. 자궁 속에서의 새로워짐.
누트카 인디언Nootka-Indianer의 나무 조각상. 캐나다 밴쿠버 섬.

피툼-헤루폴리스Pitum-Heroopolis의 툼Tum은 안사타(손잡이) 십자가를 그 자신의 상징으로 삼았을 뿐만 아니라, 이 표지를 심지어 그의 별명으로 삼아 아엥크ānx 혹은 아엥키ānxi로 자주 불렸다. 이는 '생명' 혹은 '생동하는 것'을 의미한다. 툼은 주로 뱀 모양의 집의 수호령(그림 110)으로 숭배되었다: "신성한 아가토 뱀 귀령Agathodämonschlange〔고대 그리스에서 행운, 건강, 생명을 가져다주는 신으로 숭배됨〕은 네치Nezi 시에서 나온다." 뱀은 (허물을 벗기 때문에) 수컷 장수풍뎅이Skarabäus(태양의 상징)처럼 재생을 상징한다. 스카라베우스(수컷 장수풍뎅이)는 수컷만 있기 때문에 자기 스스로 새끼를 만든다는 말이 있다. 크눔Chnum이라는 이름(툼의 또 다른 이름으로 언제나 태양신을 의미)은 눔num이라는 동사에서 파생되었다. 눔은 '결합하다', '융화하다'의 뜻을 갖고 있다.[154] 크눔은 그 자신의 알을 만드는 도공이며 조각가로 등장한다(그림 75).

지금까지 살펴본 바와 같이 십자가는 다양한 층위의 상징을 나타내는 것 같다: 가장 본질적인 의미는 '생명의 나무'와 '어머니'라고 볼 수 있다. 그러므로 인간적인 형상으로 상징화한다는 점을 이해할 수 있다. 손잡이 십자가의 다양한 형태들은 '생명', '풍요성' 내지는 '융합'을 의미한다. '융합'은 죽음을 극복하고 삶을 새롭게 할 목적으로 이루어지는 신과 그의 어머니와의 신성혼神聖婚, Hierosgamos이라고 생각해야 할 것이다.[155] 이러한 신화소神話素는 분명 기독교적 직관에 침투되었다. 그래서 아우구스티누스가 말하기를:

"말하자면 그리스도는 신랑이 되어 그의 방에서 나왔다. 그는 자신의 결혼을 예고하면서 세계의 장場으로 나간 것이다. 그는 십자의 침대에 다다랐다. 그때 그는 침대 위로 올라가면서 부부임을 증명했다. 그리고 그가 피조물의 무거운 탄식을 느끼게 되자

아내를 대신하여 속죄하기 위해 경건하게 자기를 희생하였다. 그리하여 영원히 아내 사랑으로 맺어졌다."[156]

이 비유는 너무 분명해서 더 이상의 주석이 거의 필요하지 않다. 그것은 감동적일 뿐만 아니라, 그의 소박함 속에 깃든 심원한 상징성이다. 고대 영어로 마리아가 십자가를 원망하며 탄식한 내용을 보면 더욱 그렇다.[157] 그녀의 호소는 십자가가 아주 나쁜 나무라는 것이다. 십자가는 부당하게, 그리고 아무 근거 없이 "그녀의 몸에서 나온 순수한 열매, 즉 그녀가 너무도 사랑한 어린 새"를 독이 든 음료로 파멸시켰다는 것이다. 그 음료는 오직 죄인 아담의 죄 많은 후예들이 마셔야 할 음료였다고 한다. 그녀의 아들은 아무 죄가 없다는 것이다. 그녀가 호소하기를:

"십자가, 너는 내 아들의 못된 계모구나. 그러니 네가 내 아들을 그렇게 높게 매달았지. 내가 그의 발에 입맞춤조차 할 수 없을 정도로! 십자가여, 너는 나의 원수다; 네가 내 어린 파랑새를 죽였어!"

성㊀ 십자가Sancta Crux는 이렇게 대답한다.

"여자여, 당신에게 경의를 표합니다; 당신의 훌륭한 열매를 이제 내가 갖게 되었습니다. 그 열매는 붉은 핏빛으로 환히 빛납니다. 당신 혼자를 위해서가 아니라, 온 세상을 구하기 위해 당신의 고귀한 꽃은 활짝 피었습니다. 당신 속에서…"

두 어머니들의 상호관계에 대해 성 십자가는 다음과 같이 말했다.

"당신이 낳은 아들을 위해서 당신은 천상의 여왕이 되었습니다. 그러나 나는 심판의 날에 온 세상의 빛나는 성유물聖遺物로서 나타나게 될 것입니다; 그때 나는 성스러운, 죄 없이 고통을 받은 당신의 아들에 대해 나의 애도를 올릴 것입니다."

죽음의 어머니는 그렇게 죽어가는 신神을 애도하는 가운데 생명의 어머니와 융합된다. 융합의 외부적인 표시로서 마리아는 십자가에 입을 맞추면서 그와 화해한다.[158] 소박한 이집트 고대는 이시스의 어머니상에서의 두 대조적인 성향의 융합을 아직 보존하고 있었다. 아들이 어머니와 분리된다는 것은 인간이 짐승의 무의식성과 결별한다는 것을 의미한다. '근친상간의 금지' 조처로[159] 자기 자신을 의식하는 개체가 생겨나게 되었다. 그 이전에는 한 개인이 아무 생각 없이 종족과 하나였다. 이제 비로소 개별적이고 최종적이라고 할 죽음의 관념이 가능해질 수 있게 되었다. 그리하여 바로 의식화하던 중에 생겨난 아담의 죄를 통하여 죽음이 세상에 출현한 것이다. 어머니를 떠나보내지 못하는 신경증 환자에게는 그만한 이유들이 있다: 궁극적으로 그는 죽음에 대한 공포에 사로잡혀 있는 것이다. 어떤 개념도, 어떤 낱말도 이러한 갈등의 의미를 표현할 만큼 강하지 못한 듯하다. 적절한 표현을 찾기 위해 수천 년 동안 계속 이어져온 노력은 물론 근친상간이라는 통속적 개념으로 너무 편협하게 파악된 사상事象 안에서 전혀 그 힘의 원천을 찾을 수 없다. 오히려 우리는 아마 그리고 본래 '근친상간 금지'라고 표현되는 규율을 길들이기 위한 강박이라고 이해해야 할 것이다. 그리고 종교 체계를 문화 목적에 기여하지 못하는 동물적 성질의 충동력을 수용하고 조직화하고 점차 순화된 식으로 응용하도록 하는 제도라고 파악해야 할 것이다.

미스 밀러가 보았던 일련의 환영들은 이제 더 이상 자세히 논의할 필요가 없을 것이다. 그다음 이어지는 환영은 '보라색의 만灣'의 상像이다. 바다의 상징성은 바로 그 전에 일어난 것에 연결된다. 여기서 다시 제1부에서 소개된 나폴리 만의 추억들을 떠올릴 수 있다. 물론 우리는 전체와의 관계에서 '해만Meeresbucht'의 의미를 살피는 것도 간과해서는 안 된다. 프랑스어에 '하나의 작은 만une baie'이라는 말이 있는데, 이는 영어 원전의 '만bay'과 일치한다. 우선 만의 표상을 어원학적으로 잠깐 살펴보자. 'Baie'는 대체로 무엇인가 열려 있는 상태에 대하여 사용되었다. 왜냐하면 카탈로니아어 'badia(bai)'는 'badar = öffnen(열다)'에서 유래했기 때문이다. 프랑스어 'bayer'는 '입을 벌리다'라는 뜻이다. 똑같은 뜻의 낱말로 독일어 Meerbusen, 라틴어 sinus가 있으며 세 번째 단어로 Golf라는 낱말이 있는데 이 말은 프랑스어로 만灣의 뜻 말고도, gouffre = Abgrund(절벽, 심연)를 의미한다. Golf는 κόλπος[160], 이것은 동시에 Busen(만灣) Schoß(품, 가슴), 그리고 Mutterschoß(태내)의 뜻을 지닌다. 또한 옷의 주름과 주머니를 의미하기도 한다. (스위스 독일어로 'buese'는 '웃옷 주머니'라는 뜻으로 사용되었다.) 콜포스Κόλπος는 또한 산 사이의 깊은 골짜기를 의미하기도 했다. 이와 같은 표시들은 어떤 원초적 표상들이 근저에 깔려 있는지를 분명히 보여준다. 이런 표현들로 미루어 괴테가 『파우스트』의 다음 구절에서 왜 이러한 단어를 선택했는지 이해된다. 파우스트가 영원한 날에 "태양의 영원한 빛을 마시기 위해서" 너무도 그리워하며 한달음에 태양을 쫓아가고 싶어 하는 장면이 다음과 같이 묘사되어 있다.

신들처럼 달리는 것을 저지하지 말라
거친 산은 계곡을 끼고 있고;
바다는 이미 따뜻한 만들과 연결되어
놀란 눈들 앞에 펼쳐진다.[161]

파우스트의 그리움은 모든 영웅들처럼 재생의 비의와 불사의 비의를 지향하고 있다. 그렇기 때문에 그의 길은 바다로 나아가다가 죽음의 나락으로 떨어진다. 그에 대한 불안과 속박은 동시에 새날을 의미한다.

넓고 파도 높은 바다로 나는 쫓겨났네.
거울 같은 해면이 내 발을 향해 번득이고,
어느 새로운 날이 새로운 해안가로 이끌어간다.
불의 마차 한 대가 가볍게 찰랑거리는 물결 위에 떠다니다
내 곁으로 다가온다! 나는 벌써 느낀다,
새로운 길에 에테르가 침투하는 것을.
새 영역에서 순수한 활동을 위해
이 고귀한 생명, 신들의 기쁨이여!

네가 감히 문을 열었구나,
그 문들 앞에서는 모두 살금살금 지나가려 하건만!
남자의 위신은 신의 고귀함을 피하지 않음을
행동으로 증명할 때가 된 것이다.
저 어두운 동굴들 앞에서 겁내지 않고,
그 안에서 환상은 자신만이 겪어야 할 고통을 강요한다.

저 통로를 향해 애써 가노라면,
그 좁은 입구 주변에 지옥의 불이 피어오르고,
단호히 결정을 내려 발걸음을 옮기지만,
거기엔 허무로 빠져버릴 위험이 도사리고 있을 것이다.[162]

이것은 마치 다음에 이어질 환영이 "가파르게 추락하는 낭떠러지 une falaise à pic"라는 것을 증명하는 것 같다(심연과 비교하라). 지금까지 이 작자作者의 일련의 환영들의 결말은 그녀가 말한 혼란의 소리 "와-마, 와-마wa-ma, wa-ma"로 끝난다. 이 소리는 매우 근원적인 것이다. 이 소리의 주관적인 어근을, 작자로부터 아무것도 듣지 못했기 때문에 단지 추측할 수밖에 없다: 전체와 연관지어보면 이 소리가 잘 알려진 외침을 가볍게 왜곡시킨 것이 아닐까 생각해본다. 즉, 마-마ma-ma라는 외침을 변조시킨 것이리라(이에 대해서는 아래 참조).

어머니로부터 해방되기 위한 투쟁

　환영들이 잠시 중단된 후, 무의식의 활동이 다시 활발하게 시작되어 계속 환영을 생산한다. 숲, 나무들, 덤불이 나타난다. 앞 장章에서 설명되었으므로 여기에서는 다만 숲의 의미가 본질적으로는 금기시된 나무의 의미와 일치한다는 사실을 지적하는 데 그칠 것이다. 성스러운 나무는 대개 숲지대, 혹은 낙원에 있다. 접근이 금지된 숲은 종종 금기시된 나무 대신이거나 그 나무의 모든 특성들을 고스란히 떠맡고 있다. 숲은 나무와 마찬가지로 어머니를 의미한다. 이제부터 계속되는 환영에서 숲은 치완토펠의 종말의 극적인 묘사를 연출하는 장면이 된다. 나는 우선 드라마의 첫 부분, 즉 첫 번째로 시도된 희생을 여기에 묘사하겠다. 다음 장의 도입 부분에서 독자는 그 이후의 내용, 독백과 희생 장면을 발견하게 될 것이다.

　"남쪽에서 돌연 치완토펠이 말을 타고 빨강, 파랑, 흰색의 알록달록한 덮개를 덮어쓰고 나타났다. 진주로 수를 놓은 가죽 옷과 깃털로 장식한 인디언 한 명이 몰래 나타나 몸을 구부려 슬금슬금 다가가 치완토펠을 향해 활을 쏘려고 한다. 치완토펠은 오히려 도전적인 태도를 취하며 그에게 가슴을 내민다. 그러자 그 인디언은 그 모습에 질려 그곳을 도망쳐 숲으로 사라졌다."[프랑스어 원문은 『전집』을 보라.]

 치완토펠은 말을 타고 나타난다. 이 사실은 중요한 듯하다. 왜냐하면 드라마의 다음 진행 경과에 나타나듯이[이 책 「이중의 어머니」를 보라] 말이 대수롭지 않은 역할을 하는 것이 아니라 주인공과 똑같이 죽임을 당하고, 주인공은 이 말을 '충실한 동생'이라고 부르기 때문이다. 이러한 시사는 말과 기사 사이의 주목할 만한 유사성을 보여주고 있다. 둘 사이에는 운명을 같이하는 내적인 연대감이 존재하는 것 같다. 우리는 이미 어머니를 가리키고 있는 리비도 그 자체가 말로 상징화된 것을 보았다.[1] 어머니의 상像은 하나의 리비도 상징이다. 마찬가지로 말도 리비도 상징의 하나이고, 이 두 상징은 몇 가지 점에서 서로 개념상의 교차를 하며 마주치게 된다. 그런데 두 상에서 공통적인 것은 리비도에 있다. 이런 점에서 주인공과 그의 말은 그에게 예속된 동물적인 충동 영역을 지니고 있는 인간이라는 관념이라고 볼 수 있을 것 같다. 이에 견줄 만한 묘사는: 숫양을 타고 있는 아그니, 슬레이프니르 Sleipnir[북유럽 신화에서 여덟 개의 발을 가진 오딘(보탄)의 말]를 탄 보탄, 앙그라마이뉴Angromainyu[페르시아 조로아스터교의 일파인 Mazda교에서 악惡과 무지의 신]를 탄 아후라마즈다[2][빛의 신령], 나귀를 탄 그리스도[3], 황소를 탄 미트라스, 그리고 미트라스의 옆을 달리며 그를 상징하는 동물들(사자, 뱀), 인간의 발 모양을 한 말을 타고 있는 멘Men, 금빛 털이 있는 수컷 멧돼지를 탄 프레어Freir[스칸디나비아 신화에서 풍요의 신] 등등(그림 77과 82 참조). 신화에 등장하는 타는 동물들은 인간화되어 나타나는데, 항상 중요한 의미가 내재되어 있다: 멘의 말은 인간과 같은 앞발을 가

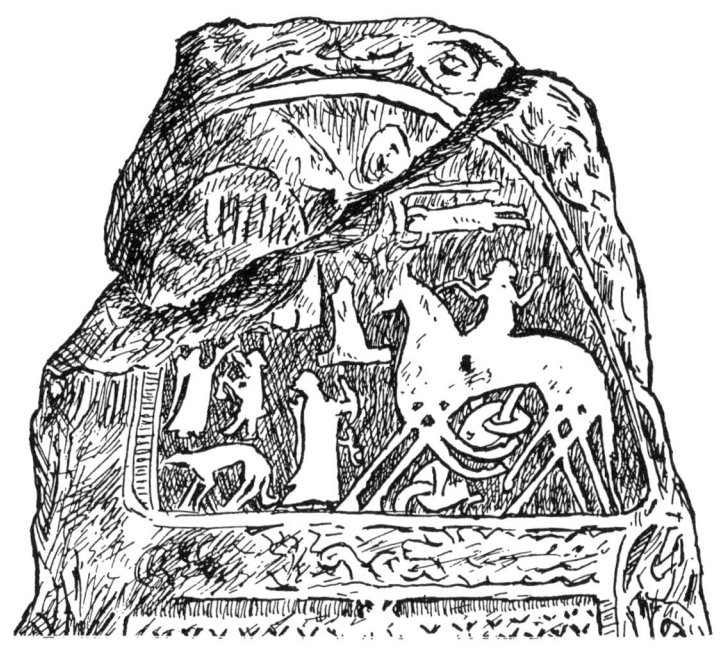

그림 82. 발이 여덟 개 달린 슬레이프니르에 탄 보탄.
솅비더Tjangvide의 묘비석. 스웨덴 예탈란드Götland.(1000년경)

졌고, 빌렘Bileam(구약의 예언자)의 나귀는 인간의 언어를 구사했고, 미트라스는 황소를 찔러 죽이려고 신성한 생명을 부여하는 자를 의미하는 황소의 등 위에 올라탔다(타우로카탑시Taurokathapsie[4], 그림 77). 로마의 언덕에 있던 십자가에 못 박힌 그리스도의 희화화된 상은 나귀 머리를 하고 십자가에 매달려 있다.(그림 83; 아마도 예루살렘 신전 안에서 나귀 상이 숭배되었던 고대 전설과 관련이 있는 것 같다.[5]) 지빠귀수염(즉, 말 수염)의 모습을 한 보탄은 반은 인간이고 반은 말이다. 독일의 옛 수수께끼에 말과 기사의 합체가[6] 매우 재미있게 표현되어 있다: "둘이 하나가 되어 타고 집회를 향해 가는데 그 둘은 누구일까? 그들의 눈

그림 83. 희화화한 그리스도의 십자가상.
말라티누스 언덕에 있는 고등학교 시설의 인각화.(로마)

은 합해서 세 개이고[7], 발은 열 개, 꼬리가 하나다. 그렇게 지방을 여행한다."[8] 이 이야기는 심리학적으로 인간의 무의식에 해당하는 특성들을 말에게 부여한 것이다: 말들은 천리안이며 귀가 밝다. 그들은 길을 잃어 어찌할 바를 모를 때 길을 안내하는 자다; 그들은 또한 예언능력을 가지고 있다: 『일리아스』(XIX)에서는 말이 불행을 예고한다; 말들은 무덤 옆을 지나갈 때, 인간들은 알아들을 수 없는, 무덤 안에서 시체들이 하는 말을 알아듣는다; 카이사르는 인간의 발을 가진 자신의 말에게서 그가 세상을 정복할 것이라는 이야기를 듣는다. (분명 프리기아의 멘과 카이사르의 동일화에서 나온 것 같다.) 나귀는 아우구스투스에게 악티움의 승리를 예언한다. 또한 말은 유령을 본다. 이런 모든 것들이 특징적인 무의식의 현상과 일치한다. 따라서 말이 인간의 동물적인 요소들의 상으로서 마귀와 관계가 있다는 점도 이해된다. 마귀는 말굽 발을 갖고 있으며 경우에 따라서는 말의 형상을 하고 있다. 마귀는 결정적인 순간에 갑자기 말발굽을 보이고 만다(속담에서). 마치 하딩Hadding(스칸디나비아 바다의 신)을 납치할 때 슬레이프니르가 갑자기 보탄의 망토 뒤에서 보인 것과 비슷하다.[9]

마르Mar(스칸디나비아의 마녀, 악몽을 일으키는 자)가 자고 있는 자를 올라타듯이, 마귀도 그렇게 한다. 그래서 악몽에 시달리는 자들은 바로 마귀가 그를 올라탄 것이라 한다. 페르시아에서 마귀는 신이 타는 동물이다. 또한, 마귀는 성적인 충동성을 대변한다; 따라서 마귀는 마녀의 연회 때 숫염소, 혹은 말의 형상을 하고 등장한다. 악마의 성적인 성질을 말도 일부 나누어 가지고 있다. 그러므로 이 상징은 성적인 해석만이 가장 적절한 곳에서 이와 연관되어 나타난다. 로키Loki(북유럽 신화: 오딘과 함께 3신의 하나. 욕구, 열정을 인간에게 부여한 불의 신, 번개의 신이기도 하다)가 말의 형상으로 새끼를 낳는데, 마찬가지로 악마도 (화염의 신으로서) 말의 형상으로 같은 것을 행한다는 것을 미리 밝혀두어야겠다. 그래서 번개도 짐승의 모습theriomorph일 경우 말로 묘사된다.[10] 무학無學의 어떤 히스테리 환자가 내게 이렇게 말했다. 그녀는 어린 시절에 천둥번개를 몹시 무서워했다고 했다. 왜냐하면 번개가 칠 때마다 매번 곧바로 엄청나게 큰, 하늘에 닿을 정도로 큰 검은 말이 보였기 때문이다. 인도의 전설에 야마Yama의 검은 번개 말이 나온다. 야마는 죽음의 신으로 뇌우의 땅인 남쪽 지옥에서 사는 신이다.[11] 게르만 민족에게 전승된 민담에도 번개 신격으로서 마귀가 말발굽을 수많은 지붕에다 던진다는 내용이 있다. 뇌우가 땅의 수정을 의미한다는 점에 따라서 번개, 또는 말발굽에 남근의 의미가 부여된다. 남편에게 너무도 난폭하게 성교를 강요받았던 무학의 어떤 환자는 자주 난폭한 말이 그녀 위로 뛰어들어 뒷발로 그녀의 몸을 짓밟는 꿈을 꾸었다. 플루타르크는 디오니소스 비의의 기도문을 다음과 같이 소개했다: "오, 주인이시여, 엘리스Elis에 있는 당신의 신전으로 오소서, 아름다운 세 여신과 함께 당신의 신전으로 오소서. 황소의 발을 가지고 미친듯이 '열광적 광기로' 밟으소서."[12] 페가수스는 땅에서 솟아나는 시신詩神인 히포크레네Hippokrene를, 즉 샘을 발로 쳤다. 벨레로폰Bellerphontes[13] 샘의 코린트식 석상石像은 동시에 샘인데 말 편자에서 물이 솟아올라서 생긴 것이다. 발더Balder(발드르. 북유럽의 주신 오딘과 프리그 사이의 아들, 여름과 햇빛의 신, 생명 원리의 구체화)의 말이 한 발을 내딛자 샘이 솟았다. 그러므로 말의 발은 풍부한 물을 제공하는 자, 즉 풍요의 수분을 담지한 자이다.[14] 오스트리아 저지방에 전해지는 전설에[15] 이런 이야기가 있다: 사람들은 엄청나게 큰 남자가 흰 말을 타고 산을 넘어가는 것을 보는데 그것은 곧 비가 내린다는 사실을 의미한다. 여기에서 말은 곧 내릴 비를 의미한다. 독일 전설에서는 출산의 여신인 홀레Holle 부인이 말을 타고 온다. 분만이 임박한 임산부들이 앞치마에 있는 귀리를 백마에게 주면서 백마에게 곧 출산할 수 있게 보살펴 달라고 부탁한다; 본래의 풍습은 말이 여자의 음부를 만지는 것이었다. 말은 대체로 (나귀도 마찬가지로) 외설적인 동물을 의미했다.[16] 말의 발자국은 축복과 풍요를 주는 우상이기도 했다. 말의 발자국은 고대 로마의 생식의 신인 프리아푸스처럼 점유권을 확립하는 것으로 작용하고 경계를 짓는 의미로 사용된다. 닥틸렌처럼 말은 그의 발굽으로 하르츠Harz 산맥의 금속 광맥을 발견했다. 말발굽을 축약한[17] 편자는 행운을 부르고 악마를 쫓는다는 의미를 갖고 있다. 네덜란드에서는 마구간 안에 마법에 대항해서 편자를 걸어놓는다. 편자가 남성의 남근과 유사한 영향을 미친다는 사실은 잘 알려져 있다. 따라서 그것은 문남근門男根들Torphalli이다. 특히 말의 넓적다리는 뇌우를 막는다. "비슷한 것을 통해 비슷한 것을 구한다similia similibus"라는 공식에 따른 것이다.

말은 빨리 달리기 때문에 바람을 의미한다. 즉, 비교의 세 번째tertium comparationis도 다시금 리비도의 상징인 것이다. 독일 전설에 나오는 바람은 소녀를 탐하는 거친 사냥꾼으로 묘사된다. 보탄은 뇌우 속에서 자기 앞에 나타난 바람의 신부(여신 프리그Frigg)를 추격한다.[18] 폭풍의 지점들이 말에서 파생된 이름을 가지게 되었는데, 뤼네부르크 황야 Lüneburger Heide의 쉼멜베르게Schimmelberge(백마산맥)가 있다. 반은 사람이고 반은 말인 켄타우로스는 또 다른 바람의 신이다.[19]

말은 불과 빛을 의미한다. 그 예로 태양의 신, 헬리오스Helios의 불타는 말들을 들 수 있다. 트로이의 장군 헥토르의 말들은 크산토스Xanthos(노란색의, 밝은), 포다르고스Podargos(발 빠른), 람포스Lampos(빛나는), 그리고 아이톤Aithon(불타는)이라고 부른다. 지크프리트Siegfried는 번개 말 그라니Grani를 타고 성을 지키는 불길을 뛰어넘는다.[20] 이

번개 말은 슬레이프니르에서 태어났으면서 유일하게 그 불길을 취할 수 있는 그런 말이다. 명백한 불의 상징은 디오 크리소스토무스Dio Chrysostomus가 말한 네 필의 신비로운 말이 끄는 이륜마차[21]로 대변된다: 최고의 신은 그의 마차를 항상 둥글게 원을 그리며 몰았다. 마차는 네 마리의 말들이 끌었다. 원주의 외각을 달리는 말은 매우 빨리 달렸다. 말의 피부는 반질반질 빛나고 그 위에 행성과 별자리의 표시가 있었다.[22] 두 번째 말은 조금 천천히 걸었고 한쪽 옆면만 반짝였다. 세 번째 말은 더 느렸고, 네 번째 말은 제자리걸음만 계속했다. 그러나 한번은 제일 바깥쪽의 말이 두 번째 말의 갈기에 자신의 불같이 더운 입김을 불어 불을 붙였고, 세 번째 말은 폭포처럼 흘러내리는 땀으로 네 번째 말을 덮쳤다. 그러자 네 마리의 말들은 사라져 가장 강하고 불같이 새빨간 실체Substanz로 바뀌었는데 이 실체는 이제 마부가 된다. 말들은 또한 네 가지 기본 요소를 표현한다. 대참사는 세계의 화재와 홍수이며 이런 재앙들을 통하여 신이 여럿으로 나누어 분열하기를 중단하고 다시 신적인 통일을 이루게 되는 것이다.[23] 의심할 여지 없이 네 마리의 말이 이끄는 이륜마차는 천문학적으로 시간의 상징으로 이해할 수 있다. 우리는 이미 제1부[7권]에서 운명에 대한 스토아 학파의 표상은 불의 상징이라는 사실을 확인하였다. 따라서 운명의 개념과 아주 가까운 관계에 있는 시간이 마찬가지로 리비도의 상징을 가리키는 것이라면 그것은 이 생각의 논리적 결과라 할 것이다.

『브리하다라냐카-우파니샤드*Bṛihadâraṇyaka-Upanishad*』 I, 1f., p. 382 이하에 다음과 같은 구절이 있다.

"참으로 아침노을은 제물로 바쳐진 말의 피부이며, 해는 말의 눈이며, 바람은 그의 숨결이며, 그의 목구멍은 모든 것을 태워버리는 불이며, 일 년은 말의 몸통이다. 하늘은 말의 등이고, 공간은 그의 복강이고, 땅은 활처럼 굽은 그의 배다: 양극은 그의 옆구리이고, 중간 극의 사이는 그의 늑골이며, 사계절은 그의 사지이며 열두 달과 보름들은 그의 관절이며, 낮과 밤들은 그의 발이며, 성좌는 그의 골격이고, 구름들은 그의 살이다. 그가 소화시키는 사료는 사막이며, 강들은 그의 혈관이며, 산들은 그의 간과 허파다. 풀과 나무들은 그의 머리카락이다; 떠오르는 해는 그의 앞부분이고 지는 해는 그의 뒷부분이다."—"대양大洋은 그의 친족이며, 대양은 그의 요람이다."

위의 글에서 우리는 말이 시간의 상징으로 파악되며 그 밖에도 또한 세계 전체라고 이해되고 있는 것을 발견한다. 우리는 미트라스 제식에서 기이한 시간의 신, 아이온Aion(그림 84), 즉 크로노스Kronos 혹은 또한 데우스 레온토케팔루스deus leontocephalus를 만난다. 그가 늘상 사자 머리를 한 인간의 형상으로 나타나기 때문에, 그를 사자 머리를 한 신이라고 부르기도 한다. 그의 형상은 뻣뻣하게 굳은 자세로 서 있으며 뱀 한 마리가 그의 몸 전체를 휘감고 올라가다 사자 머리 뒤쪽을 넘어 앞머리에 뱀의 머리가 얹혀진 것이다. 이 조각상의 양손에 열쇠가 있고 가슴 위에 뇌신雷神의 화살인 번개가 있다. 등에는 바람의 날개 네 개가 있다. 뿐만 아니라 그 형상은 몸에 수대獸帶 기호가 있다. 수탉과 연장들도 있다. 고대의 전형들이 들어 있는 카롤링거 왕조의 『우트레히트Utrecht』의 시편에는 시간의 신인 아이온이 손에 뱀을 들고 벌거벗고 서 있는 남성의 모습으로 묘사되었다.[24] 이름에서 암시되듯이, 그는 리비도 상들로 합성되어 있는 시간의 상징이다. 여름의 가장 뜨거운 열기[25]의 수대인 사자는 '무절제한 욕망concupiscentia effrenata', 즉

그림 84. 수대 기호를 몸에 지닌 아이온.(로마, 2~3세기)

가장 강력한 열망을 상징한다. (메히틸트 폰 마그데부르크Mechthild von Magdeburg는 "나의 영혼은 허기진 사자의 목소리로 울부짖는다"라고 하였다.) 뱀은 미트라스의 비의에서 자주 사자에 대해 적대적인 것으로 묘사된다. 이는 대부분의 신화에서 태양이 용과 맞서 싸우는 것에 상응한다. 이집트『사자의 서』에 툼Tum이 수고양이로 표기되었다. 왜냐하면 툼이 수고양이로 골단형 뱀Apophisschlange과 싸웠기 때문이다. 우리가 보았듯이, 휘감는다는 것은 '삼켜지는 것', 즉 자궁으로 들어가는 것을 의미한다. 따라서 시간은 해가 지고 뜨는 것으로, 다시 말해 리비도가 죽었다가 재생하는 것, 의식이 깨어났다가 소멸되는 것으로 정의된다. 수탉을 첨가한 것은 재삼 시간을 암시하며, 연장은 시간의 창조를 암시한다(베르그송의 "창조적 지속Durée créatrice"). 오로마즈데스Oromazdes(아후라마즈다)와 아흐리만Ahriman(앙그라마이뉴)은 츠르완 아카라나Zrwan akarana(끝없이 긴 기간)를 통하여 태어난다. 비의에서 이 비어 있고 순전히 형식뿐인 시간은 창조되는 힘, 즉 리비도의 변환을 통해서 표현된다. 이것은 변환이 에너지 과정의 흐름과 동일하다는 물리적 사실에 부합된다.

마크로비우스Macrobius가 말하기를: "사자의 머리는 현재의 순간을 나타내는데 그 이유는 그의 상태가 강하고도 긴급하기 때문이다."[26] 필론Philo von Alexandrien은 그것에 대해 더 잘 알고 있는 것 같다. 그는 다음과 같이 말했다.

> "사악한 인간들은 시간을 신Gott이라고 본다. 신의 고유한 존재를 숨기려고 하기 때문이다.… 잘못된 생각을 가진 사람들은 시간을 우주의 원인이라고 말한다. 그에 반해서 현자들과 선인善人들은 신을 시간(즉, 원인)으로 생각하지 않는다."[27]

피르다우시Firdosi는 시간을 자주 운명의 상징으로 보았다.[28] 위에서 언급한 인도의 원전은 물론 한 발자국 더 나아간다; 그 원전에 기술된 말의 상징은 전 세계를 그 안에 포괄하고 있다; 말의 친족과 요람은 바다이며, 어머니인 동시에 세계혼이다. 아이온이 리비도를 (뱀에) '휘감기는 것', 즉 죽음과 재생의 단계에서 묘사하듯이, 여기서도 말의 요람은 바다이다. 즉 리비도는 '어머니' 속에서, 다시 말해 무의식 속에서 죽고 다시 부활하곤 하는 것이다.

우리는 이미 세계수인 이그드라실을 통해서 말이 나무 상징과 연관된다는 것을 알고 있다. 말은 또한 '죽음의 나무'이기도 하다; 그래서 중세에는 관대棺臺를 '성 미카엘의 말Sankt Michaelspferd'이라고 불렀고, 근대 페르시아어로 관이라는 단어가 '나무로 만든 말'을 의미한다.[29] 말은 또한 영혼의 인도자Psychopompos의 역할을 한다; 말은 영혼을 저승으로 데려다주는 동물이다; 말여인馬女人들은 영혼들을 데려온다(발퀴레들Walküren[전사자를 혼령이 사는 곳으로 인도하는 여신]). 근대 그리스의 노래들은 카론Charon[고대 그리스 신화에서 저승으로 가는 강 스틱스Styx를 건네주는 사공]을 말로 묘사하고 있다.

그 밖에도 또 다른 상징의 형태를 생각해볼 수 있다: 때로는 마귀가 다리 세 개인 말을 타고 다닌다. 죽음의 여신, 헬Hel도 페스트가 돌았던 시대에 다리가 세 개인 말을 타고 다녔다.[30] 천상의 비의 호수인 포우루카샤Vourukasha에 서 있는 거대한 나귀도 다리가 세 개다. 그 나귀의 소변이 호수의 물을 정화시키고, 나귀가 큰 소리를 내면 모든 유익한 동물들은 임신을 하고 해로운 동물들은 유산을 하게 된다.[31] 헬이 보여주는 모순된 상징성은 포우루카샤의 나귀에서는 하나의 상像으로 응축되어 있다. 리비도는 수태를 시키기도 하면서 동시에 파괴하기도 하는 것이다.

미스 밀러의 드라마에 나타난 주인공에게 인디언 한 명이 다가가 그에게 활을 겨눈다. 그러나 치완토펠은 당당한 몸짓으로 적에게 가슴을 드러내 보인다. 이러한 상像,Bild은 그녀로 하여금 셰익스피어의 『줄리어스 시저』에 나오는 카시우스와 브루투스의 대화 장면을 떠올리게 하였다. 브루투스가 로마 군단을 위해 카시우스에게 준 돈을 카시우스가 거절하였다고 카시우스를 비난함으로써 두 친구 사이에 오해가 생긴 것이다. 기분이 상해서 격분한 카시우스는 비탄의 말을 쏟아낸다.

> 오라, 마르크 안톤Mark Anton, 오라, 옥타비우스Octavius!
> 이 카시우스에게 너희들의 복수를 마음껏 하려무나.
> 카시우스는 살기가 싫어졌기에:
> 사랑하는 사람한테 미움을 받고;
> 형제한테 멸시당하고; 마치 아이처럼 질책당하니,
> 사람들이 나의 결점들을 낱낱이 찾아내어,
> 수첩에 적고, 외우고, 나를 향해 던지니.―오, 나는
> 내 혼이 내 눈에서 눈물을 흘릴 지경이구나!
> 저기 내 단검이 있고, 여기 벌거벗은 내 가슴이 있다;
> 여기 플루투스Plutus의 전투보다 더 풍성하고,
> 금보다 더 값비싼 심장이 있다: 네가 로마인이라면,
> 바로 이 자리에서 꺼내 가지라. 내가 너의 돈을 거절했으니,
> 이제 나의 심장을 너에게 주어야겠구나. 찌르라, 옛날
> 카이사르에게 한 것처럼! 네가 그를 가장 미워했을 때도
> 네가 이 카시우스를 사랑한 것보다 그를 더 사랑했다는 것을
> 나는 알고 있다.[32]

카시우스의 말이 시라노Cyrano의 격렬한 중얼거림과 많이 유사하다는 점을 지적하지 않았다면 여기에 소개된 일부 자료만으로는 전거가 불충분했을 것이다. 다만 카시우스가 훨씬 더 극적일 뿐이다. 카시우스의 기질은 어딘가 유아적이고 히스테릭한 면이 있다. 브루투스는 물론 그를 죽일 생각이 없다. 오히려 다음과 같은 말을 하며 그에게 차가운 단검을 넘겨준다.

브루투스:
　자네의 단검을 거두오!
　화를 내고 싶으면 화를 내고: 내버려둘 테니!
　하고 싶은 대로 하오: 모욕도 일시적 기분일 것이니.
　오, 카시우스! 그대는 양과 같은 사람이오.
　양은 마치 부싯돌의 불처럼 화를 내지.
　여러 번 부딪치면 불꽃이 일어나는,
　그러고는 곧 식어버리는 부싯돌.
카시우스:
　나는 이토록 비탄과 격한 감정으로 괴로운데,
　브루투스의 농담거리나 웃음거리가 되려고
　살아왔단 말이오?
브루투스:
　그렇게 말할 때, 나도 감정이 격했다네.
카시우스:
　그것이 사실인가?
　손을 주게나!
브루투스:

내 심장까지도 가지게.

카시우스:

오, 브루투스!

브루투스:

왜 그러나?

카시우스:

당신은 내가 어머니로부터 타고난,
성급한 감정에 격해 앞뒤를 분간 못할 때
나를 참아줄 만한 사랑은 없는가?

브루투스:

알겠네, 카시우스; 이제부터는 그대들이
이 브루투스를 격하게 대하면,
어머니가 헐뜯고 있다고 생각하여
내버려두겠네.

카시우스의 예민함은 카시우스가 감정적으로 격한 순간에 어머니와 동일시하고 그래서 무척 여성적으로 행동한다는 사실로 해명된다.[33] 이것은 그의 연설이 완벽하게 밝힌 바와 같다. 왜냐하면 그의 사랑받고자 하는, 그리고 아주 절망적으로 브루투스의 남자답고 대담한 의지에 예속되려는 여자 같은 카시우스의 성향을, 브루투스는 합당하게도 '한 마리의 양'과 비슷하다고 평하였기 때문이다. 말하자면 카시우스의 성격 속에는 어머니로부터 유래된 어떤 아주 무능한 것이 있다. 여기서 유아적인 성향이라는 사실을 인식하는 것은 어려운 일이 아니다. 이러한 유아적 성향은 언제나 부모-이마고, 여기서는 어머니-이마고의 우세로 나타난다. 한 개체가 유아적인 것은 그 개체가 유년 시절의 환경, 즉 그의 부모에 대한 순응에서 완전히 해방되지 못하였거나 그저 불충분하게 해방되었기 때문이다. 그래서 그는 한편으로는 아이가 부모에게 하듯이 세계에 대해서도 잘못 반응하여 항상 사랑을 요구하거나 즉각적인 감정적 포상을 요구한다; 다른 한편으로는 부모에 밀착함으로써 그들과 동일시하여 유아적인 사람이 마치 아버지나 어머니처럼 행동한다. 이런 사람은 자기 힘으로 살아갈 수 없다. 자기 고유의 특성을 발견하지도 못한다. 그렇기 때문에 브루투스는 카시우스에게서 자신이 아니라 "어머니가 헐뜯고 있다"고 가정했던 것이다. 우리가 여기서 제기하는 중요한 심리학적 사실은 카시우스가 유아적이며 어머니와 동일시하고 있다는 점이다. 이 히스테리성 행동은 카시우스가 어떤 면에서는 아직도 '양'이고, 그래서 순진무구한 아이라는 정황에 부담을 준다; 그러니까 그는 자기의 감정 생활에 관해서는 열등하게 뒤처져 있는 것이다. 우리는 그러한 인간 유형을 겉으로 보기에는 강력하게 생활하고 동료들을 지배하며 사는 것 같은 사람들에서 자주 본다. 그들은 그들의 감정 요구에 대하여는 유아적인 채로 있는 것이다.

    미스 밀러의 드라마에 등장한 인물들은 그녀의 환상에 나오는 아이들로서 작자인 미스 밀러가 지니고 있는 이런저런 특성들 모두를 묘사하고 있다.[34] 주인공 치완토펠은 남성적인 것에 투사된 이상형을 표현한다. 즉, 미스 밀러는 그녀의 젊은 나이에 걸맞게 이상형을 남성 속에서 보고 있다. 이런 면에서 그녀는 분명 아직은 실망한 적이 없고 몽상을 즐기고 있는 셈이다. 그녀는 그녀의 이상형이 여성적 성질의 것이어야 할 것이라는 점을 아직 모른다. 그런 형상은 그녀에게 조금 버거울지도 모르기 때문이다. 남성으로 묘사된 이상형은 그녀에게 아무런 약속도 하지 않고 다만 환상의 요구를 가능하게 할 뿐이다. 그러나 이상형이 그녀와 같은 여성이라면 그녀는 이 인물과 그리 완전하게 일치하지는 않는다는 사실을 발견할 수 있게 될지 모른다. 그것은 분명 편치 않은 일이지만 유익한 것이다. 시라노[35]의 몸짓은 분명 멋지고 인상적이다. 그러나 카시우스의 몸짓은 연극적이다. 두 주인공은 모두 멋있게 죽으려고 했는데, 시라노는 실제로 이에 성공하였다. 죽음으로의 이와 같은 방향 전환은 다른 사람이 이상적인 인간이라는 착각이 어쩔 수 없이 끝나야 함을 예고한다. 그녀의 이상형은 이제 막 장소를 바꾸어 어쩌면, 작자인 그녀 자신의 마음으로 거처를 옮기려 한다. 이것은 그녀의 인생 행로에서 매우 결정적인 것이 될 것이다. 즉, 이상형과 같은, 그렇게 중요한 형상이 변화를 준비한다면 그것은 마치 그 형상이 죽어야만 하는 것과도 같은 것이다. 그런 변화는 개인의 내부에서 이해하기 힘든, 즉 겉으로 보기에 근거가 없는 죽음의 예감과 세계 고뇌의 감정을 일으킨다. 이러한 경향들은 나방의 노래에 이미 표현되었지만 여기서 더욱 날카롭게 설명된다: 그녀의 유아기 세계는 성인의 단계로부터 분리되기 위해 종말을 맞고자 한다. 어린 소녀의 죽음의 의지는 종종 이것의 간접적인 표현이며 남에게 보이는 몸짓이다. 정말 죽게 된다 하더라도 그렇다. 왜냐하면 죽음조차 극적일 수 있기 때문이다. 그러한 결과를 통하여 비로소 몸짓은 효과를 거두는 것이다. 인생의 정상頂上이 죽음의 상징으로 표현된다는 것은 잘 알려진 사실이다. 왜냐하면 자신의 과성장Sich-selber-Überwachsen은 하나의 죽음을 의미하기 때문이다. 유아적 존재로서 미스 밀러는 그녀 인생의 과제를 전혀 의식하지 못한다; 그녀는 스스로 책임져야 하는 어떤 목표들이나 생활의 규범들을 세울 수가 없다. 따라서 그녀는 아직도 사랑의 문제를 수용할 준비가 되지 않았다. 왜냐하면 사랑의 문제는 의식과 책임성, 통찰력Übersicht과 선견지명Voraussicht을 요구하기 때문이다. 사랑의 문제는 그 끝에 죽음이 있는 삶에 대한 하나의 결단인 것이다. 이처럼 사랑과 죽음은 서로 적지 않은 관계를 갖고 있다.

주인공이 죽음 앞에 내보인 당당한 몸짓은 다른 사람의 동정을 구하려는 하나의 간접적인 표현일 가능성이 크다. 그래서 브루투스가 취하듯이 그렇게 냉냉한, 깎아내리는 환원적 반응에 부딪히는 것이다. 치완토펠의 태도도 의심쩍다. 왜냐하면 치완토펠의 본보기가 된 카시우스의 장면은 너무 무분별하게 모든 것이 단지 유아적이라는 것만을 보여주기 때문이다. 어떤 몸짓이 너무 극적이면, 그 몸짓이 진짜가 아니라는 것, 그래서 아주 다른 것을 의미하는 어떤 반대 의지가 어딘가에서 작동하고 있다는 근거 있는 의심이 생기게 마련이다.

앞에서 말한 상징들의 비활성적 성질과는 반대로 갈등이 분명해지면서 한 부분이 다른 부분을 죽이려고 위협함으로써 리비도는 이제 드라마에서 하나의 위협적인 능동적 활동을 취한다. 꿈을 꾼 여성의 이상적인 형상인 영웅은 죽으려고 한다. 그는 죽음을 두려워하지 않는다. 이러한 주인공의 유아적 특성에 걸맞게 그가 마침내 무대에서 물러날 적절한 때일지 모른다. 죽음은 그에게 화살에 맞는 형태로 이루어진다고 한다. 영웅들 스스로가 위대한 궁수이거나 화살에 맞아 쓰러지는 정황을 고려한다면, 화살에 의한 죽음이 무엇을 의미하는지 살펴보는 것은 불필요한 일이 아닐 것이다(그림 85).

히스테리성이고 성흔인각聖痕印刻을 받은 안나 카타리나 엠머릭Anna Katharina Emmerick의 전기에는 그녀의 심적 고통이 다음과 같이 기록되어 있다.

"그녀는 이미 수련 수녀일 때 성 그리스도로부터 성탄절 선물로 너무도 고통스러운 심장병을 얻어 수도회 생활 내내 괴로워했

그림 85. 궁수로 비유된 죽음(부분).
'1464년의 장인', 독일학파.

다. 신이 그녀에게 내면적으로 그것이 수도회 정신의 타락에 대한, 특히 그녀의 동료 수녀들의 죄에 대한 신의 의도임을 보여주었다. 그러나 고통을 가장 심하게 만든 것은 그녀가 유년 시절부터 지녀왔던 그녀의 천부적 재능이었다. 말하자면 인간의 진실로 있는 그대로의 내적 본질을 바로 눈앞에서 보는 능력이었다. 그녀는 마치 그녀의 심장에 화살들이 계속 뚫고 들어오는 것 같은 고통을 육체적으로 느꼈다.[36] 이 화살들을—이것이 정신적으로 더욱 고통스러운 것이었다―그녀는 아무 근거와 양심 없이 그녀에 대해, 신에 대한 경외심에 의한 그녀의 변환에 대해 동료 수녀들이 꾸미는 온통 곡해하고 중상하고 비난하는 생각들, 계획들, 비밀스런 말들이라고 인식했다."37

성녀가 된다는 것은 매우 힘든 일이다. 왜냐하면 그와 같은 특별한 분화分化는 인내심과 용감하게 견디어내는 본성으로도 감당하기가 어려워서, 그녀 자신도 자기식대로 자신을 옹호해야 하기 때문이다. 성스러움의 반대극은 유혹이다. 유혹 없이는 어떤 올바른 성인도 살 수 없다. 우리는 이러한 유혹들이 무의식적으로 진행될 수 있으며, 그 결과 다만 그 등가물들만이 증상의 형태로 의식에 도달할 수 있다는 것을 알고 있다. 또한 '심장Herz'과 '고통Schmerz'의 끝소리가 같다는 것은 이미 다 아는 사실이다. 히스테리는 느끼지 못한, 즉 억압된 심적 고통 대신에 육체적인 고통을 대치하는 것임은 이미 오래전부터 알려진 사실이다. 카타리나 엠머릭의 전기 작가는 어쨌든 그것을 어느 정도 제대로 보았다. 다만 엠머릭의 해석은 보통 그러한 것처럼 투사에 근거를 두고 있다: 언제나 은밀하게 그녀에 관한 온갖 나쁜 것을 주장하는 사람들이 있고, 그것이 그녀에게 고통을 안겨주었다는 것이다. 그러나 사실은 조금 다르다: 삶의 모든 즐거움을 포기하는 것, 꽃피기도 전에 말라 죽는 것은 일반적으로 언제나 괴로운 일이다. 특히 고통스러운 것은 충족되지 못한 욕구들과 억압하는 힘들을 부숴버리고자 하는 자연의 시도들이다―아마도 이것들 없이는 그와 같은 특별한 구별이 불가능했을 것이다. 물론 동료 수녀들의 험담과 비꼬는 말투는 언제나 하필이면 그런 괴로운 것들을 암시하기 때문에 성녀에게는 그녀의 병이 거기서 오는 것처럼 보일 수밖에 없었다. 물론 그녀는 소문이 곧잘 무의식의 역할을 떠맡는다는 사실을 모르고 있다. 무의식은 교묘한 적수처럼 항상 실제적인, 그러나 스스로도 모르는, 우리가 입은 갑옷의 무의식적인 틈을 겨냥하고 있다.

이와 같은 의미로 붓다의 설법 중 한 구절을 소개하겠다.

> 그래도 다시 한 번 진정으로 바라는 욕구가 있다,
> 의지 안에서 생겨나고 양육된,
> 그리고 차츰 아쉬워하게 될 것.
> 욕구는 마치 살 속에서 화살이 거칠게 후벼 파는 것 같구나.[38]

상처를 주고 고통스럽게 만드는 화살들은 언제나 밖에서 공격해오는 외부의 소문이 아니라, '내면의 매복소', 즉 무의식에서 날아든다. 그것은 화살처럼 우리의 살 속에 꽂히는 자신의 욕구이다.[39] 또 다른 관계에서 보아도 이것은 위에서 언급한 수녀의 경우에 분명하게, 그리고 글자 그대로 나타난다. 일반적으로 구세주와의 신비적인 융합 장면들은 매우 성애적인 색채를 띠는 것으로 알려져 있다.[40] 성흔인각의 장면은 구세주를 통한 하나의 부란기Inkubation를 의미한다. 신과의 동침을 의미하는 신비적 융합unio mystica에 대한 고대의 관점과 비교했을 때 거의 차이가 없다. 수녀는 자신의 성흔인각을 다음과 같이 이야기하고 있다.

"저는 그리스도의 고통을 보았습니다. 그래서 저도 그의 고통을 함께 느낄 수 있게 해달라고 간청했습니다. 성스러운 다섯 군데 성흔을 받으신 다섯 성부에게 영광을 돌리면서 내내 청하였습니다. 침상에서 두 팔을 벌리고 누워 있던 저는 엄청난 달콤함에 젖어 있었고 예수님의 고통에 대한 끝없는 목마름을 느꼈습니다. 그때 저는 저를 비추고 있는 광휘를 보았는데, 그 빛은 위로부터 비스듬히 사선으로 내려와 비추고 있었습니다. 그것은 십자가에 매달린 몸이었고, 분명 살아 있었고 투명하게 빛나고 있었으며, 팔을 벌리고 있었습니다. 그러나 십자가는 없었습니다. 상처는 몸보다 더 밝게 빛났고 온전한 영광에서 비쳐 나오는 다섯 개의 광륜이 있었습니다. 저는 너무 황홀했고 심장이 아플 지경이었습니다. 그러면서도 구세주의 고통에 동참하고 싶은 열망에 완전히 젖어들었습니다. 구세주의 고통에 대한 저의 열망은 그의 상처를 보는 순간 점점 더 고조되면서 저의 가슴에서 시작하여 제 손과 옆구리와 발을 통과하도록 성흔을 간청하였습니다. 처음에는 손에서, 그 다음은 옆구리에서, 그 다음은 발에서 삼중으로 빛나는 붉은 광선이 흘러나왔습니다. 아래쪽 화살이 있는 끝까지, 그런 다음 제 손과 옆구리와 발에 광선이 닿았습니다."[41]

광선은 삼중이었고 화살촉 끝에서 끝났다.[42] 아모르(사랑의 신)처럼 태양은 파멸시키거나 수태시키는 화살들이 가득 찬 화살통을 가지고 있다.[43] 화살은 남성적인 의미를 지닌다. 이런 남성적 의미의 밑바닥에는 용맹한 아들을 부모의 화살과 투창이라고 부르는 동양적인 풍습이 있다. 아라비아어로 '날카로운 화살을 만든다'는 말은 '씩씩한 아들을 낳다'라는 말을 은유적으로 표현한 것이다. 중국인들은 아들의 탄생을 알리기 위해 집 앞에 활과 화살을 걸어놓았다. 「시편」(127장 4절)에, "청년의 힘을 가진 아들들은 영웅의 손에 있는 화살과 같으니"라고 씌어 있다. 이러한 화살의 의미 덕분에 스키타이 왕 아리안타스Ariantas가 인구 조사를 실시하면서 모든 스키타이인으로부터 화살촉을 하나씩 요구했던 일은 이해할 만하다.[44] 활과 비슷한 의미가 창에도 있다: 인류는 창에서 유래했다. 서양 물푸레나무는 창의 어머니다. 왜냐하면 '청동' 시대의 인류는 물푸레나무로부터 시작되었기 때문이다. 카이네우스Kaineus[45]는 사람들에게 자신의 창을 숭배하라고 명령했다. 핀다로스Pindar는 카이네우스의 전설 중에서 그가 "발을 직선으로 세워 땅을 갈라서" 깊숙이 내부로 들어갔다는 내용을 소개했다.[46] 원래 카이네우스는 카이니스Kainis라는 처녀였는데 그녀의 고분고분함 때문에 포세이돈이 그녀를 불사신의 남자로 변하게 해주었다고 한다. 오비디우스Ovid는 불사신 카이네우스와 라피타이Lapithen의 싸움을 묘사했다. 그녀는 그를 결국 나무로 뒤덮어버렸다. 그녀가 달리 그를 이겨낼 방도가 없었기 때문이다. 오비디우스는 이렇게 말했다.

> 그가 죽었는지는 불확실하다; 왜냐하면 사람들이 말하기를,
> 그의 몸은 나무들의 무게에 눌려 적막한 타르타로스Tartarus〔그리스 신화의 저승〕에 떨어졌다고 했다.
> 몹소스Mopsus는 이를 부정했다, 그는 나무 더미 한가운데에서
> 갈색을 띤 새가 공중으로 날아가는 것을 보았다……[47]

로셔Wilhelm H. Roscher[48]는 이 새를 황금비휘파람새Goldregenpfeifer(Charadrius pluvialis)〔우리말로 검은가슴물떼새〕라고 보았다. 이 새의 이름은 카라드라, 즉 땅이 갈라진 틈에 사는 새라는 데서 유래한다. 이 새의 노랫소리는 비를 예고한다. 카이네우스가 이 새로 변신한 것이다.
우리는 이 신화에서 재삼 리비도 신화의 전형적인 구성 요소를 볼 수 있다: 즉 원초적인 양성성兩性性, 어머니 속으로 들어감으로써(발로 어머니를 가르기) 이루어지는 불멸성(상처 입지 않음), 영혼 새의 부활

과 풍요의 생성 등이 그것이다. 이런 유의 영웅이 자신의 창을 숭배하게 한다면, 그에게는 이 창이 하나의 유효하고도 그 자신과 등가적인 표현임을 드러내는 것이다.

여기서 우리는 현재의 관점에서 제1부[7권, 77~78쪽]에서 언급한 「욥기」의 구절을 새롭게 이해해보자.

"그가 나를 과녁으로 삼아 세우시고;
사방에서 쏘아대시는구나;
눈 하나 깜짝하지 않고, 나의 창자를 터뜨리시고
쓸개를 땅에 마구 쏟으시다니.
갈기갈기 찢고 또 찢으려고,
군인(영웅)처럼 달려드시네."[49]

욥은 무의식적인 욕망들이 엄습하면서 일으킨 마음의 고통을 이렇게 표현했다; 리비도는 그의 살을 후벼 파고, 잔인한 신이 그를 장악하여 고통스러운 화살로, 압도적으로 쳐들어오는 생각들로 그를 파고들었다.

이와 동일한 상像이 니체의 저서에서도 발견된다.

쓰러진 채 벌벌 떨며
발을 따뜻하게 해주어야 할, 반죽은 상태에서—
아! 알 수 없는 열에 떨고
뾰족한 얼음 화살 앞에 몸서리치고
그대에게 쫓기는, 생각이여!
이름 붙일 수 없는 자여! 모습을 감춘 자여! 끔찍한 자여!

그대, 구름 뒤에 있는 사냥꾼이여!

그대가 전광으로 번쩍이면서

어둠 속에서 나를 바라보는 조롱의 눈동자여:―그래서 나는 이렇게 누워 있다.

내 몸을 굽히고, 쥐어뜯고,

온갖 영원한 고문으로 고통당하고,

맞았노라.

잔인한 사냥꾼인 그대에 의하여

그대, 미지의―신이여!

더 깊게 맞추라!

다시 한 번 더 맞추라!

이 심장을 찌르고, 부숴버려라!

무딘 화살로 당하는

이 고문은 무엇인가?

그대는 다시 무엇을 바라보는가?

인간의-고통에 대해,

지칠 줄 모르고 즐거워하는 신들의-번갯불 같은-눈으로.

그대는 죽이려고 하지 않고,

오직 고문만 할 텐가, 고문만 할 텐가?[50]

   이 비유에서 고문을 당하는 신의 제물에 관한 이미지를 인식하는데 더 이상 긴 설명은 필요 없을 것이다. 우리는 이미 멕시코의 십자가의 희생과 오딘의 희생[51]에서 그와 같은 상像을 만났었다. 그와 같은 상은 「세바스찬의 순교」에서도 볼 수 있다. 예술가의 감수성은 소녀처럼 부드럽고 한창인 젊은 성인 세바스찬의 육체가 체념한 채 겪어낸 바로 그 고통을 짐작하게 한다. 예술가는 언제나 그가 살던 시대의 심리학의 일부가 자신의 작품에 섞여드는 것을 막을 수는 없는 것이다. 그와 같은 것이 기독교적 상징에서는 더욱 두드러지게 나타난다. 특히 창에 찔린 십자가 상, 그의 욕구에 의해 괴롭힘을 당한, 즉 그리스도 안에서 십자가에 달린 기독교 시대의 인간에 관한 상징에서 그 유례를 본다.

인간이 당하는 고통은 외부에서 오는 것이 아니라는 것, 인간 스스로가 사냥꾼이고, 제물을 바치는 자이며 제물을 찌르는 칼이라는 것을 니체는 또 다른 시에서 보여주고 있다. 거기서 그는 심적인 갈등으로 나타난 외견상의 이원론을 그와 같은 상징을 사용함으로써 해결하고 있다.

> 오, 차라투스트라여,
> 가장 잔인한 니므롯Nimrod〔사냥의 신〕이여!
> 최근에도 여전히 신의 사냥꾼,
> 모든 덕목의 그물,
> 악의 화살!
> 자, 이제—
> 그대 자신에게 내몰려,
> 그대 자신의 먹이가 된 자,
> 그대 자신 속에 구멍을 뚫었구나…
>
> 자, 이제—
> 그대 자신과 더불어 외로우며,
> 자신의 앎에서 쪼개지고,

수백의 거울 사이에서
그대 앞에서 스스로 거짓이 되고,
수백의 추억 사이에서
막연하게,
매번 상처를 입고 지치며,
매번 서리에 추워 떨고,
자신의 끈에 목을 조인다.
자신을 아는 자여!
자신을 교수형에 처하는 자여!

왜 그대는 자신을
그대의 지혜의 끈으로 묶는가?
왜 그대는 자신을
늙은 뱀의 낙원으로 유인하는가?
왜 그대는 몰래 숨어드는가?
그대 자신 속으로—바로 그대 자신 속으로…⁵²

 치명적인 화살이 외부에서 날아와 영웅을 맞춘 것이 아니라, 스스로를 사냥하고 싸움을 걸고 고문한 것은 그 자신이었다. 그의 내부에서 충동이 또 다른 충동을 겨냥하는 것이다—그렇기 때문에 시인은 "자신의 내부를 뚫었다"라고 읊었다. 즉, 자신의 화살에 상처를 입은 것을 말한다. 우리는 화살을 리비도 상징으로 인식했기 때문에 '구멍을 뚫는다'는 상 또한 우리에게는 분명하다: 그것은 자기 자신과 합일하려는 행위요, 일종의 자기 수태, 자기 겁탈, 또한 자살이기도 하다. 따라서 차라투스트라가 '자신을 목매다는 자'라고 이름할 수 있는

어머니로부터 해방되기 위한 투쟁 — 195

것이다(오딘이 오딘에게 자신을 희생시킨 것처럼). 물론 이러한 심리소 Psychologem를 지나치게 의지주의적으로 설명해서는 안 될 것이다: 인간은 고의적으로 그러한 고통을 가하는 것이 아니고, 그것이 다만 그에게 일어날 뿐이다. 무의식을 그의 인격의 한 부분으로 계정한다면, 실제로 그는 자기 자신에 대항해서 화를 낸다는 사실을 물론 인정해야만 할 것이다. 그러나 그의 고통이 상징하는 것이 개인적인 것이 아니라 원형적, 다시 말해 집단적인 것이므로, 그 인간은 자기 자신 때문에 괴로워하는 것이 아니라, 그가 살고 있는 시대정신 때문에 괴로워하는 표시라고 이해해도 좋을 것이다. 그는 어떤 객관적·비개인적인 원인, 즉 그가 다른 모든 사람과 공유하고 있는 집단적 무의식 때문에 고통스러운 것이다.

그러니까 자기 자신의 화살로 상처 입는다 함은 우선 하나의 내향화의 상태를 의미한다. 이 상태가 무엇을 의미하는지 우리는 이미 알고 있다: 리비도는 그 자신의 '내밀한 심연'(유명한 니체의 비유)으로 가라앉아 그 아래 어둠 속에서 자신이 떠나온 지상세계에 대한 대체물을 발견하게 된다. 즉, 그것은 기억의 세계('수백의 기억들 중에서')이며 그 가운데서 가장 강하고 영향력이 있는 것은 초기의 기억 상들이다. 그것은 어린이의 세계, 흐르는 시간의 법칙에 의해 우리가 내쫓았던 저 피안의 낙원과 같은 초기 유아기 상태이다. 이 지하의 왕국에서 모든 생성될 것들의 희망과 향수Heimatgefühle가 잠자고 있다. 게르하르트 하웁트만Gerhart Hauptmann의 『가라앉은 종Versunkenen Glocke』에서 주인공 하인리히가 자신의 기적을 보고 이렇게 말했듯이:

> 잃어버렸고 잊혀진 노래가 들려온다,
> 고향의 노래, 아이들 사랑의 노래,

동화와 같은 샘의 심연에서부터 퍼올려진,

모든 이가 아는, 그럼에도 불구하고 듣기 힘든 노래.[53]

그러나 메피스토펠레스가 말했듯이, 그 심연은 유혹적이기 때문에 "위험이 매우 크다".[54] 어떤 결단에 의해서든 생명력이 감소되었거나, 혹은 인간의 운명에 의하여 리비도가 밝은 지상의 세계에서 벗어나면, 리비도는 자기 고유의 심연으로, 즉 예전에 자기가 흘러나왔던 샘으로 가라앉는다. 그리고 예전에 리비도가 몸으로 들어갔던 바로 그 갈라진 곳, 즉 배꼽으로 되돌아간다. 그 갈라진 자리는 어머니라고 부른다. 왜냐하면 그곳으로부터 우리에게 생명의 흐름이 들어왔기 때문이다. 그러므로 만일 어떤 위대한 작업을 해야 할 때, 자신의 능력에 절망하여 남자가 그 일을 피하려 한다면 오히려 그의 리비도는 그 근원의 지점으로 되흘러간다—그리고 그것은 파괴와 새로운 생명 사이에서 결정이 이루어지는 위험한 순간이다. 리비도가 내면 세계의 불가사의한 왕국에 정체되어 있다면[55], 인간은 지상세계에 대한 그림자가 된다. 그는 마치 죽거나 중병을 앓는 것과 같은 상태에 있게 된다. 그러나 리비도가 다시 떨어져 나와 지상세계로 올라오는 데 성공한다면, 기적이 일어난다: 지하계로의 여행은 리비도에게 있어서 목욕하면 다시 젊어지는 청춘의 샘과 같다. 그래서 겉으로 보기에 죽음으로 보이는 그 상태에서 새로운 생산력이 눈을 뜨는 것이다. 인도의 한 신화는 이러한 사고 과정을 다음과 같이 묘사하고 있다: 한번은 비슈누Vishnu가 환희에 빠져 있다가 자면서 브라흐마Brahma를 낳았다. 브라흐마는 연꽃 위에 앉은 모습으로 비슈누의 배꼽에서 튀어나와 베다를 들고(그림 86) 열심히 읽고 있었다. (이는 내향화에 의해 이루어진 창조적인 생각의 탄생을 의미한다.)

그림 86. 비슈누의 배꼽에서 자라난 연꽃. 브라흐마가 함께하고 있다.
함피Hampi에서 출토된 부조. 마드라스(인도).

그러나 비슈누의 환희 때문에 세상에 엄청난 홍수가 닥쳤다. (내향화로 인하여 세계가 삼켜지고 몰락하게 됨.) 이 기회를 이용하는 악마가 브라흐마에게서 베다를 훔쳐서 심연 깊은 곳에 숨겨놓았다. 브라흐마는 비슈누를 깨웠고, 비슈누는 물고기로 변하여(그림 87) 물속에 잠수해 들어가 악마와 싸워 이겨서 베다를 다시 빼앗아왔다.

이 근원적인 사고 과정은 리비도가 심혼의 내부 영역으로, 즉 무의식으로 들어가는 것을 묘사한다. 리비도가 내향화되고 퇴행Regression 되는 바로 그곳에서 그 이전에 잠재되었던 내용들이 배열되며 활성화된다. 경험이 보여주듯이, 그 내용은 근원적인 상들, 즉 원형들이며 이것은 리비도의 내향화에 의해서 개별적인 기억 재료들로 매우 풍성해짐으로써 의식이 인지할 수 있게 된 것이다. 모액母液 안에 결정격자結晶格子가 잠재하여 보이지 않다가 분자들의 결합으로 눈에 보이게 되는 것과 같다. 그러한 내향화와 퇴행은 물론 새로운 방향성과 적응이 확실히 필요한 순간에 일어나기 때문에, 이때 활성화된 원형은 그때그때 닥친 위기 상황의 원상源像,Urbild이다. 따라서 변화하는 상황들이 우리의 이성적 사고에 아무리 끝없이 다양한 것으로 보인다 하더라도, 상황의 가능성들은 결코 자연적인 경계 너머로 나아가지 못하고, 오히려 항상 다소 전형적으로 반복되는, 그러한 형식Formen들을 지니게 되는 것이다. 무의식의 원형적 구조는 평균적으로 일어나는 사건들과 사물들의 보편적인 경과들과 일치된다. 인간에게 일어난 변화의 다양성은 무한한 것이 아니다. 그것은 일어난 사건의 어떤 전형Typus의 변이들로 나타난다. 그러한 전형들의 수는 제한적이다. 어떤 위기 상황이 나타나면, 이 위기 상황에 해당하는 하나의 전형이 무의식에 배치된다. 이 전형은 누미노제(신성한 힘)를 지니고 있기 때문에, 즉 특수한 에네르기를 소유하기 때문에, 의식의 내용, 의식된 표상들을 끌어당긴다. 이러한 표상들 때문에 전형이 지각되고 의식될 수 있게 된다. 전형이 의식으로 넘어 들어가게 되면, 의식은 그것을 깨달음과 계시로, 혹은 구원의 착상으로 지각하게 된다. 이러한 연관성을 여러 차례 경험한 결과, 어떤 위기 상황에 처했을 때 아주 보편적으로 내향화의 기전을 인위적으로, 그것도 영적인 준비를 의미하는 의례행위를 통하여 발휘하게 된다. 예를 들면 마술적인 의식들, 희생, 탄원, 기도 등과 같은 것이다. 이와 같은 의례행위들은 리비도를 무의식으로 향하게 하여 내향화가 일어나도록 하는 목적을 가지고 있다. 그래서 리비도가 무의식과 관계하게 되면, 그것은 마치 리비도가 어머니와 관계하는 것과 같아서 이에 대항한 금기가 제기된다. 그러나 무의식은 어머니를 통해서 단지 상징화되었을 뿐 어머니를 넘어선 크기를 나타내기 때문에 근친상간에 대한 공포는 저 구원의 내용들('손에 넣기 어려운 보배')에 도달

그림 87. 물고기의 모습을 한 비슈누.
아연 조각상.(인도, 19세기)

하기 위해서 극복될 것이다. 아들은 자신의 근친상간의 경향을 의식하지 못하므로 그 성향은 어머니나 어머니 상징에 투사된다. 그러나 어머니 상징이 어머니 그 자체가 아니기 때문에 실제로는 근친상간의 가능성이 전혀 없다. 따라서 저항의 근거로서의 금기는 고려의 대상에서 제외된다. 어머니가 무의식을 대표하는 한, 근친상간의 경향은, 특히 그것이 어머니의 갈망으로(예를 들어 이슈타르와 길가메시) 혹은 아니마의 욕구(예를 들어 크리세Chryse와 필록테테스Philoktet[56])로 나타나는 경우, 그것은 주의 깊게 고려해야 할 무의식의 요구를 나타낸다. 이 갈구가 거절되면 좋지 않은 결과가 나타나기 마련이다: 이를 고려하지 않으면 무의식의 본능적 세력들이 대립적으로 나타난다. 즉, 크리세가 독사로 변한다. 무의식에 대한 의식의 태도가 비협조적일수록 의식은 더욱더 위험에 빠지게 된다. 크리세의 저주는 필록테테스가 그녀의 제단에 가까이 갈 때 실현된다. 어떤 판본에 따르면 그가 가진 치명적인 독화살들 중 하나가 발에 상처를 입혔다고 했고, 다른 판본(더 나은, 더 풍부한 증거를 제시한)[57]에 따르면 독사 한 마리가 다리를 물었다고 하였다.[58] 다 아는 바와 같이 그때부터 그는 병들어 쇠약해갔다.[59]

레Rê를 파멸시키기도 했던 이와 같은 매우 전형적인 부상은 한 이집트 찬가에 다음과 같이 묘사되어 있다.

> 신이 나이를 많이 먹어 입이 움직였다.
> 그래서 침을 대지에 떨구었다.
> 그가 뱉은 것은 땅바닥에 떨어졌다.
> 이시스가 손으로 그것을
> 옆에 있는 흙으로 반죽하였다;
> 그녀는 흙으로 신성한 벌레 한 마리를 빚었다.

창과 같은 모양의 벌레를.
그녀는 그 벌레를 산 채로 그녀의 얼굴 주위에 감지 않고,
벌레를 돌돌 말아(?) 길에 던졌다.
그 길은 위대한 신이 다니는 곳,
두 영토를 마음껏 두루 거치면서.
고귀한 신은 광채를 발하며 걸어 나왔고,
파라오를 모시는 신들이 그와 동행했다.
파라오는 다른 날과 마찬가지로 산책했다.
그때 신성한 그 벌레가 그를 물었고…
거룩한 신이 입을 열었고
황제의 목소리가 하늘에 닿았다.
신들은 외쳤다: "보라!"
거룩한 신은 대답할 수 없었다.
그의 턱은 덜그럭거렸고,
그의 사지는 덜덜 떨며
독이 그의 살을 파고들었다.
마치 나일강이 그의 영역(?)을 범람하여 점령하듯이.[60]

이 찬가에서 이집트인들은 뱀에게 물림-주제의 본래의 표현 양식을 보존하여 우리에게 전해주었다. 가을에 해가 기우는 것은 인간의 노년기의 상으로서 상징적으로 뱀으로 인한 중독에 귀착된다. 어머니는 그녀의 간계로 태양신이 죽은 것이라는 비난을 받는다. 뱀은 '어머니'(그리고 또 다른 다이모니아)의 섬뜩한 누멘Numen(신비한 힘)을 구체적으로 나타낸다. 어머니는 죽이기도 하지만 동시에 죽음 앞에 선 사람을 안전하게 지켜주는 유일한 가능성이기도 하다. 그렇기 때문에 어

머니가 생명의 원천이기도 한 것이다.[61] 오직 어머니만이 죽음에 이른 환자를 치유할 수 있다. 그래서 찬가는 계속해서 신들이 방책을 간구하기 위해 회합한 모습을 이렇게 묘사하고 있다.

> 그러자 이시스가 그녀의 지혜를 드러내며 들어왔다.
> 그녀의 입은 생명의 입김으로 가득하고
> 그녀의 주문은 고통을 내쫓으며
> 그녀의 말은 더 이상 숨 쉬지 못하는 자를 소생시켰다.
> 그녀가 말하기를: "이게 무엇인가? 이게 무엇인가, 신 아버지여?
> 보시오, 벌레 한 마리가 당신에게 고통을 주었으니…
>
> 신적인 아버지여, 이제 당신의 이름을 말해주오.
> 자신의 이름으로 부름을 받은 남자는 살아남기 때문이므로."

이에 대해 레Rê가 대답하였다.

> "나는 하늘과 땅을 창조하고 산맥을 세운 자.
> 그리고 그 위에 있는 모든 존재들을 만들었노라.
> 나는 물을 만들었고 큰 홍수를 창조한 자,
> 생산하는 자인
> 그의 어머니의 황소를 만든 자…"

> 독이 없어지지 않고 더 깊어졌다.
> 위대한 신은 건강하지 못했다.

그때 이시스가 레에게 말했다:

"당신이 내게 말한 것은 당신의 이름이 아닙니다.

나에게 이름을 말해주오. 독이 나가도록.

이름으로 불리게 되는 자는 살아남기 때문이오."

마침내 레는 자신의 진짜 이름을 밝히기로 결심할 수 있었다. 그는 그저 부분적으로 치유된다. 오시리스가 단지 불완전하게 재조합된 것처럼—그러나 그는 힘을 잃고 결국 천상의 소의 등으로 되돌아가 쉬었다.

독을 품은 벌레는 활기를 주는 대신 죽이는 리비도의 한 형태이다. '진짜 이름'은 혼이자 마력(리비도)이다. 이시스가 요구하는 것은 리비도를 어머니에게 전이하는 것이다. 늙어가는 신이 어머니 상징인 천상의 소에게 되돌아감으로써 이러한 요구는 글자 그대로 충족된다.

이상에서 살펴본 바로 이 상징성은 다음과 같이 설명될 수 있을 것이다; 아들의 의식을 지배하는, 전진하려는 리비도는 어머니로부터의 분리를 요구한다; 그러나 이런 요구에는 어머니에게 향하는 아이의 그리움이 정신적인 저항의 형태를 띠며 대립하게 된다. 경험에 비추어 보면 이것이 신경증(노이로제)에서 온갖 공포로 표현되는데, 그것은 바로 삶Leben에 대한 불안이다. 적응 능력이 떨어지면 떨어질수록 불안이 더 커지며 그것은 그의 삶을 도처에서 더욱 강력하게 방해하면서 엄습하기 마련이다. 세계와 인간에 대한 불안은 물론 악순환의 길에서 점점 더 심한 회피를 일삼게 되고 그것은 결국 유치증Infantilismus이 되고 '어머니'로 되돌아가는 퇴보를 야기한다. 그 퇴보의 이유는 대개 밖으로, 즉 외부 상황들로 투사되거나 부모 탓으로 돌아간다. 실제로 아들을 놓아주지 않으려는 어머니의 아들인 경우에 얼마만큼의 책임을 부모가 나누어 가져야 하는지는 살펴볼 일이다. 아들은 어머니의 잘못된 태도 때문이라고 설명하려 할 것이지만, 어머니(혹은 아버지)를 비난함으로써 자기 자신의 무능력을 보지 않으려는 그와 같은 무모한 시도는 하지 않는 것이 낫다.

 삶에 대한 불안은 상상 속의 유령이 아니다. 그것은 진정한 공황이다. 이 공황은 그 진정한 근원이 무의식적이고 그래서 투사되기 때문에 엄청나게 크게 보인다. 인생에서 좌절되고 억제된 인격의 젊은 한 부분이 공포를 낳고 공포로 변한다. 공포는 어머니로부터 생기는 것처럼 보인다. 그러나 실제로는 본능적이며, 무의식적인 인간의 죽음에 대한 공포이다. 그 무의식적 인간이란 지속적인 회피를 통하여 삶의 현실 앞에서 배제되어 있는 것이다. 어머니를 장애물로 느낀다면 어머니는 교활한 박해자같이 보인다. 비록 어머니가 병적인 애정으로 어른이 다 된 나이까지 아들을 쫓아다녀서 나이에 맞지도 않는 유아적 행동을 할 정도로 치명적인 상처를 입힐 수 있기는 하지만 그것은 실재의 어머니가 아니고 뒤에 마녀 라미아로 변하는 어머니-이마고이다.[62] 그러나 이 어머니 이마고는 무의식을 대표하며 무의식 생활에 없어서는 안 될 것은 그것이 의식에 접속되어 있어야 한다는 점이다. 무의식과의 관계를 잃지 않는 것이 의식에게 필수적인 것과 같다. 남성에게서 인간이 무의식에 의존하고 있음을 잊게 만드는 성공한 삶만큼 이와 같은 의식과 무의식의 관련성을 위태롭게 하는 것은 없다. 이러한 관점에서 길가메시의 경우는 우리에게 깨우쳐주는 바가 있다: 그의 성공에 대해서 무의식의 특성을 대표하는 신들은 길가메시를 어떻게 파멸시킬지 의논할 필요가 있다고 보았다. 그들의 시도는 처음에 실패했지만, 영웅이 불사의 약초를 얻어(그림 45) 자신의 목적을 거의 달성하였을 때 그가 자고 있는 동안 뱀이 그의 불사의 약초를 훔쳐가게 한 것이다.

무의식의 요구는 먼저 몸을 마비시키는 독처럼 실행력과 진취욕에 영향을 미친다. 그러므로 그것은 독사에게 물리는 것에 비길 수 있다(그림 88). 겉보기에는 그것이 행동 능력을 빼앗아가는 악마적인 적이지만 실제로는 자신의 무의식이며 의식과 다른 성향을 가진 무의식이 의식의 전진력을 방해하기 시작하는 것이다. 이러한 과정의 원인은 아주 불분명한 경우가 많다. 특히 여러 가지 상황들, 조건들과 부차적 원인들이 수반되므로 더욱 복잡해진다. 예를 들면 힘겨운 외부 과제들, 환멸, 실패, 나이가 들면서 감소되는 작업 능률, 우울증을 설명해줄 만한 미묘한 가족관계 등이 있다.

신화에 따르면 남자를 몰래 마비시키는 것은 여자다. 그런 남자는 여자로부터 벗어나지 못하고 그녀의 아이가 된다.[63] 태양신의 누이이자 아내인 이시스가 독을 품은 벌레를 만들었다는 것도 의미심장하다. 더구나 그녀는 신의 타액으로 독벌레를 만들었는데, 몸에서 나오는 모든 분비물은 마술적 의미를 지닌 것이다(리비도). 이시스는 신의 리비도로 동물을 만들어 그것으로 신을 약하게 하여 그녀에게 의존하도록 만들었다. 데릴라가 태양빛인 삼손의 머리를 잘라 영웅의 힘을 빼앗은 경우도 이와 비슷하다. 신화에 나오는 이와 같은 마적인 여자는 사실 '누이-아내-어머니'이다. 말하자면 남성 속의 여성성인데, 이는 인생의 중반부에 예상치 못한 방식으로 나타나 발언권을 신청하여 인격의 변화를 강요하게 된다. 나는 이러한 변화를 나의 논문 「생의 전환기 Die Lebenswende」[64]에 부분적으로 기술하였다. 중요한 것은 남성의 부분적인 여성화와 여성의 남성화이다. 이러한 변화는 종종 아주 극적인 상황에서 일어난다. 즉, 남성의 강점이라 할 '로고스' 원리가 그에게 대항하게 되고, 그래서 그를 배반함으로써 일어난다. 이와 같은 현상은

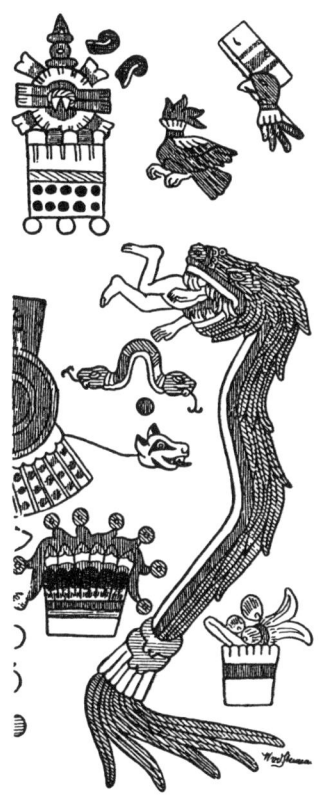

그림 88. 케찰코아틀Quetzalkoatl이 인간을 삼키고 있다.
보르보니쿠스Borbonicus 필사본.(아즈텍, 16세기)

이에 해당되는 여성의 '에로스'에도 똑같이 일어난다. 남성은 그가 이제까지 지녀온 입장을 고수하면서 자신을 해치는 식으로 메마르고 경직된 사람이 된다. 여성은 자신의 감정적 유착에 매달린 채 오성과 이성을 발전시키는 것을 게을리한다. 그것은 '아니무스'로, 즉 고집스럽고 쓸모없는 의견으로 대치된다. 그러므로 남성의 화석화 과정은 이에

어머니로부터 해방되기 위한 투쟁 —— 207

걸맞게 변덕, 어처구니없는 예민함, 불신감과 증오감으로 둘러싸여 그의 경직성을 정당화한다. 슈레버Daniel Schreber가 『어느 신경병〔정신병〕환자의 체험기Denkwürdigkeiten eines Nervenkranken』[65]에서 기술한 정신병의 사례는 이 심리학을 훌륭하게 보여주고 있다.

전진하던 에너지의 마비는 실제로 매우 반갑지 않은 측면을 가지고 있다. 이러한 마비는 달갑지 않은 우연으로, 혹은 가능하면 최대한 피하고 싶어 하는 파멸처럼 나타난다. 대개는 의식적 인격이 무의식의 공격에 반항하여 그 요구에 맞서 싸운다. 무의식의 요구는 우리가 분명하게 느낄 수 있듯이, 남성적 특성의 모든 약한 곳들을 표적으로 삼을 뿐 아니라, '기본 덕목('분화된 기능'과 이상)'을 위협한다. 헤라클레스 신화나 길가메시 신화를 보면 무의식의 공격이 곧바로 영웅이 싸우는 힘의 원천이 된다. 더욱이 겉으로 드러나 보이는 어머니 원형의 적대성은 결국 그녀의 가장 사랑하는 자식에게 최고의 능력을 갖도록 자극하려는 바로 어머니인 자연Mater Natura의 술수가 아니었는지 물을 정도로 인상적이다. 그렇다면 박해자 헤라는 엄격한 '영적 안내자'의 역할을 한 것으로 보아야 할 것이다. 그녀는 자신의 영웅에게 가장 어려운 과업을 맡기고, 그가 자신의 가장 고귀한 행동에 분발하지 않고 자신의 잠재력을 발휘하지 않으면, 그를 파멸시키겠다고 위협한다. 영웅이 '어머니'와 그녀의 악마적인 대변자(용 등)를 쟁취하여 얻은 승리는 항상 일시적이다. 젊은이에게는 분명 퇴행으로 여겨지는 것, 즉 남성에서의 여성성(어머니와의 부분적인 동일성)과 여성에서의 남성성(아버지와의 부분적인 동일성)은 인생의 후반부에 또 다른 의미를 획득한다. 이성異性의 경향과의 동화는 리비도를 전진시키기 위해 해결해야 하는 과제가 된다. 이 과제는 무의식과의 통합, 즉 '의식'과 '무의식'의 결합으로 이루어진다. 나는 이러한 과정을 '개성화 과정Individuationsprozeß'이라고 불렀는데 이에 관해서는 나의 후기 논문을 제시해야겠다. 이러한 단계에서 어머니 상징은 뒤편으로 시초와 관계를 맺는 것이 아니라, 미래의 창조적인 모체인 무의식과 관계한다. 그러므로 '어머니로 들어가다'의 의미는 자아와 무의식 사이에 관계가 형성되는 것을 말한다. 니체는 그런 것을 그의 시에서 말하고자 한 것 같다.

> 왜 그대는 자신을
> 늙은 뱀의 낙원으로 유인하는가?
> 왜 그대는 몰래 숨어드는가?
> 그대 자신 속으로—바로 그대 자신 속으로?…
>
> 이제 한 병자가
> 뱀의 독 때문에 앓고 있네.[66]
> 이제 한 죄수가
> 가장 가혹한 운명의 제비를 뽑아
> 자기의 구덩이에서
> 몸을 굽혀 일하면서,
> 그대 스스로의 내부에 구멍을 파고,
> 그대 스스로를 묻으며,
> 부질없이,
> 뻣뻣하게 마비되어,
> 시체가 된다네—,
> 수백 개의 짐이 쌓아올려져 있는데,
> 그대에 의해 무겁게 짐 지워진,

지혜를 아는 자여!

자기를 인식하는 자여!

현명한 차라투스트라여!…

그대는 가장 무거운 짐을 찾는구나:

바로 거기서 그대는 자신을 발견하였구나 …[67]

자기 자신 속에 깊이 골몰하는 것은 바로 대지로 파고들어가는 것과 같다; 즉, 대지인 어머니로 되돌아간 죽은 자[68] "백 개의 짐으로 짓눌려" 죽음으로 내몰린 카인과 같다. 그는 신음하며 자기 자신과 자기 운명의 무거운 짐을 지고 있는 자. 미트라스가 황소(이집트 찬가에서 "그의 어머니의 황소"라고 말하는), 즉 그의 어머니인 자연Mater Natura을 향한 사랑, 그 무거운 짐을 등에 짊어지고서 힘겨운 발걸음으로 '통로transitus'에 들어서는 미트라스의 타우로포리Taurophorie[황소 짊어짐]를 누가 떠올리지 못하겠는가?[69]

이러한 고난의 길은 황소가 희생되는 구덩이로 이어진다. 그렇게 그리스도도 십자가를 져야 했고[70] 희생 장소까지 십자가를 끌고 와야 했다. 이곳에서 기독교적 표현 형식에 의하면 하나님의 형상으로 양이 희생되고 그 다음에는 지하의 무덤으로 내려진다.[71] 십자가, 또는 영웅이 끌고 가는 무거운 짐은 바로 그 자신이다. 아니면 더 정확히 말해서 그의 자기Selbst, 그의 전체성, 동물과 똑같은 신, 단순히 경험적 인간일 뿐 아니라, 동물의 본성에 뿌리를 내리고 단지 인간적인 것을 초월해 신적인 것에 다다른 그의 존재의 충만함을 말한다. 그의 전체성은 엄청난 대극성(모순)을 의미한다. 그러나 이 대극성은 이에 대한 가장 적합한 상징인 십자가처럼 스스로 하나가 되는 형식으로 드러난다. 니체의 글이 시적이고 수사학적인 표현이라는 인상을 주는 것은 분명 태고

그림 89. 황소를 짊어진 미트라스.
스톡슈타트 성의 부조(독일).

의 신화이다. 그것은 마치 그 시인에게 아직 예감, 혹은 능력이 주어져 있어서 아주 오래된 과거의 정신세계들 뒷면에 있는 불멸의 그림자들을 느끼고 다시 실제화시켜 오늘날의 우리의 언어로, 그리고 그의 환상에 떠오른 상징들로 표현한 것과도 같다. 하웁트만은 이렇게 말했다: "시작詩作이란 언어들 뒤에 숨어 있는 근원적 언어를 울리게 하는 작업이다."[72]

우리는 희생의 비밀스러우면서도 다양한 의미를 이해하기보다는 오히려 어렴풋이 예감하게 되는데, 그러한 희생은 우리의 작자, 미스 밀러의 의식에서는 완수되지 못한 채 넘어갔다. 화살은 시위를 떠나지 않았고, 주인공 치완토펠은 치명적으로 다치지도 않았으며 자기희생인 죽음에 이르지도 않았다. 이미 제시된 자료에 따라 우리는 그 희생이 어머니와의 유대를 포기하는 것을 의미한다는 사실을 미리 말해도 좋을 것이다. 다시 말해서, 그것은 심혼이 어린 시절에서 성인의 나이에 이르도록 가지고 간 모든 유대와 제약을 포기하는 것이다. 미스 밀러에 관한 여러 가지 시사들로 미루어볼 때 그녀는 그러한 환상 Phantasie에 잠겼을 당시 아직 가족과 함께 살고 있었고 분명 자립성이 필요한 나이였다. 따라서 그녀의 환상이, 넓은 세계로의 여행이, 그러니까 어린 시절의 환경과의 분리와 함께 생겼다는 것은 주목할 일이다. 인간은 정신 건강상의 어떤 특정한 위험을 겪지 않고 유아적 환경이나 가족의 품속에 그렇게 오랫동안 살지 못하는 법이다. 삶은 인간으로 하여금 밖으로 나가 독립하도록 권유한다. 유아기의 안일함과 불안감으로 인하여 이런 삶의 권유에 대해 아무런 성과가 없는 자는 신경증(노이로제)에 걸릴 위험이 있다. 그리고 한 번 신경증이 발병하면 점점 더 삶과의 투쟁에서 도망치고 항상 도덕적으로 중독된 유아적 분위기에 처박혀 머물러 있어야 할 확실한 구실이 된다.

 활을 쏘는 환상은 이와 같은 개인적인 독립성을 쟁취하려는 격투에 속한다. 꿈을 꾼 이는 아직 이러한 결단을 내릴 생각을 못하고 있다. 큐피드의 운명적 화살이 아직 그 과녁에 맞지 않았다. 작자의 역할을 나타내는 치완토펠은 부상을 입거나 죽임을 당하지 않았다. 그는 분명 미스 밀러에게는 없는 바로 그것을 실행하는, 용감하게 모험하는 자이다: 그는 기꺼이 치명적일 수도 있는 화살을 쏘도록 상대에게 청하고 있는 것이다. 자기를 기꺼이 내주는 이러한 몸짓이 남성적인 모습에 속한다는 사실은, 곧 꿈을 꾼 여성이 이 운명적 필요성을 의식하지 못하고 있다는 것을 증명한다. 그러니까 치완토펠은 전형적인 '아니

그림 90. 바퀴 위에 매달린 익시온Ixion.
그리스 식민지였던 쿠메의 도자기 그림.

무스' 형상이다. 즉, 여성의 마음에 있는 남성적 부분이 의인화된 것이다. 그는 하나의 원형적 형상으로, 그것은 특히 의식이 충분한 이유 없이 무의식에서 불어넣어주는 감정과 본능에 따르는 것을 거부할 때 활기를 띠고 나타난다; 사랑과 헌신 대신에 남성다움, 논쟁하는 버릇, 고집스러운 자기주장과 온갖 형태의 의견이라는 악마들Meinungsteufel이 나타난다. (사랑 대신 권력!) 아니무스는 진정한 남자가 아니라, 히스테리성의 유아적 영웅이다. 그가 입은 갑옷 틈으로 사랑받으려는 갈망이 반짝이고 있다. 미스 밀러는 그녀의 결정적인 결단을 이러한 형상으로 나타냈다. 혹은 오히려 이러한 결단들이 무의식적 환상의 단계를 아직 극복하지 못한 것일 수 있다. 즉, 그 결단들은 그녀의 의식에 의해 아직 자신의 것으로 인식되지 못한 것이다.

암살자가 치완토펠의 용감한 행동에 강한 인상을 받았다는 것은 이 대리 영웅의 본래 있어야 했던 죽음이 연기되었음을 의미한다. 즉, 의식이 아직 독립적인 결정을 할 준비가 되어 있지 않고 오히려—무의식적으로—미봉책을 씀으로써 무의식성을 더 선호한다는 사실을 말한다. 치완토펠은 쓰러져야 한다. 그래야 여전히 무의식에 사로잡혀 있으면서 그 힘없는 영웅 형상을 당분간 지탱해주던 결단력이 의식에 도움이 되도록 할 수 있다. 왜냐하면 무의식과 무의식의 본능적인 세력과의 협력 없이는 의식된 인격은 너무도 약하여 한편으로 유아적인 과거로부터 분리되기 힘들 뿐 아니라, 다른 한편 무한한 가능성들로 가득한 새로운 낯선 세계에 나가는 것도 힘들게 된다. 삶과의 투쟁을 위해서는 모든 리비도가 동원되어야 할 필요가 있다. 미스 밀러는 유·소아기, 즉 아버지와 어머니와의 모든 감상적인 유대를 끊어야 하는 결단을 아직 이해하지 못한다. 그녀가 자신의 운명의 부름에 달리 부응하고자 한다면 그러한 결단을 각오해야 할 것이다.

이중의 어머니

공격자가 사라지고 난 후, 치완토펠은 다음과 같은 독백을 시작한다.[1]

"이 대륙의 등줄기 끝에서부터[2], 즉 평지의 가장 바깥에 있는 가장자리에서부터 나는 오랜 세월을 방랑하였다. 나는 아버지의 궁을 떠난 후로 늘 '이해해줄 그녀'를 찾으려는 나의 광적인 소망에 쫓기고 있었다. 나는 보석들로 많은 미녀들을 유혹했고, 키스로 그녀들의 마음을 차지했으며, 영웅적 행동으로 그녀들의 찬사를 얻어냈다. (그는 자신이 아는 여성들을 머릿속에서 떠올려 보았다.) 나의 가문 출신의 공주인 치-타… 그녀는 거위였다. 화려한 공작처럼 허영스러웠지. 머리엔 그저 온갖 장신구들뿐. 시골 처녀 타난… 흠, 단순한 암퇘지. 가슴과 배와 즐기는 것밖에 몰랐지. 또 여사제 키마는 정말 앵무새였어. 사제들에게 쉴 새 없이 허황된 말들을 지껄였지; 잔뜩 겉치레뿐이지. 진정한 교양과 정직함이 없이, 불신에다 잘난 체하고 위선만 가득하더군! … 아! 모두 나를 이해한 여인들이 아니다. 나와 닮거나 내 누이의 마음과 일치하는 그런 마음을 가진 여인은 없었다. 그녀들 중에는 나의 마음을 알아차릴 만한 여인이 없고 나의 생각을 읽을 수 있는 여인이 없었다―그것과는 거리가 멀다; 빛이 찬란한 봉우리를 나와 함께 찾을 만한, 혹은 나와 더불어 초인적 언어인 사랑을 더듬거리고 나눌 만한 여인이 없었다!"

여기서 치완토펠은 스스로 자신의 방랑과 방황이 다른 사람을 찾는 것이면서, 동시에 그 자신과 합일됨으로써 얻어지는 삶의 의미를 찾기 위한 것임을 말하고 있다. 이 책 제1부[7권]에서는 이러한 가능성이 그저 암시되었을 뿐이었다. 이제 찾는 자는 남성이고 찾고자 하는 것은 여성이라는 사실은 더 이상 놀랄 일이 아닐 것이다. 왜냐하면 무의식적인 그리움의 주 대상이 우선 어머니이기 때문이다. 이는 우리가 이미 다룬 모든 것에서 밝혀진 바이다. '나를 이해해줄 그녀'는 유아기 언어로 말하면 어머니이다. '이해하다comprendre', '파악하다begreifen', '포착하다erfassen'라는 말의 본래 의미는 전체적으로 손이나 팔로 감싸 안고 붙드는 것을 말한다. 이것은 바로 어머니가 도움과 보호를 필요로 하는 아이를 대하고, 아이가 어머니에 매여 있는 것을 나타낸다. 그러나 아이가 나이를 먹을수록 이런 식으로 '이해'하는 태도는 자연스러운 발달을 방해할 위험을 더욱 크게 만든다. 새로운 환경 조건들에 적응해나가지 못하고, 아이의 리비도는 어머니의 든든한 팔에 보호받고 안주하려는 퇴행현상을 나타내며 그로 인하여 아이의 리비도는 시간과의 연결을 놓치고 만다. 그러고 나면 『고대 연금술 원전Hermestext』에 나온 말과 같이 된다: "어머니의 팔과 가슴에 묶인 채 나는 나의 실체를 어머니의 실체와 함께 용해하고 진정시킨다. 그리고 보이는 것들로부터 보이지 않는 것을 합성한다."[3] 어떤 사람이 어머니에 묶여 있다면, 그가 살아야 했던 삶은 의식적, 무의식적인 환상의 형태로 진행된다. 그러한 환상은 여성의 경우에는 일반적으로 영웅 형상에 귀착시키거나, 아니면 여기서의 경우처럼 어떤 영웅으로 행동하는 환상을 본다. 이때 영웅은 자신을 이해해줄 심혼Seele에 대한 크나큰 그리움을 안고, 이를 찾아 나서며 의식의 인격이 가능한 한 피하는 모험을 감행한다; 그는 적대적인 주변 세계의 사수에게 거창한 몸짓으로 자신의 가슴을 내밀고 의식에서 아쉽게 사라졌던 용기를 보여준다. 운명의 장난으로 어린애 같은 여인에게 빠져버린 남자에게 화 있을지어다: 그는 곧 아니무스 영웅과 동일하다고 공언되며 여지없이 이상형으로 천거된다. 그 이상형은 조금이라도 이상에서 어긋나는 기색이 보이기라도 하면 가장 무거운 벌을 받게 될 위험에 노출되어 있는 것이다!

우리의 작자는 이러한 단계에 있다. 치완토펠은 악마 같은 사나이이다: 그는 끊임없이 난봉꾼 짓을 하여 모든 여성들이 그에게 열광하도록 만들었다. 그가 아는 여자들이 너무 많아서 "사열하듯이 머릿속에 떠올릴" 정도다. 물론 어떤 여성도 그를 차지하지 못했다. 그 이유는 우리의 작자만이 알고 있다고 생각하는 그 여자를 찾고 있기 때문이다. 그녀는 남몰래 그가 찾고자 하는 바로 그 여인이라고 믿는다. 물론 그녀는 여기서 착각을 하고 있는 것이다. 왜냐하면 우리가 경험했듯이 사정은 전혀 다르기 때문이다. 전형적인 '아들'-영웅 그리고 '아들'-아니무스가 생각하는 것은 그녀가 아니라 원초적으로 정해진 본보기에 의하면, 어머니이다. 이러한 젊은 영웅 청년은 어머니 여신의 아들-연인으로 항상 일찍 죽게 된다(그림 49). 시대에 맞는 삶으로 흘러들어 가지 못한 리비도는 후퇴하여 원형들의 신화 세계에 빠져서, 태고 이래로 인간적인 것으로 볼 수 없는 천상천하 신들의 삶을 표현하는 그런 상들Bilder을 되살아나게 한다. 이러한 퇴행Regression이 젊은이에게 일어나면, 그의 개인적인 삶은 신들의 원형적 드라마로 대치된다. 이 드라마는 그에게 더욱더 파괴적인 결과를 초래한다. 왜냐하면 그의 의식이 받은 교육은 무엇이 지금 연출되고 있는지 인식할 수 있는 방편과 그로써 원형적 드라마가 주는 매혹으로부터 벗어나게 할 아무런 방법을 제공하지 못하기 때문이다. 신화의 살아 있는 의미란 바로 어찌할 바를 모르고 있는 사람에게 그를 붙잡고 놓아주지 않는 무의식 속에서 무엇이 진행되고 있는지를 설명하는 데 있는 것 같다. 신화는 그에게 이렇게 말했다: "그것은 네가 아니다. 신들이다. 너는 결코 신들에게 다다르지 못할 것이다. 그러니 너는 신들을 경외하고 숭배하면서 너의 인간적인 삶으로 돌아가라." 기독교 신화 속에도 이러한 구성요소가 들어 있을 터이지만 그것은 우리의 여성 저자를 계몽시키기에는 너무 감추어져 있다고 하겠다. 교리 문답서에도 이에 관한 것이 없다. 세속의 인간들은 '빛나는 봉우리들'에 도달할 수 없고 '사랑이라는 초인적 단어'는 극적 인격dramatis personae의 신적인 특성을 노출시킨다. 죽을 수밖에 없는 보통의 사람에게 단지 인간적인 사랑조차 벌써 그토록 난처한 문제이기 때문에 그 한 귀퉁이를 차지하기보다는 차라리 여러 구석으로 숨는다. 인용된 말들을 보면 작자가 무의식의 드라마 속으로 빠져들어서 그 드라마에 얼마나 매료되어 있는지를 알 수 있다. 이런 뜻에서 볼 때 격정Pathos은 공허하게 들리고, 몸짓은 히스테리성으로(연극적으로) 보인다.

  우리가 사태를 만일 인격적인 관점, 다시 말해 미스 밀러의 개인적인 상태에서 보지 않고 원형 고유의 삶의 관점에서 본다면, 사태는 물론 조금 달리 보일 것이다. 이미 언급했듯이, 우리는 물론 무의식의 현상들도 자율적인 원형들의, 많든 적든 자발적 표현이라고 설명할 수 있을 것이다. 이 경우 이러한 가설이 문외한에게는 아마 낯설게 느껴

질지 모르지만 이것은 원형이 누미노제의 특성을 가지고 있다는 사실에 근거하고 있다: 원형은 매혹적이다. 원형은 의식에 대해 유력한 대극으로 등장한다. 나중에야 알아차리게 되는 무의식적인 우리들의 사고, 감정, 행동의 영향을 통해서 원형은 긴 눈으로 볼 때 운명을 빚어낸다. 우리는 실제로 근원적 상urtümliches Bild[4](하나의 '행동 유형'을 나타내는)이 자기의 목적을 관철한다고 말할 수 있다: 그것은 의식적 인격과 함께하기도 하지만, 의식적 인격 없이, 혹은 의식적 인격에 반反해서 그렇게 한다. 우리는 미스 밀러의 환영을 보면서 원형이 결국 의식을 차지하기 위해서 어떤 식으로 천천히 의식에 다가가는가 하는 것을 어느 정도 감지할 수 있었다. 그러나 이러한 과정을 충분히 구체적으로 알기에는 그녀의 자료가 너무 부족하다. 그렇기 때문에 독자들에게 내가『심리학과 연금술』(1944)[『기본 저작집』 5권]에서 다룬 일련의 꿈을 참고하라고 권하고 싶다: 이 일련의 꿈에서 독자는 어떤 특정한 원형이 그 원형 고유의 자율성과 권위의 모든 징조와 결부되어 차츰 그 모습을 나타내는 것을 보게 될 것이다.

이러한 관점에서 본다면 영웅 치완토펠은 하나의 정신적인 존재자 Ens를 나타내는데 우리는 그것을 상대적 의식과 그러한 의지를 갖춘 파편적 인격과 비교할 수 있을 듯하다. 만일 우리가 전제로 하는 콤플렉스의 자율성과 그것이 목적하는 의미가 옳은 것이라면 이러한 추론을 내리지 않을 수 없다. 이 경우에는 치완토펠의 의도들과 또한 그의 뒤에 또는 위에 있는 것으로 짐작되는 어머니-이마고Mutter-Imago의 의도들이 고찰의 대상이 될 수 있다. 치완토펠은 배우의 역할을 충실히 해낸 것 같다. 그는 이상형으로서 우리의 작자의 관심을 끌었고, 그는 그녀의 가장 내밀한 생각과 욕구들을 말로 드러냈다. 그것도 시라노처럼 미스 밀러의 가슴에서 솟아나오는 언어로 말했다. 그렇기 때문에 그는 자신의 성공을 확신하고 모든 적수들을 물리친다. 그는 꿈을 꾼 이, 즉 미스 밀러의 혼을 손에 넣어서 평범한 일상의 삶이 아니라, 영적인 운명이 되게 한다. 왜냐하면 그는 죽음의 신랑, 즉 일찍 죽게 될 아들 연인들 중의 한 사람이기 때문이다. 이 아들 연인들은 자기 고유의 삶을 갖지 못하고 어머니의 나무에서 곧 시들어버릴 꽃일 뿐이기 때문에 일찍 죽게 되는 것이다. 그들의 의미와 그들의 생명력은 어머니 여신 안에 포함되어 있다(그곳에서 시작하고 그곳에서 끝난다). 따라서 치완토펠이 "유령 애인으로서"[5] 미스 밀러를 일상의 좁은 길로부터 끌어낼 때 그는 여성들에게서 무의식의 특별한 면을 의인화시킨 어머니-이마고의 위임 아래 실행한 셈이다. 어머니-이마고는 아니마처럼 모든 면에서 무의식의 혼돈스러운 삶을 나타내는 것이 아니라, 특이하게 유혹하는 심혼의 배경, 말하자면 근원적인 상들의 세계를 나타낸다. 마치 지하의 여신(페르세포네를 말함)을 유괴하려 했던 테세우스와 페이리토스Peirithoos(Pirithous: 제우스와 디아의 아들. 페르세포네와 결혼하고자 헤라클레스의 도움으로 지하계로 갔으나 둘 다 붙잡혀 바위에 묶였고 나중에 헤라클레스만 구출됨)처럼 저세상에 들어가 바위에 붙어 자라는 것은 그 위험이 결코 사소한 것이 아니다. 어머니의 나라에서 돌아오지 못하는 경우가 너무나 쉽게 일어난다. 내가 이미 암시하였듯이, 미스 밀러는 이러한 운명을 겪었다. 그러나 손상되기 쉬운 것은 마찬가지로 구조되기도 쉬운 법이다. 즉, 의식 속에 무의식 내용을 적절하게 이해하는 방법이 존재한다면 말이다. 우리의 작자의 경우에는 물론 그런 경우가 아니다. 그녀에게 환상은 무의식 활동의 '특이한' 산물이어서 그녀도 이러한 산물에 어찌할 바를 모르고 대하고 있다. 비록 그녀의 환상의 문맥에는 그녀가 조금만 깊이 생각해도 환상 속의 형상들의 의미를 알아내서 상징을 통하여 제공된, 무의식 내용을 동화하는 데 이용할 수 있도록 하는 모든 필요한 암시가 들어있는데도 말이다. 이 점에 대해서는 앞으로 살펴보게 될 것이다. 우리의 문화는 그것을 볼 줄 아는 눈도 없고 마음도 없다. 정신Psyche에서 나오는 것은 어쨌든 수상하고, 또한 직접 물질적 유용성이 즉시 증명되지 않는 것은 아무 소득도 없다고 보는 것이다.

아니무스 상으로서 영웅은 의식된 개체의 대리인으로 행동하게 된다. 즉, 그는 주체가 해야 할 만한 것, 할 수 있는 것, 혹은 하고 싶은 것, 그러나 하지 않는 것을 행한다. 의식의 삶에서 일어날 수 있는데 실재로는 일어나지 않고 있는 것은 무의식 안에서 진행되며 그 때문에 투사된 형상들로 나타난다. 치완토펠은 자신의 심적인 완전성을 추구하기 위하여 가족과 아버지의 집을 떠나는 영웅의 특성을 가지고 있다. 그는 그러니까 보통 정상적으로 일어나야 할 그런 것을 묘사하고 있다. 그러나 이것이 환상의 형상에서 나타난다는 것은 그녀가 스스로 행동하는 바가 얼마나 미흡한지를 증명하는 것이다. 환상 속에서 일어나는 사건은 의식의 상태와 의식의 태도에 대해서 보상적인 관계에 있다. 이것은 꿈의 경우에도 같다.

미스 밀러의 무의식에는 독립을 위한 투쟁이 있다는 우리의 추측이 얼마나 옳은 것인지는 그녀의 진술이 가리키고 있다. 그녀는 영웅이 아버지의 집을 떠나는 작별의 장면을 보고 젊은 붓다를 떠올렸다고 말하고 있는 것이다. 붓다는 세상 밖으로 나가기 위해, 즉 전적으로 자신의 숙명에 따라 살기 위하여 고향의 평안한 생활을 모두 포기하였던 것이다.[6] 붓다는 그리스도와 동일한 영웅적인 본보기를 우리에게 보여주었다. 그리스도는 친족들과의 관계를 끊으면서 심지어 다음과 같은 쓴 말을 남겼다(「마태복음」, 10장 34절 이하):

"내가 세상에 평화를 주러 왔다고 생각하지 말라. 나는 평화를 주러 온 것이 아니라, 칼을 쥐여주려고 왔다. 내가 온 이유는 한 사람이 자신의 아버지와 화합하지 못하게 함이며, 또한 딸이 어미와, 며느리가 시어머니와 화합하지 못하게 하려고 함이다. 그래서 '원수가 바로 자기 집안 식구가 되니라'. 나보다 아비와 어미를 더 사랑하는 자는 내 사람이 될 자격이 없다."

호루스는 어머니에게서 그녀의 힘을 상징하는 머리 장식을 낚아챈다. 니체가 말하기를:

"이렇게 추측해볼 수 있을 것이다: '자유로운 정신'이라는 전형이 그 속에서 언젠가 완전하게 성숙되고 무르익게 될 그 정신Geist은 결정적인 사건을 위대한 해방großen Loslösung(떨어져 나옴, 풀려남) 가운데서 겪었다는 것을, 그리고 그 정신은 이전에는 더 속박된 정신이었으며 언제나 자신의 마음 한 귀퉁이나 기둥에 묶여 있었던 듯하다는 사실이다. 무엇이 정신을 가장 단단하게 묶고 있는 것일까? 거의 찢을 수 없는 밧줄이란 어떤 것인가? 고상하고 선택된 부류의 인간에게 그것은 의무라는 끈일 터이다: 젊은 사람이면 누구나 갖는 저 경외감, 예로부터 숭배되어왔거나 가치 있는 모든 것 앞에서 갖는 저 수줍음과 다정함, 자신들이 자라난 지반과 끌어주는 손길과 숭배하는 마음을 가르쳐준 성전 등에 대한 저 감사의 마음, 그들의 최고의 순간들 그 자체가 그들을 가장 견고하게 속박하거나 지속적으로 의무의 짐을 지울 것이다. 위대한 해방은 이처럼 속박된 자를 위해서 갑자기 일어나는데…
'여기서 사느니 차라리 죽고 싶다'―명령조의 목소리와 유혹은 이렇게 말하는 것 같다: 더구나 '여기', '집에서'라는 것은, '영혼Seele'이 지금까지 사랑해온 전부이다! 영혼이 사랑해온 것에 대한 갑작스러운 공포나 의심, 영혼의 '의무'라고 불렀던 것에 대한 번개 같은 경멸; 선동적이고 제멋대로이며 화산처럼 엄습하는 방랑에의 욕구, 낯선 사람, 소외, 한냉寒冷, 환멸, 결빙結氷 등을 희구하는 욕구들; 사랑에 대한 증오, 아마도 영혼이 지금까지 경배하고 사랑해온 바로 그곳으로 거슬러 올라가는[7] 신전 모독자 같은 손짓이나 눈매; 아마도 자신이 조금 전에 해놓은 일에 대한 수치스러움 때문에 생긴 화끈거리는 얼굴, 이와 동시에 또 그것을 완수했다고 기뻐하는 환희, 취해서 내심 기뻐 날뛰는 전율 속에서 승리가 엿보인다──승리라고? 무엇에 대해서? 누구에 대해서? 수수께끼 같은, 문제점이 많은, 불확실한 승리이긴 하지만 어쨌든 최초의 승리이다──이와 같은 좋지 못하고 고통스러운 것이 위대한 해방의 역사에 속하는 것이다. 해방이란 동시에 인간을 파괴할 수도 있는 하나의 병이다. 스스로의 결단을 지향한 힘과 의지의 이 최초의 폭발…"

니체가 자세히 말했듯이, 위험은 그 자신 속으로의 고립이다.

"고독이 그를 둘러싸고 포위하여 점점 더 위협하고, 더 목을 조이고, 그리고 더욱 심장을 쥐어짜는구나. 그것은 바로 저 무서운 여신이자 잔인한 **탐욕의 어머니**mater saeva cupidinum이다."[8]

'어머니'로부터 되돌려받은 그저 마지못해 뒤따른 리비도는 죽음의 공포를 상징하는 뱀처럼 위협적이다. 왜냐하면 어머니에 대한 관계는 죽어야 하는데 그때 사람들 자신이 거의 죽게 되기 때문이다. 아들이 어머니에 결합되어 있는 정도에 따라 강제로 분리되게 하는 일도 일어난다. 찢겨진 끈이 강하면 강할수록, '어머니'는 그에게 무의식의 형상으로 더 위험스럽게 다가온다. 말하자면 이것이 "잔인한 탐욕의 어머니"이며 방금 그녀로부터 빠져나온 자를 또 다른 형태로 삼켜버리려고 덤벼든다. (뱀이 무엇을 상징하는지에 주목하라!)

미스 밀러는 우리에게 또 다른 자료를 제시한다. 그것은 좀 더 보편적인 방식으로 그녀의 창작에 영향을 미쳤다고 한다: 그 자료는 롱펠로Henry Wadsworth Longfellow의 위대한 인디언 서사시 『히아와타의 노래 The Song of Hiawatha』[9]이다. 독자들은 비교를 위해 내가 얼마나 자주 거리가 아주 먼 것들을 끌어들이는지, 미스 밀러의 창작이 나오게 된 토대를 내가 아주 넓게 잡고 있는 것을 보고 놀랄 것이다. 또한 독자는 빈약한 암시들을 근거로 이러한 환상들의 신화적 토대에 관하여 원리적인 설명을 제시하는 그런 시도가 정당한지 의문을 갖기도 할 것이다: 왜냐하면 사람들은 미스 밀러의 환상 이면에서 그러한 것을 찾기가 어렵다고 생각할 것이기 때문이다. 그러한 비교가 내게도 얼마나 무모한 모험으로 보이는지는 말할 필요조차 없다. 물론 이 경우에 나는 그녀의 창작의 원천을 지목한 것은 바로 미스 밀러 자신이라는 주장을 할 수 있다. 우리가 이러한 미스 밀러의 진술에 따르는 한, 우리는 확고한 지반 위에서 움직이고 있는 것이다. 그런데 환자들에게서 얻는 그러한 참고 자료들은 좀처럼 온전하지 않다. 우리의 표상들이나 관념들이 어디서 기인하는지를 기억해내는 일이란 우리 자신들도 쉽지 않은 일이다. 그 경우에 잠재기억Kryptomnesie도 드물지 않게 있다. 그러나 비록 우리가 표상들을 어디서 발견했는지 상기할 수는 없지만, 우리의 표상들 전부가 개인적으로 얻은 산물이 아니라는 점은 분명하다. 그렇지만 우리의 표상들이 어떻게 형성되고 어떤 연관성을 갖고 배열되는가 하는 점은 사정이 다르다. 그러한 것은 의심할 여지 없이 습득될 수 있고 기억될 수 있다. 그러나 언제나 그런 경우일 수는 없다. 인간의 정신은 보편적, 전형적 행동방식들, 즉 생물학적으로 '행동유형pattern of behaviour'에 해당하는 것을 가지고 있기 때문이다. 이러한 선험적으로 존재하는 선천적 형식들(원형들)은 여러 다양한 개인에서 실제적으로 동일한 표상들, 혹은 표상들의 조합을 생산해낼 수 있다. 이런 표상들의 근원이 개인적인 경험들이라고 할 수는 전혀 없는 것이다. 정신병에서 나타나는 여러 관념이나 심상들은 너무나도 낯설어서 환자나 주변 사람들이 그저 인상 깊게 경험할 뿐이지만 전문가에게는 이념Ideen과 상Bilder들이 갖는 주제가 어떤 신화소와 유사하기 때문에 그리 낯설지가 않다. 정신의 기본구조는 어디서나 거의 같다. 그러므로 예를 들어 겉으로 보기에 개인적인 꿈 주제도 어떤 출처에서 나온 신화소와 비교될 수 있다. 그러므로 나는 인디언 신화를 소위 현대 미국인의 심혼과 비교하는 것을 주저하지 않는다.

나는 『히아와타』를 그전에 읽은 적이 없었다. 나의 연구가 진행되면서 내 논문의 진행상 읽지 않으면 안 될 때까지 오랫동안 아껴두었다. 인디언 신화들의 시적인 꿈 『히아와타』는 만족스럽게도 여기에서 앞서 진행된 모든 숙고들이 얼마나 옳은 것이었던가를 잘 보여주었다. 이 서사시 안에는 신화적 모티브들이 대단히 풍부하게 전개되어 있는 것이다. 이러한 사실은 미스 밀러의 환상이 지닌 풍부한 관련성을 더 많이 설명해줄 수 있을 것이다. 따라서 이 서사시의 내용을 더 자세히 조망하는 것이 필요할 것이다.

나와다하Nawadaha는 인간들의 친구인 영웅 히아와타에 대해 이렇게 노래한다.

거기서 그는 히아와타를 노래하였네,
히아와타의 노래를 불렀네,
그의 놀라운 출생과 그의 인품을 노래하였네,
그가 어떻게 기도했고 어떻게 단식하였는지,
그가 어떻게 살았는지, 얼마나 애쓰고 고통당했는지,
인간 종족을 번창하게 하기 위하여,
그리고 자신의 종족의 진보를 위하여![10]

여기에는 상징적인 형상으로서 영웅이 지니고 있는 목적론적인 의미가 이미 예상되고 있다. 영웅은 리비도를 신화의 상징적 접목 Symbolbrücken보다 더 높게 적용하기 위하여 리비도를 숭배와 찬미의 형태로 자신에게 결합시킨다. 이리하여 우리는 히아와타가 '구세주' 임을 알게 되고 그러한 영웅에 대하여 보통 이야기될 수 있는 모든 것을 듣고자 하는 마음을 갖춘다. 즉, 그 놀라운 출생, 이른 시기에 행한 위대한 활동들과 동포를 위한 그의 희생 등을.─첫 번째 노래는 "구세주의 출현을 알리는 복음"으로 시작된다: '생명의 주님 master of life', 기체 마니토 Gitche Manito는 그의 인간 자손의 불화를 보다 못해, 하루는 자신의 백성들을 불러 모아놓고 그들에게 기쁜 소식을 전한다.

"내가 너희들에게 예언자를 보낼 것이다.
민족을 해방시킬 자, 그는
너희를 이끌고 너희를 가르치고,
너희와 함께 애쓸 것이며, 너희와 함께 괴로워할 것이다.
만일 너희가 그의 조언을 귀담아 듣는다면,
너희 민족은 번창하고 번영할 것이지만;

너희가 그의 훈계에 주의를 기울이지 않는다면,
너희는 점차 기울고 마침내 멸망하고 말 것이다."

기체 마니토, 즉 권력자이자 '민족들의 창조자'[11]는 그가 '위대한 붉은 광맥 채석장' 위에 설 때 다음과 같이 묘사된다.

그의 발자국에서 강이 생겼네, 그것은
아침 햇살 속으로 뛰어들었고,
절벽 너머로 떨어져서,
혜성, 즉 이쉬쿠타흐Ishkoodah처럼 빛난다.

이러한 상像과 비슷한 것이 이집트-기독교적 표상들에도 있다. 『성 요한과 거룩한 동정녀 신비Mysteries of Saint John and the Holy Virgin』에 다음과 같은 내용이 있다:

'게르빔들Cherub(동물의 발과 날개가 있는 성경에서의 천사)'이 응답하여 내게 말하기를: "보라, 물이 아버지의 발아래 있지 않느냐? 아버지께서 발을 들어 올리면 물의 수면이 따라 올라간다: 인간이 신을 거역하여 죄를 지으면 그때 하나님은 물의 양을 늘리시리라. 또한 그때마다 하나님은 인간의 죄 때문에 대지의 열매가 줄어들게 할 것이다."[12]

여기서의 물은 이집트인들의 풍요를 좌우하는 나일강을 의미한다. 발뿐만 아니라, 발이 하는 동작, 즉 발을 내딛는 것도 풍요의 의미가 있는 것 같다. 내가 관찰하기로 푸에블로 인디언Pueblos의 춤 스텝은

'발꿈치로 땅을 힘차게 밟는 것calcare terram'이다. 그것은 발꿈치로 계속 힘들여 땅을 다루는 작업이다. ("이제 발로 자유롭게 두드리듯이 밟는다."[13]) 카이네우스는 "발을 똑바로 수직으로 세워 땅을 가르면서" 깊이 아래로 들어간다. 파우스트는 발을 구르면서 걸어서 어머니들에게 이른다: "발을 구르며, 깊숙이 아래로 발을 구르며 다시 올라가는구나."[14]

태양을 삼키는 신화에서 영웅은 괴물의 목구멍에서 발을 구르거나 버티고 선다. 신 토르Thor(게르만 신화에서 우뢰의 신)는 괴물과의 싸움에서 배의 밑바닥을 두루 발로 구르다가 바다 밑바닥까지 밟는다. 리비도의 퇴행Regression은 춤 스텝에서 발을 내딛는 의례적 행위를 마치 어떤 유아적인 '발구르기'의 반복처럼 보이게 만든다. 유아기에 발을 구르는 행동은 어머니와 쾌감에 결부되어 있고 또한 이미 자궁 속에서 훈련된 동작이다.[15] 발과 발을 내딛는 동작은 생식의 의미를 가지며[16] 여기에는 자궁 안으로 다시 들어가려는 의미도 있다. 말하자면, 춤의 리듬은 춤추는 자를 무의식의 상태('자궁')로 옮겨놓는다. 데르비쉬(회교 수도승)-샤먼Derwisch-Shamanen들의 춤이나 다른 원시적인 춤들이 지금 이야기한 것을 증명한다. 발자국에서 흘러나오는 물과 혜성과의 비교는 풍요를 가져다줄 습기에 대한 빛의 상징, 혹은 리비도-상징을 의미한다. 훔볼트Alexander von Humboldt의 비망록에 의하면 특정한 남아메리카 인디언 종족들은 유성流星을 "오줌과 별들Harn und Sterne"[17]이라고 불렀다. 훔볼트는 또한 어떻게 기체 마니토가 불을 만들었는지 설명하고 있다: 그가 숲에 입김을 불어넣자, 나무들이 서로 마찰하여 불을 일으켰던 것이다. 이 같은 신격神格은 그러니까 마찬가지로 리비도 상징이다: 그도 또한 불을 만든다.

이러한 서시序詩 다음에 영웅의 과거사를 이야기하는 두 번째 노래가 이어진다: 위대한 전사, 무드예키위스Mudjekeewis(히아와타의 아버지)는 "여러 민족의 공포의 대상"인 아주 큰 곰을 책략을 써서 정복하고 곰에게서 마술의 "조개 띠"를 훔쳐왔다. 우리는 여기서 영웅이 괴물에게서 빼앗아와야 하는 "어렵게 얻을 수 있는 보물"의 주제를 만나게 된다. 시인은 비유를 통하여 곰이 "신비적으로" 누구와 동일한지를 제시하고 있다: 무드예키위스는 장식품을 빼앗은 다음, 곰의 머리를 때린다.

> 세찬 일격에 멍해졌는지,
> 산들의 거대한 곰은 갑자기 일어섰지만
> 그의 무릎은 덜덜 떨었다.
> 그러고는 마치 여자처럼 슬피 울었다.

무드예키위스는 조롱하듯이 곰에게 말했다.

> "너는 가련한 여인처럼
> 그렇게 울고 신음하지 않을 줄 알았겠지!
> 하지만 곰아! 너는 이제 거기에 웅크리고 앉아 신음하고 있구나.
> 너의 흐느낌으로 너의 종족은 수치스럽게 되고 말았다.
> 가엾은 샤우고다야Shaugodaya처럼,
> 비겁한 늙은 겁쟁이처럼!"

한 여성을 세 가지로 비유한 것이 한 페이지에 나란히 발견된다. 무드예키위스가 때려죽인 것은 여성적인 것, 즉 아니마 상으로, 이것의 첫 번째 소지자가 어머니인 것이다. 무드예키위스는 죽음, 다시 말해 모든 것을 삼키는 공포의 어머니에게서 목숨을 구한 진정한 영웅이다. 우리가 보았듯이, 지옥행, "밤의 바다 항해"[이 책 72쪽 참조], 괴물을 내부에서 이겨내는 것으로 묘사된 이 같은 행동은 동시에 재탄생을 의미한다. 그와 같은 재생의 결과들은 무드예키위스에서도 감지될 수 있다. 초시모스Zosimos의 환영에서처럼 여기서도 들어가는 자der Eintretende는 프네우마, 즉 미풍微風 혹은 정령Geist이 된다: 무드예키위스는 서쪽 바람, 풍요의 입김, 바람의 아버지가 된다.[18] 그의 아들들은 그 밖의 바람들이 된다. 간막극은 그들과 그들의 사랑 이야기를 한다. 그 가운데서 나는 동쪽 바람인 와분스Wabuns의 구애를 언급하고 싶다. 왜냐하면 바람의 구애가 특별히 눈에 그려지듯 선하게 묘사되었기 때문이다. 그는 아침마다 들판에서 예쁜 소녀를 본다. 그리고 그녀에게 구애한다.

> 매일 아침, 그가 대지를 내려다볼 때면,
> 항상 그의 첫눈에 들어오는 것이 있다.
> 그를 지켜보는 그녀의 푸른 눈동자.
> 갈대 사이에 푸른 호수 두 개.

물로 비유한 것을 사소하게 보아서는 안 된다. 왜냐하면 인간은 '바람과 물'에서 다시 태어나기 때문이다.

> 그래서 그는 상냥함으로 구애하고,
> 햇빛의 미소로,
> 아첨하는 말로,
> 한숨과 노래로,

나뭇가지 사이로 울리는 부드러운 속삭임으로,
가장 사랑스러운 음악으로, 가장 달콤한 입김으로,
사랑을 구하였다.

의성어가 많이 들어간 시 구절들에서 바람이 살랑거리듯 아첨하는 구애가 뛰어나게 표현되어 있다.[19]

세 번째 노래의 내용은 히아와타의 어머니들의 과거사이다. 그의 할머니는 소녀적에 달에서 살았다. 거기서 그녀가 덩굴식물로 그네를 타고 있었을 때, 그녀를 사모하던 한 남자가 질투심에서 덩굴을 잘라버렸다. 히아와타의 할머니, 노코미스Nokomis는 땅으로 떨어졌다. 그녀가 떨어지는 것을 본 인간들은 그녀를 별똥이라고 여겼다. 이러한 노코미스의 기이한 기원은 이 노래의 후반부 구절에 더 자세히 설명되었다. 그 구절에서 어린 히아와타가 할머니께 달이 무엇이냐고 묻는다. 노코미스는 그에게 다음과 같이 가르쳐준다: 달은 한 할머니의 몸인데, 싸움질 좋아하는 손자가 화가 나서 그 몸을 높이 던져 달이 된 것이라고. 고대 그리스인들은 달이 죽은 자들의 영혼들이 모여 있는 곳[20](그림 91), 혹은 종자 지킴이라고 믿었다. 따라서 생명의 근원지가

그림 91. 달: 영혼들이 있는 곳.
칼제돈Chalzedon 음각 보석 장식.(기원전 1세기)

그림 92. 달: 생명의 근원지.
하이다Haida-인디언(북아메리카)의 문신 견본.

여성적인 의미를 갖는 것이다(그림 92). 특이한 것은 노코미스가 땅에 떨어지면서 웬노나흐Wenonah라는 딸을 하나 낳았는데 그녀가 나중에 히아와타의 어머니가 된다는 점이다. 어머니를 위로 던지는 것과 땅으로 떨어지는 것, 그리고 출산하는 것은 모두 그 자체에 어떤 전형적인 것을 지니고 있는 것 같다. 17세기에는 다음과 같은 이야기가 있다. 한 성난 황소가 임신한 부인을 지붕 위로 던지자 그녀의 자궁이 열렸고, 아이가 다치지 않고 건강하게 땅으로 떨어졌다는 이야기다. 사람들은 이렇게 기적적으로 태어난 아이를 영웅, 혹은 기적을 행하는 사람으로 생각했다. 그러나 이 아이는 일찍 죽어버렸다. 잘 알다시피 원시인들은 태양이 여성이고 달은 남성이라고 믿었다. 남아프리카 호텐토트 종족인 나마인Namaqua들은 태양이 투명한 비곗살로 되어 있다고 생각했다: "배를 타고 항해하는 사람들이 매일 저녁마다 마술을 부려 해를 아래로 끌어당기고, 실한 부분을 잘라낸 다음 해를 발로 찬다. 그러면 해가 다시 하늘로 올라 날아간다."[21] 유아는 어머니로부터 양분을 얻는다. 우리는 그노시스파 사람들의 환상에서 이에 속하는 것으로 추측되는 인류 기원의 전설을 보게 된다: 그들은 천공에 묶여 있는 여성

집정관들이 하늘이 빨리 도는 바람에 열매를 붙잡고 있지 못하고 땅으로 떨어뜨려서 인간이 생겨났다고 상상했다. 야만적인 산파술과 연관성(아래로 떨어뜨리는 출산의 행위)이 있음을 배제할 수 없다. 어머니의 능욕은 이미 무드예키위스의 모험으로 소개되었고 '할머니' 노코미스에 대한 폭력적 처치로 이어지는데, 이것은 덩굴식물이 잘려져 아래로 떨어졌기 때문에 어쨌든 임신이 된 것처럼 보인다. "나뭇가지를 자른다", 열매를 따낸다는 것은 벌써 금기를 깨뜨린 것을 암시한다(위를 참조). "아름다운 소녀들이 나무 위에서 자라고 있는 작센 땅"이라는 시구와 "이웃 정원에서 버찌를 따다"와 같은 어투들이 이와 비슷한 심상을 나타낸다. 노코미스가 떨어진 것은 하이네의 시에 나타난 시적 형상과 비교할 만하다.

> 별 하나가 아래로 떨어진다.
> 저 아득히 반짝이는 높이로부터!
> 그것은 사랑의 별,
> 나는 거기서 떨어지는 별을 보고 있네!
> 사과나무에서
> 꽃들과 잎들이 많이 떨어진다.
> 희롱하듯 바람이 찾아와
> 더불어 놀이를 하려 하네.[22]

나중에 웬노나흐는 서쪽 바람의 구혼을 받고 임신하게 된다. 젊은 달의 여신인 웬노나흐에게는 달빛의 아름다움이 있었다. 노코미스는 그녀에게 서쪽 바람인 무드예키위스의 위험한 구혼을 조심하라고 경고하였다. 그러나 웬노나흐는 속았고 서쪽 바람의 아이를 임신하여 우리의 영웅인 아들을 낳았다.

> 어느 날 밤 서쪽 바람이 와서,
> 백합꽃 아래에 누워 있는
> 아름다운 웬노나흐를 보았다.
> 그녀에게 달콤한 말로 사랑을 구하고,
> 부드러운 애무로 구혼하였다.
> 마침내 그녀는 걱정하면서도 아들을 임신하게 되었다.
> 사랑과 회한의 아들을 임신하게 되었다.

별 혹은 혜성은 분명 출산의 광경과 관련이 있다. 노코미스도 떨어지는 별처럼 대지에 왔다. 시인 뫼리케Eduard Mörike의 시인다운 환상은 이와 비슷한 신적인 근원을 생각해냈다.

> 그리고 그녀는 나를 자궁에 품었고,
> 그녀는 나를 쿠션에 놓고 흔들었다.
> 그녀는 무척 거만한 갈색의 여인,
> 남자들에 대해 아무것도 알려고 하지 않았다.
>
> 그녀는 장난만 치거나 크게 웃었다.
> 그렇게 청혼자들을 그냥 내버려두었다:
> "차라리 바람의 신부가 되어,
> 결혼하겠어요!"
>
> 그때 바람이 왔다,

정부인 바람이 그녀를 잡아갔다:
그녀는 바람에 의해 명랑한 아이를
그녀의 자궁에 수태하였다.²³

에드윈 아널드 경이 이야기한 붓다의 비범한 출생 이야기도 이와 마찬가지이다:

마야 여왕이 아주 기이한 꿈을 꾸었다:
그녀를 향하여 창공에서 별 하나가 반짝이는 것이었다.
환한 광채, 여섯 방향으로 빛을 발하고 장밋빛 붉은색을 띠면서—
코끼리 한 마리가 그녀에게 그 별을 알렸다.
카마드후크Kamadhuk의 우유처럼 하얗고, 여섯 개의 이빨을 가진 코끼리—
공기를 그녀의 품 가득 불어넣고, 그래서 그녀를 빛으로,
완전히 감싸더니, 마침내 그녀의 품속으로 들어갔다.²⁴ (그림 93)

임신 기간 동안 육지와 바다 위로 바람이 분다:

··· 바람이 불었다.
알 수 없는 미지의 신선한 바람이 육지와 바다 위로.

출산 이후에 동서남북 네 명의 수호령들이 가마를 운반할 임무를 다하기 위해 왔다. (이는 예수가 태어났을 때 현인들이 함께 온 것과 유사하

그림 93. 흰 코끼리에 의해 생산되는 붓다.
부조, 인도 간다라Gandhara.

다.) 상징성을 온전하게 하기 위해서 붓다의 신화에 동물 형상의 상징에 의한 수태가 있다. 말하자면 붓다를 낳는 보살Bodhisattva이 코끼리의 형상을 하고 있다. 기독교에서는 이에 상응하는 상징어로 비둘기 말고도 일각수一角獸(유니콘)가 있다. 이는 생산력을 가진 로고스, 또는 성령을 상징한다.[25]

이 지점에서 왜 영웅의 출생은 항상 그렇게 특별한 상황에서 일어나야 하는가 하는 의문이 제기될 수 있을 것이다. 또한 영웅이 평범한 상황하에서 태어나서 그의 하찮고 보잘것없는 환경에서 많은 시련과 위험을 겪으면서 차츰 성장해간다는 것도 생각해볼 수 있을 것이다. (게다가 이런 주제가 영웅신화에 전혀 없는 것도 아니다.) 그러나 일반적으로 영웅의 출생담은 불가사의하다. 특별한 출생, 그리고 출산될 때의 특이한 주변 환경들은 오로지 영웅신화에 속하는 것이다. 그런데 그렇게 말하는 근거는 어디에 있는가?

그림 94. 암소인 하토르Hathor.
이집트 제11왕조.

이 물음의 답은 이렇다: 영웅의 출생은 어머니-아내에 의한 재탄생을 나타내기 때문에 영웅은 보통 사람처럼 태어나지 않는 것이다. 그렇기 때문에 영웅은 자주 두 어머니를 갖는다. 랑크[26]가 여러 가지 예를 들어 보여주었듯이, 영웅은 자주 버려지고 그래서 자주 양부모에게 양도된다. 이런 식으로 영웅은 두 어머니를 만난다. 그 좋은 예가 헤라클레스와 헤라의 관계다(위를 참조). 히아와타 서사시에서 웬노나흐는 출산 후에 죽어버리고[27], 붓다에게는 양어머니가 있었다. 가끔은 양어머니가 동물일 때도 있다(그림 94; 7권의 그림 3: 암늑대와 함께 있는 로물루스Romulus와 레무스Remus). 이중의 어머니는 두 번의 탄생 주제로도 대

이중의 어머니 —— 237

체될 수 있다. 이 주제는 여러 종교에서 더 숭고한 의미를 갖는다. 예를 들어 기독교에서는 재탄생을 나타내는 세례 의식이 있다. 따라서 인간은 평범하게 태어날 뿐 아니라, 또한 어떻게 해서든지 신적인 것에 참여하게 됨으로써 신비스러운 방식으로 다시 한 번 태어난다. 이런 방식으로 다시 태어난 사람은 모두 영웅, 즉 그는 일종의 반신半神적인 존재가 된다. 그래서 구원을 위해 그리스도가 십자가에 못 박혀 죽는 죽음이 '세례Taufe'로 이해될 수 있는데, 말하자면 죽음의 나무와 마찬가지로(그림 71과 72), 두 어머니에 의하여 재탄생되는 것을 상징하는 것이다. 그래서 그리스도가 말하기를(「누가복음」, 12장 50절): "내가 받아야 하는 세례가 있으니 그것이 이루어지기까지 무척이나 마음이 쓰이는구나!" 그는 자신의 죽음을 상징적으로 재탄생이라고 이해하고 있었던 것이다.

두 어머니 주제는 이중二重의 출생에 대한 생각을 시사하고 있다. 한 어머니는 실재하는 인간적인 어머니지만; 또 다른 어머니는 상징적인 어머니로 신적神的이고 초자연적이고 어떤 경우에는 비범한 특징을 갖고 있다. 그녀는 또한 동물의 형상으로 묘사되기도 한다. 많은 경우에 그녀는 인간적인 면모를 더 많이 드러낸다; 그럴 때는 원형적 관념이 어떤 특정한 주변 인물들에게 투사된 경우인데 그 결과로 대개 복잡한 문제들이 생겨난다. 그래서 재탄생의 상징은 즐겨 계모, 혹은 시어머니이며 (물론 무의식적으로) 투사된다. 시어머니도 그녀 나름대로 사위를 고를 때 사위를 신화적인 방식대로 아들-연인을 삼을 목적으로 고르지 않으려고 애를 쓴다. 만약 우리가 집단적이고 신화적인 현상에 개인적인 것을 추가한다면 이런 신화적 주제의 변이는 무수히 많다.

두 어머니에서 태어난 자는 영웅이다: 첫 번째 출생은 그를 인간으로 만들고, 두 번째 출생은 불멸의 반신으로 만든다. 영웅의 출생담이 시사하는 수많은 것들이 궁극적으로 이를 목표로 하고 있다. 히아와타의 아버지는 처음에 곰이라는 공포감을 불러일으키는 상징으로 나타난 어머니를 정복하였고[28], 그런 다음에 스스로 신이 되어 영웅을 낳았다. 히아와타가 영웅으로서 해야 할 일을, 노코미스가 달의 생성에 관한 전설을 이야기하면서 그에게 암시해준다: 그가 자신의 어머니를 위로 던져야 한다는 것이다. 그러면 그녀가 아들의 폭력적 행동으로 임신이 되어 딸을 낳을 것이다. 이집트의 환상에 따르면 이 젊어진 모성은 딸-아내로서 '그의 어머니의 아버지'인 태양신이 재생산에 이르도록 해준다. 이와 관련하여 히아와타가 한 일을 우리는 아래에서 보게 될 것이다. 근동 아시아의 죽었다가 다시 살아나는 신들이 어떤 태도를 취하는지에 대해서는 우리가 이미 살펴보았다. 그리스도의 선재先在에 관련해서는 물론 이미 잘 알려져 있듯이, 「요한복음」이 이런 생각의 주요 증인이다: 예를 들면 세례자의 말(「요한복음」, 1장 30절)에 다음과 같이 기록되어 있다: "내 뒤에 오는 분은 이미 내 앞에 있었던 분이다: 왜냐하면 그가 내 앞에 먼저 계셨기 때문이다." 또한 복음서 맨 앞에도 이런 내용이 있다: "태초에 말씀이 있었고 말씀은 하나님과 함께 있었으니, 말씀이 곧 하나님이시다. 말씀은 태초부터 하나님과 함께 있었다. 모든 것이 그로 인해 이루어졌고, 그래서 그 같은 것이 없이는 아무것도 이루어진 것이 없다." 바로 이어서 빛의 고지告知 혹은 떠오르는 태양의 고지, 즉 예전에 있었고 이후에도 있을 신비적 태양Sol mysticus에 대한 고지가 이어진다. 피사에 있는 세례반에 그리스도가 인간에게 생명의 나무를 가져다주는 장면이 그려져 있다. 그리스도의 머리는 태양륜으로 둘러싸여 있는데 이 부조 위에 이런 말이 적혀 있다: "태양의 출현Introitus Solis."

태어난 자가 바로 자신을 낳은 자이기 때문에 그의 출생담은 그렇게 기이하게 가려져 있고, 암시적인 상징적 사건들 속에 은폐되었던 것이다. 동정녀의 수태에 관한 기이한 주장도 이에 속한다. 초자연적인 수태라는 관념은 형이상학적인 사실이라고 이해될 수도 있겠으나 심리학적으로는 무의식의 어떤 내용('아이Kind')이 인간인 아버지(즉, 의식)의 자연적 관여 없이 생겨난다는 사실을 말해주는 것이다(그림 17 [7권]). 오히려 신이 아들을 낳은 자이며, 더 나아가 아들은 아버지와 동일하다는 것인데 심리학적 언어로 말하자면 핵심적인 원형, 즉 신상神像,Gottesbild이 새로워졌다는 것(다시 태어났다는 것)이며 의식에 인지될 수 있게 '육화inkarniert'되었다는 것을 의미한다. '어머니'는 '처녀 아니마'에 해당되는데 이것은 외부 세계로 향하지 않기 때문에 그것에 의해 '부패'되지도 않는다. 이런 아니마는 '내면의 태양', 즉 '신상神像', 다시 말해 초월적인 전체성의 원형, 즉 자기Selbst로 향하고 있다.[29]

무의식의 바다로부터의 영웅의 탄생과 새로워진 신에 걸맞게 히아와타는 어린 시절을 육지와 물 사이, 즉 큰 호숫가에서 보내게 된다.

> 기체 구메Gitche Gumee의 호숫가에서,
> 반짝이는 엄청난 크기의 바다와 같은 물가에
> 노코미스의 오막살이집이 있다.
> 달의 딸 노코미스의.
> 그 뒤에 있는 컴컴한 숲,
> 검고 우중충한 소나무들이,
> 솔방울 달린 소나무들이 서 있다.
> 그 앞에 환하게 펼쳐진 물,
> 햇빛에 빛나는 맑은 물이 철썩이고 있다.
> 반짝이는 큰-바다-물이 철썩이고 있다.

이러한 환경에서 노코미스가 그를 키웠다. 여기서 그녀는 그에게 처음으로 말을 가르쳤고 첫 민담Märchen를 들려주었다. 그리고 물소리와 숲에서 나는 소리가 섞여 있는 그곳에서 그는 인간의 언어뿐만 아니라, 자연의 언어를 이해하는 법을 배웠다.

> 어느 여름날 밤
> 어린 히아와타가 천막 입구에 앉아서
> 소나무들의 속삭임을 들었고
> 철벅철벅하는 물소리를 들었다.
> 음악 소리, 불가사의한 말들,
> 소나무들이 "민네-와와Minne-wawa"[30]라고 말하고,
> 물은 "무드웨이-아우쉬카Mudway-aushka"[31]라고 말한다.

히아와타는 자연의 소리 가운데서 인간의 언어를 들었다; 그는 그렇게 자연의 언어를 이해한다. 바람은 '와와wawa'라고 말한다. 기러기는 '와와wawa'라고 외친다. '와-와-타이시Wah-wah-taysee'는 히아와타를 매료시킨 작은 개똥벌레다. 그리하여 시인은 외부적인 자연이 어떻게 주관적인 것의 세계 속으로 천천히 엮여가는지를 묘사하고, 아이의 옹알거림이 그를 향하고, 그로부터 최초의 소리가 나온 저 일차적인 객체(어머니)의 이차적 객체, 즉 자연과의 뒤섞임을 묘사한다. 자연은 남몰래 어머니의 자리에 들어서서 처음으로 어머니에게서 들은 소리뿐 아니라 우리가 어머니 자연에 대하여 따뜻한 사랑을 보내는 가운데 뒤에 우리 안에서 다시금 발견하게 되는 저 여러 감정들까지도 넘겨받고 있는 것이다. 섬세한 문화인이 나중에 그러한 자연과[32] 범신론적-철학으로, 혹은 미학적으로 융합하는 것은 역으로 보자면, 우리의

최초의 대상이었으면서, 동시에 한때 우리와 완전히 하나였던 어머니와 다시 합치는 것을 의미한다. 어머니는 우리가 맨 처음 체험한 외부 세계였고, 동시에 내면 세계이기도 했다: 내면 세계에서는 하나의 상이 나타났는데 겉으로 보기에는 외부에 있는 어머니상의 반영처럼 보이지만, 사실은 이보다 더 오래되고 근원적이며 영원한 어머니 상으로, 코레Kore로, 즉 영원히 젊어진 형상으로 변환한 것이다. 이것이 곧 집단적 무의식을 의인화한 아니마이다. 따라서 우리는 현대 철학자 칼 요엘Karl Joël의 비유적인 언어에서 어머니와 하나됨을 상징하는 옛 상像들이 나타난 것을 본다고 해서 그리 놀라지는 않을 것이다. 이 상들은 주체와 객체가 무의식 안에서 함께 흐르고 있음을 구체적으로 보여준다. 요엘은 '근원적 체험Urerlebnis'에 대해 다음과 같이 기술하였다.

"나는 바닷가에 누워 있다; 꿈꾸는 눈 속에 푸르게 출렁이는 밀물이 반짝인다; 멀리 살랑거리는 미풍이 불어온다.… 파도가 돌진하며, 찌꺼기를 걷어내며, 흥분하며, 가물거리며 바닷가로 밀려온다.… 혹은 귓가로? 나는 모르겠다. 먼 것과 가까운 것이 한데 용해되고; 안과 밖이 서로 엉켜 미끄러진다; 파도 소리가 점점 더 가까이, 사랑스럽게 그리고 고향처럼 편안하게 울린다; 이제 파도는 우뢰와 같은 맥박으로 내 머리를 때리고, 나의 혼을 치고 휘감고 삼킨다. 그러는 동안 혼은 푸른 밀물처럼 밖으로 헤엄쳐 나간다. 그래, 안과 밖은 하나야. 반짝거림과 거품이 일어나는 것, 졸졸거림과 살랑거림과 와글거림─이 모든 섬세한 자극들의 심포니가 하나의 음조로 잦아든다. 모든 감각들이 하나의 의미Sinn가 되고 이 의미는 감정과 하나가 된다; 세계는 혼 안으로 숨을 토해내고 혼은 세계로 용해된다.… 우리의 작은 생명은 크나큰 잠으로부터 굽이쳐 흘러나온다.… 잠은 우리의 요람, 잠은 우리의 무덤 … 잠은 우리의 고향이다. 우리는 아침에 그 고향에서 나와 저녁에 고향으로 다시 들어간다. 그러나 우리의 삶은 짧은 방랑, 원초적으로 하나인 것에서 떠오르고 다시 그곳으로 가라앉는 그 사이, 그 긴장! 영원한 바다는 푸르게 흐르고, 그 속에서 해파리가 저 원초적 삶을 꿈꾸고 있다. 그 원초적 삶에 대해 우리의 어렴풋한 예감은 영겁의 기억을 통하여 아직도 스며 내리고 있다. 왜냐하면 모든 체험은 생명의 통일성Lebenseinheit의 변화와 보장을 포함하고 있기 때문이다. 그것들이 더 이상 융합되지 않는 그 순간, 체험하는 자가 여전히 맹목적으로 체험의 소용돌이에 빠져 있다가 체험한 것에 젖어 통통 부은 상태에서 벗어나 머리를 드는 순간, 생명의 통일성이 놀라고 낯설어하면서 변화를 자신으로부터 떼어내서 어떤 낯선 것으로서 자신 앞에 들어올리는 이 소외의 순간에 … 체험의 각 측면들이 주체와 객체로 실체화된다. 이 순간 그곳에 의식이 있다."[33]

요엘은 이 글에서 어머니와 자식의 재결합을 주체와 객체의 합류라는 명백한 상징성으로 묘사하고 있다. 이 상징들은 심지어 신화학과 아주 세밀한 부분까지 일치한다. 휘감는 주제와 삼키는 주제는 확실히 닮은 점이 있다. 해를 집어삼켰다가 다시 출산하는 바다를 우리는 이미 알고 있다. 의식이 생기는 순간, 즉 주체와 객체가 갈라지는 순간은 하나의 탄생이다. 마치 철학적 사유가 기능을 발휘하지 못하고 인간 언어의 몇몇 위대한 근원적 상像들에 의지하고 있는 것과 같고, 그 언어의 소박하면서도 모든 것을 능가하는 위대함에 대해서는 어떤 사유도 실제로 일어날 수 없다! "젖어서 통통 부푼" 해파리 상은 우연이 아니다. 한번은 내가 어떤 여자 환자에게 물의 모성적 의미를 설명했을 때, 그녀는 이러한 모성 콤플렉스에 건드려져서 아주 불쾌한 감정을 느끼게 되었다: 그녀는 "등골이 오싹하네요. 해파리에 접촉한 것 같아요"라고 말했다. 요엘도 느꼈듯이, 출생 이전과 죽음 후의 행복한 수면 상태는 초기 유아 시절의 아무 생각 없이 살아 있는 상태에 대한 옛날의 몽롱한 기억과 같은 것이다. 이 시기에는 몽롱한 삶의 조용한 흐름을 거스르고 방해하는 것은 아무것도 없었다; 내적인 그리움은 우리를 언제나 다시 그러한 상태로 되돌아가게 만들고, 실제의 활동적인 삶은 투쟁과 죽을 정도의 공포를 느끼면서도 자신을 그것으로부터 해방해야 한다. 요엘보다 훨씬 이전에 한 인디언 추장이 잠들지 않으려고 쉼 없이 일해온, 한 번도 쉬는 일이 없는 백인 남자들에게 같은 말을 하였다: "아, 나의 형제야, 너는 아무것도 생각하지 않고 아무것도 하지 않는 행복을 결코 알 수 없을 거야; 그건 잠자는 것 다음으로 세상에서 가장 황홀한 것이라고. 우리가 태어나기 전에도 그랬고, 죽은 뒤에도 그럴 거야."[34]

우리는 히아와타의 후반부 삶의 운명적 사건에서 그의 초기 어린 시절의 인상들이 그의 아내를 선택하는 데에 얼마나 중요한 역할을 하게 되었는지 보게 될 것이다. 히아와타가 행한 첫 행위는 화살로 수노루 한 마리를 쓰러뜨린 일이다.

> 숲속에서 노루는 죽은 채 누워 있었다.
> 강으로 흘러가는 얕은 여울 옆에서.

그것은 히아와타의 행동으로서는 전형적인 것이다: 그가 죽인 것은 대부분 물가나 물속에 쓰러져 있다. 주로 반은 물속이고 반은 땅 위에 쓰러져 있다.[35] 후기의 모험들을 보면 왜 그런 지점에 쓰러졌는지 알 수 있다. 수노루도 평범한 짐승은 아니었다. 어떤 마술적인 동물, 즉 무의식의 (상징적) 부차적 의미를 지닌 동물이다. 히아와타는 노루의 가죽으로 장갑과 신발을 만들었다: 장갑은 그가 바위를 가루로 만들 만큼 강력한 팔 힘을 주었고, 신발은 한 걸음에 7마일을 갈 수 있는 능력을 발휘하게 해주었다. 그가 노루의 가죽을 몸에 두르자 정말 일종의 거인이 되었다. 그러므로 여울[36]가에 쓰러져 죽어 있는 짐승은 '박사 짐승Doktortier', 즉 변신한 마술사 혹은 악마적인 존재이다: 이는 무의식의 동물적인, 그리고 야수적인 '그 밖의' 힘에 관계되는 상징이다. 그렇기 때문에 짐승이 여울가에 죽어 누워 있는 것이다. 여울가는 의식과 무의식 사이의 경계선, 즉 통과 지점이다. 짐승은 무의식을 대표하며 의식의 모상母床으로서 모성적인 의미를 갖는다. 따라서 어머니는 곰으로도 묘사되는 것이다(위[229쪽 이하]를 보라). 모든 짐승들은 태모太母, Große Mutter에 속한다. 사냥되어 쓰러진 모든 짐승들에서는 어머니에 대한 침해가 일어나고 있다. 어린아이에게는 어머니가 거인과 같이 크게 보이는 것처럼, 원형적인 '할머니, 자연인 어머니Mater Natura'에게는 크다는 속성이 어울린다. 짐승 어머니의 상징적인 담지자인 '마술적인' 짐승을 죽이는 데 성공한 자는 동물이 가진 엄청난 힘을 획득한다. 이러한 힘의 획득이 표현하는 것은 영웅이 짐승의 가죽을 착용함으로써 '마술적'인 짐승으로 부활할 수 있게 하는 데 있다. 아즈텍에서 인간을 제물로 바칠 때 범죄자들은 신으로 간주되었다. 그들은 살해되었고 껍질이 벗겨졌으며 승려들은 신들의 부활, 또는 신생新生을 생생하게 보여주기 위해서 피투성이의 가죽 망토를 입었다.[37]

히아와타는 자신의 첫 번째 수노루를 죽임으로써, 무의식의 상징적 담지자, 즉 동물적 성질과의 신비적 참여participation mystique의 상태를 깨뜨린 것이다; 그리하여 그의 거인과 같은 힘이 나오게 된다. 이 순간부터 그는 어머니 웬노나흐의 복수를 위해서 아버지 무드예키위스와 큰 싸움을 벌일 목적으로 출발한다. (길가메시가 거인 쿰바바와 벌인 싸움과 비교하라.) 이 싸움에서 아버지도 극복되어야 할 어떤 '마술적' 짐승들을 의미할 수 있다. 여기서 '마술적' 짐승들은 '아버지'의 측면을 나타내는데 마찬가지로 거인 혹은 마법사 혹은 나쁜 폭군으로도 묘사될 수 있다.

이에 걸맞게 달라진 상황에서 짐승들은 '어머니', 즉 '탐욕에 찬 잔인한 어머니', 혹은 친절하게도 남편을 물도록 살무사를 길에 풀어놓았던 이시스를 의미한다. 이는 파멸시키고 삼켜버리는, 그래서 그 자체가 죽음을 묘사하는 '무서운 어머니'를 나타낸다.[38] (나는 자식들을 부자연스럽게 사랑하고 그들에게 헌신하여 자식을 자신에게 묶어둔 어떤 어머니의 사례를 기억한다. 갱년기인 그녀는 우울 정신병 섬망 상태에 빠져 있었다. 이런 상황에서 그녀는 자신을 짐승으로, 특히 늑대나 돼지와 같은 것으로 상상하여 그에 맞는 행동을 하였다: 그녀는 사지를 바닥에 대고 달리거나, 늑대처럼 울부짖고 돼지처럼 꿀꿀거렸다. 정신병 상태에서 그녀 자신은 모든 것을 집어삼키는 어머니의 상징이 되어버린 것이다.)[39]

그러나 부모로 해석하는 것 자체는 하나의 표현 방식façon de parler일 뿐이다. 실제로 이러한 드라마는 물론 개인의 정신에서 일어난다. 이 때 '부모'는 실재하는 부모 그 자신들이 아니라, 부모의 이미지일 뿐이다. 말하자면 부모의 특이성이 아이의 개별적인 성향Disposition[40]과 만나면서 생겨난 표상들이다. 이 이미지들은 개체에 속하는 충동력에 의하여 생생하게 살아나서 다양한 방향으로 변하게 된다; 이 충동력은 그의 본능 영역에서 나오며 충동성의 형태로 드러난다. 이러한 역동성은 꿈에서 동물 형상의 상징들로 나타난다. 꿈에 활기를 주는 사자, 황

그림 95. 곰과 함께 있는 아르티오Artio 여신.
로마의 아르테미스Artemis 여신의 유래.
리시니아 사비닐라Licinia Sabinilla의 여신들로 봉헌된, 동으로 된 조각상.
(스위스 베른주 무리Muri에서)

소, 개, 뱀과 같은 짐승들은 분화되지 않은, 아직은 길들여지지 않은 리비도를 의미한다. 리비도는 동시에 인간의 인격의 한 부분을 형성하므로 그에 걸맞게 유인아목類人亞目의 영혼anthropoide Seele이라고 이름할 수 있다. 에너지처럼 리비도도 그 자체로서〔즉자卽自 및 대자對自적으로〕나타나지 않고, 다만 '힘'의 형태로 나타날 뿐이다. 즉, 움직이는 물체들, 화학적 혹은 전기적 압력과 같은 '어떤 것'의 특정한 에너지 상태이다. 따라서 리비도도 어떤 특정한 형태들, 혹은 상태와 결합된다. 리비도는 욕동Impulse, 정감Affekte, 활동성 등의 강도Intensität로 나타난다. 이러한 현상들이 비인격적이었던 적이 없기 때문에 그것은 마치 인격 부분들처럼 표명된다. 같은 생각을 콤플렉스론에 대해서도 적용할 수 있다: 콤플렉스도 마찬가지로 인격의 부분들처럼 행동한다.

이러한 유인아목의 영혼은 합리적인 문화 형태들을 받아들이지 않거나 혹은 마지못해 겨우 수용하며 문화적 발달에 될 수 있는 대로 저항하려고 한다. 그것은 마치 그 리비도가 항상 길들여지지 않은 야성의 근원적이자 무의식적인 상태를 되돌아보며 그리워하는 것과도 같다. 되돌아가는 길, 즉 퇴행Regression은 어린 시절에 이르고 마침내 어머니의 자궁 안으로 되돌아가게 된다. 이렇게 되돌아보려는 그리움의 강도는 『길가메시 서사시』에서 엔키두Enkidu의 형상을 통하여 기가 막히게 묘사되었는데, 그에게 적응 능력이 더 높이 요구되자 그 그리움은 견딜 수 없는 지경에까지 이른다. 적응 능력의 요구는 외인적外因的 혹은 내인적內因的 이유에서 일어날 수 있다. 말하자면 '내면의' 요구에서 오는 경우에는 주요 난점이 열악한 외부 상황에서 생기는 것이 아니라, 오히려 세월이 흐르면서 점점 높아진 '주관적인' 요구와 아마도 지금까지 숨겨져왔던 내면의 '진정한' 인격이 강하게 표출됨으로써 생긴다. 이러한 변화의 근원은 분명히 유인원의 영혼인 듯하다. 모든 퇴행이 바로 이 유인원의 영혼을 겨냥하고 또한 거기서 끝난다. 후퇴는 즉시, 최소한 암시적으로라도, 적응 수행에 동의하기를 주저하는 모든 경우에 시작되는 것이다; 외부의 요구에 따라 살 수 없는 경우들은 말할 것도 없다.

이러한 사실이 확실히 예측되는데도 종교적인 근거를 지닌 도덕뿐 아니라 인습적인 도덕과, 심지어—이에 못지않게 아주 중요한—프로이트의 이론도 퇴행과 퇴행의 표면적인 목표를 평가절하하여 그것을 유아증, 소위 '유아적 성욕성', 근친상간과 '자궁환상'으로 되돌아가는 것이라고 한다. 이성은 물론 여기서 멈출 수밖에 없다. 왜냐하면

도대체 어떻게 인간이 어머니의 자궁에서 더 되돌아갈 수 있겠는가? 여기서 구체주의는 벽에 부딪히고 만다; 물론 그보다 더한 것은 퇴행하는 경향에 도덕적 비난이 쏟아지고 신성모독적인 어머니로의 회귀를 막아보려고 온갖 평가절하의 수단을 동원하여 시도하는 데 있다. 이때 일방적인 '생물학적' 방향을 취하고 있는 프로이트의 심리학은 본의 아니게 보조적 역할을 수행한다. 개인적인 의식의 범위를 넘어서는 것은 쉽게 무의식적인 상태에 머물게 되기 때문에 투사된 형상으로 나타나기 쉽다. 말하자면, 그렇게 강하게 배격된 반수半獸의 영혼은 그 퇴행적인 요구와 함께 어머니 탓으로 돌려진다. 그리고 이에 대한 방어는 아버지 탓으로 돌려진다. 그러나 투사는 결코 치료제일 수 없다; 투사는 겉으로 보기에는 갈등을 막아주는 것 같지만 그 대신에 신경증을 만들어낸다. 그것은 질병으로 도피하는 것을 허용한다. 그로써 작은 화를 덜려다가 큰 화를 당하게 된다.

 그에 반해서 치료는 퇴행을 지지하는 것이어야 한다. 심지어 이 퇴행이 '출생 이전의' 상태에 도달할 때까지 지지해야 하는 것이다. 여기서 고려해야 할 것은 '어머니'란 실제로는 하나의 이마고Imago, 단지 정신적 상像이라는 사실이다. 이 어머니-이마고는 매우 다양하지만, 틀림없이 매우 중요한 무의식의 내용들을 갖고 있다. '어머니'는 아니마 원형이 처음으로 육화된 것이면서, 심지어 무의식 전체를 의인화하는 것이다. 따라서 퇴행은 단지 표면적으로 어머니에게 되돌아가는 것이다; 그러나 어머니는 사실 무의식으로, 즉 '어머니들의 왕국'으로 들어가는 입구이다. 그곳으로 들어간 자는 자신의 의식된 자아 인격을 무의식의 주도적인 흐름에 맡긴다. 혹은 만약 그가 자신이 뜻하지 않게 안으로 들어갔다고 느끼거나 누군가 장난을 쳐서 자신을 그 안에 밀어넣었다고 느낀다면 그는 절망적으로 저항할 것이지만 그것은 그에게 아무 이득이 되지 않을 것이다. 사람들이 퇴행을 방해하지 않는다면 퇴행은 결코 '어머니'에서 끝나지 않는다. 오히려 어머니를 넘어서, 말하자면 출생 이전의 '영원히-여성적인 것', 즉 원형적 가능성들의 근원적 세계로 되돌아가게 된다. 거기에서 '모든 피조물의 상들에 둘러싸여 떠다니며', '신적神的인 아이göttliches Kind'는 자신의 의식화를 기다리며 잠자고 있다. 이 아들은 전체성의 배아인데, 그 고유의 상징을 통하여 전체성의 배아임이 분명히 드러나게 된다.

고래가 요나를 삼켰을 때, 그는 거대한 고래의 배 안에서 그저 잡혀 있기만 한 것이 아니라, 파라켈수스가 이야기했듯이 '엄청난 신비'를 보았다.[41] 이러한 견해는 아마도 다음의 『랍비 엘리에제르Pirkê de Rabbi Eliezer』에서 유래한다고 볼 수 있다:

> "요나는 마치 한 인간이 넓은 유대교 교회로 발을 들여놓듯이 '고래'의 아가리로 들어갔다. 물고기의 두 눈이 마치 요나에게 빛을 비춰주는 채광창 같았다. 랍비 메이르Meir는 이렇게 말했다: 고래의 내장에 진주가 하나 걸려 있었다. 그 진주는 요나에게 정오의 태양과 같은 빛을 비추어주었으며 바다와 심연 속에 있는 모든 것을 볼 수 있게 해주었다." 등등.[42]

무의식의 어둠 안에 보물 하나가 숨겨져 있다. 이 보물은 이 문헌 여러 곳에 언급되었던 '쉽게 얻을 수 없는 보배'로서, 빛나는 진주라는 특징이 있다. 혹은 파라켈수스에서는 그것이 특히 매혹적인 것ein fascinosum par excellence을 의미하는 '비의秘儀, mysterium'의 특징을 지니고 있다. 퇴행의 궁극적인 것, 그러나 무의식적인 목표를 이루고 있는 것이 '정신적인' 혹은 '상징적인' 삶과 진보와 같은 가능성들인 것이다.

그럼으로써 퇴행하는 리비도는 어머니의 육체성에 머물러 있지 않게 되며 이때 상징들이 표현을 통해서 다리를 놓게 된다. 이 딜레마는 아마 니고데모-대담만큼 분명하게 설명되어 있는 곳이 없을 것이다: 한편으로는 자궁으로 들어가는 것이 불가능하고, 다른 한편으로는 '물과 성령Geist'에서 재탄생이 이루어진다. 영웅이 영웅인 까닭은 그가 삶의 그 어려운 고난 속에서 금지된 목표에 대한 저항을 인지하고 얻기 어려운 보배를 향한 그리움으로 이 저항을 극복하는 데 있다. 평범한 인간들이라면 이 그리움으로 스스로를 마비시키거나 죽이게 된다.

히아와타의 아버지 무드예키위스는 서쪽 바람西風이다: 따라서 싸움은 서쪽에서 행해진다. 그곳에서 생명(웬노나흐의 수태)이 나왔고 그곳에서 또한 죽음(웬노나흐의)이 왔다. 그러므로 히아와타는 서쪽 바다에서 재탄생하기 위한 전형적인 영웅 전투를 벌인다. 그는 목표를 향하여 가는 길을 훼방하는 자를 의미하는 아버지와 싸우는 것이다. 다른 경우들에서는 삼키는 어머니를 극복하려고 서쪽에서 싸운다. 우리가 보았듯이, 위험은 부모 모두에게서 온다. 왜냐하면 아버지는 겉보기에 후퇴를 불가능하게 만들기 때문이고, 어머니는 후퇴하는 리비도를 그녀 자신 안에 받아들이고 소유하고자 하기 때문이다. 그러므로 재탄생을 추구하는 자는 죽음을 맞게 된다. 예전에 '모성적인' 곰을 정복해서 신적인 특성을 얻었던 무드예키위스는 이제 자신의 아들에 의해 정복당한다.

> 무드예키위스는 물러서서,
> 산맥을 넘어 서쪽으로 달음질쳤다.
> 비틀거리며 서쪽으로, 산맥 아래로,
> 사흘 내내 싸우면서 물러났으며,

항상 히아와타에게 쫓기어,
서쪽 바람이 시작되는 입구로,
해가 지는 문으로,
아득히 먼 지평선의 경계로,
해가 지는 그 텅 빈 공간으로 물러나야 했다.
밤이 밀려들면,
자신의 둥지로 떨어지는
한 마리의 플라밍고처럼.

위에서 언급된 3일은 '밤의 바다 감옥(12월 21일부터 24일까지)'에서의 방황에 대해 항상 되풀이되는 표현 형식이다. 그리스도도 지하세계에 3일 동안 머물렀었다. 서쪽에서의 격투에서 영웅은 매번 얻기 어려운 보배를 획득한다: 이 경우에 아버지는 아들에게 크게 양보하지 않으면 안 된다, 그는 아들에게 신적인 특성을 주게 된다.[43] 그리고 심지어 그 비육체성으로 무드예키위스만을 죽음에서 지켜주었던 그와 같은 바람의 성질도 그에게 준다. 그는 아들에게 이렇게 말한다.

"나는 나의 왕국을 너와 공유할 것이다.
네가 이제부터 통치자가 되어야 한다.
북서풍의 통치자, 즉 키웨이딘Keewaydin의 통치자,
아늑한 고향 바람의 통치자, 즉 키웨이딘의 통치자."[44]

히아와타가 이제 고향 바람의 주인이 되었다는 것은 『길가메시 서사시』에서 길가메시가 서쪽에 살고 있는 지혜로운 늙은 우트나피쉬팀Utnapishtim에게서 결국 마법의 약초를 얻어내는 장면과 유사하다. 이

약초가 길가메시를 바다 건너 고향으로 돌아가게 해준다(그림 45). 그러나 그가 집에 도착했을 때 뱀 한 마리가 그의 약초를 다시 빼앗아가 버린다. 히아와타는 승리한 보상으로 '프네우마 같은pneumatisch' 몸, 즉 부패하지 않는 '기체氣體, Hauch-Körper', 혹은 '미묘체subtle body'를 받는다. 집으로 돌아오는 길에 히아와타는 사랑스러운 딸을 데리고 살고 있는, 활 만드는 장인의 집에 머문다.

> 그리고 그는 강을 향해 그녀의 이름을 불렀다.
> 폭포를 향하여 그녀를 불렀다.
> 미소 짓는 물, 민네하하Minnehaha라고.

히아와타가 아주 어린 시절에 꿈을 꾸듯 물소리와 바람 소리가 귓가에 들어오는 것을 느꼈을 때, 그는 자연의 소리에서 어머니의 말을 다시금 인식하였다. 큰 바닷가에 서 있는 소나무 가지들이 바스락거리며 '민네와와Minnewawa'라고 말했었다. 이제 살랑이는 바람 소리와 촬촬 흐르는 물소리 너머로 그가 선택한 여자, 즉 웃는 물, '민네하하'에서 다시금 아주 어린 시절의 꿈들을 발견한다. 영웅 또한, 다른 누구보다도 영웅이기에 다시 아이가 되어 불멸성을 얻을 수 있기 위하여 자신의 여인에게서 어머니를 다시 발견하는 것이다. 여성적인 것의 원형, 아니마는 처음에는 어머니의 형상으로 나타나지만, 나중에는 그것이 어머니로부터 사랑하는 연인에게로 옮겨진다.

민네하하의 아버지가 활을 잘 만드는 장인이라는 사실은 그가 무의식의 드라마에 참여하는 자, 다시 말해 영웅의 아버지임을 (사랑하는 여인이 다시금 어머니가 되듯이) 나타내는 것이다. 아버지 안에서 처음으로 늙은(지혜로운) 남자〔노현자〕의 원형이 나타난다. 그것은 의미Sinn

와, 영Geist의 의인화이며, 또한 생산성을 의미하기도 한다.[45] 영웅의 아버지는 종종 숙련된 목수나 다른 영역의 예술가인 경우가 많다. 아라비아 전설에 보면 아브라함의 아버지 타레Tare[46]는 목재를 가지고 깎아서 화살을 만들 줄 아는 뛰어난 장인이었다. 즉, 그의 이름은 아라비아 관용어로 훌륭한 아들을 생산하는 자라는 뜻을 갖는다. 뿐만 아니라 그는 신들의 상을 제작하는 자였다. 세계를 만든 아그니의 아버지 트바쉬트리Tvashtri는 대장장이이면서 목수이고 처음으로 발화기發火器를 만든 자이다. 그리스도의 아버지 요셉은 목수였고, 아도니스의 아버지 키니라스Kinyras도 망치, 지레, 지붕의 건축, 채광업을 발견하였다. 여러 형상을 지니고 있는 헤르메스의 아버지도 기술이 뛰어난 장인이자 조각가인 헤파이스토스Hephaistos(제우스와 함께)이다. 민담에서도 주인공의 아버지가 검소하게 전통적 과업을 맡은 나무꾼으로 나온다. 『리그베다』에서는 세계가 세계 조각가의 나무에서 조각되어 생겼다고 되어 있다. 히아와타의 장인丈人이 활을 만드는 장인匠人이라는 것도 영웅의 아버지를 나타내는 신화적 특징이 여기서는 아버지에서 장인으로 옮겨졌다는 의미로 볼 수 있을 것이다. 이는 아니마가 항상 노老현자와 딸의 관계에 있다는 심리학적 사실과 완전히 일치한다.[47] 장인이 특이하게 강조되면서 실제 아버지를 대치하는 경우도 사실 드물지 않게 나타난다. 그럴 때 그 배후에는 방금 설명한 원형과 관계가 있는 것이다.

결국 아버지의 여러 속성들은 때에 따라서는 영웅 자신의 속성이 된다. 그가 아버지와 하나의 본체라는 것이 확실해질 때 그렇게 되는 것이다. 영웅은 인간의 무의식적 자기das unbewußte Selbst를 표현한다. 그리고 이 무의식적 자기는 경험적으로 모든 원형들의 총합이며 총괄 개념임을 보여주고 있다. 그러니까 '아버지'의 전형, 또는 노현자의 전형을 포함한다. 그런 만큼 영웅은 자기 자신의 아버지이자 스스로 자신을 낳는 자이다. 마니Mâni의 전설에서 이러한 주제의 결합을 발견하게 된다. 그는 종교의 창시자로서 위업을 수행하였고, 다년간 동굴에서 은둔하여 죽고, 가죽이 벗겨지고, 박제되어 벽에 걸렸다; 그 밖에도 그는 예술가이며 불구의 발을 가지고 있다. 비슷한 주제가 대장장이 빌란트Wieland에게서도 발견된다.

고향에 돌아갔을 때 히아와타는 그가 활을 만드는 늙은 노인의 집에서 본 것을 늙은 노코미스에게는 발설하지 않았다. 또한 민네하하를 얻기 위해 더 이상 아무것도 시도하지 않는다. 그런데 이제 인도의 서사시에 없다면 신경증의 기왕력〔과거에 병을 앓았던 정보〕에서나 기대할 만한 것들이 일어났다: 히아와타는 자신의 리비도를 내향화한다. 즉, 그는 사건의 자연스런 전개에 대해 첨예하게 저항한다; 단식을 하면서 꿈과 환영을 체험하기 위해서 그는 숲에 오두막을 한 채 짓는다. 처음 삼 일 동안 그는 아주 이른 청소년기에 했던 것처럼 숲속을 돌아다니면서 모든 동물과 식물을 관찰한다.

"삶에 대해 잘 아는 대가大家여!" 낙담하여 그가 소리친다.
"우리의 삶이 그런 것들에 의해 좌우되어야 합니까?"

삶이 '이런 것들'에 좌우되어야 하는가, 라는 물음은 매우 특이한 것이다. 그 물음은 마치 히아와타에게는 자신의 삶이 '이러한 것들', 말하자면 자연에서 기인한다는 점이 차마 견디어낼 수 없는 말처럼 들린다. 자연은 갑자기 낯선 의미를 취한 듯하다. 이러한 현상이 일어나게 된 이유는 오직 지금까지 무의식적으로 존재해온 많은 리비도 총량이 갑자기 자연으로 넘어가거나 혹은 자연으로부터 제거되기 때문이라고밖에는 달리 설명할 수 없다. 어떤 보편 감정의 결정적인 변화가 일어났고 그 변화는 히아와타의 리비도가 역행하게 되는 데 있는 것 같다. 히아와타는 아무것도 하지 않은 채 그냥 노코미스가 있는 집으로 간다; 그러나 거기서도 그는 견디지 못하고 떠나게 된다. 왜냐하면 이제 민네하하가 그에게 방해가 되기 때문이다. 그는 더욱 멀리 떠나 이른 청소년기로 되돌아간다. 자연의 소리 중에서 어머니의 소리를 듣고 배웠던 시기로 되돌아간다. 이제 그 자연의 음조音調는 그에게 민네하하를 강력하게 다시 기억 속에 불러들인다. 이렇게 자연 인상을 재활성화시키는 과정에서 우리는 가장 초기의 가장 강한 자연 인상들이 되살아남을 보게 되는데, 그것을 능가하는 것은 오직 아이가 어머니에게서 받은, 보다 더 강한 인상들뿐이다. 어머니의 감정이 지닌 광휘光輝는 아이의 주변에 있는 대상들에로 옮겨진다. 나중에 이런 대상들에게서 가장 이른 시기의 추억의 고유한 특성이라고 할 마술적이자 지복至福한 감정들이 나오게 된다. 따라서 히아와타가 다시 자연의 품속으로 숨는다면 이것은 어머니와의 관계와 어머니보다 더 오래된 것과의 관계를 다시 살리는 것이다. 그러므로 우리는 그가 다시 어떠한 형태로 새롭게 태어날 것이라고 기대할 수 있을 것이다.

우리가 내향화를 통하여 출현하는 이와 같은 새로운 창조에 대해 생각하기에 앞서, 위에서 제기되었듯이 삶이 '이런 것들'에 좌우되어야 하는가, 라는 물음의 두 번째 의미를 생각해볼 필요가 있다. 이런 것들 없이는 굶어 죽을 것이기에 삶은 '이런 것들'에 완전히 좌우될 수 있다. 이 경우에 우리는 영웅이 갑자기 양육에 관한 문제 같은 것에 골몰하는 것이 아닌가 추론해볼 수 있다. 양육에 대한 문제가 고려의 대상이 되는 것은 어머니에로의 퇴행이 필연적으로 먹이고 기르는 근원으로서의 어머니, 즉 '양육하는 어머니alma mater'[48]를 기억으로 환기하기 때문이다. 근친상간만이 퇴행의 유일한 특징적 측면이 아니고 어린이를 어머니 쪽으로 내모는 배고픔도 퇴행의 특징적 측면이다. 적응 능력을 포기하고 가족의 품, 결국에는 어머니의 품으로 퇴행하는 자는 거기서 따뜻하게 사랑받기를 기대할 뿐만 아니라, 영양을 얻기를 기대한다. 만약 퇴행이 유아적 특성을 지닌다면 그때 퇴행은—물론 전혀 그런 의도를 시인하지 않은 채—근친상간과 양육되기를 겨냥한다. 그러나 만약 외견상의 퇴행이 실제로는 목표지향적인 리비도의 내향화 Introversion라면 어쨌든 근친상간 금기로 금지된 족내혼의 결합이 기피되고 양육될 것에 대한 요구는 히아와타의 경우처럼 의도적인 단식으로 대치된다. 그와 같은 태도로 리비도가 '양육하는 어머니'의 상징, 혹은 상징적인 등가물로, 다시 말해 집단적 무의식으로 방향을 바꾸도록 강요되는 것이다. 따라서 고독과 단식은 예부터 무의식으로 들어가는 입구를 여는 잘 알려진 명상의 보조 수단이다.

단식을 시작한 나흘째 날에 영웅은 단식을 포기하고 자연으로 향한다; 그는 지쳐서 눈을 반쯤 감고 침상에 누워서 자신의 꿈, 즉 극도의 내향화에서 비롯된 상으로 깊게 빠져든다. 우리는 이제 그러한 상황에서 외부적인 생활과 외적인 현실 대신에 내적인 체험들이 자리하게 된다는 것을 알고 있다. 히아와타는 다음과 같은 환영을 본다.

> 그러고 나서 그는 가까이 오고 있는 한 젊은이를 보았다.
> 청년은 초록-노랑색 옷을 입고,
> 자줏빛의 어스름한 노을을 뚫고,
> 해질녘 광휘를 통해 오고 있다;
> 그의 이마 위로 초록색 깃털이 드리워져 있으며,
> 그의 머리카락은 부드러운 금발이다.

이런 특이한 인물은 히아와타에게 다음과 같이 말한다.

"삶을 잘 아는 장인으로부터
나, 인간의 친구 몬다민Mondamin이 왔노라.
그대들에게 경고하고 가르치기 위하여
얼마나 많은 노력과 수고로
그대들이 얻게 될 것인지를, 그대들이 기도하는 바를,
나뭇가지들로 엮어 만든 너의 잠자리에서 일어나,
바로 서거라, 젊은이여, 나와 한차례 격투를 벌이자꾸나."

몬다민은 옥수수이다. 먹히는 신이 히아와타의 내향화에서 생성된다. 이중적 의미를 지닌 그의 배고픔, 양육하는 어머니를 향한 그의 그리움은 무의식으로부터 하나의 다른 영웅, 즉 먹을 수 있는 신, 대지인 어머니의 아들, 옥수수 신을 불러내었다. 이에 대한 기독교의 유례類例는 분명하다. 그러나 여기서 기독교의 영향을 가정할 필요는 거의 없다. 이미 16세기 초 사하군Fray Bernardino de Sahagun이 고대 멕시코인들의 우이칠로포치틀리Huītzilōpōchtli[글자 그대로 왼쪽(남쪽)으로 콧노래하는 새, 아즈텍의 전쟁신] 성찬식을 기록해놓았기 때문이다.⁴⁹ 이 신도 마찬가지로 성찬식 때 (의식적으로) 먹히게 되는 것이다. 그러나 '인간의 친구'⁵⁰ 몬다민은 히아와타에게 노을이 물들 때 결투를 벌이자고 요구한다. 해가 지는 붉은 노을을 배경(즉, 서쪽 나라 다름없는)으로 신과의 신화적인 싸움이 일어난다. 이 신은 마치 히아와타의 내향적 의식의 변환된 반영상처럼 무의식에서 나온 것이다. 그는 신 혹은 신인神人으로서 히아와타의 영웅적인 사명을 나타내는 본보기이다. 말하자면 히아와타는 자신 속에 그의 데몬Dämon을 만나야 하는 가능성뿐 아니라 필연성을 가지고 있다. 이러한 목표로 향하여 가는 도중에 그는 부모를, 즉 유아적인 속박에 대한 집착을 극복한다. 가장 깊게 맺어진 관계가 어머니와의 관계다. 그가 어머니의 상징적인 등가물로 향해 들어가는 문을 열면서 어머니를 극복하게 된다면, 그는 새로워진 형상으로 다시 태어날 수 있다. 다시 말해 그의 모성적인 근원과의 유대 속에 영웅으로 하여금 비범한 일을 할 수 있게 하는 모든 힘, 그의 고유한 창조적 정신, 게니우스Genius가 숨어 있고, 그것을 그는 그의 대담함과 무제약성으로 무의식의 덮개에서 풀어내는 것이다. 그럼으로써 그 안에 있는 신이 모습을 드러내게 된다. '어머니'의 비의Mysterium는 신적인 창조력göttliche Schöpferkraft이다. 여기서 신적인 창조력은 옥수수 신인 몬다민으로 나타난다(그림 96). 한 체로키Cherokee 인디언의 전설이 이러한 견해를 증명하고 있다. "…그 '옥수수'를 '늙은 여자'라는 이름으로 불러내는 자들, 한 신화에서 그는 불순종하는 아들들에 의해 살해된 늙은 여자의 피에서 생겨난 것으로 암시된다."[51]

> 단식으로 허약해진 히아와타가
> 나뭇가지로 만든 잠자리에서 일어나,
> 오두막 안의 희미한 빛을 뒤로 하고 나와서,
> 지는 해의 타는 노을로 향하여 나아가,
> 몬다민과 싸웠다;
> 순간 그는 머리와 가슴에서 고동치는
> 새로운 용기를 느꼈고,
> 새 생명과 희망과 힘이
> 모든 신경과 힘줄을 타고 흐르는 것을 느꼈다.

그림 96. 옥수수의 신격.
침보테Chimbote-도기, 페루

해 질 녘에 옥수수 신과의 싸움은 히아와타에게 새 힘을 부여하게 되었다: 그렇게 될 수밖에 없다. 왜냐하면 그를 마비시키려는 무의식의 힘에 대항한 싸움은 인간에게 창조적인 힘을 주기 때문이다. 그것이야말로 모든 창조의 샘인 것이다. 그러나 이러한 폭력에 대항하여 얻기 어려운 보물을 찾아오기 위해서는 영웅의 용기가 필요하다. 이에 성공하는 자는 물론 최상의 것을 갖게 된다. 히아와타는 그 자신의 창조를 위해 바로 자신과 격투를 벌인다.[52] 그 싸움에는 다시 신화적인 삼 일이 걸린다. 나흘째 되는 날, 몬다민도 예언했듯이, 히아와타가 그를 정복하고 몬다민은 힘을 잃고 땅에 쓰러진다. 몬다민이 이미 그전에 희망한 대로 히아와타는 그를 모성적인 대지 속에 묻어준다. 그러자 곧 그의 무덤 위로 인간의 식량이 되는 옥수수가 싱싱하게 자라났다(그림 96). 히아와타가 그를 정복하지 않았다면, 몬다민이 그를 '죽였을' 것이고 그랬다면 둘이 서로 바뀌어 히아와타는 빙의되어 인간에게 해를 끼치는 자가 되었을 것이다.[53]

주목해야 할 것은 기대한 것처럼 히아와타가 죽었다가 새로워져서 다시 태어나는 것이 아니라, 신이 죽고 다시 태어난다는 점이다. 인간이 신으로 변환되지 않고, 신이 인간 안에서, 그리고 인간을 통해 변환을 경험한다는 점이다. 마치 신이 '어머니' 내지는 히아와타의 무의식 속에서 잠을 자다가, 깨어나서 싸우게 된 것과도 같다. 그는 그것으로 인간을 극복하지 못하고, 결국 죽음과 재탄생을 두루 거치면서 옥수수, 즉 인간을 이롭게 하는 새로운 형상을 획득한 것이다. 그러니까 그는 처음에 말하자면 적의에 가득 찬 형태의 폭력적인 자로 나타난다. 그래서 영웅은 그와 싸우지 않을 수 없다. 그것은 역동적인 무의식의 폭력성에 상응한다. 이러한 형태의 신은 극복되어야 한다. 이 싸움은 야보크Jabbok 여울가에서 야훼의 천사와 벌인 야곱Jakob의 격투와 비슷하다. 인간이 압도적인 위력에도 굴복하지 않는다면, 다시 말해 무조건 맹목적으로 그 위력에 복종하지 않고 오히려 신적인 힘의 동물적 특성에 대항하여 인간 존재를 성공적으로 지킨다면 그때 충동 위력의 엄습은 신의 체험이 된다. "살아 있는 신의 수중에 떨어지는 것은 끔찍한 일이다." 그래서 "신에게 가까이 가 있는 자는 불 가까이 있는 것이고, 신과 멀리 있는 자는 신의 왕국에서 멀리 떨어져 있는 것이다." 왜냐하면 "신은 태워버리는 불"이기 때문이다. 구세주는 "유다 가문에서 나온 사자이기" 때문이다.

> "유다는 새끼 사자로다;
> 내 아들아, 너는 약탈을 하면서 크리라.
> 그는 한 마리의 수사자처럼 웅크리고 있고, 한 마리의 암사자처럼 도사리고 있으니—누가 그를 방해하려 하겠는가?"[54]

또한 "마귀는 마치 울부짖는 한 마리 사자처럼 돌아다닌다".[55] 잘 알려진 이와 같은 예들은 이러한 생각이 어떻게 유대-기독교적 영역에 잘 알려지게 되었는지를 증명하기에 충분하다.

미트라스 비의에서 제의의 영웅은 황소와 싸운다; '통과transitus' 중에 그는 황소를 동굴 안으로 데려가 그곳에서 죽인다. 이 죽음으로 인해 모든 번식력이 되살아나는데, 무엇보다도 가장 먼저 먹을 수 있는 것들이 자라게 된다(그림 66).[56] 동굴은 무덤에 상응한다. 이와 비슷한 생각이 기독교적 비의에서는 더 아름답고 인간적인 형태로 묘사되어 있다. 자신의 과업을 완성하기 위해 자신과 씨름한 겟세마네에서의 그리스도의 영적인 투쟁, 그런 다음의 '통과', 즉 십자가를 지는 것, 그곳에서 죽음의 어머니 상징을 받아들이고, 스스로 무덤에 들어갔다가 사홀 만에 부활하는 것.⁵⁷ 이 모든 상像들은 동일한 기본 사고를 표현한다: 그리스도는 신이며 만찬에서 먹히게 된다는 생각이 그것이다. 그는 죽음으로써 자신을 빵과 포도주로 변화시키며, 우리는 그 신비로운 음식을 즐겨 먹는다.⁵⁸ 여기서 불의 신, 아그니의 소마soma라는 음료와의 관계, 디오니소스와 포도주의 관계를⁵⁹ 언급하지 않을 수 없다. 또한 삼손이 사자를 목 졸라 죽이고 나중에 꿀벌들이 죽은 사자에 서식하게 되는 유례도 있는데 이것은 유명한 수수께끼 문구가 되었다: "음식은 먹어치우는 동물에게서 나왔고, 달콤한 것은 힘센 자에게서 나왔다."⁶⁰ 엘레우시스의 비의에서도 이러한 생각들이 중요한 역할을 한 듯하다(그림 6[7권]). 데메테르와 페르세포네 외에 이아코스Iakchos는 엘레우시스적 제식祭式의 주신主神이다; 그는 푸에르 에테르누스puer aeternus, 즉 영원한 소년이었다. 오비디우스는 그를 다음과 같이 불렀다.

> 꽃다운 젊은이, 영원하도다,
> 너의 청춘, 그래서 너는 가장 아름다운 자로 보이는구나.
> 저 드높은 올림푸스에서: 너는 뿔피리 없이 나타난다.
> 마치 소녀와 같은 모습을 하고.…⁶¹

엘레우시스의 축제 행렬에서는 이아코스의 상을 맨 앞줄에 들고 간다. 이아코스가 어떤 신인가를 말하기란 쉽지 않다; 사내아이 혹은 갓 태어난 아들일 것이고, 아마도 '새로 밭갈이를 하는 소년'이라는 별명을 가진 에트루리아 기념일Etrurischer-Tag과 비교될 수 있는 것이다. 전설에 따르면 그 소년은 쟁기질하던 농부 뒤에 있는 밭고랑에서 태어났다고 한다. 이러한 상像은 몬다민 주제를 명백히 보여준다. 쟁기가 남근을 의미한다는 것은 잘 알려진 사실이다(그림 34[7권]). 밭고랑은

(예를 들어 인도에서) 여자를 나타낸다. 이러한 상의 심리학은 성교의 상징적 등가물인 것이다; 아들은 밭에서 생산된 먹을 수 있는 농작물이다. 사전 편찬자들은 그를 데메테르의 다이몬τῆς Δήμητρος δαίμων이라고 부른다. 그는 디오니소스, 특히 전형적인 재탄생의 숙명을 타고났다고 주장되어온 트라키아의 디오니소스-자그레우스와 동일시된다: 헤라는 자그레우스와 싸우도록 티탄들을 보냈다. 그러나 여러 가지 형상으로 변하는 자그레우스는 티탄들을 피해 달아나려고 하지만 결국 그들은 그가 황소 형상을 취하였을 때 그를 붙잡았다. 그들은 황소 모습의 자그레우스를 죽이고 잘게 쪼개서 조각들을 냄비에 던졌다; 그러나 제우스는 번개로 티탄들을 죽이고 그때까지 꿈틀거리던 자그레우스의 심장을 삼켰다. 이런 행동으로 제우스는 그를 다시 태어나게 하였고 자그레우스는 이아코스가 되어 다시 햇빛을 보게 되었다.

엘레우시스 축제 행렬에서는 곡식의 도리깨(그림 6[7권]), 즉 이아코스의 신비스러운 요람(λίκνον, mystica vannus Iacchi)을 함께 끌고 갔다. 오르페우스 비의의 전설에 따르면[62] 이아코스는 페르세포네가 양육하였다. 삼 년 동안 비몽사몽의 상태에 있던 그는 요람에서 깨어났다. 뵈드로미온Boedromion 스무 번째 날(뵈드로미온의 달은 9월 5일부터 10월 5일까지)은 이아코스가 영웅의 명예를 얻은 날이라 했다. 이날 저녁에 바닷가에서 규모가 큰 횃불 축제가 열리며 데메테르의 탐문과 비탄이 상연된다. 음식과 물을 먹지 않고 자신의 딸을 찾으려고 온 땅을 헤매고 돌아다니는 데메테르의 역할이 인디언 서사시 히아와타 속에 받아들여졌다; 히아와타는 모든 피조물에게 호소하지만 아무 대답도 얻지 못한다. 데메테르가 비로소 달의 여신 헤카테에게서 자신의 딸에 대해 들어서 알게 된 것처럼, 히아와타도 가장 깊숙이 내향화되었을 때 (밤의 어머니들을 향해 내려갔을 때) 비로소 찾고자 했던 몬다민[63]을 발견한다. 비의들의 내용에 대해 우리는 아스테리우스Asterius 주교(약 390년)의 증언을 통하여 다음과 같은 사실을 알게 된다: "그곳(엘레우시스 제식)에 어둠 속의 하강Katabasion이 있지 않은가, 그리고 비의를 주관하는 사제와 여사제의 장엄한 동참, 즉 그와 그녀 둘만의 함께 있음이 있지 아니한가. 횃불을 끄고 수많은 군중들이 어둠 속에서 둘이 수행하여 이루어낸 것을 축복이라 여기지 않던가?"[64] 이는 틀림없이 내밀하게 행해지는 신성혼Hierosgamos 축제를 암시한다. 여사제 데메테르는 대지를, 그러니까 밭고랑을 대표한다.[65] 땅의 내부로 내려가는 것은 '모태' 상징이며 그것은 동굴 숭배로 널리 퍼져 있다. 플루타르크는 마법사들이 εἰς τόπον ἀνήλιον(태양이 비치지 않는 곳에서)[66] 페르시아의 악신, 아흐리만Ahriman에게 제물을 바쳤다고 이야기한다. 루키안Lukian은 미트로바르자네스Mithrobarzanes 마법사를 εἰς χωρίον ἔρημον καὶ ὑλῶδες καὶ ἀνήλιον(늪지의 어둡고 황량한 곳으로)[67] 내려가게 했다. 모세Moses von Khoren가 제시한 증거에 따르면 아르메니아에서는 여동생 불과 오빠 샘인 오누이가 같이 있는 동굴을 숭배했다고 한다. 줄리안Julian은 아티스의 전설에서 κατάβασις εἰς ἄντρον(동굴로의 하강)에 대해 보고하고 있다. 그곳에서 키벨레는 그녀의 아들-연인을 다시 꺼내준다.[68] 그리스도가 태어난 베들레헴의 출생 장소는 일종의 아티스의 동굴이었다.

엘레우시스의 또 다른 상징성은 신성혼 축제, 말하자면 신비적 상자들에 있다(그림 97). 클레멘스Clemens von Alexandrien의 증언에 따르면, 이 상자에는 구운 과자, 봉헌하는 소금, 그리고 과일들이 들어 있었다고 한다. 클레멘스로부터 전해 내려온 입교자入敎者, Mysten의 신앙고백Synthema은 또 다른 것을 암시한다.

그림 97. 상자와 뱀.
에페소스에서 출토된 은화.(기원전 57년)

"나는 금식하였고, 키케온Kykeon[혼합 음료]을 마셨다. 나는 상자에서 그것을 꺼냈다. 작업을 한 후에 나는 그것을 바구니에 도로 가져다놓았고 그 바구니에서 상자로 옮겨놓았다."[69]

상자 안에 무엇이 있었는가 하는 문제를 더 자세히 밝힌 학자는 디터리히[70]이다. 그는 '작업Arbeiten'을 비의[비밀제의]의 입교자가 수행해야 했던 남근적 활동과 관련지었다. 실제로 남근이 주위에 과일들로 둘러싸여 있는 신비한 바구니의 묘사가 있다.[71]

소위 로바텔린식Lovatellin 무덤 꽃병의 부조 그림들은 엘레우시스의 의식이라고 파악되는데 어떤 입문 후보가 데메테르를 감고 있는 뱀을 애무하는 그림이다. 공포를 자아내는 짐승을 애무하는 것은 의례적인 근친상간의 극복을 암시한다. 알렉산드리아의 클레멘스의 증언에 따르면 비밀스러운 궤짝 안에는 뱀 한 마리가 있었다.[72] 뱀은 퇴행적인 리비도의 움직임에 의한 위협적인 위험을 뜻한다. 로데Erwin Rohde[73]는 아레토포리아 축제Arrhetophorien에서는 남근과 뱀 모양의 과자를 테스모포리온Thesmophorion 옆에 있는 심연에 던진다고 하였다; 이 축제는 자식과 풍작의 축복과 관계가 있다.[74] 따라서 뱀은 또한 봉헌식에서 '품Schoß을 통한 신ὁ διὰ κόλπου θεός'이라는 주목할 만한 제목 아래 중요한 역할을 한다.[75] 클레멘스는 사바지오 비의의 상징이 바로 '품을 통한 신'을 의미한다고 한다; 그러나 그것은 한 마리 뱀이다. 그리고 이 뱀은 입문 후보자의 품을 통하여 양육된다.[76] 아르노비우스Arnobius로부터 우리는 다음과 같은 사실을 듣는다: "금빛 뱀 한 마리를 봉헌된 자의 예복에 난 주름 속으로 떨어뜨려 아래에서 끄집어내게 한다."[77] 오르페우스 비의의 찬송가 52에서는 휘포콜피에ὑποκόλπιε(품 안에 드러누운)의 이름으로 바케우스Bakcheus(Bacchus: 그리스·로마의 술과 풍요의 신)를 부르고 있다: 이것이 암시하는 것은 신이 마치 여성의 성기를 통하듯, 인간 속으로 들어온다는 것이다.[78] 제의를 주관하는 사제는 엘레우시스의 비의에서 "고귀한 여인이 성스러운 사내아이를 낳았다. 즉 브리모Brimo가 브리모스Brimos를 낳았다"고 고한다.[79] 다음과 같은 전승은 "너희에게 오늘 아들이 태어날 것이다"라는 성탄 복음을 특히 잘 설명해주고 있다. 즉, 아테네 사람들이 "축제Epoptie에 참여한 자에게 크고 놀라운, 가장 완전한 축제의 신비를 말없이 보여주는데… 그것은 베어낸 이삭 하나"[80]라는 것이다.

죽음과 부활의 주제와 유사한 주제는 잃어버림과 다시 찾음의 주제이다. 이는 제의적으로 정확하게 같은 자리에 나타난다. 즉, 신성혼과 비슷한 봄의 축제 때에 신상神像들을 숨기고 다시 찾는 것이다. 성서에는 없는 전승에 모세가 인간들을 가르치기 위해 열두 살에 아버지의 집을 떠난 이야기가 있다. 이와 비슷하게 그리스도도 부모를 잃었다가 부모가 그를 다시 찾았을 때, 그는 슬기로운 스승이 되어 있었다; 회교도의 성담에 모세와 여호수아가 물고기를 잃어버렸던 그 자리에서 슬기로운 스승인 키드르가 나타났듯이, 잃어버려서 죽은 줄로 믿었던 곡신이 젊어져서 갑자기 땅에서 올라온 것이다.

우리는 이러한 보고에서 엘레우시스 비의들이 입문 후보자들의 내

그림 98. 뱀이 있는 이시스의 바구니.
칼리굴라Caligula에 의해 로마에 세워졌던 이시스 탑의 대리석 제단.

세에 대한 희망에 얼마나 위로가 되었는지를 이해하게 된다. 엘레우시스의 한 비문은 말한다.

> 진실로, 지복한 신들이 아름다운 비밀 하나를 알려주시도다!
> 죽어야 할 운명은 저주가 아니다, 오히려 죽음은 축복이다!

또 데메테르 송가는 비의秘儀에 대해 이렇게 노래하고 있다.

> 이 비의를 본 자, 복이 있으라! 땅 위에 사는 인간 가운데서
> 그러나 성스러운 행위에 참가하지 않는 자는,
> 안개가 뒤덮인 죽음의 어둠에서 부당한 운명을 맞이하리라![81]

19세기 교회 찬송가 중에 사무엘 프라이스베르크Samuel Preiswerk가 지은 노래에 다음과 같은 상징이 나타나 있다.

> 그것은, 당신의 것, 주 예수 그리스도 님.
> 거기에 우리가 서 있고,
> 그러면서도 그것은 당신의 일이므로,
> 그것은 멸망할 수 없으리니.
> 오로지 밀알만이
> 다시 싹이 되어 빛으로 솟아오르기 전에
> 대지의 품에서 죽어야 하나니.
> 바로 그 밀알에서 태어나기 전에…
>
> 오, 예수여, 당신은 우리의 지도자,
> 고통을 통하여 하늘을 우러러보게 하도다.
> 그래서 당신은 믿는 자들을 인도하도다,
> 당신과 함께 같은 길을 가도록.
> 다행스럽게도 우리를 모두 동등하게
> 고통을 받는 자나 부자도 참여시켜서
> 당신의 죽음의 문을 통해 우리를
> 그의 것과 더불어 빛으로 끌어올리나니…[82]

피르미쿠스Firmicus는 아티스의 비의에 대해 다음과 같이 보고하고 있다.

"정해진 날 밤에 사람들은 신상神像을 거꾸로 하여 들것 위에 놓고 율동적인 양식의 탄식을 하면서 운다; 그리고 그들이 죽음의 곡哭에 해당하는 것을 온 정성을 다해 바치자 등불을 안으로 들여놓는다. 그런 다음 사제는 울고 있던 모든 사람들의 목덜미에 향유를 발라준다. 그러면서 사제는 천천히 다음과 같은 말을 중얼거린다: '그대들 입문자들이여, 용기를 가지시오. 신이 구원되었으니 당신들도 모든 곤경에서 구원될 것이오.'"[83]

이와 같은 유례들로 알 수 있는 것은 그리스도 상像에 인간적-개인적 면모가 얼마나 적으며, 보편적-신화적인 면이 얼마나 많은가 하는 점이다. 영웅은 비범한 인간이다. 그의 내면에는 다이몬δαίμων이 살아 있다. 이것이 바로 그를 영웅으로 만드는 요소이다. 왜 영웅에 대한 진술이 대부분 개인적이기보다 전형적이고 비개인적인가 하는 이유가 바로 여기에 있다. 초기 기독교의 해석이 직접 말하듯이 그리스도는 신적인 존재이다. 지구의 도처에서, 그리고 다양한 형식과 다양한 시기에 구세주-영웅은 무의식의 모성적 심연으로 들어가서 이루어낸 리비도의 성과로 등장한다. 파르네시나Farnesina의 부조 파편에 바쿠스적 축성식의 한 장면이 묘사되어 있다. 한 입문자가 머리 위까지 망토를 끌어올려 덮어쓰고 바쿠스의 양육자인 실렌Silen[실레노스: 그리스 신화에서 디오니소스의 종, 술 취한 둥근 얼굴에 대머리의 마음씨 좋은 노인]에게 가고 있다. 실레노스는 수건으로 덮은 요람λίκνον을 가지고 있다. 두상頭像을 감춘다는 것은 불가시성, 즉 죽음을 의미한다.[84] 동부 아프리카 난디스Nandis에서는 방금 할례를 끝낸 자들, 즉 축성된 자들은, 사방에서 감싸고 바닥까지 늘어진 풀로 된 원추형의 모자를 쓴 상태로 상당 기간 돌아다닌다. 할례를 받은 자들의 모습은 보이지 않는다. 이들은 바로 귀령들Geister이 된 것이다. 같은 의미를 갖는 것이 수녀들의 베일이다. 입교자는 비유적으로 곡식의 씨앗처럼 죽고, 다시 크게 자라나서 도리깨에 이르게 된다. 프로클루스Proclus는 입교자들이 목까지 묻히게 된다고 기록하고 있다.[85] 어떤 의미에서 교회는 영웅의 무덤이다(지하 무덤인 카타콤베!). 신자는 영웅과 함께 부활하기 위해서 무덤으로 내려간다. 교회의 내재적 의미가 모태라는 것은 의심할 여지가 없다. 탄트라Tantrismus적 의미에서 보면 사원의 내부는 몸의 내부이다. 그리고 아뒤톤ἄδυτον(지성소至聖所)은 가르바 그리하garbha griha, 싹트는 곳, 혹은 자궁이라고 불렸다. 이에 관련해서 아마도 가장 분명한 사례는 성스러운 무덤의 숭배이다. 볼로냐에 있는 성 스테판Santo Stefano 성당의 성스러운 무덤은 그 좋은 예이다(그림 99). 아주 오래된 다각형의 원형 건축인 교회 자체는 이시스 신전의 잔해에 세워져 있다. 내부에는 인공적으로 꾸민 동굴인 이른바 성스러운 무덤이 있고 그 안으로 들어가려면 아주 작은 문을 기어가듯이 가야 한다. 그러한 공간에서의 숭배는 숭배자를 죽은 자와 부활한 자, 즉 다시 태어난 자와 동일시하지 않을 수 없게 할 것이다. 몰타 섬에 있는 신석기 시대의 할사플리니Hal-Saflieni 동굴도 비슷한 입사식들을 위해서 제공된 듯하다. 또 플로렌스의 고고학 박물관에는 에트루리아식 납골당이 있는데, 그것은 동시에 마투타Matuta, 즉 죽은 자의 여신의 조각상이다(그림 100). 여신의 점토 상은 재를 담기 위해 안이 비어 있다.

 제시된 그림을 보면 마투타는 어머니임을 알 수 있다. 그녀가 앉은 자리는 죽음의 어머니에 속해 있는 스핑크스들로 장식되어 있다(오이디푸스 신화 참조).

 히아와타의 그 밖의 활동 중에서 우리의 관심을 끄는 것은 몇 가지에 불과하다; 그중에서 물고기의 왕인 미쉐-나흐마Mishe-Nahma와의 싸움이 여덟 번째의 노래에서 발견된다; 이것은 전형적인 태양 영웅의

그림 99. '성스러운 무덤'.
성 스테판 성당, 볼로냐.

싸움으로 언급될 가치가 있는 것이다. 미쉐-나흐마는 물 밑바닥에 사는 물고기 형태의 괴물이다. 히아와타로부터 결투 신청을 받자 괴물은 영웅과 영웅의 배를 다 집어삼킨다.

> 화가 난 그는 뛰어올라,
> 번갯불을 번쩍이며 태양빛으로 솟아올라,
> 그의 큰 턱을 벌려 둘을 삼켰다.

즉, 카누와 히아와타를.

히아와타는 머리를 앞세워 가라앉았다.
캄캄한 동굴 아래로,
마치 검은 물살에 떠 있는 통나무처럼
쏜살같이 흘러 급류 아래로 가라앉았다.
너무도 캄캄한 암흑에서 그는
절망적으로 추락하며 사방을 손으로 더듬는다.
커다란 심장이 방망이질하는 것을 느낄 때까지
이 극도의 어둠 속에서 심장이 고동치는 것을.

그는 분노하여 그것을 때렸다.
주먹으로, 나흐마의 심장을.
그는 느꼈다. 막강한 물고기 왕이
온 신경과 힘줄을 떨고 있음을.
그런 다음 히아와타는 안전을 위하여 열십자로
자신의 자작나무 카누를 고정하여 묶었다.
격동과 혼돈에서
나흐마의 턱 밖으로
내몰렸을 때 소용돌이에 휩쓸려서, 죽지 않기 위해서.

이는 말하자면 전 세계에 널리 퍼져 있는 영웅의 행위에 관한 신화이다. 그는 배를 타고 바다의 괴물과 싸우러 간다. 그래서 잡아먹히지만, 씹히거나 으깨지지 않도록 강력히 버티어서[86](발로 버팀 혹은 발로 밟음 주제), '고래용 Walfischdrache'의 내부에 도착하여 생명을 좌우하는

그림 100. 동틀 녘의 여신.
에트루리아의 피에타Pietà.

기관을 잘라내거나 파괴시킨다. 종종 영웅이 내부에서 몰래 불을 만들어 괴물을 죽이기도 한다; 그는 죽은 몸체에서 비밀리에 생명, 즉 떠오르는 해를 생산한다. 그렇게 해서 괴물 물고기는 죽게 되고, 육지에 이르면 '새의 도움'으로 영웅은 세상의 빛을 보게 된다.[87] 여기서 새는 한편으로는 태양의 새로운 출현, 다시 말해 불사조의 재탄생을 의미하고, 다른 한편으로는 '도움을 주는 동물들'을 암시한다. 이런 동물들은 공중의 존재인 새로서, 즉 정령 내지는 천사로서, 탄생 시時에 초자연적 조력자로 묘사된다. 신화에서 보면 탄생 시에 곧잘 신적인 사자使者들이 나타나는데, 관습적으로 대부들(스위스 독일어로: 괴티Götti 또는 고테Gotte!)이 이 역할을 대신해왔다. 물에서 날아오르는 새는 태양을 상징하는데, 이는 (어원적으로) 노래하는 백조에 그 의미가 담겨 있다. '백조'는 태양Sonne과 소리sound, Töne의 관계와 같이 '스벤sven'이라는 뿌리에서 나온 말이다.[88] 이러한 행동은 재탄생과 어머니로부터 생명을 끌어내는 것[89]을 의미하고 그럼으로써 죽음의 최종적 파괴를 의미한다. 이 죽음은 한 흑인 신화에 의하면 어떤 늙은 여인의 실수로 세상에 들어오게 된 것이다. 그 늙은 여성은 통상적으로 행해진 허물 벗기(왜냐하면 당시는 인간들이 뱀처럼 허물을 벗으면서 젊어졌기 때문이다)를 하고 나서 방심하여 그만 새 피부 대신에 헌 피부를 다시 입었다. 그 때문에 그녀는 죽게 된 것이다.

바다 괴물 혹은 괴물 물고기와의 싸움이 무엇을 의미하는지는 쉽게 알 수 있다: 그것은 무의식에 치명적으로 휘감겨 있는 자아의식이 해방되기 위한 투쟁이다. 이는 괴물의 배 속에서 불을 만드는 것으로 암시된다. 그것은 무의식의 어둠에 대항하기 위하여 사용하는 액막이 마력인 것이다. 영웅이 구조된 것은 동시에 또 하나의 해돋이, 즉 의식의 승리이다(그림 101).

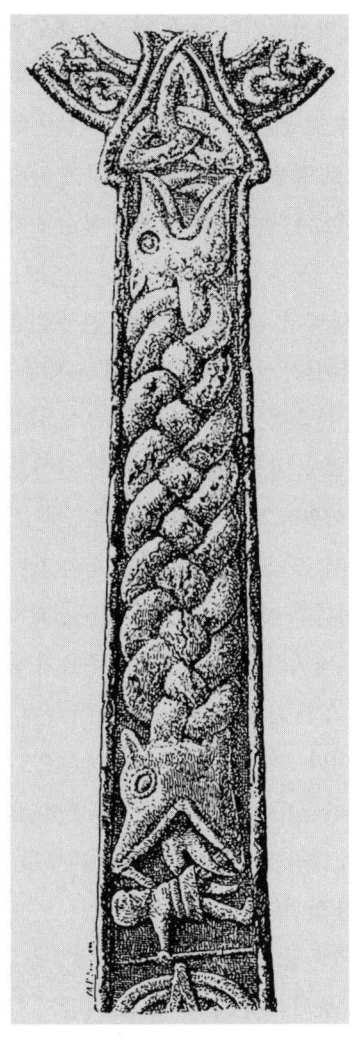

그림 101. 펜리스-늑대Fenris-Wolf(북유럽 신화에 나오는 괴물 늑대)와
비다르Vidarr(북유럽 신화: 오딘의 멋진 아들, 펜리스-늑대를 죽임으로써 아버지
의 죽음을 복수함)의 싸움.
고스포스Gosforth의 교회에 위치한 무덤에 세워진 십자가의 부조.
(컴벌랜드Cumberland)

그러나 그러한 영웅적 행동의 효과는 유감스럽게도 오래 지속되지 못하곤 한다. 언제나 영웅의 노고는 다시 갱신되어야 한다. 그리고 이 것은 어머니로부터의 해방이라는 상징 아래 이루어지는 것이다. 헤라 (박해하는 어머니)가 헤라클레스의 위대한 행동들의 원천이듯이, 노코미스도 히아와타를 쉬지 못하게 했고 그에게 새로운 어려움이 닥치도록 하였으며 더구나 영웅이 이길지도 모르지만, 또한 패배하여 파멸될 수도 있는 치명적인 모험을 제공했다. 자신의 의식과 함께 있는 인간은 항상 무의식의 목표 뒤로 되돌아가 있다; 그의 리비도가 그를 새로운 위험에 처하도록 불러낼 때까지 그는 게으르게 아무 일도 하지 않는 상태에 빠진다. 혹은 그의 현존의 정점에서 뒤를 돌아보는 그리움에 휩쓸리면 그는 마비된다. 그러나 그가 다시 일어나 금지된 것, 불가능하게 보이는 것을 행하고자 하는 억누를 수 없는 위험한 충동을 따른다면, 그는 파멸되든지 아니면 영웅이 된다. 그래서 어머니는 영웅에게 행동을 요구하고 동시에 그를 물어 죽일 수도 있는 독사를 놓아 방해하는 데몬이다. 그리하여 노코미스는 하늘을 보랏빛으로 물들이며 태양이 질 무렵 아홉 번째 노래에서 이렇게 부른다.

> 저 건너에 커다란 진주-깃털이 사는데,
> 그는 마법사 메기소그원Megissogwon,
> 부富와 조가비 돈을 가진 신 마니투Manitu,
> 불을 뿜는 그의 뱀들이 그곳을 지키고,
> 검은 역청물로써 보호되며
> 너는 그의 불을 뿜는 뱀들을 볼 수 있을 것이다.
> 케나비크Kenabeek, 즉 커다란 뱀들,
> 둘둘 몸을 휘감으며, 물에서 놀고 있지.

서쪽에 도사리고 있는 위험은 죽음이다. 어떤 막강한 자도 죽음에서 빠져나오지 못한다. 우리가 알고 있듯이, 그 마법사가 노코미스의 아버지를 죽였다. 이제 그녀는 아버지의 원수를 갚기 위해 아들을 파견한다. 마법사에게 속해 있는 상징물들을 통해서 그가 누구를 상징화하는지 쉽게 인식할 수 있다. 뱀과 물은 어머니에 속한다. 뱀은 보호하고 방어하면서 모성적 바위를 둘둘 감고 동굴에서 살고, 어머니 나무를 위로 휘감으며 보물이 있는 곳, 즉 감춰진 '보배'를 지키고 있다. 둘카나인Dhulqarnein의 진흙탕 샘과 같은 검고 소름끼치는 저승의 바다는 태양이 소멸하고 재탄생을 위해 가라앉는 곳, 삼키는 어머니의 죽음과 밤바다이다. 그곳으로 출항할 때 히아와타는 미쉐-나흐마의 마력을 가진 기름을 가져간다. 이 기름은 죽음의 물을 건널 때 그의 배에 도움이 되는 기름이다(일종의 불멸의 주술, 예를 들면 지크프리트를 위한 용의 피 등). 맨 처음 히아와타는 커다란 뱀을 쳐서 죽인다. 저승의 바다 위에서 겪는 밤의 항해에 이르기를:

> 밤새도록 그는 항해했다,
> 이 느릿느릿 흘러가는 물 위를.
> 오랜 세월의 진흙으로 뒤덮인,
> 썩은 골풀로 시커먼,
> 덩굴들과 백합의 잎들이 뒤덮여 자라나 있는,
> 정체되어, 생기 없이, 슬프고, 암울하게.
> 어슴푸레 달빛이 빛나고,
> 도깨비불이 비치고,
> 죽은 자의 혼령들에 의해 지켜온 불이
> 그들의 황량한 밤의 잠자리를 밝히고 있네.

위의 표현은 죽음의 바다가 갖는 특성을 분명하게 보여준다. 썩은 수초들은 이미 언급된 휘감고-삼키는 주제를 암시한다.『야가데바의 꿈의 열쇠 Traumschlüssel des Jagaddeva』[90]에 이런 내용이 있다: "꿈에서 삼[麻]의 껍질, 넝쿨식물이나 삼노끈, 뱀의 허물, 실이나 천으로 몸을 휘감긴 사람은 죽는다." 이 점에 관해서는 제시한 나의 예증을 참고하기 바란다.

이러한 묘사는 분명히 '무서운 어머니'의 왕국을 다루고 있는 것이다. 이 왕국은 마법사라는 하나의 부정적인 아버지 상, 또는 어머니 안에 있는 남성적 원리로 대변되고 있다. 이는 마치 비밀스럽게 작용하는 영적 통제자 spiritus rector와도 같다. 그는 영웅의 가슴속에 있는 여성적인 원리인 어머니, 즉 노코미스를 통하여 히아와타의 사업을 실현시키는 자이다. 후자가 히아와타의 아니마에 상응하고 전자는 무서운 어머니의 아니무스에 상응한다.

서쪽 나라에 도착한 영웅은 마법사에게 결투를 요청한다. 끔찍한 격투가 벌어진다. 메기소그원이 파괴할 수 없는 존재여서 히아와타는 힘이 빠졌다. 저녁에 히아와타가 부상을 당했고 절망하여 물러나서 잠시 쉬고 있었다.

> 소나무에 기대어 쉬려고 싸움을 멈추었다.
> 소나무 가지들에 이끼가 너덜너덜 걸렸고
> 소나무 줄기는 죽은 남자의 가죽구두로
> 둘러싸여 있었고,
> 그 신발에는 하얗고 노란 곰팡이가 뒤덮여 있었다.

그를 보호하는 그 나무는 죽은 자의 구두, 버섯 등으로 옷을 입듯이

그림 102. 깨달음의 나무.
바르후트Barhut의 기둥 부조, 인도.(기원전 1세기)

뒤덮인 것으로 묘사되어 있다. 나무를 이렇게 인간화하는 것은 나무를 숭배하는 곳에서는 어디서나 중요한 요소이다. 예를 들어 인도에서는 마을마다 성스러운 나무가 있고(그림 102) 무엇인가를 입혀 대개는 인간적인 존재로 취급한다. 나무들에게 향기 좋은 물도 발라주고 분으로 두드려주고 관을 씌우거나 옷으로 꾸며준다. 죽음을 방지하는 액막이 마술로서 귀를 관통하듯 성스러운 나무에도 이를 행한다.

"인도에 있는 모든 나무 중에서 힌두교도들에게… 아스와타

Aswatha(성스러운 무화과나무Ficus religiosa)보다 더 성스러운 나무는 없다. 그들은 그 나무를 나무들의 왕Vriksha Raja으로 알고 있다. 브라흐마, 비슈누, 그리고 마헤스와르Maheswar가 이 나무 안에 살고 있으므로, 나무를 숭배하는 것은 삼위를 숭배함을 의미한다. 거의 모든 인도 마을에는 아스와타가 한 그루씩 있다."[91]

우리가 잘 알고 있는 '마을의 보리수'는 분명 어머니 상징을 특징적으로 그려내고 있다: 이 나무에는 삼신三神이 들어 있다. 히아와타가 휴식을 취하려고 소나무[92] 아래로 후퇴했다면, 그것은 결코 아무런 생각 없이 거기로 간 것이 아니다. 그는 어머니를 향해 간 것이며 어머니의 옷은 수의이다. 고래용과의 싸움처럼 영웅은 또한 도움을 주는 동물인 '새의 도움'이 필요했다. 도움을 주는 동물들은 그에 상응하는 무의식의 감흥이나 착상들을 나타낸다.

> 갑자기 그의 머리 위 나뭇가지에서
> 엄마 딱따구리가 노래했다:
> "히아와타야, 너의 화살을
> 메기소그원의 머리에 겨냥해보렴.
> 머리털 묶음에 맞추렴.
> 그 뿌리에 길게 땋은 검은 머리가 늘어뜨려져 있지.
> 그곳만이 그의 급소란다."

묘하게도 엄마가 이제는 그를 도우려고 서두른다고 해야 할 것이다. 그런데 딱따구리는 또한 로물루스와 레무스의 '엄마'이기도 했다; 딱따구리는 쌍둥이에게 부리로 먹을 것을 입에 넣어주었던 것이다.[93]

딱따구리는 나무에 구멍을 내기 위해 나무를 쪼는 특징 때문에 특별한 의미를 가지게 되었다. 딱따구리가 로마의 전설에서 왜 옛날 국왕으로, 성스러운 나무를 소유한 자, 혹은 지배자로, 가계家系의 시조pater familias의 원상原像, Urbild으로 칭송되었는지를 알 수 있다. 옛날 우화에 다음과 같은 내용이 있다. 딱따구리Picus 왕의 아내 키르케Circe는 남편을 딱따구리Picus martius(woodpecker)로 변화시켰다. 그녀는 그를 죽여서 영혼의 새Seelenvogel로 변하게 한다. 딱따구리는 숲의 데몬과 몽마夢魔, incubus[94]로도 이해된다.[95] 고대인들은 종종 딱따구리Picus를 피쿰누스Picumnus와 똑같은 것으로 생각했다. 피쿰누스는 필룸누스Pilumnus의 떨어질 수 없는 동반자이며, 이 둘은 '어린아이들의 신들infantium dii'이라고 부른다. 특히 필룸누스에 대해서는 그가 새로 태어난 아이들을 무서운 숲의 요정 실바누스Silvanus의 공격으로부터 지켜준다는 보고가 있다. 친절한 새는 영웅에게 마법사의 유일한 급소인 머리털 아래를 쏘라고 조언한다. 이 자리는 두부의 정점으로서 신화적인 두부 탄생이 일어나는 곳으로, 오늘날에도 아이의 출산 이론에 나타난다. 히아와타는 거기에다 활을 세 발[96] 쏘았고 그렇게 메기소그원을 쓰러뜨렸다. 히아와타는 곧바로 상처를 입히지 못하게 하는 마법의 조개껍질 갑옷을 빼앗는다; 그는 죽은 자를 물가에 눕힌다.

> 그는 바닷가에 시체를 눕혔다.
> 반은 뭍에, 반은 물에 잠기게.
> 모래에 시체의 두 발을 묻고,
> 그의 얼굴은 물속에 잠기게 했다.

상황은 물고기 왕의 경우와 똑같다. 왜냐하면 마법사는 집어삼키는 어머니를 의미하는 죽은 자의 물이 의인화되어 표현되었기 때문이다. 히아와타의 이 위대한 행적, 즉 부정적인 아버지 형상을 빌려 나타난 죽음을 부르는 **악령인 끔찍한 어머니를 정복하자** 마침내 히아와타는 민네하하와 결혼하게 된다. 그는 한편으로는 악귀가 통제불능의 자연 존재에서 인간이 마음대로 처리할 수 있는 힘이 될 수 있게 하고, 다른 한편으로는 자아의식이 부정적인 부모의 형상을 빌려 작용하는 무의식의 치명적인 위협으로부터 지속적으로 해방하는 그와 같은 영웅적 사명을 충족한 후에야 비로소 그것을 자신의 인간적 존재에 필요한 것으로 취할 수 있는 것이다. 전자는 의지를 만들어내는 것이요, 후자는 의지를 자유롭게 사용하는 가능성을 말한다.

뒤편의 노래(열두 번째 노래) 가운데서는 시인이 첨가한 작은 우화를 소개한다: 한 백발노인이 소년으로 변환되어 떡갈나무 안으로 기어들어간다.[97] 열네 번째 노래에는 히아와타가 어떻게 문자를 발명하는지 묘사되어 있다. 나는 두 개의 신비한 상형문자로 된 기호Zeichen를 묘사하는 데 국한할 것이다.

> 막강한 자, 기체 마니토Gitche Manito여,
> 생명의 명인인 그는
> 하나의 알로 그려진다.
> 알의 끝은 사방의 바람을 가리킨다.
> "위대한 영靈은 모든 곳에 현존한다."
> 바로 이것이 이들 상징의 의미이다.

세계는 알 안에 놓여 있다(그림 109). 알이 세계를 모두 감싸고 있다; 알은 세계를 낳는 자이며 이러한 상징을 플라톤도 베다 경전도 사용

하고 있다. 세계를 낳은 어머니는 어디에나 있는 공기와 같다. 그런데 공기는 영(정신)Geist이다: 세계의 어머니는 하나의 영, 세계의 혼anima mundi이다. 이러한 상은 동시에 심리학적으로 항상 자기Selbst를 암시하는 하나의 사위일체Quaternität를 상징한다. 그러므로 이 상은 가장 외적인 것과 가장 내적인 것, 즉 가장 큰 것과 가장 작은 것을 묘사하며, 세계를 감싸고 있으면서 동시에 인간의 심장 안에 엄지만 하게 작은 것으로 살고 있다고 생각하는 인도의 아트만Atman 사상과 일치하는 것이다.[98] 두 번째 표징은 다음과 같다.

> 막강한 자, 기체 마니토여,
> 그는 끔찍한 악령으로,
> 뱀으로 묘사된다.
> 엄청나게 커다란 뱀, 즉 케나비크로.

악의 영은 공포, 금기, 적대자이다. 그는 영원히 지속되는 삶의 투쟁과 모든 개별적인 위대한 행동을 가로막고 방해하는 자이며 암살자 같은 뱀이 물어서 쇠약해지거나 늙게 만드는 독을 몸속에 퍼뜨린다; 그는 퇴보하려는 모든 것이며 어머니에 구속되어 무의식 안에서 분해되고 소멸될 위협을 받는다(그림 108과 118). 영웅적인 인간에게 공포는 요구이자 과제이다. 왜냐하면 모험만이 공포로부터 그를 해방시키기 때문이다. 만일 모험이 감행되지 않는다면, 삶의 의미에서 무엇인가가 깨질 것이고, 모든 미래는 희망 없는 진부한 일상, 즉 도깨비불들만 비추는 어스름한 일상이 되고 말 것이다.

열다섯 번째 노래에는 히아와타의 가장 친한 친구이며, 사랑스러운 배우이자 가수이고, 삶의 기쁨의 화신이라고 할 키비아보스Chibiabos

가 어떻게 잠복해 있던 악령들에게 유인되어 돌연 얼음을 깨고 물속으로 들어가 익사하게 되었는지 묘사되어 있다. 히아와타는 마법사들의 도움으로 그를 다시 소생시키는데, 그 일이 성공하기까지 오랫동안 그의 죽음을 슬퍼했다. 그러나 다시 살아난 친구는 단지 하나의 영靈일 뿐이다. 그리고 그는 영혼의 나라의 지배자가 된다. 다시 여러 전투가 이어지고, 그런 후 또 다른 친구, 사랑의 힘의 화신 크와신드Kwasind를 잃게 된다. 이러한 사건들은 종말의 전조이다. 이는 『길가메시 서사시』에서 기술된 에아바니Eabani의 죽음과 비슷하다. 스무 번째 노래에서는 민네하하의 굶주림과 죽음이 나온다. 죽음의 나라에서 온 두 명의 과묵한 방문객이 이를 고한다; 스물두 번째 노래에서 히아와타는 서쪽 나라로 최후의 여행을 떠날 채비를 한다.

"오, 노코미스여, 나는 이제
길고 아득한 여행을 떠납니다.
해가 지는 곳 문 앞까지,
고향의 바람, 즉 북서풍이 부는 지역으로
키웨이딘Keewaydin이 부는 곳까지…"

유일하게 길고 빛나는 자취와 여정,
그 흐름을 따라 히아와타는 강물처럼 내려갔다.
서쪽으로, 서쪽으로 항해했다.
새빨갛게 태양이 지는 쪽으로,
자줏빛 연무煙霧 속으로,
땅거미가 지는 곳으로.

그렇게 히아와타는 출발했다.
사랑받은 자 히아와타는
태양이 지는 서쪽의 화려함 속으로,
자줏빛 저녁 안개의 베일 속으로,
고향의 바람이 부는 지역으로,
바로 북서풍 키웨이딘이 부는 곳으로,
축복의 섬으로,
포네마흐Ponemah의 제국으로,
바로 저세상으로.

바다의 포옹과 휘감음, 즉 덮어 싸안는 바다의 품에서 태양이 감연히 떨쳐나와 솟아올랐다가 정오에 태양의 영광스러운 위업을 뒤로 한 채 다시 어머니의 바다로, 모든 것을 덮어버리고 모든 것을 다시 태어나게 하는 밤으로 가라앉는다(그림 11 [7권]과 그림 67). 이상은 분명 인간의 숙명을 상징적으로 표현하는 데 가장 최초의 상像이며 또한 가장 심원한 가치가 있는 상이다. 인생의 아침에 아들은 자신에게 운명적으로 정해진 높이로 오르기 위하여 어머니로부터 그리고 고향의 따뜻한 난로에서 아픈 마음으로 분리된다. 종종 최악의 적이 눈앞에 있다고 착각하면서, 또한 그러한 적을 자신의 마음속에 지니고 다니면서, 저 위험한 그리움, 그 자신의 심연을 향한, 그 자신의 원천에 빠지고자 하는, 즉 어머니들의 나라로 끌어내려지려는 그런 그리움을 안은 채.— 그의 삶은 소멸되려는 것과의 끊임없는 싸움이고 언제나 매복하고 있는 밤으로부터의 강력하고 일시적인 해방이다. 이 죽음은 결코 외부의 적이 아니다. 그것은 그 자신의 내적인 그리움, 인지된 비유非有, Nichtsein의 깊은 고요에 대한 그리움, 즉 생성과 소멸의 바다 안에서 모든 것을 꿰뚫어보는 잠에 대한 그리움이다. 조화와 평형, 철학적 심화와 예술적 '감동Ergriffenheit'을 가장 강력하게 지향하면서도 그는 죽음을 찾는다. 즉, 부동성不動性, 충족과 휴식을 추구한다. 그가 페이리토스Peirithoos처럼 휴식과 평화의 자리에 너무 오래 머무른다면, 그는 경직되어 무감각해질 것이고 독사의 독이 아마도 그를 영원히 마비시켰을 것이다. 살아야 한다면 그는 투쟁해야 한다. 그리고 그 자신의 높이에 도달하기 위해서는 뒤로 물러서려는 열망을 희생해야 한다. 그리고 그가 한낮의 높이에 도달했다면 그는 그 자신의 높이에 대한 애착마저도 희생해야 한다. 왜냐하면 그곳에서 머뭇거림은 그에게 허용되지 않기 때문이다. 태양도 앞으로 서둘러 나아가기 위하여, 다시 말해 재탄생의 씨앗인 가을의 열매들을 맺게 하기 위하여 자신의 가장 큰 힘을 희생한다. 인생의 자연스러운 흐름은 먼저 젊은이들에게 그의 어린 시절과 혈연상의 부모에 대한 의존성을 희생하라고 요구한다. 그래야 그의 육체와 영혼을 상하게 할 무의식적인 근친상간에 사로잡히지 않게 되는 것이다. 이러한 퇴행적 성향은 우리에게 여러 종교로 나타나는 위대한 정신치료 체계들에 의해서 그 가장 원시적인 단계들로부터 저지된다. 어린 시절의 희미한 상태로부터의 분리를 통해 자율적인 의식이 추구된다. 태양은 지평선의 아득한 연무를 빠져나와 정오에는 티 하나 없는 맑음에 이른다.[99] 이 목표에 도달하면, 태양은 밤으로 다가가기 위해 다시 기운다. 이러한 표명은 생명수가 차차 고갈되어가는 것에 비유될 수 있을 것이다. 그러니까 우리는 샘에 다시 도달하기 위해서 몸을 더욱더 깊이 숙여야 할 것이다. 사람들은 높은 곳에 있다고 느낄 때는 그런 것을 좋아하지 않는다. 사람들은 자신 안에 무엇인가가 이러한 움직임에 따르기를 원한다는 것을 느낄 때도 낮은 곳으로 가라앉는 경향에 대해 저항을 일으킨다. 왜냐하면 사람들은 합당하게도 그러한 움직임 뒤에서 좋지 않은 것, 의심쩍은 것, 사악한 것, 위협적인 것을 예감하게 되기 때문이다. 사람들은 자기가 추락한다고 느끼고, 그래서 이러한 경향에 대항하여 싸우기 시작하고, 무섭게 밀어닥치는 알 수 없는 무의식의 밀물에 대항하여, 그리고 속임수를 써서 정당화시킨 이상들과 원리들, 신념들로 은폐되어 뒷걸음질치고자 하는 무의식의 유혹에 대하여 자신을 방어하기 시작한다. 우리가 도달한 높이에서 자기의 의견을 관철하려 한다면, 우리는 지속적으로 자신의 의식과 의식의 입장을 유지하려고 힘쓰게 될 것이다. 그러나 우리는 이러한 칭찬할 만한, 그리고 겉으로 보기에 반드시 필요한 것처럼 보이는 싸움이 시간이 갈수록 내면적인 메마름과 경직을 가져온다는 경험을 하게 될 것이다. 신념들은 단조로운 말을 되풀이하는 서판書板으로, 이상들은 경직된 관례로, 그리고 열광은 자동기계적인 몸짓이 되어버린다. 생명수가 솟아나는 샘은 고갈된다. 우리가 이것을 알아차리지 못하면, 아마도 주위의 누군가가 그것을 눈치챌 것이고 이는 불쾌한 일이다. 우리가 용감하게 자신의 내면을 들여다본다면, 그와 함께 적어도 자기 자신에 대한 보기 드문 성실성을 갖기 위해 정력적인 시동을 감행한다면, 우리는 우리를 엄습하는 욕구들, 그리움, 두려움의 꺼림칙함, 그리고 암흑을 예감할 수 있게 될 것이다. 우리의 마음은 그곳에서 멀리 도망가려고 하지만, 삶Leben은 그 속으로 흘러 내려가려 한다. 아마도 우리의 숙명은 우리를 그로부터 지켜주는 것 같다. 왜냐하면 우리는 하나의 건물을 확고부동하게 떠받치는 기둥들이 될 사명을 지니고 있기 때문이다. 그러나 다이몬δαίμων은 우리를 밑으로 떨어뜨리고 우리가 이제까지 믿어온 이상과 최고의 신념들, 아니 우리가 우리를 알고 있다고 믿고 있는, 그런 우리 자신을 배신하게 만든다. 그것은 명백한 재앙이다. 왜냐하면 그것은 전혀 원하지 않은 희생이기 때문이다. 그러나 이러한 희생이 자발적으로 일어난다면 상황은 다르게 진행된다. 그리되면 이것은 뒤집힘이나 '모든 가치의 전도', 예전에 성스러웠던 모든 것의 파괴가 아니라, 오히려 변환과 유지Wandlung und Erhaltung가 된다. 젊은 것은 모두 언젠가 늙는다. 모든 아름다움은 시들고, 따뜻함은 차가워지고, 모든 광채는 사라지기 마련이며, 모든 진리는 맥 빠진 밍밍한 것이 되고 만다. 왜냐하면 이 모든 것들은 언젠가 한번은 형상을 얻었고, 그 형상들은 시간의 작용에 지배받기 때문이다; 변환되지 않는다면, 이 형상들은 늙고, 병들고, 무너진다. 모든 형상들은 변환될 수 있다. 왜냐하면 예전에 이 형상들을 낳았던 보이지 않는 불꽃은 영원한 힘을 바탕으로 끊임없이 생산할 능력이 있기 때문이다. 아무도 하강의 위험을 부인해서는 안 될 것이다. 그러나 하강은 감행할 수 있는 것이다. 사람들이 꼭 하강을 감행해야 하는 것은 아니다. 그러나 틀림없이 누군가가 그것을 감행하게 될 것이다. 그렇게 아래로 내려가야만 하는 자는 뜬눈으로 이를 수행한다. 그럴 때 그것은 신들의 뜻 그 자체를 굽히는 희생이 된다. 하강이 있은 다음에는 언제나 상승이 따른다. 사라져가는 형상들은 다시 형상화된다. 하나의 진리가 긴 세월을 두고 유효하려면 오직 그것이 변환되고 다시 새로운 상들로서 증명되고, 새로운 말로, 새 부대에 채워진 새 포도주일 때이다.

『히아와타의 노래』는 인간의 정신이 내포하고 있는 풍부한 원형적 상징 능력을 활성화하고 그 형상화를 자극하기에 매우 적합한 자료를 담고 있다. 그 산물들은 항상 동일한 인류의 문제들을 포함하고 있으며, 이러한 문제들은 늘 다시 새로운 상징의 옷을 입고 무의식의 그림자 세계로부터 떠오른다.

미스 밀러는 치완토펠에서 또 다른 영웅을 상기하는데 그는 바그너의 작품에 나오는 지크프리트라는 형태로 등장한다. 치완토펠은 혼잣

말로 이렇게 외친다: "나를 이해해줄 사람이 없다. 나와 비슷하든지 내 심혼의 누이와 같은 혼을 지닌 사람이!" 미스 밀러는 이 대목의 감정적 색조가 지크프리트가 브륀힐데Brünhilde에게서 느꼈던 감정과 매우 유사하다고 말했다. 이러한 유비를 계기로 바그너의 작품에서 지크프리트와 브륀힐데의 관계를 일별할 필요가 있겠다. 전쟁의 여신 브륀힐데가 오누이의 근친상간에서 나온 지크프리트의 탄생에 은혜를 베푼 사실은 이미 잘 알려진 사실이다. 지크린데Sieglinde가 인간적인 어머니인 반면, 브륀힐데는 상징적인 어머니, 즉 '정신적 어머니'이다. 그러나 헤라가 헤라클레스에게 하였듯이 박해하는 어머니가 아니라 도움을 주는 어머니이다. 그녀가 도와준 것 때문에 근친상간의 공범으로 연루된 것이 보탄Wotan에게 그녀를 추방할 구실을 준다. 누이-아내에게서 태어난 지크프리트는 다시 태어난 태양, 즉 늙어가는 태양의 재생인 호루스임이 분명해진다. 새로운 젊은 태양, 즉 신인神人의 탄생은 인간들에게서 생겨나긴 하지만 인간들은 단지 우주적 상징들을 담지하는 담지자일 뿐이다. 그렇게 이 탄생은 영적 어머니의 보호를 받는다; 그녀는 배 속에 아이를 품은[100] 지크린데를 동쪽으로 보내 '밤의 항해'를 하게 한다.

멀리, 가거라, 서둘러서.
동쪽을 향하여!…

성스러운 세계의 영웅을
포근히 품속에 품은
오, 여자여![101]

해체의 주제는 지크프리트를 위해 보존되었던 지크문트Siegmund의 산산조각난 칼에서 다시 발견된다. 조각남으로써 생명은 다시 합성되는 것이다(메데아Medea의 기적). 대장장이가 부러진 조각들을 서로 잇대어 붙이듯이, 토막난 시체가 다시 접합되었다(이러한 비유는 플라톤의 『티마이오스』에도 나온다: 세계의 조각들이 고정핀으로 서로 붙여졌다). 『리그베다』(10, 72)에 나오는 세계의 창조자 브라흐마나스파티Brahmanaspati는 대장장이였다.

> 이 세상을 함께 용접한
> 위대한 대장장이 브라흐마나스파티——[102]

칼은 태양의 힘을 의미한다. 그렇기 때문에 계시록의 그리스도의 입에서도 칼(7권 그림 19)이 나온다. 즉, 생산하는 불, 말씀, 혹은 로고스가 나온 것이다. 『리그베다』에서 브라흐마나스파티는 세상 이전의 창조적인 의미가 담긴 기도의 언어이다.[103] 『리그베다』 10, 31:

> 널리 퍼져 있는 가인歌人의 이 기도는,
> 세계가 있기도 전에 있었던 암소가 되었다;
> 이 신의 품속에 모두 함께 살면서,
> 바로 이 품속에 양육되는 자들은 신들이다.[104]

로고스는 암소, 즉 신들을 임신한 어머니가 된다. 로고스가 어머니로 변환한 것은 「도마의 기록Thomasakten」에서 성령을 어머니로 부른 점을 생각해본다면, 그렇게 놀라운 것이 아니다. 더욱이 어머니-이마고Mutter-Imago는 영웅에게 한편으로 가장 큰 위험이기도 하지만, 바로 그것을 통하여 또한 영웅이 행동하고 비상할 수 있는 유일한 원천이 되기도 한다. 그의 비상은 빛의 갱신을 의미하며 그럼으로써 의식의 암흑화로부터, 즉 무의식에로의 퇴행에서 벗어나 재탄생하는 것을 의미한다.

여기서 박해의 주제는 어머니와 결부되는 것이 아니라, 보탄과 결부된다. 리노스Linos-전설과 다른 전설들에서는 마찬가지로 박해자는 아버지다. 보탄은 브륀힐데의 아버지이다. 그녀는 아버지와 묘한 관계에 있다. 브륀힐데가 보탄에게 이렇게 말한다.

>당신은 보탄의 의지에 따라 말합니다.
>내게 당신이 원하는 것을 말합니다.
>저는 누구입니까,
>내가 당신의 의지가 아니라면?

보탄:

>―나는 오직 나 자신에게 의논할 뿐,
>내가 너와 이야기할 때는…[105]

브륀힐데는 일종의 보탄의 분리된 인격, 즉 그의 부분 인격이다. 이는 마치 제우스에서 분리된 팔라스 아테네와 같다. 그녀는 일종의 보탄의 전령, 혹은 집행자로, 야훼, 혹은 기독교 신의 천사에 상응한다. '아후라의 눈Auge Ahuras' 또는 보후마노Vohumano, 페르시아의 선한 신의 사유, 바빌로니아의 나부Nabu(신의 계시), 철학적으로 세계의 이성과 로고스가 된 헤르메스와 같은 신들의 전령에 해당한다. 앗시리아에서는 불의 신, 기빌Gibil에게 로고스의 역할이 주어졌다. 바그너가 보탄과 같은 전쟁신의 집행자를 여성적 존재로 설정한 것은 그리스의 팔레스 아테네 전례가 있다고 하더라도 매우 주목할 만하다. 이와 아주 비슷한 인물상이 도마 문서에서 드러나는 코레Kore의 형상이다. 이에 대해 사도 도마는 이렇게 노래한다.

> 그 소녀는 빛의 딸이다,
> 그녀에게서 왕의 위풍당당한 광채가 뿜어져 나오는도다…
>
> 그녀의 머리에 왕이 군림하고
> 왕의 보호 아래 사는 자들을 신들의 음식으로 양육한다.
> 진리가 그녀의 머리 위에 자리한다…
>
> 그녀의 혀는 문에 드리운 커튼과 같아서,
> 들어가는 사람을 위해서는 뒤로 젖혀야 하는 것.
> 최초의 세계 건축사가 만든 그녀의 목은,
> 마치 계단처럼 위로 상승한다.
> 그녀의 두 손은 모두에게 알리듯이 축복된 기원紀元의 합창을 가리키고,
> 그녀의 손가락들은 도시의 문을 가리킨다.[106]

「도마행전」에 따르면, 이 소녀는 '지혜의 어머니'이다. 반대로「도마서」의 어느 성찬식 기도에서는 성령도 여성의 형상으로 찬미되었다.

> 오소서, 선택된 자의 신비를 아는 여인이여;

오소서, 고귀한 전사의 모든 전투에 참여하는 여인인 당신;…

오소서, 평안이여(침묵),

온갖 위대한 것 가운데서도 위대한 행동을 드러낸 여인이여;

오소서, 감추어진 것을 드러내는 여인

그래서 그 비밀을 널리 알리는 이;

오소서, 성스러운 비둘기여,

당신은 쌍둥이 젊은이를 낳으셨도다;

오소서, 은둔의 어머니시여;…[107]

   이 성찬 의식은 어떤 특징적인 순간에 거행된다. 이를테면 도마가 '음탕한 악령'이 들려 수년 동안 시달렸던 어느 '아름다운 여자'를 악령으로부터 해방시킨 후에 거행한 의식이다. 이것은 아마 우연이 아닌 것 같다. 왜냐하면 찬송에도 성적인 강박 상태를 여성적 정신의 긍정적인 특성으로 변화시키는 치료적 의미가 있기 때문이다.

   「도마행전」은 뱀을 숭배하는 배사교拜蛇敎의 생각과 일치한다. 배사교에서 성령은 곧 '첫 번째 말씀', '모든 살아 있는 것의 어머니'이며, 그래서 성령이 '위로부터 내려온 어머니의 말씀'이라고 하는 발렌티노적 관념과 일치한다. 이러한 자료로 보아 바그너의 작품에 나오는 브륀힐데는 남성적 신격들Gottheiten의 속성에 해당하는 아니마 상들 중의 하나다. 이 아니마 상들은 모두 남성의 정신에서 강박적으로 특수한 존재로 되려는 분열 성향을 나타낸다. 이와 같은 자율적인 것을 지향하는 경향은 동시에 아니마로 하여금 남성적 의식의 사고와 결단을 앞지르게 하고, 그 결과 남성의 의식은 아직 찾고 있지도 않거나 겉으로 보기에 아직 일어나지 않은 상황들과 항상 마주치게 된다. 보탄은 이러한 처지에 있으며, 모든 남성적인 영웅이 그런 것처럼 자기 자신에게 내재된 교활한 여성성을 전혀 의식하지 못하는 것이다.
바그너는 이러한 상像을 생생하게 떠올렸다.

> 보탄의 한탄:
>> 나의 가장 내밀한 뜻을 아는
>> 그녀 같은 여성이 없도다;
>> 내 의지의 근원을 아는
>> 그녀 같은 여성이 없도다;
>> 그녀 자신이 바로
>> 내 소망을 생산하는 모체였다;
>> 그런데 이제 그녀는
>> 지복한 맹약을 깨뜨렸도다—![108]

브륀힐데의 죄는 지크문트를 총애한 것이다. 그러나 그 배경에 근친상간이 있다; 이 근친상간은 오누이-부부인 지크문트와 지크린데에 투사된다: 그러나 상징적으로 아버지 보탄은 다시 젊어지기 위해서 자기가 스스로 만든 딸의 몸으로 들어간다. 이러한 고태적 사실은 여기서 약간 감추어진 채 표현되고 있다. '엔트크리스트Entkrist'의 전설에서는 이 사실이 공개적으로 마귀, 즉 반反그리스도Antichrist의 아버지에 의해 언급된다. 당연히 보탄은 브륀힐데에 대해 화가 나 있었다. 왜냐하면 그녀가 이시스의 역할을 했고, 아들을 출산함으로써 노인(보탄Wotan)에게서 힘을 빼앗았기 때문이다. 보탄은 아들의 형상인 지크문트가 처들어온 첫 번째 습격을 물리치고 지크문트의 칼을 부러뜨린다. 하지만 지크문트는 손자의 모습으로 다시 일어난다. 그리고 이 피할 수 없는 액운을 여성, 즉 그 자신 안에 비밀스럽게 감추어져 있는, 의미를 알려주는 여성이 항상 도와준다; 따라서 보탄에게는 기절할 만한 분노가 생겼고, 그 때문에 생긴 그 자신의 모순 가득한 성질을 인식하지 못하게 된 것이다.

지크프리트가 태어날 때, 지크린데가 죽는 것은 당연하다. 여기서 양어머니[109]는 물론 여자가 아니라, 지하계의 신, 사랑이 거부된[110] 종족에 속하는 불구의 난쟁이이다. 이집트의 지하계의 신, 즉 오시리스의 기형적 그림자는 (그는 하르포크라테스의 형상으로 일종의 슬픈 부활을 하였다) 아버지의 죽음을 복수해야 하는 호루스의 교육자였다.

그러는 동안 브륀힐데는 산 위에서 마법의 잠을 잔다. 보탄이 잠이 오게 하는 마법의 가시(『에다*Edda*』)로 그녀를 찔러 잠에 빠지게 했기 때문이다.[111] 보탄은 이곳에 영웅이 들어오지 못하게 하면서도 동시에 금지된 목표를 향한 영웅의 열렬한 갈망을 나타내는 불을 피워놓았다.[112] 그러나 지혜의 샘을 지키는 거인 미메Mime는 지크프리트의 적이 되고, 보물을 지키는 용 파프너Fafner의 손에 의해 지크프리트가 죽기를 바란다. 여기서 미메의 역동적 성질이 드러난다: 그는 이들이 지나가는 길목에 맹독성의 벌레를 갖다 놓는 무서운 어머니의 남성적 모습이다.[113] 어머니-이마고에 대한 지크프리트의 그리움은 그를 미메로부터 멀어지게 한다.

지크프리트:

> 악몽과 더불어 멀리 가거라!
> 나는 그를 더 이상 보고 싶지 않다.
> 그러나 내 어머니의 모습이 어떠했던가?
> 이제 나는 그것을 더 이상 생각할 수 없구나!—
> 암노루와 같이

그녀의 밝게 빛나는 눈이
분명 반짝이고 있었는데.[114]

지크프리트는 과거에 그에게 '어머니'였던 '악몽Alp'과 헤어지려고 한다. 그리고 다른 어머니를 향한 그리움으로 탐색해나간다. 그를 위해 자연은 또한 숨은 모성적 의미('암사슴')를 얻게 된다; 그 또한 자연의 소리에서 어머니의 음성과 어머니의 언어를 감지한다.

지크프리트:

귀여운 작은 새여!
네 목소리를 들은 지 오래구나;
너의 집이 여기 숲이냐?―
숲의 달콤한 중얼거림을 내가 알 수 있다면!
그것은 분명 내게 어떤 것을 말해줄 터인데―
아마도―사랑하는 어머니에 관한 이야기가 아닐까?[115]

지크프리트는 새와의 대화를 통해서 파프너를 동굴 밖으로 나오도록 유인한다. 어머니-이마고를 향한 그의 그리움은 뜻밖에도 어린 시절과 인간적인 어머니를 되돌아보는 위험에 처하게 하는데, 어머니는 그로 인하여 즉시 죽음을 위협하는 용으로 변화한다. 그럼으로써 그는 무의식의 나쁜 면, 즉 무의식의 집어삼키는 성질을 끌어내어서(그림 69와 70), 동굴에 사는 숲의 악마로 의인화시킨다. 파프너는 보물을 지키는 자이다; 그의 동굴에는 생명과 힘의 샘인 보물이 있다. 어머니는 아마도 아들의 리비도를 소유하며(그녀는 이 보물을 시샘하며 지킨다), 아들이 자기 자신을 의식하지 못하는 한, 실제로 리비도는 어머니의 소유가 된다.[116] 이것을 심리학적 용어로는 이렇게 옮길 수 있다: 어머니-이마고 안에, 즉 무의식 안에 '쉽게 얻을 수 없는 보배'가 숨겨져 있다. 이러한 상징은 신화학에서 수많은 상징으로 이야기된 생명의 신비를 암시한다. 그러한 상징들이 개별적인 꿈에 나타난다면, 그로써 전체 인격의, 즉 의식적인 것과 무의식적인 것으로 구성되는 정신의 전체성의 중심 같은 무엇인가를 말한다는 사실이 확인된 셈이다. 이에 대해서 나는 독자에게 자기Selbst의 상징이 잘 설명되어 있는 나의 후기 논문들을 참고할 것을 권한다.[117] 파프너와의 전투에서 누가 승리하는가는 지크프리트 전설이 충분히 설명하고 있다: 『에다』에 적힌 바로는 지구르트Sigurd(시구르드)는 파프너의 생명의 자리인 심장을 먹었다고 한다.[118] 그는 보물을 지키는 난쟁이 알베리히Alberich를 뱀으로 변하게 한 요술의 두건을 획득한다. 이것은 허물벗기 주제, 즉 다시 젊어지는 주제를 가리킨다. 또한 행복을 기약하는 두건은 신생아가 때때로 머리에 두루고 있는 양막¥膜('행운의 두건')이기도 하다. 뿐만 아니라, 지크프리트는 용의 피를 마신다. 그것을 마시고 나서 그는 새의 노래를 이해하게 되었으며, 이로써 자연과의 특이한 관계를 맺게 되고, 그러한 앎을 통해 통제하는 위치를 차지한다. 귀중한 보물을 얻은 것은 물론이다.

보물이라는 독일어 '호르트Hort'는 중세 및 고대 고지 독일어로 '수집되어 보관된 보물'의 의미를 지닌다. 고트어로는 huzd, 고대 북유럽어로는 hodd, 게르만어로는 hozda, 게르만 이전에는 kuzdho로—kudtho에 대하여—숨겨진 것을 의미한다. 클루게Friedrich Kluge[119]는 그에 맞는 그리스어로 '큐토κεύϑω, 에퀴톤ἔκυϑον = 숨다, 숨기다'이며, 또한 오두막Hütte(보호Hut, 지키다hüten, 영어로 hide), 인도 게르만어 kuth에서 온 게르만어 '뿌리hud'를 들었다(κεύϑω인지 κύσϑος인지 불확실하다. 움푹하게 파인 구덩이, 음문). 또한 프렐비츠Walther Prellwitz[120]도 고트어로 huzd, 앵글로 색슨어로 hyde, 영어로 hide, 그리고 Hort를 κεύθω에 해당하는 것으로 제시한다. 위슬리 스토크스Withley Stokes[121]는 영어로 hide, 앵글로 색슨어로 hydan, 신고지新高地 독일어로 Hütte, 라틴어로 cûdo = Helm(둥근 모양의 투구, 첨탑 지붕), 산스크리트어로 kuhara(동굴?), 고대 켈트어로 'koudo = 은닉', 라틴어로 'occultatio = 은닉'을 꼽았다. 이와 연관해서 또한 언급할 것은 파우사니아스Pausanias의 보고이다.

> "아테네에 올림피아라는 별명을 가진 게Gē(가이아Gaia, 대지의 인격화)의 '성역聖域,Temenos'이 있다. 여기 바닥에 약 1 엘레(55~85cm) 정도 균열이 있다; 사람들은 데우칼리온Deukalion 시대에 홍수가 지나간 후 이곳에서 물이 흘러나왔다고 설명하였다. 그들은 매년 이 균열된 자리에 꿀로 반죽한 밀가루를 던진다."[122]

우리는 이미 앞에서 아레토포리아인Arrhetophorien들이 뱀과 음경 모양의 과자를 구워 나락에 던지는 사실을 살펴보았다. 이것을 풍작을 기원하는 제식과 연관지어 언급하였다. 죽음의 홍수는 땅이 갈라진 곳으로, 그러니까 다시 어머니에게로 흘러갔다. 왜냐하면 누구에게나 해당되는 엄청난 수의 죽음이 일찍이 어머니로부터 일어났기 때문이다. 대홍수는 생명을 부여하고 탄생시키는 물: "모든 것의 생성 원리인 대양大洋"의 단순한 대응물을 나타낸다.[123] 사람들은 어머니에게 꿀과자를 바친다. 그럼으로써 어머니는 누군가에게 죽음을 면해준다. 그래서 로마에서도 쿠르티우스 호수lacus Curtius에 돈을 던진다. 이 호수는 예전에 땅이 갈라진 곳인데 오직 쿠르티우스가 죽음으로 희생됨으로써 닫힐 수 있었다. 쿠르티우스는 위협받은 로마제국을 위험에서 벗어나게 하기 위해 그 땅의 벌린 입을 통해 지하세계로 간 영웅이었다. 오로포스Oropos의 암피아라이온Amphiaraion에서는 사원수면〔고대 그리스 아스클레피오스 사원에서 자면서 꿈을 꾸게 하여 병을 고침〕을 통해 치유된 자들이 성스러운 샘에다 기부금을 던졌다. 이에 대해 파우사니아스는 이렇게 말했다.

"어떤 사람이 신탁에 의해서 병이 치유되었다면, 은전, 혹은 금전 하나를 샘에 던지는 것이 통례이다. 왜냐하면 이곳에서 암피아라오스Amphiaraos〔그리스 신화: 예언자, 아르고스의 영웅〕가 신이 되어 올라갔기 때문이다."[124]

추측건대 이 오로포스의 샘은 암피아라오스의 하강Katabasis의 장소이기도 하다. 고대에는 저승 문들이 여러 곳에 있었다. 그래서 엘레우시스에는 땅이 갈라진 곳이 있는데 아이도네우스Aidoneus가 코레Kore를 훔쳐올 때 오르내리던 곳이다. 영혼들이 상위의 세계로 올라올 수 있는 바위 협곡이 있었다. 헤르미오네Hermione에 있는 지하의 신전 뒤에는 저승의 신, 플루토Pluton의 성역이 있다. 이 협곡으로 헤라클레스가 지옥의 문지기 개, 케르베루스를 끌어올렸다. 마찬가지로 바로 그곳에 '아케루시아Acherusia의 호수'〔그리스 신화: 아케론Acheron강이 흘러든 가장 중요한 지하계의 호수〕가 있었다.[125] 이 협곡이 바로 죽음이 극복되는 장소로 가는 입구다. 아테네에 있는 아레오파고스Areopag의 협곡은 지하세계가 있는 자리로 여겨졌다.[126] 이와 유사한 표상들을 암시하는 고대 그리스의 풍습이 있다[127]: 처녀들은 순결을 증명하기 위해서 독사가 살고 있는 동굴로 가야 했다. 그녀들이 뱀에게 물리면, 그것은 바로 그녀들이 더 이상 숫처녀가 아니라는 표시였다. 우리는 이러한 주제를 5세기 말에 쓰여진 로마의 성 실베스테르Silvester 1세 전설에서 그대로 다시 발견한다.

> "로마의 유피테르신전이 있는 타르페이야의 바위(여기서 국사범을 절벽 아래로 떨어뜨려 처형함) 위에 거대한 용이 있었다. 이 거대한 용에게 방종한 처녀들을 데리고 주술사들이 제물과 속죄물을 가지고 마치 지하세계로 가듯이, 한 달에 한 번 365개의 계단을 내려갔다. 그 거대한 용은 이 제물을 먹이로 취할 수 있었다. 용은 부지중에 갑자기 일어나서는, 비록 그가 밖으로 나오지는 않았지만 주변의 공기를 그의 입김으로 오염시켜서 사람들을 죽였고 슬프게도 어린이까지 죽음으로 내몰게 되었다. 그래서 성 실베스테르가 진리를 수호하기 위해 이교도들과 투쟁하고 있을 때, 이교도들이 그에게 이렇게 말하였다: '실베스테르여, 용에게 내려가 1년 동안만이라도 당신의 신의 이름으로 용이 인간을 죽이는 일을 중단시키시오.'"[128]

성 베드로가 실베스테르의 꿈에 나타나 그에게 지옥의 이 문을 계시록의 본보기에 따라 사슬로 잠그라고 조언한다.

> "그리고 나는 하늘에서 내려오는 천사를 보았다. 천사의 손에는 그 심연을 잠글 열쇠와 거대한 쇠사슬이 있었다. 천사는 마귀와 사탄인 용, 늙은 뱀을 붙잡고 그것을 천 년 동안 묶어둘 수 있게 하여 심연으로 던졌다. 그리고 그곳을 잠그고 봉인하였다."[129]

5세기 초에 익명의 「서약들에 관하여De promissionibus」[130]에 다음과 같은 비슷한 전설이 언급되어 있다.

"로마 근교에 동굴이 하나 있었다. 그곳에서 엄청나게 큰 용을 볼 수 있었는데, 그 용은 인공적인 기계장치 같은 형태를 하고 있었다. 입에 칼을 물고[131], 눈은 빨갛게 번쩍이는 보석이었다[132]—그 모습이 너무도 무섭고 끔찍했다. 사람들은 그곳에다 매년 꽃으로 꾸민 처녀들을 제물로 바쳤는데 그것은 다음과 같은 방식으로 이루어졌다: 처녀들은 선물을 들고 아래로 내려가면서, 저도 모르게 용의 악마적 기계장치가 있는 계단을 건드렸고 전혀 뜻하지 않게 날쌘 칼에 찔렸으며, 그래서 그녀들은 죄 없는 피를 흘리게 되었다. 당시 한 수도사가 다음과 같이 용을 절멸시켰는데 그 공로 때문에 그의 이름이 로마의 귀족 스틸리코Stilico에게 알려졌다. 이 수도사는 지팡이로 더듬어보고 손으로 조심스럽게 계단 하나하나를 검색하였다. 이를 통하여 곧 악마의 속임수를 알아내게 되었고, 해당되는 계단을 건너뛰어 내려가, 용을 쪼개어 가루로 만들었다. 이로써 그는 인간의 손으로 만들어진 것들은 진짜 신들이 아님을 증명하였다."[133]

용을 정복하는 영웅은 많은 것을 용과 함께 공유하거나 경우에 따라서는 그가 용의 특성들을 넘겨받는다. 예를 들면 결코 부상을 입지 않는 특성인 뱀의 눈을 가지게 된다. 용과 인간은 한 형제의 짝일 수 있다. 이는 마치 그리스도가 자기 자신을 뱀과 동일시한 것과 같다(「요한복음」, 3장 14절). 뱀은—유사한 것으로 유사한 것을 다스리기(유감주술類感呪術, similia similibus)—광야에서 불뱀의 역병을 이겨낸 것이다. 그는 뱀으로서 십자가에 '높이 올려'진다는 것이다. 즉, 인간으로서는 오로지 인간적인 것만을 생각하고 바라기 때문에 언제나 다시 뒤돌아보며 어린 시절과 어머니를 그리워할 수 있을 뿐이며 자신의 과거를 돌아보면서 죽는다는 것이다. 이러한 설명은 십자가에 못 박힘의 상징에 대한 심리학적인 해석 이상을 의미하는 것이 아니다. 십자가에 못 박힘의 상징은 수천 년 동안 계속된 작용 덕분에 이루어진 인간 심혼의 본질과 일치하는 하나의 이념Idee일 수밖에 없다. 그렇지 않다면 이 상징은 이미 오래전에 사라져버렸을 것이다. 나는 여기서 종교적 형상들을 심리학적으로 다루려고 하기 때문에 이 책의 모든 부분에서와 마찬가지로 신학적인 면은 도외시한다. 나는 이 점을 분명히 해두고 싶다. 왜냐하면 다음 사실에 대한 자기변호가 필요하기 때문이다. 즉, 내가 형상들을 비교할 때, 종종 다른 관점에서 보면 거의 비교될 수 없는 형상들이 제시될 것이다. 그 결과 심리학적 영역에 문외한들은 그러한 비교에 거부감을 나타낼 것이다. 반대로 무의식의 현상들을 많이 다루어본 사람은 무의식적 '정신'이 현기증 나는 극도의 비합리성과 충격적인 조야粗野함, 그리고 극악무도함에도 불구하고 논리적인 개념들과 도덕적 가치들을 능가한다는 점을 분명히 알고 있다. 무의식은 의식과 똑같은 법칙들을 따르는 것은 아닌 듯하다. 만약 그렇지 않다면, 무의식에 전혀 보상적인 기능을 부여할 수 없을 것이다.

그리스도는 영웅이며 신적 인간으로서 심리학적으로 자기Selbst를 의미한다; 그는 가장 중요하고 중심적인 이 원형의 투사를 나타낸다(그림 114). 이 원형에 기능상 내면세계, 즉 집단적 무의식의 주인이라는 의미가 부여된다.[134] 전체성의 상징인 자기Selbst는 대극의 합류(동시적 일치)coincidentia oppositorum(Zusammenfall der Gegensätze)이므로, 빛과 어둠을 동시에 함유한다(그림 103; 그림 112). 그리스도의 형상에서

그림 103. 에스겔(에제키엘)의 환영.
마네리우스Manerius의 성경. 라틴어 필사본, 파리.

는 원형에서 하나이던 대극이 한편으로는 밝은 신의 아들로, 다른 한편으로는 악마로 서로 와해되어 있다. 대극의 본래적 통일성은 사탄과 야훼가 시초에는 하나인 것에서 인식될 수 있다. 그리스도와 반反그리스도인 용은 그들의 출현의 역사와 그들의 우주적 의미를 보면 서로 밀접한 관계가 있음을 알 수 있다.[135] 반기독교적 신화에 숨어 있는 용의 전설은 영웅의 삶에 속하며[136] 그렇기 때문에 죽지 않는다. 근래의 신화 형식들 중 어떤 것도 그리스도와 반反그리스도에서처럼 그렇게 서로 가까이 느낄 수 있는 대극의 짝이 없다. (나는 이 문제에 대해 훌륭하게 기술한 메레시콥스키Dmitri Mereschkowski의 소설 『레오나르도 다 빈

치』를 제시한다.) 용이 단지 인공적으로 만들어진 것이라는 점은 합리적인 착상으로 도움이 된다. 그럼으로써 섬뜩한 신들은 효과적으로 평범한 것이 되어버린다. 정신분열증(조현병) 환자들은 이러한 기제를 액막이 목적으로 즐겨 이용한다. 그들은 자주 이렇게 말한다: "그것은 모두 연극이고 모두 인공적으로 만들어졌다" 등등. 한 정신분열증(조현병) 환자의 다음과 같은 꿈은 참으로 특이하다: 꿈꾼 사람은 어떤 어두운 공간에 앉아 있다. 그곳에 다만 아주 작은 창 하나가 있을 뿐인데, 그 창문을 통해 그는 하늘을 볼 수 있다. 그곳에 하늘의 해와 달이 나타난다. 그러나 해와 달은 기름종이로 인공적으로 만들어져 있다. 해와 달은 부모 원형의 신적인 등가물로 엄청난 정신적 세력을 갖고 있다. 위의 환자는 이미 무의식에 너무 많이 지배되었기 때문에, 그 세력은 액막이 방식으로나마 약화되어야만 했던 것이다.

365개 계단을 내려간다는 것은 태양의 운행, 그러니까 죽음과 재생의 동굴을 가리키는 것이다. 이 동굴이 실제로 지하세계의 죽음의 어머니와 관계가 있다는 것은 안티오키아Antiochia〔고대 시리아의 도시〕의 역사학자 말라라스Malalas의 비망록으로부터 유추할 수 있는데[137], 그는 디오클레티아누스Diokletian가 헤카테의 지하 성소Krypta를 축성하였는데, 그곳에 가려면 365개의 계단을 내려가야 한다고 하였다. 또한 사모트라케Samothrake에서도 그녀의 동굴 비의가 이루어졌던 것 같다. 헤카테의 비의는 4세기 말경에 로마에서 전성기를 누렸다. 그래서 위의 두 전설을 그녀의 제식과 연관 지을 수 있는 것이다. 헤카테[138]는 바로 귀신 같은 밤의 여신이자 유령의 여신, 즉 마르Mar이다; 그녀는 또한 말을 타는 모습으로 그려졌으며, 헤시오도스에서는 말을 탄 기사의 수호 여신으로 간주된다. 그녀는 끔찍한 공포의 유령인, 엠푸사Empusa를 보낸다. 아리스토파네스Aristophanes는 엠푸사가 크게 부풀린 피의 거품을 덮어쓰고 나타난다고 말했다. 리바니우스Libanius에 따르면 아이쉬네스Aischines의 어머니도 엠푸사라고 불렸다고 한다. 그 이유는 그녀가 "어두운 구석에서 나와 아이들과 여성들 위로 떨어졌기 때문이다".[139] 엠푸사는 이상한 발을 갖고 있다: 발 하나는 청동으로 되어 있고, 또 하나는 당나귀의 똥으로 되어 있다. 트랄레스Tralles에서 헤카테는 프리아푸스〔생식의 신〕 옆에 나타나며, 또한 성애적 헤카테Hekate Aphrodisias(아프로디테처럼 세 개의 모습으로 표현된 헤카테)도 있다. 그녀의 상징은 열쇠[140], 채찍[141], 단도와 횃불이다. 죽음의 어머니로서 그녀는 개를 데리고 다닌다. 우리는 그 의미를 위에서 자세히 언급하였다. 저승의 문지기로서, 그녀는 삼중의 형상을 가진 개의 여신으로서 소위 케르베루스Kerberos와 동일하다. 케르베루스 형상을 한 헤라클레스는 그 여신들을 정복해 상부의 세계로 데리고 온다. '영적인 어머니'로서 그녀는 광기, 몽유병을 보낸다. 이러한 견해는 정신병들이 대부분 무의식의 돌발적인 출현과 그에 의한 의식의 범람에 해당하는 정서를 바탕으로 생기는 한, 충분히 의의가 있다. 그녀의 비의에서는 류코퓔로스λευκόφυλλος라고 불리는 가는 막대가 부러진다. 이 막대는 처녀의 순결을 수호하며 그 식물을 손대는 자를 미치게 만든다.

우리는 여기에서 어머니로서 누구도 만져서는 안 되는 성스러운 나무의 주제를 인식한다. 미친 자만이 그것을 감히 해치운다. 헤카테는 악령이나 흡혈귀로 엠푸사나 라미아Lamia로, 혹은 사람을 잡아먹는 여괴의 형상으로 나타나거나 좀 나은 방식으로 또한 '코린트의 신부'의 모습을 하고 나타난다. 그녀는 모든 남자 마법사와 모든 여자 마법사의 어머니이며, 메데이아인Medea의 수호 여신이다. 왜냐하면 무의식으로부터 작용하는 무서운 어머니의 힘은 대항하기 어렵기 때문이다. 그리스 혼합주의Synkretismus에서 그녀는 중요한 역할을 한다: 그녀는

그림 104. 세 개의 형상을 한 헤카테Hekate.
로마.

아르테미스Artemis와 혼합된다. 아르테미스는 헤카테ἑκάτη라는 별명도 가지고 있는데 이것은 '멀리서도 명중시키는', 혹은 '그녀가 마음먹은 대로 명중시키는'이라는 뜻으로서 그 속에서 우리는 그녀의 탁월한 힘을 인식한다. 아르테미스는 개를 데리고 다니는 여사냥꾼이다. 그리고 헤카테도 밤마다 나다니는 야성적인 여사냥꾼이다. 그녀는 자신의 이름을 아폴로신과 공유한다(ἕκατος, ἑκάεργος). 헤카테를 지하세계의 어머니인 브리모Brimo와 동일시하는 것은 이해가 된다. 또한 그녀는 페르세포네와 아주 오랜 만물의 어머니인 레아Rhea와 동일시된다. 또한 산파 에일레이티이아Ilithyia와의 혼합도 어머니라는 뜻에서 이해할 만하다. 헤카테는 출산의 여신κουροτρόφος이며, 가축의 수를 늘려주는 여신이며 혼인의 여신이다. 그녀는 오르페우스 비교秘敎의 측면에서는 아프로디테와 가이아Gaia로서, 심지어 세계의 혼Weltseele으로서 세계의 중심에 선다. 어느 보석에 새겨진 그림에서[142] 그녀는 머리에 십자가를 쓰고 있다(그림 105).

범죄자를 길들이던 대들보를 헤카테ἑκάτη라고 부른다. 그녀에게 (로마식의 삼거리로서) 삼거리, 혹은 갈림길, 혹은 사거리가 축성되었다. 그리고 길이 갈라지거나 합해지는 곳에 그녀에게 개의 제물이 희생

그림 105. 사모트라케Samothrake의 헤카테.
그노시스풍의 보석 장식.

되어 바쳐졌다. 사람들은 그곳에 사형수의 시체를 던졌다; 희생은 길이 하나로 합쳐지는 지점에서 일어난다. 길들이 '교차되는' 곳은 길이 서로 관통됨으로써 대극적인 것이 합일되는 상像을 나타낸다. 또한 그곳에 합일의 대상이자 총괄인 '어머니'가 있다. 길들이 '갈라지는' 곳, 즉 작별과 갈림, 분리와 분열이 있는 곳에 분계선과 균열이 있고 이 또한 어머니의 표징이며, 동시에 우리가 어머니에게서 겪게 되는 모든 것, 즉 분리와 작별이 있다. 따라서 이 자리에서의 희생의 의미는: 어머니를 두 가지 의미로 달래는 것이다. 게Gē(Gaia, 대지의 인격화)의 성역 Temenos, 갈라진 땅과 샘이 죽음과 삶의 모든 입구라고 이해하는 것은 어려운 일이 아니다.[143] "그 문 앞에서는 누구나 즐겨 살금살금 기어 지나가고"[144] 자신의 몸 대신에 작은 은화나 봉헌 과자πελανοί를 바친다. 이는 마치 헤라클레스가 꿀과자로 케르베루스를 달래는 것과 같다. 그래서 카스탈리아Kastallia의 샘靈泉과 함께 델피Delphi(고대 그리스 무녀가 신탁을 내리던 성소. 땅의 균열 위에서 황홀경에 빠진 상태에서 실시했다)의 균열된 자리는 태양의 영웅 아폴로가 정복한 지하의 뱀 피톤Python의 자리였다. 피톤은 헤라의 부추김으로 아폴로를 임신한 레토Leto를 뒤쫓아갔다; 그러나 레토는 델로스Delos 섬까지 헤엄쳐 가서('밤의 항해') 아이를 낳는다. 후에 이 아이가 피톤을 죽인다. 신성도시(히에라폴리스Hierapolis, 에데사Edessa)는 균열된 땅 위에 신전을 세웠는데, 이곳으로 홍수가 흘러들었다. 그리고 예루살렘에서는 신전의 초석이 굉장히 큰 심연을 덮고 있다.[145] 기독교 교회들도 동혈洞穴, 동굴, 샘 위에 건립되어 있는 경우가 적지 않다. 미트라스 동굴[146]이나 기독교의 카타콤베들을 포함한 그 밖의 다른 동굴 제의祭儀에서 우리는 같은 주제를 만난다. 그 의의는 전설 같은 박해가 아니라 사자死者 숭배에 있다.[147] 성스러운 구역('사자死者의 정원', 회랑回廊, 지하 납골소 등등)에 죽은 자들을 매장하는 것도 부활의 희망과 함께 죽은 자를 어머니에게 되돌려주는 것이다. 동굴 안에 살면서 삼키는 어머니로 표현되는 용은 예전에는 인간의 제물을 통해, 나중에는 현물現物 봉헌을 통해 달래야 했다. 아테네 관습에 죽은 자들에게 멜리투타μελιτοῦττα, 즉 마자μᾶζα(꿀과자)를 들려 보내야 했다. 그래서 지옥의 문 앞에 있는 머리 셋 달린 괴물인 지옥의 개를 달래도록 하였다. 현물의 봉헌은 저승으로 실어주는 사공 카론 Charon에게 주는 작은 은화 같은 것이다. 그래서 로데Rohde는 그를 이집트의 자칼 신 아누비스Anubis에 상응하는 제2의 케르베루스라고 표현했다(그림 65).[148] 개와 지옥의 뱀은 동일하다. 비극 작가들도 복수의 여신 에리니에스Erinnye들을 뱀이나 개로 나타냈다; 티폰Typhon과 에키드나Echidna 괴물들은 히드라의 부모이다. 또한, 서쪽 땅 끝의 사과를 지키는 헤스페리데스Hesperiden의 용, 그리고 고르고(그림 39), 개인 케르베루스, 오르트로스Orthros와 스킬라Skylla[149]의 부모이기도 하다. 뱀과 개는 또한 보물의 수호자이다. 아마도 지하계의 신은 동굴에서 사는

그림 106. 뱀의 신격에게 바쳐진 제물.
시알레시Sialesi(Eteonos)에서 출토된 축성 부조물, 보이오티아Böotien.

한 마리의 뱀이었으며 제물로 바친 과자πελανοί를 먹고 살았을 것이다(그림 106).

후기 아스클레피오스 성소에서는 성스러운 뱀을 더 이상 거의 볼 수 없었다. 즉, 뱀은 아마도 단지 형상적 표현으로만 있었던 것이다.[150] 뱀이 살았다고 하는 구멍이 거기에 있었을 뿐이다. 사람들은 거기에 제물로 바친 과자πελανοί를 안에 놓았고, 나중에는 은화를 안으로 던졌다. 코스Kos 섬의 신전 안에 있는 성스러운 동굴은 장방형 구덩이 모양이다. 그 위에 돌로 된 덮개가 있는데 그 덮개에도 장방형 구멍이 나 있다; 이러한 설비 구조는 신전의 보물창고를 위한 것이다: 뱀의 구멍에 돈을 넣는 '헌금함'이 생기게 되었고, 동굴에 보물 창고가 생겼다. 이러한 발전이 고고학적인 탐사 결과와 분명히 일치한다는 것은 프톨레마이스Ptolemais에 있는 아스클레피오스Asklepuos와 히기에이아Hygieia의 신전에서 발굴된 다음과 같은 글이 증명한다.

"그것은 둘둘 똬리를 틀고 목은 위로 빳빳하게 들고 있는 화강암으로 만든 뱀이다.—감겨 있는 뱀의 몸 중앙에 좁고 많이 사용해서 닳아진 틈새가 있었다. 이것은 직경 4cm 정도로 동전을 넣기에 충분한 투입구였다. 양 옆에는 이 무거운 물건을 들어 올릴 때 잡을 수 있게 구멍이 있고, 아래에는 끼워 덮으려는 평평한 뚜껑이 만들어져 있었다."[151]

여기서 뱀은 신전의 보고寶庫에 있는 보물을 지키는 수호자다. 죽음의 어머니 품에 대한 불안이 이제 생명을 수호하는 수호 여신이 되었다. 이러한 연관에서 뱀이 실제로 죽음을 상징한다는 점은, 또한 죽은 자들의 영혼이 지하계의 신들처럼 죽음의 어머니 나라의 거주자로서

뱀으로 나타난다는 상황에서 비롯된다.[152]

이러한 상징 발전에서 우리는 어머니로서의 땅의 균열에 관한 원시적 의미가 제물을 모아두는 보고의 의미로, 그래서 클루게가 제안하는 것처럼 Hort(재보財寶, 피난처)의 어원에 일치하는 의미로 이행하였음을 알 수 있고, 큐토κεύθω에 속하는 큐토스κεῦθος는 가장 내부에 있는 대지의 품(하데스)을 의미한다. 그가 이에 부가하여 제시한 쿠스토스 κύσθος도 비슷한 뜻을 가지고 있다: 즉, 움푹 파인 곳, 품이라는 뜻이다. 프렐비츠는 물론 이러한 연관성을 언급하지 않았다. 그에 반해 피크 August Fick[153]는 신 고지 독일어로 호르트hort, 고트어로 후즈드huzd, 아르메니아어로 kust(배腹, 위胃), 교회 슬라브어로 시스타cista를 제시하고, 베다어 '코스나kostha = 하복부'에 대해서 인도 게르만 어원인 '쿠스토스koustho-s = 창자, 하복부, 작은 방, 저장고'[154]를 제시한다. 프렐비츠는 '퀴스토스κύσθος-쿠스티스κύστις(퀴스테κύστη) = 방광, 작은 돈 주머니'에 대해 고대 인도어의 '쿠스타스kustha-s = 요부의 동굴Lendenhöhle'; '퀴트시스κύτος = 움푹 파인 곳, 아치'; 쿠티스κυτίς = 작은 상자, 쿠에오 κυέω = 임신 중이다를 제시한다. 그 가운데서도 퀴토스κύτος = 동굴, 껍질(덮개), 퀴아르κύαρ = 구멍, 퀴아토스κύαθος = 잔, 퀴라κύλα = 눈 밑에 오목하게 들어간 자리, 퀴마κῦμα, 부풀어 오름, 파도, 물결을 든다. 근저에 깔린 인도 게르만어 뿌리는[155]: 케보kevo = 부풀다, 강하다이다. 그러므로 위에 언급된 쿠에오κυέω, 퀴아르κύαρ와 라틴어 카부스cavus는(속이 빈), 불룩하게 나온, 움푹 파인 곳, 구멍이고 카베아cavea는(움푹 파인 곳) 에워싼 울타리, 우리, 무대, 모임; 카울레caulae는(움푹 파인 곳) 개구부開口部, 울타리로 둘러쌈, 외양간[156]; '쿠에요kuéyô = 부풀다, 특히 쿠에욘츠kueyonts(부어오르는)'; 엔 쿠에이욘츠en-kueyonts = 임신한, 에그퀴에온ἐγκυέων = 라틴어 인치엔스inciens(새끼를 밴); 또한 산스크리트어

그림 107. 자기 자신을 삼키고 있는 용.(1678)

비슈바얀vi-çvàyan = 부풀어 오르는[157]과 비교할 것이다.

영웅이 어두운 동굴에서 가져온 보물은 생명이다. 그것은 무의식의 어두운 자궁 동굴에서 새롭게 태어난 영웅 바로 그 자신이다. 내향화 혹은 퇴행이 그를 그 무의식의 동굴 속에 옮겨놓았던 것이다. 그래서 인도의 불을 가져온 자Matariçvan를 어머니 안에서 부풀어 오르는 자라고 부르는 것이다. 영웅은 어머니에 고착된 자로서 용이며, 어머니로부터 다시 태어난 자로서 용을 극복한 자이다(그림 107). 그는 뱀과 같이 이러한 역설적인 성질을 갖고 있다. 필론Philo에 따르면 뱀은 모든

그림 108. 용에 의해 제압당함.(1511)

동물들 중에서 가장 영적인 동물이고, 뱀은 불의 속성을 지니며 그들의 속력은 엄청나게 빠르다. 뱀은 수명이 길고 그 피부로서 나이를 벗는다.[158] 실제로 뱀은 냉혈 동물이며, 무의식적이고 관계를 맺는 법이 없다. 뱀은 독성이 치명적이면서도 치유의 힘을 가지며, 마찬가지로 악과 선을 다 가진 악령Agathodaimon의 상징, 즉 악마와 그리스도의 상징이다. 이미 그노시스파 사람들은 뱀이 뇌간腦幹과 척수를 대표하는 것으로 간주하였는데, 이는 뇌간과 척수의 주로 반사적 특성의 정신과 잘 일치하는 것이다. 뱀은 무의식의 상징으로서 매우 뛰어나다. 그 상징은 무의식의 느닷없는, 갑작스러운 출현, 고통스럽거나 혹은 위험한 개입, 공포를 유발하는 작용을 표현한다. 순수한 심리소Psychologem로서 이해하자면 영웅은 무의식의 긍정적이고 호의적인 행위인 반면, 용은 무의식의 부정적이고 무자비한 행위를 나타낸다. 그래서 용은 출산을 하는 것이 아니라 삼키며, 건설적인 자비의 행동이 아니라 인색한 유보와 파괴를 나타낸다(그림 108; 그림 69와 88과 비교).

모든 심리학적 극단은 암암리에 그 대극을 내포하거나 그 대극과 가장 밀접하고도 본질적인 관계를 맺는다.[159] 그렇다, 바로 이러한 대극성으로부터 그가 갖는 고유의 역동성이 나오는 것이다. 그때마다 그의 대극으로 전도되지 않는 거룩한 관습이란 없는 법이다. 어떤 하나의 입장이 극단적이면 극단적일수록, 오히려 대극의 반전, 즉 에난치오드로미Enantiodromie가 더욱 예상될 수 있다. 최상의 것은 악마적으로 왜곡될 위협을 가장 많이 받는다. 왜냐하면 최상의 것은 나쁜 것을 가장 많이 억압하였기 때문이다. 자신의 대극과의 이와 같은 특이한 관계는 결국 언어에도 나타난다. 예를 들어 '좋은, 더 좋은, 가장 좋은'과 같은 비교급을 들 수 있다. '보다 좋은besser'은 고어 'baß = 좋은gut'에서 파생되었다. 영어에서 'bad'는 '나쁘다'는 뜻이지만 그 비교급은 'better'이다. 언어에서 나타나는 모든 것은 신화에서도 나타난다: 어떤 민담에 '신'으로 표기되어 있는 것이 다른 이본에는 악마로 표시되는 경우와 같다. 종교사에서도 의식Ritus, 오르기Orgie[특히 주신酒神 바쿠스의 비밀제의, 술과 춤의 광란적 축제] 그리고 비의秘儀, Mysterium가 얼마나 자주 방탕한 탈선이 되어버렸던가![160]

그래서 19세기 어떤 독신자瀆神者이자 종파주의자는 성찬식에 대해 다음과 같이 말했다.

"창녀들의 집에 악마 공동체가 있다. 그녀들이 거기에 바치는 모든 것은 악마에게 바치는 것이지 신에게 바치는 것이 아니다; 그녀들은 악마의 성배와 악마의 성찬대를 갖추고 뱀의 머리에 입을 대고[161], 사악한 빵을 먹었고 불경스러운 포도주를 마셨다."

운터내어러Unternährer[162]라는 이름의 이 남자는 일종의 에로틱한 신격을 꿈꾸었다; 그는 자신에 대해 이렇게 말했다.

"검은 머리에 너무도 사랑스럽고 아름다운 얼굴. 모두가 당신의 입에서 나오는 자비로운 말씀 때문에 기꺼이 당신을 경청합니다; 그렇기 때문에 처녀들이 당신을 사랑합니다."

그는 계속 이렇게 말을 잇는다.

"너희 바보들, 그리고 눈먼 자들은 보아라. 신은 인간을 자신의 형상대로 남자와 여자로 만드셨고 그들을 축복하고 이렇게 말씀하셨다: 아이를 많이 낳아서 너희들의 수를 늘려 대지를 채워라, 그리고 대지를 너희에게 예속시켜라. 그렇게 신은 신체적으로 빈약한 사지四肢에 최대의 명예를 주셨고 그들을 나체로 동산에 세웠다." 등등.

"이제 무화과 나뭇잎들과 덮개는 벗겨진다. 왜냐하면 너희들이 주님께 귀의하였기 때문이다. 주님은 성령이시고, 주님의 성령이 머무는 그곳에는 자유가 있다.[163] 거기에 주님의 드러난 얼굴이 선명하게 비춘다. 하나님께서 너희를 만드셨듯이, 너희가 신의 형상과 영광 안에 있고, 벗어도 부끄러워하지 않는다면 그것은 하나님 앞에서 값진 일이며 하느님의 영광이요, 우리들의 하나님의 보석이다."

"누가 과연 살아 계신 하나님의 아들들과 딸들에게서 출산으로 씌어진 몸의 각 부분을 제대로 평가하여 칭찬할 수 있겠는가?"

"예루살렘 딸들의 품 안에 주님의 문이 있다. 의로운 자들은 그 신전 안, 제단으로 들어갈 것이다. 살아 계신 하느님의 아들들의 품에는 상위 부분의 수관水管들이 있다. 그것은 대롱으로 신전과 제단을 측정할 수 있는 꽂이이다. 그리고 수관들 아래에는 아브라함의 자손을 돌보신 주님의 증거와 표지[164]로 성스러운 돌들이 세워져 있다."

"어머니 태실胎室 안에 있는 종자를 통하여 하나님은 손으로 직접 자신의 형상을 닮은 인간을 만드셨다. 그때 살아 계신 하나님의 딸들에게 어머니 집과 어머니 방이 열렸고 하나님 자신이 그녀를 통해 아기를 낳았다. 그러니까 하나님은 돌들로부터 자손들을 깨웠다. 왜냐하면 그 돌들에게서 종자가 나오기 때문이다."

이 이야기는 비의가 얼마나 쉽게 성적으로 방탕한 축제로 반전할 수 있는지 다양한 예들을 우리에게 가르쳐준다. 그것 또한 바로 광란적 축제의 대극에서 생겨난 것이었다. 이 종파주의자가 뱀의 상징으로 다시 되돌아가는 방식은 독특하다. 뱀은 비의 중에 신자에게 들어가 수태시키고 영화靈化시키면서, 동시에 남근적 의미를 가지고 있다. 뱀을 숭배하는 배사교도拜蛇敎徒들의 비의에서는 정말 뱀을 대동하여 의식이 거행되는데, 이때 뱀들에게 입을 맞춘다. (엘레우시스 비의에서 데메테르인 뱀의 애무를 참조.) 근대 기독교 종파의 방탕한 광란적 축제에서 이러한 입맞춤은 결코 무시할 수 없는 역할을 한다.

어떤 환자가 다음과 같은 꿈을 꾸었다: 뱀 한 마리가 어떤 동굴에서 올라와 꿈꾸는 자의 생식기 근처를 물었다. 환자는 심리적인 치료가 자신에게 의의가 있음을 확신하고, 자신의 모성 콤플렉스의 속박에서 해방되기 시작한 순간에 이와 같은 꿈을 꾸었다. 그는 치료가 진전되어, 자신의 문제를 더 자유롭게 처리할 수 있다고 느끼고 있었다. 그러나 그가 앞으로 나아가는 움직임을 느끼는 순간에 그는 또한 어머니에 속박되어 있다는 것을 알아차리게 된 것이다. 뱀이 생식기 근처를 문 장면(그림 122)은 어머니에 의해 야기된 아티스의 자기거세를 생각나게 한다. 어떤 여성 환자는 신경증이 재발할 즈음에 다음과 같은 꿈을 꾸었다: 큰 뱀이 내부를 완전히 채우고 있었다. 다만 꼬리의 끝이 팔이 있는 쪽으로 나와 있는 것이 보였다. 그녀는 그것을 잡으려 했으나 역시 달아나버렸다.[165] 또 다른 여자 환자는 뱀이 그녀의 목을 무는 꿈을 꾸었다고 호소했다. 니체는 이 상징성을 목동과 뱀의 '얼굴'에 적용하였다.

"그리고, 진실로, 내가 무엇을 보았겠는가? 이제까지 그런 것은 한번도 본 일이 없다. 나는 괴로워 몸을 비틀고, 답답해하며, 경련하며, 떨고 있는 젊은 목동의 얼굴을 보았던 것이다. 검고 육중한 뱀 한 마리가 그의 입에 늘어져 있었다.

인간의 얼굴에서 그렇게 구역질나고 창백한 전율이 깃든 것을 본 일이 있었던가?[166] 그가 혹시 잠들었었나? 잠들었을 때 뱀이 그의 목구멍으로 기어들어―목을 단단히 물고 있는 것이다.

내 손은 뱀을 잡고 당기고 또 당겼다:―그러나 아무 소용이 없었다!… "뱀의 대가리를 제거하라! 물어라!"―그렇게 나는 외쳤다. 나의 공포, 나의 증오, 나의 혐오, 나의 연민, 나의 모든 선과 악이 모두 하나가 되어 내 안에서 외쳤다.

나를 에워싼 그대 용감한 자들이여… 그 당시 내가 본 이 수수께끼를 풀어라. 그리고 이 고독한 자의 얼굴 표정을 나에게 설명하라!

그것은 하나의 환영이었으며 동시에 예견이었기 때문이다:―내가 그 당시 비유에서 본 것은 무엇이었을까? 그리고 언젠가 앞으로 오게 될 그는 누구인가?

목구멍에 뱀이 기어들어갔던 목동은 누구인가? 이처럼 가장 무겁고, 가장 검은 것이 목구멍으로 기어들어가게 되는 그 인간은 누구인가?[167]

―그런데 목동은 내가 외치며 충고한 대로 뱀을 물었다; 그는 제대로 깨물었다! 그는 뱀의 머리를 멀리 내뱉었다―: 그리고 힘차게 일어섰다―

이제 더 이상 목동도 아니고, 인간도 아니다―, 이제 웃고 있는 그는 변화된 자, 주변을 밝게 비추는 자이다! 일찍이 그가 웃었던 것처럼 그렇게 웃는 자는 이 지상에 없었다!

오, 나의 형제들이여, 나는 도저히 인간의 웃음이라고는 할 수 없는, 어떤 웃음을 들었다.… 그리고 어떤 목마름, 결코 채워지지 않는 그리움이 나를 엄습했다.

그러한 웃음에 대한 그리움이 나를 엄습했다: 오, 어떻게 내가 더 살아가는 것을 참아내겠는가! 그리고 이렇게 내가 이제 죽는다면 그것을 어떻게 견디어낼 수 있겠는가!"[168]

니체가 묘사한 이 체험은 위에서 이야기한 것을 근거로 다음과 같이 해석될 수 있다: 뱀은 무의식적 정신을 나타낸다. 이는 마치 사바지오스Sabazios(프리기아 혹은 트라키아의 습기와 생장의 신. 그 상징은 뱀이다) 비의들에서 뱀 신이 입교자에게, 즉 니체 자신에게, 포이멘ποιμήν, 혹은 포이만드레스ποιμάνδρης, 영혼의 목자이며 예언자의 입에 기어들어간다. 처음에는 아마 그의 지나친 말을 막기 위해서 그랬겠지만, 나중에는 그를 엔테오스ἔνθεος, 즉 신으로 충만하게 하기 위해서 뱀이 입으로 들어간 것이다. 뱀은 이미 꽉 물었다. 그러자 공포는 더 빠르고 엄청났다: 공포는 뱀의 머리를 물어뜯고 내뱉게 하였다. 만일 뱀이 발꿈치를 물기를 원한다면 그는 뱀의 머리를 짓밟아야 한다. 목동은 뱀을 내뱉어버리고 웃었다; 그는 무의식에 의한 보상을 처리했기 때문에 아무런 거리낌 없이 웃었다. 예측이 빗나갈 수도 있었다―잘 알려진 결과와 함께: 사람들은 『차라투스트라』에서, 니체가 웃음과 폭소에 대해 말한 부분을 모두 다시 읽을 필요가 있다. 그러나 유감스럽게도 그 후 마치 독일 민족이 니체의 설교를 들었던 것처럼 모든 것이 일어났다.

의식이 무의식의 보상 경향 앞에서 공포감을 느낄 때, 무의식은 뱀의 형상으로 넌지시 자신을 드러낸다. 대개 퇴행의 경우에 그런 일이 생긴다. 그러나 무의식의 보상을 근본적으로 시인하는 사람은 퇴행하는 것이 아니라, 내향화를 통하여 무의식에로 향해 가는 것이다. 물론 니체의 경우에 제시되는 문제는 해결될 수 없는 것이었음을 시인하지 않을 수 없다. 왜냐하면 누구도 목동에게 그러한 상황에서 뱀을 삼켜버릴 것을 기대할 수는 없기 때문이다. 여기서는 보상이 받아들일 수 없는 형태로 나타나서 오직, 그에 상응하는 불가능성으로만 극복될 수 있는, 아주 드물지만도 않은, 운명적 사례들 중의 하나를 다루고 있는 것이다. 그런 경우는 너무 오랫동안, 그리고 철저하게 의식이 무의식에 저항함으로써 본능이 무리하게 의식으로부터 소외될 때 일어난다.

수많은 역사적인 증거에 의하면 내향화를 통해서 인간은 정신적으로 수태하게 되고, 영감을 받으며, 다시 생산되고 다시 태어난다. 창조적이고 정신적인 활동으로 드러나는 이러한 상은 인도의 철학에서 우주 진화론적 의미를 갖는다. 『리그베다』(10, 121)에 의하면 잘 알려지지 않은 만물의 원초적 창조자는 프라자파티Prajâpati, '피조물의 주인'이다. 여러 인도 브라만 경전들에는 그의 우주 진화론적 활동이 다음과 같이 묘사된다.

> "프라자파티Prajâpati(창조주)는 갈구하였다: '나는 스스로를 여러 종류로 많이 증식시키고 싶다.' 그는 타파스Tapas(알을 품어 숙성시키듯이 하는 것)의 수련을 쌓았다; 타파스를 수련한 뒤에 이 세계들을 창조했다."[169]

도이센Paul Deussen은 타파스의 개념을 번역하기를: "그는 열기 안에서 몸을 뜨겁게 하였다"[170]고 했는데, 이것은 "그는 알을 품어 숙성시키다"라는 뜻이다. 여기서 알을 품고 부화시키는 것과 부화된 것은 둘이 아니라 하나이며 같은 것이다. 히라냐가르바Hiranyagarbha로서 프라자파티는 그 자신으로부터 생산된 알, 즉 세계알이다. 그 안에서 그는 자기 자신을 부화시킨다(그림 109): 그는 자기 자신 안으로 들어가, 자기 자신의 자궁이 되고, 다양성의 세계를 낳기 위해 자기 자신을 수태한다. 프라자파티는 내향화를 하는 가운데 새로운 것, 세계의 다양성으로 변화한다. 가장 멀리 떨어져 있는 생각들이 서로 관계를 갖게 된다는 것은 매우 흥미로운 일이다. 도이센은 이렇게 말한다: "…타파스(열熱) 개념이 더운 인도에서 노고와 고통의 상징이 된 것만

그림 109. 세계알을 갖고 있는 프라자파티. 인도.

큼, 타포 아타피야타tapo atapyata라는 생각도 차츰 자기 고행의 개념을 갖게 되었다. 그로 인해 창조자 측에서 보면 창조가 하나의 자기희생 Selbstentäußerung의 행동이라는… 표상과 연관되었다."[171]

자기 부화[172], 자기 고행, 그리고 내향화는 서로 밀접한 연관성을 갖는 개념들이다. 자기 자신에게로 깊이 침잠하는 것(내향화)은 무의식으로 들어가는 것이며 동시에 금욕 생활의 시작이다. 브라만 철학에서 세계는 이러한 고행에서 생성되고, 신비주의자들에게는 개신改新과 새로운 정신적 세계에서 탄생되는 정신적 재탄생이 일어난다. 인도의 철학은 내향화에서 창조가 이루어진다고 생각하였다.『리그베다』(10, 129)에 다음과 같은 내용이 있다.

> 거기, 접시 안에 숨어 있었던 것,
> 뜨거운 고통의 힘으로 마침내 하나인 것das Eine이 태어났네.
> 이것에서 먼저 생성된 것은,
> 사랑, 인식의 배아胚芽──사랑[173],
> 현자들은 가슴속 충동들을 탐구하여
> 무無에서 현존의 뿌리를 발견하였네.[174]

이러한 철학적 견해는 세계를 하나의 리비도-방출로 이해하고 있다. 정신병을 앓은 슈레버가 자신의 내향화로 일종의 세계 몰락을 초래한다면, 이것은 그가 기존의 창조에서 리비도를 빼앗음으로써 창조를 무력화시킨다는 견해와 일치하는 것이다.[175] 마찬가지로 쇼펜하우어는 그로써 이 세계가 창조된 원초적 의지Urwillen의 과실을 부정Verneinung(거룩함, 금욕)으로써 무효화시키려 했다. 괴테도 다음과 같이 말하지 않았던가.

> 그대들은 잘못된 발자국을 따라왔다.
> 생각하지 마라, 우리가 농담하고 있다고!
> 자연의 핵은
> 인간의 가슴속에 있는 것이 아니더냐?[176]

세계를 새롭게 부활시키고 죽음을 극복하는 영웅은 세계를 창조하는 힘을 의인화한 것이다. 세계를 창조하는 힘은 스스로 내향화로써 수태되며, 뱀으로서 자신의 알을 감싸면서 생명을 죽음으로 이끌기 위해, 그리고 저 어둠의 밤에서 자신을 극복하여 다시 태어나게 하기 위하여 독이 든 입으로 생명을 위협한다. 니체의 말을 보면 이러한 상을 알고 있었던 듯하다.

> 얼마나 오래 그런 불행 속에 머물러 있을 것이냐.
> 조심하라! 너는 나에게
> 하나의 알
> 바질리스크〔첫눈에 죽인다는 전설적인 괴물 뱀〕 알Basilisken-Ei을
> 너의 오랜 비탄 끝에 부화하니라.[177]

영웅은 그 자신이 뱀이며, 그 자신이 희생시키는 자이며 희생되는 자이다. 그렇기 때문에 그리스도가 모세의 구원의 뱀으로 비유되는 것은 당연하며([7권의] 그림 27), 기독교적 배사교도의 구세주는 뱀이었던 것이다. 뱀은 선하기도 하고 악하기도 한 데몬Agatho- und Kakodaimon이다(그림 110). 게르만 전설에서는 영웅들이 뱀의 눈[178]을 가졌다고 말한다.

케크롭스Kekrops(Cecrops)에 관한 신화에는 뱀과 영웅이 본래 동일하다는 뚜렷한 자취가 있다: 케크롭스는 반은 뱀이고 반은 남자이다. 그는 아마 원시적인 단계에서는 아테네성城을 수호하는 성곽의 뱀, 그 자신이었을 것이다. 묻혀 살고 있는 신으로서 그는 아테네의 전설적인 왕, 에렉테우스Erechtheus처럼 지하세계의 뱀 신이다. 그가 살고 있는 지하의 거처 위에는 동정녀 여신의 파르테논 신전이 솟아 있다. 우

리가 잠시 언급했던 신의 허물벗기는 영웅이 지니고 있는 뱀의 성질과 밀접한 관계가 있다. 우리는 위에서 멕시코의 허물벗기 의식을 설명한 바 있다. 마니교의 창시자 마니Mânî에 대해서 살펴보면 그는 죽임을 당하고 껍데기가 벗겨지고 박제되어 걸리게 되었다고 한다.[179] 걸림은 분명한 상징적 가치를 지니고 있다. 즉, 공중에 떠 있음Schweben('떠 있는 고통 속의 불안과 초조')은 채워지지 않은 그리움, 혹은 조바심 나는 기대감을 표현한다. 그렇기 때문에 그리스도, 오딘, 아티스, 그리고 그 외의 신들이 나무에 매달린 것이다. 알렉산더 이안네우스Alexander Iannaeus(기원전 106~79)가 통치하던 시대, 유월절 전야에 판디라의 아들 예수Jesus ben Pandira라는 인물도 이와 비슷한 죽음을 당했다. 이 예수는 더 나중에 생겨난 기독교와 관계가 있다고 보이는 에센파(유대인의 금욕적 비밀교단)를 창시한 사람이라고 한다.[180] 이 사람과 동일시되기도 하지만, 기원후 2세기로 옮겨진 스타다의 아들 예수Jesus ben Stada도 마찬가지로 나무에 걸렸다. 둘은 그 전에 돌로 쳐서 죽임을 당했다. 돌로 쳐 죽이는 것은 매다는 것과 함께 피를 흘리지 않는 형벌에 속하는 것

그림 110. 선한 데몬인 뱀Agathodaimonschlange.
고대의 보석 장치.

이었다. 이러한 처형은 우간다에서 실행되는 기이한 의식을 보면 결코 사소한 일이 아니다.

"우간다의 한 왕이 영원히 살기를 원하여, 그곳에서 추장들이 축제를 열었다. 부시로Busiro의 어떤 장소에 갔다. 축제에서는 맘바 씨족Mamba-Klan[181]〔독사를 토템으로 하는 씨족〕이 특별한 영예를 누렸다. 화려한 연회가 벌어지는 동안에 이 씨족 중의 한 명이 동료들에 의해 비밀리에 선발되고 붙들려서 주먹으로 죽을 정도로 얻어맞는다; 이런 행동을 하도록 정해진 남자들은 막대기나 어떤 무기도 사용해서는 안 된다. 죽음에 이르면 희생자의 사체는 가죽이 벗겨지는데, 그 벗긴 피부 가죽으로 특수한 채찍을 만든다.… 그 기이한 희생이 있었던 부시로의 축제가 끝난 후, 우간다의 왕은 영원히 살아 있는 자로 여겨졌다. 그러나 이날부터 그는 자신의 어머니를 결코 다시 보아서는 안 되었다."[182]

키벨레의 아들이자 연인인 아티스의 대체물인 듯 보이는 마르시아스Marsyas는 피부 가죽이 벗겨졌다.[183] 스키타이의 왕이 죽으면, 그의 노예와 말을 도살하고, 가죽을 벗기고 박제해 다시 세워둔다.[184] 프리기아에서 아버지-신을 재현하는 연기자를 도살하여 가죽을 벗긴 것처럼, 아테네에서는 황소를 도살하고 박제하여 다시 쟁기를 묶어놓는다. 이렇게 하여 농작물의 풍요를 기원하였다.[185]

황도대의 봄(숫양, 황소)을 상징하는 신-영웅Gottheld은 겨울의 쇠락을 극복하고 여름의 절정〔하지夏至〕을 넘으면 몰락을 향한 무의식적인 그리움 같은 것에 사로잡힌다. 그러나 그는 자기 자신과 하나되지 못했기 때문에 그에게는 이 하강과 종말이, 아들이 가는 길에 몰래 독사를 놓아 파멸시키려는 섬뜩한 어머니의 음흉한 책략으로 보인다. 비의는 삶이 죽음으로 변한다고 해도 그 안에 어떤 모순도,[186] 어떤 부조화도 없다고 위로하듯 알려준다: "황소는 뱀의 아버지요, 뱀은 황소의 아버지이다"라고.[187]

니체도 이러한 신비를 다음과 같이 말하였다.

> 이제 나는 거기에 앉는다…
>
> 다시 말해 나는 삼켜진 것이다.
> 가장 작은 이 오아시스에 의해,
> ─오아시스는 마침 하품하며
> 사랑스러운 입을 벌렸다…
> 축복 있으라, 저 고래에게 축복 있으라.
> 그가 자신의 손님을
> 잘 지내게 해주었다면!…
>
> 축복 있으라, 고래의 배에게도,
> 그러니까 그것이
> 그렇게 사랑스러운 오아시스-배였다면…
>
> 사막은 자란다: 사막을 가리고 있는 자여, 가엾도다!
> 돌이 돌에 닿아 소리를 내고, 사막은 감고 목을 조인다.
> 거대한 죽음은 작열하는 갈색으로 바라보며
> 그리고 씹는다─, 그의 삶은 씹는 일이다…

이중의 어머니

잊지 말아라, 인간이여, 쾌락이 사라졌음을.
그대는—돌이며, 사막이며, 죽음이다…[188]

지크프리트가 용을 죽인 후에, 그는 암울한 걱정에 시달리는 아버지 보탄을 만난다. 왜냐하면 원초적 어머니 Urmutter 에르다 Erda가 그의 생명의 힘을 약화시키기 위해, 말하자면 그가 가는 길가에 뱀을 갖다 놓아두었기 때문이다; 그는 에르다에게 이렇게 말한다.

방랑자:

> 태초부터 알고 있으면서
> 그대는 일찍이 침을 찔렀다.
> 근심의 침을
> 보탄의 과감한 가슴속에다:
> 굴욕적이자 적의에 찬 종말에 대해
> 공포를 느끼는 동안
> 당신의 앎 Wissen이 그를 채운다.
> 걱정이 그의 용기를 속박한다.
> 그대가 세상에서 가장 현명한 여자인가?
> 이제 내게 말하시오.
> 어떻게 신이 그러한 근심을 극복하는지?

에르다:

> 그대는—
> 그대가 이름 부르는 그것이 아니란다!

어머니는 독침으로 아들에게서 삶의 기쁨을 거두었고 그에게서 이름과 연관된 힘을 **빼앗**았다. 이시스가 신의 이름을 요구했듯이, 에르다는 이렇게 말한다: "그대는 그대가 이름 부르는 그것이 아니다." 그러나 '방랑자'는 어떻게 하면 어머니의 치명적인 마법을 극복할 수 있는지 그 방법을 발견하였다.

> 신들의 종말에 대한 것이므로
> 두려움이 나를 괴롭히지는 않는다,
> 나의 소망이 그것을 … 하고자 한 이래로!
>
> 가장 매력 있는 벨중Wälsung 가문家門에게
> 나는 이제 나의 유산을 주노라.
>
> 그 영원한 젊은이에게
> 신은 기꺼이 양보하리라——[189]

이러한 현명한 말은 사실 구원의 생각을 내포하고 있다: 맹독성의 벌레를 길에 놓아둔 것이 아니라, 오히려 삶 자체가 그것을 원하는 것이다. 말하자면 태양이 아침부터 정오까지 오르다가 정오를 지나면 자기 자신과 불일치되지 않으려고, 또한 하강과 종말을 원하며 저녁을 향해 서둘러 감으로써 태양의 주기를 완수하기를 원하는 것이다.[190]

니체의 차라투스트라는 이렇게 가르친다.

> "나는 그대들 앞에서 나의 죽음을 찬양하노라. 내게로 오는 자유로운 죽음을. 그것은 내가 원하기 때문.

그러면 언제 내가 그것을 원할 것인가?—

목표와 상속자가 있는 자는 목표와 상속자를 위해 적절한 때에 죽고자 할 것이다."[191]

니체는 여기서 운명애運命愛, amor fati를 과장하고 있다. 그는 병든 초인처럼 되어서 운명에 따르려 하지 않고 앞질러가려 한다. 지크프리트는 아버지 보탄을 극복하고 브륀힐데를 장악한다. 그가 맨 처음 그녀에게서 본 것은 말Roß이었다. 그래서 그녀가 무장한 한 남자라고 믿었다. 그는 그녀가 잠들었을 때 그녀를 싸고 있는 갑옷을 절단한다. 그가 여자라는 것을 알아차리자 공포가 그를 사로잡았다.

> 나의 마음이 흔들리고 어지럽구나!—
> 나를 도와줄
> 구원자는 누구인가?
> 어머니! 어머니!
> 나를 잊지 마소서!—
> 이것이 두려움인가?—
> 오 어머니, 어머니!
> 당신의 용감한 자식입니다!
> 잠들면 거기에 한 여인이 누워 있습니다:—
> 그녀가 당신의 자식에게 두려움을 가르쳤습니다!—
> 일어나세요! 일어나세요!
> 거룩한 여인이여!—
> 가장 달콤한 입술로부터
> 나의 생명을 빨아들인다면—

> 나 또한 죽어가듯 사라져가야 하겠지요!

이어지는 이중창에서 어머니에게 탄원한다.

> 오, 구원의 어머니
> 나를 낳으신…

특히 주목할 것은 브륀힐데의 고백이다.

> 오, 그대는 알고 있었는가, 세계의 기쁨이여,
> 내가 그대를 얼마나 사랑했는지!
> 그대는 나의 염원이었고,
> 나의 근심!
> 그대의 다정함을 나는 가슴에 품어왔다.
> 아직 그대가 생기기 전에
> 아직 그대가 태어나기 전에
> 나의 방패는 그대를 감싸 안았다.[192]

아버지 보탄에 대해서 딸-아니마 관계에 있었던 브륀힐데는 여기서 분명히 지크프리트의 상징적인, 즉 영적인 어머니가 된다. 이로써 아들에게 있어서 아니마 상의 첫 담지자는 어머니라는 심리학적인 원리가 증명된다. 지크프리트는 이를 증명하듯이 이렇게 말한다.

> 그러면 내 어머니가 죽지 않았단 말인가?
> 그 사랑스러운 여인은 그저 잠들었던가?

처음에는 아니마와 동일한 어머니-이마고는 영웅 자신의 여성적인 측면을 나타낸다. 브륀힐데는 그것을 그에게 다음과 같은 말로 설명한다.

네가 나를 지극한 기쁨으로 사랑한다면,
나는 곧 너 자신이다.

아니마로서 브륀힐데는 어머니-아내-누이다. 그녀는 원형으로서 선재先在한다. 그리고 그 이전부터 그녀는 지크프리트를 사랑해왔다.

오, 지크프리트, 지크프리트!
승리의 빛이여!
나는 너를 늘 사랑했다;
왜냐하면 나 혼자만이
보탄의 생각을 궁리해낼 것이기 때문.
그 생각은
내가 결코 무엇이라 이름 붙여서는 안 되는 것,
내가 그것을 생각한 것이 아니라, 다만
느꼈던 것;
그것을 위해 애걸하고,
투쟁하고 싸웠던 것;
그것을 위해 나는 그것을 생각한 자에게 맞섰고,
그리고 단지 감지感知하였다!—
네가 그것을 해결할 수 있겠느냐!—
그것은 나에게는 오직 너에 대한 사랑이었다!

아니마 상은 어머니-이마고의 다른 측면들도 지니고 있다. 그중에서 물과 잠수의 측면이 있다.

> 지크프리트:
> 어떤 멋진 파도가
> 내 앞에서 출렁인다;
> 모든 감각기관을 동원하여
> 나는 다만 그것을 본다.
> 기쁨에 넘쳐 일렁이는 파도:
> 그것이 나의 상像을 깨뜨린다면,
> 나는 이제 나 스스로를 불태우리라.
> 불타는 열기를
> 큰 파도 속에서 식히기 위하여
> 내가 지금 있는 그것과 같은 내 자신이
> 시냇물로 뛰어든다:—
> 오, 일렁이는 파도가
> 나를 행복하게 휘감싸네…

여기서 암시하고 있는 물은 모성적인 심연과 재탄생의 장소를 나타낸다. 이런 면에서 무의식의 긍정적 측면과 부정적 측면을 모두 나타낸다. 그러나 다시 부활의 비의는 끔찍한 특성을 가지고 있다. 그것은 하나의 치명적인 포옹이다. 영웅에게 공포를 가르쳐주는 영웅의 무서운 어머니에 대한 풍자는 브륀힐데의 말 속에서(본래는 죽은 자들을 저승으로 데려가는 말의 여인) 발견된다.

두려운가, 지크프리트
사납게 격노한 여자가
두렵지도 않으냐?

아풀레이우스[193]의 『변형 *Metamorphosen*』의 사랑의 장면 가운데서 오르기적orgiastische '파멸에 이르는 죽음Occide moriturus'은 우리에게 브륀힐데의 말과 같은 울림으로 다가온다.

웃으면서 우리를 멸망케 하고—
웃으면서 파멸에 이르게 하도다!

그리고 이런 말에서도:

반짝이는 사랑,
미소짓는 죽음![194]

그와 같은 의미심장한 대극이 발견된다. 이러한 오르기아즘 Orgiasmus(광란적 비밀제의)과 야만적인 무절제가 '잔인한 탐욕의 어머니 mater saeva cupidinum'의 본질에 기초하며 영웅의 운명을 결정한다: 미리 알 수 없는 행운이 그의 편에 서서 도와주어야만 한다. 그렇지 않으면 그는 첫 번째 시도에서 이미 자신의 고조된 자기 확신 때문에 파멸될 것이다.

그의 어머니-아니마는 장님이다. 그렇기 때문에 그의 운명은 그의 행운에는 아랑곳하지 않고 너무도 일찍, 혹은 너무도 늦게 들이닥친다. 대개는 너무도 일찍 닥치게 된다. 그래서 지크프리트의 그 밖의 다른 운명들도 원형적인 영웅의 운명들인 것이다: 외눈박이 하겐Hagen〔니벨룽겐 전설에서 부르군디의 왕, 군터에 충성한 위대한 전사〕, 즉 암흑의 창이 그의 급소를 맞힌다. 외눈박이 보탄이 하겐의 형상으로 영웅인 아들을 쓰러뜨린다. 영웅은 남성의 삶에 있어서 하나의 이상형이다. 아들은 어머니의 품으로 되돌아가기 위해 어머니를 다시 발견하려는 무의식적인 그리움에 내몰려서 오히려 자신의 생명의 샘인 어머니를 뒤로 남겨두게 된다.

    영웅이 걸어가는 삶의 오솔길을 가로막고 그의 상승을 위협하는 모든 장애들은 은밀히 의혹과 회피의 독으로 삶의 용기를 마비시키는 무서운 어머니의 특징을 그림자처럼 지니고 있다. 영웅은 또한 그 장애를 그때그때 극복할 때마다 미소를 지으며 사랑과 생명을 주는 어머니를 다시 얻게 된다—이러한 상像은 말하자면 음악적인 형상musikalische Figur, 즉 감정의 대위법적인 변환으로서 끝없이 단순화하므로 바로 알아차릴 수 있는 것이다. 그러나 지성에 대해서, 특히 논리적으로 구축된 묘사에 대해서 이것은 말하자면 극복할 수 없는 어려움이 된다. 그 이유는 영웅신화의 어떤 부분도 결코 하나의 의미만 갖는 것이 아니며—좀 더 자세히 말하자면—모든 형상들이 서로 교환 가능한 것이기 때문이다. 확실하고 믿을 만한 것은 오직 신화가 존재한다는 사실과 다른 신화들과 분명히 유사성을 가지고 있다는 사실이다. 신화의 해석은 불확실한 작업이고 백안시되기조차 하는데 그럴 만한 근거가 없는 것도 아니다. 물론 이제까지의 신화 해석자는 별로 부러워할 만한 상황에 처해 있지 않았다. 그는 예를 들어 천문학적, 기상학적 데이터와 같은 최고로 의문스러운 정향점定向點, Orientierungspunkte을 사용했기 때문이다. 현대 심리학은 모든 신화의 모태가 되는 것, 말하자면 꿈, 꿈과 같은 환영, 환상 그리고 망상 등과 같은 정신적 현상의 한 영역을 실

그림 111. 멕시코인의 세계의 도해Weltschema.
아즈텍의 고문서에서.

질적으로 다룰 수 있다는 명백한 장점을 가지고 있다. 여기서 현대 심리학은 종종 신화의 주제와 상응한 것을 발견할 뿐만 아니라, 그러한 내용들의 생성이나 기능들을 생생하게 볼 수 있고 분석할 수 있는 값진 기회를 갖게 되었다.

사실 우리는 꿈에서 하나의 형상이 여러 뜻을 지니고 있으며, 겉으로 보기에 무제한적으로 형상들의 교환이 가능하다는 것을 입증할 수 있다. 그러나 다른 한편 우리는 해석을 좀 더 확실하게 만드는 일정한 법칙성, 혹은 적어도 규칙들을 확인할 수 있는 상황에 이르렀다. 예를

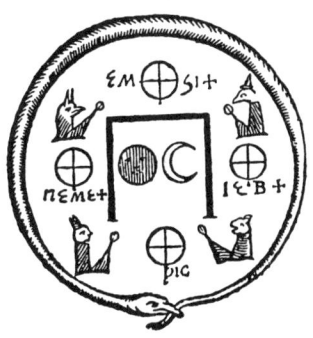

그림 112. 태양과 달을 중심에 둔 수대에 나타난 세계의 네 귀퉁이.
콥트인의 재현.

들어 우리는 일반적으로 꿈들이 의식의 입장을 보상하거나 의식에 결여된 것을 보충한다는 사실을 알고 있다.[195] 꿈의 해석에 대한 이러한 중요한 인식은 신화의 해석에도 유효한 것이다. 게다가 무의식의 산물들을 연구함으로써 원형적 구조들을 인식할 수 있는 시사들을 얻게 된다. 이 원형적 구조들은 신화적 주제들과 일치하며, 그 가운데 어떤 유형Typen은 지배적인 것Dominanten(주상主想, 주특성主特性)이라는 이름을 붙일 만한 것이다: 그것은 아니마, 아니무스, 노인alter Mann, 마녀, 그림자, 대지의 어머니 등과 같은 원형이며, 자기Selbst, 원Kreis 그리고 4위성Quaternität 또는 네 '기능들'이나 자기Selbst(그림 103과 114)의 여러 측면 혹은 의식의 여러 측면들의 질서지음의 주특성Ordnungsdominanten들이다.

이러한 유형들에 대한 지식은 분명 신화 해석에서 현저하게 부담을 덜어주는 동시에 유형들이 속하고 있는 기반, 다시 말해 정신의 토대 위에 세우게 된다(그림 111, 112, 113).

이렇게 볼 때 영웅신화는 무의식적 드라마이다. 그것은 오직 투사의

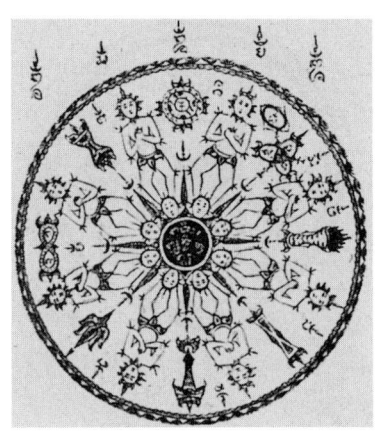

그림 113. 발리 신들의 순환 계층.

형태로 나타난다. 이는 플라톤의 동굴의 비유에서 일어나는 과정과 비교될 수 있다. 이 경우 영웅 자신은 단순히 인간적인 것 이상의 것을 가진 존재로 나타난다. 그는 원래부터 암묵적으로 신의 특징을 드러내고 있다. 심리학적으로 그는 자기Selbst의 한 원형이기 때문에 그러한 신성, 자기Selbst가 누미노제를 지니고 있다는 것, 다시 말하면 거의 신이거나 신적인 성질을 나누어 가지고 있다는 것을 확인해줄 뿐이다. 이러한 신화소에서 본질의 동일성에 관한 논쟁Homoousiestreit의 근거를 발견할 수 있을지 모른다. 자기가 호모우시오스ὁμοούσιος로서, 혹은 단순히 호모우시오스 토 파트리ὁμοούσιος τῷ πατρί(아들이 아버지와 본질적으로 같거나 [단순히] 본질적으로 비슷하다)라고 이해될 수 있는가 하는 점은 심리학적으로 결코 무관한 것이 아니다. 본질의 동일성Homoousie을 지지하는 결정은 심리학적으로 매우 중요하다. 그로써 그리스도가 하나님과 본질적인 동일성을 갖는다는 사실이 분명해진다. 그러나 종교사적으로 비교하고 심리학적으로 고찰할 때 그리스도는 자기의 한

그림 114. 네 복음자들 사이에 있는 그리스도.
아를-쉬르-테크Arles-sur-Tech에 있는 교회 부조,
피레네 산맥 동쪽Pyrénées-Orientales.(11세기)

유형이다. 심리학적으로 자기는 하나의 신의 이마고eine imago Dei이며 경험적으로는 그것과 구별될 수 없다(그림 114). 따라서 두 개의 표상(신의 상Bild Gottes)의 본질 동일성Wesensgleichheit이 생긴다. 영웅은 인간 내부에 있는 신의 변환을 연기하는 배우이다; 그는 내가 '마나 인격Manapersönlichkeit'[196]이라고 부른 것에 해당한다. 의식에게 이 인격은 엄청난 매력으로 다가온다. 즉, 자아Ich는 영웅과 동일시하려는 유혹에 쉽게 빠져버린다. 동일시로 인해 정신적 팽창이 있게 되고, 그에 따른 여러 현상들이 나타난다. 이러한 의미에서 어떠한 기독교 종파들이 '내면의 그리스도'에 대해 거부감을 느끼는 것은 이해할 만하다. 심

지어 그것이 기독교 유럽인을 위협하는 정신적 팽창의 위험에 대항한 예방적 조처였다는 점에서 그러하다. 인도의 종교 철학이 대부분 본질 동일성에 대한 사상Homoousiegedanken에 의해 지배받았다고는 해도[197], 인도인은 어떤 상응하는 신-개념을 갖고 있기 때문에 훨씬 팽창의 위험이 덜하다. 기독교도에게는 결코 그런 일이 일어나지 않는다. 기독교도는 신 개념의 어떤 수정이 자기Selbst의 본질동일성Homoousie을 의미하는지 인식하기에는 내면적 성찰이 너무나 부족한 실정이다. 겉으로 보기에 상관없는 것 같은 이러한 숙고들을 내가 여기서 늘어놓는 것에 대하여 독자들이 양해하여주기를 바란다. 이는 다만 영웅 원형의 누미노제Numinosität를 제대로 밝히기 위해 부연한 것뿐이다.[198]

희생

이제 우리는 영웅 드라마의 또 다른 진행 과정을 살펴보기 위해 미스 밀러의 환상으로 돌아가자. 치완토펠은 비통한 감정으로 내뱉는다.[1]

"온 세상에 단 한 사람도 없구나! 나는 백 개의 종족을 샅샅이 둘러보았다. 그러기 시작해서 벌써 백 달이나 나이를 먹었다. 나의 영혼을 알아줄 여인이 앞으로 결코 없을 것인가?―아니, 숭고한 신의 곁에는 있다! 그러나 그녀의 순수한 영혼이 태어나기까지는 만 개의 달이 나왔다가 사라질 것이다. 그녀의 조상들은 어떤 다른 세계에서 이 세계로 올 것이다. 그녀는 밝은 피부와 밝은 머리카락을 가지고 있을 것이다. 어머니가 그녀를 세상에 내놓기도 전에 그녀는 고통을 알고 있을 것이다. 고통은 그녀와 함께 있을 것이다; 또한 그녀는 찾을 것이다―그리고 그녀를 이해할 그 누구도 찾지 못할 것이다. 수많은 연모자들이 그녀에게 구애하려고 할 것이다. 그러나 그 누구도 그녀를 이해할 수 없을 것이다. 유혹이 종종 그녀의 영혼을 엄습할 것이다―그러나 그녀는 약해지지 않을 것이다.… 그녀의 꿈속으로 나는 그녀에게 다가

갈 것이다. 그러면 그녀는 이해할 것이다. 나는 나의 몸을 온전하게 지켰다. 나는 그녀가 오기 만萬 달 전에 왔고, 그녀는 만 달 늦게 올 것이다. 그러나 그녀는 이해할 것이다! 오직 만 달에 한 번씩 이와 같은 영혼이 태어날 것이다!"(공백)—초록 독사 한 마리가 덤불숲에서 나와 그에게 미끄러지듯 다가와 그의 팔을 문다. 그런 다음 그의 말을 공격한다. 그의 말이 먼저 죽는다. 그때 치-완-토-펠이 말에게 이렇게 [말한다]: "성실한 나의 형제여, 신의 명하심이다! 편안히 잠들어라! 나는 너를 사랑했단다. 너는 나를 위해 충실히 임무를 수행해주었다. 잘 가거라, 내가 곧 너를 뒤따라가겠다!" 그렇게 말한 뒤 그는 뱀을 향해 외친다: "고맙구나, 작은 누이여, 너는 나의 방랑을 끝맺어주었구나!" 그런 후 그는 고통 때문에 소리를 치고 기도하듯 외친다: "숭고한 신이시여, 나를 빨리 [당신 곁으로] 데려가주소서! 나는 당신을 인식하고 당신의 규율을 지키려고 애썼습니다. 오, 나의 육신을 부패와 악취에 떨어뜨리지 말게 하시고 독수리의 먹이가 되지 않게 하소서!" 사람들은 멀리서 연기가 피어오르고 있는 화산을 보게 되고 땅이 무너지면서 내는 지진의 굉음을 듣게 된다. 치-완-토-펠은 대지가 그의 육체를 덮으려 하는 동안 심한 고통의 광란 속에서 이렇게 외친다: "나는 내 몸을 온전하게 지켰다.—아! 그녀는 이해할 것이다.—그대, 야-니-마-와Ja-ni-ma-wa여, 그대는 나를 이해한다!"

치완토펠의 예언은 롱펠로의 『히아와타』에 나오는 내용의 반복이다. 여기서 작가는 영웅 히아와타의 생애가 끝날 즈음에 기독교와 그 율법의 숭고한 대변자가 도래하는 형태로 백인의 구세주를 데려다놓는 감상을 피할 수 없었다. (멕시코와 페루에서 이루어낸 스페인 사람들의 '구세주 작업Heilandwerk'과 북아메리카에서의 인디언들의 투쟁을 생각해보라!) 이러한 치완토펠의 예언으로 작자 미스 밀러의 인격이 다시 영웅과 밀접한 관계를 맺게 되고, 심지어 치완토펠이 품었던 갈망의 대상이 된다. 그녀가 그의 시대에 살았더라면, 영웅은 분명히 그녀와 결혼했을 것이다; 그러나 유감스럽게도 그녀는 너무 늦게 나타났다. 그것도 만萬 달이나 늦게 나타난 것이다. 이러한 현저한 시간의 거리는 다른 의미에서의 거리를 가리킨다: 즉, 미스 밀러의 자아Ich는 깊은 심연에 의해 치완토펠의 형상과 분리되어 있다. 그는 이제 완전히 '저 세상의' 존재이다. 그래서 그가 그녀를 찾던 일이 그랬던 것처럼, 그녀가 그를 찾는 일도 아무 소용이 없게 된다: 의식의 보상을 위해서, 그리고 전체성이 이루어지기 위해서 반드시 필요한 의식과 무의식의 융합 또는 결합은 결코 실현되지 못할 것이다. 그녀도 그도 기껏해야 그런 만남을 꿈꿀 수는 있을 것이다. 그리고 오직 그런 식으로 그들의 영혼은 서로 이해하고, 사랑하고 포옹할 수 있게 될 것이다. 그러나 이러한 사랑은 결코 의식적인 사실로 될 수가 없다. 이런 점에서 미스 밀러에 대해 좋은 예후를 제시하기 어렵다. 왜냐하면 모든 올바른 사랑의 관계는 처녀가 그녀의 영웅을, 그리고 청년이 자신의 심혼을 실제로 만질 수 있는 현실에서 발견하는 데 있기 때문이다.

본문의 다음 문장은 이렇게 이어진다: "나는 내 몸을 온전하게 지켜왔다." 물론 여성만이 표명할 수 있는—남성은 보통 그것을 과시하지 않기 때문이다—자부심에 넘치는 이 문장은 다시 한 번 육체가 상처 입지 않도록 하는 모든 시도들이 단지 꿈에 머물러 있을 뿐이라는 사실을 입증하는 것이다. 영웅이 상처 입지 않았다고 주장하는 것은 앞선 장章에 나오는 암살 기도의 실패로 소급되며, 그것이 무엇을 뜻하는

지는 나중에 설명된다. 그는 그것을 이렇게 말한다. "유혹이 종종 그녀의 영혼을 엄습할 것이다.—그렇지만 그녀는 약해지지 않을 것이다." 이 주장은 우리의 작자의 거절하는 태도를 묘사한다. 물론 이러한 태도는 그녀의 '정령의 연인ghostly lover'[2]에 의해 말하자면 지시된 행동이다. 어쨌든 영웅의 형상('아니무스')으로의 소생은 의식적 태도에 대해 그와 같은 결과를 생기게 하는 것이다. 이는 마치 '새로운 충동'이 눈을 뜨게 되어 이제까지 알려지지 않은 하나의 열망이 새삼스럽게 심혼을 사로잡는 것과 같다: 세속적인 사랑의 상像은 마음과 감각을 자연의 운명에서 멀어지게 만드는 그러한 천상적 사랑의 상 앞에서 빛이 바랜다. '자연스러운natürlich'이라는 낱말은 프랑스적인 계몽이 부여한 의미를 지니고 있다. 실제로 세상과는 동떨어진 '정신Geist'의 열정은 곤충들이 교미를 위해 비상하는 것과 같이 자연스럽다. '천상적 신랑'에 대한, 혹은 소피아에 대한 사랑은 결코 기독교적인 영역에만 국한되어 일어나는 현상이 아니다. 실제로 그것은 심혼의 실재에 속하는 '또 다른' 자연적으로 일어나는 충동인 것이다. 심혼의 실재들은 일정한 이론을 믿게 만들려고 일부러 꾸며낸 것들이 아니라, 오히려 인간을 이 세상의 피조물처럼 그만큼의 열정으로 사로잡고 유혹하고 기쁘게 하는 사실들과 형상들이다. "너는 한 가지 충동만을 의식하고 있구나"[3]라고 파우스트가 바그너에게 말한다. 미스 밀러는 그러나 이러한 하나의 충동을 또 다른 것 때문에 잊으려고 하는 것 같다. 그렇게 함으로써 그녀는 일방성의 위험을 피하지 못하고, 오히려 그 징후만을 바꾼다. 대지를 사랑하면서 대지의 화려함만 사랑하고 그의 '어두운 영역'을 잊거나 그것을 화려함으로 대치하는 자는 (통상적으로 그러하듯) '정신Geist'을 적으로 삼는다. 그리고 '영원한 팔'에 몸을 던지기 위해서 대지에서 도망치려는 자에게 삶은 적이 된다. 그러므로 미스 밀러의 피안

지향성을 의인화하고 있는 영웅 치완토펠은 초록 독사와의 위험스러운 대립에 이르게 된 것이다.[4] 초록은 식물 생장의 누멘Vegetationsnumen〔누멘: 신성한 힘〕을 암시하며("초록은 생명의 황금나무이다"), 뱀은 본능의 세계를 대표하며 더 나아가서 심리학적으로 가장 도달하기 힘든 생명 과정들을 나타낸다. 잘 알려져 있듯이 자주 등장하는 뱀 꿈은 항상 의식의 태도와 본능 사이의 불일치를 제시하는 것이다. 뱀은 그와 같은 갈등의 위협을 의인화한 것이다. 따라서 초록 독사의 출현은 "조심해! 목숨이 위험해!"와 같은 의미로 볼 수 있다.

이 이야기에서 우리는 치완토펠이 철저하게 처리되는 것을 본다; 우선 뱀이 그를 죽이고, 그의 말, 즉 그의 동물적 생명력을 제거한다. 그리고 마지막에 그의 육체는 화산 폭발에 휩싸인다. 이런 식의 문제 해결은 무의식이 의식의 위협적인 상황에서 행사하는 하나의 보상과 보조를 의미한다. 지금까지는 의식의 위협적 처지가 그저 시사되었을 뿐이었다. 만일 영웅이 그의 그 밖의 신화적인 역할에 반해서 그렇게 격렬한 파멸을 필요로 했다면, 우리는 우리의 작자의 인간적인 인격이 무의식의 침입(완곡하게 표현하자면 '창조적인 환상'이라고 이해될 수 있다)으로 매우 위태롭다는 타당한 추론을 하게 된다. 매력적인 치완토펠이 죽어 없어지게 될 수 있다면, 그녀의 관심이 다시 대지와 대지의 푸름으로 향하게 될 희망이 있다. 왜냐하면 "저세상으로 향하는 길은 막혀버렸고" 연인의 죽음으로 가망이 없게 되었기 때문이다. 만약 의식이 무의식에서 침범한 내용을 수용하고 통합할 능력이 없다면, 무의식의 침입은 의식에 실제적 위험이 된다. 우리는 이제 미스 밀러를 "그녀는 앞으로 이해하게 될 것이다"라는 말로써 지목할 수는 있지만, 이미 지금 "이해하고 있는" 그런 사람이라는 느낌을 갖지 못한다. 그녀가 지금은 무엇이 일어나고 있는지 실제로 전혀 파악하지 못하기 때문에, 그녀는 위기에 처해 있다. 이런 상황에서는 의식이 무의식에 의해 압도될 가능성이 있는 것이다. 그것은 조금 후에 치명적인 영향을 주면서 실제로 일어났다.[5]

만일 무의식의 침입과 같은 그런 일이 일어난다면, 무의식이 의식을 능가하는 상황이 문제가 된다. 의식이 어떤 이유로 멈추어 있기 때문에 무의식이 앞으로 나아가려는 지향성과 그때의 변환의 임무를 떠맡고 의식의 정지 상태를 무너뜨리게 된다. 그런 다음 의식으로 흘러 들어간 내용들은 원형적 형식을 빌려 의식이 정지하지 않기 위해 체험해야 할 것이 무엇인지를 보여준다. 정지하려는 경향은 육체를 다치지 않게 보존했다고 강하게 강조한 점에서, 그리고 몸이 무덤에서 분해되는 것을 방지하고 싶은 소망에서 어렵지 않게 알 수 있다. 사람들은 굴러가는 세월의 바퀴살을 움켜쥐고자 할 것이다. 어린 시절에 머무르고 싶고 영원한 젊음을 유지하며 죽지 않고 땅속에서 썩지 않기를 바란다. ("오, 나의 육체가 부패와 악취로 떨어지지 않게 해주소서!") 만일 우리가 오랫동안, 아마도 너무 오랫동안 젊다고 느낀다거나, 꽉 박힌 기억들의 최면 상태에서 시간의 바퀴가 구른다는 사실을 잊어버린다 해도, 회색 머리, 피부의 무기력과 얼굴의 주름들이 잔인하게도 모습을 드러낸다. 우리가 우리의 육체를 될 수 있는 한 생명을 파괴하는 무서운 힘에 내맡기지 않는다 해도 몰래 기어드는 시간의 뱀이 뿜어낸 독은 우리의 육체를 파먹는다. 삶으로부터 도망친다고 해서 노화와 죽음의 법칙으로부터 자유로워지는 것은 아니다. 삶의 필수적인 것을 면하려고 하는 노이로제 환자는 아무것도 얻지 못하고, 단지 자신의 삶이 내용도 없고 의미도 없다는 사실에서 특히 잔인한 결과를 빚을 수밖에 없는 노화와 죽음의 무거운 짐을 오히려 미리 짊어지게 된다. 만약 리비도가 모든 위험과 궁극적인 몰락조차도 받아들일 마음으로 삶을 앞으로 나아가게 하지 못한다면, 리비도는 다른 길을 취하여 자신의 내부 깊은 밑바닥으로 파고들면서 모든 생명의 불멸성에 대한 오랜 예감과 재탄생에의 그리움으로 향하게 한다.

횔덜린Friedrich Hölderlin은 이러한 길을 그의 문학과 그의 삶에서 보여주었다. 시인이 자신의 시에서 말하는 것을 살펴보자.

장미에게

영원히 어머니의 품속에서
들판의 달콤한 여왕,
모든 것을 살리는
고요하고도 위대한 자연이
너와 나를 품는도다.

귀여운 장미야! 우리의 장식이 쓸모가 없어지고,
바람이 너와 나의 잎사귀를 떨구어버린다.
그러나 영원한 배아胚芽가
곧 새로운 꽃을 피우리라.[6]

이 시의 비유에서 다음과 같은 사실을 알 수 있다: 장미는 사랑하는 여인을 상징한다.[7] 만일 시인이 자연의 모태 안에서 장미와 더불어 꿈꾸었다면, 그것은 그가 어머니 곁에 있다는 심리학적 사실을 의미한다. 거기에는 형상화를 하기 위한 번거로움에 빠질 필요 없이 영원한 싹틈과 다시 새로워짐, 모든 것을 가지고 있고 모든 실현 가능성들을 자기 안에 간직하고 있는 잠재하는 생명이 있는 것이다. 플루타르크Plutarch는 그의 오시리스 신화의 전승에서 이 주제를 소박한 형태로 보여주었다: 오시리스와 이시스가 모체 안에서 성교하는 주제를 통해 휠덜린도 가장 초기의 어린 시절을 영원히 누리는 것은 부러워할 신들의 특권으로 느꼈다; 그래서 그는 "휘페리온〔그리스 신화의 티탄, 우라노스와 가이아의 아들. 흔히 태양신과 동일시됨〕의 운명의 노래Hyperions Schicksalslied"에서 이렇게 읊는다.

> 운명의 손에서 벗어나, 저 잠든
> 젖먹이처럼 천상적인 것이 숨쉬는구나;
> 조촐한 꽃봉오리 안에서 순결을 지키며,
> 그들에게 영靈, Geist은 영원히 피어나고,
> 지복至福한 눈동자들은
> 고요하고 영원한
> 투명함으로 바라본다.[8]

이 구절은 천상의 지복함이 무엇을 의미하는지를 보여준다. 휠덜린은 최초의, 그리고 가장 지고한 행복을 절대로 잊을 수 없었던 것이다. 그러한 몽환적인 상像이 그를 실재의 삶으로부터 멀어지게 했다. 오시리스 신화에서는 모태 안에 있는 쌍둥이 주제가 암시되어 있다. 프로베니우스의 저서에서 한 전설이 발견되는데[9] 큰 뱀(속이 빈 나무 안의 작은 뱀에서 '뱀을 크게 키움'으로써 출현하게 된)이 모든 인간을 잡아먹었는데(삼키는 어머니 = 죽음), 오직 임신한 한 여성만 살아남았다는 이야기다. 그 임신한 여성은 구덩이를 파서 그것에 돌을 덮고 그 속에서 살면서 쌍둥이를 낳는데, 이들이 장차 용을 죽이는 자들이다. 어머니 배 속에 함께 있는 주제는 다음과 같은 전설에서도 발견된다: "태초에 하늘의 오바탈라Obatala와 대지이자 그의 아내인 오두두아Odudua가 하나의 조롱박 안에서 서로 단단하게 밀착되어 들어 있었다."[10] '조촐한 꽃봉오리 안에서' 보호된 채 존재한다는 것은 이미 플루타르크에서도 제시되었듯이, 태양이 아침에 꽃봉오리에서 태어나게 된다는 의미의 상像이다. 또한 브라흐마Brahma도 꽃봉오리에서 나온다(그림 86 참조); 아삼Assam〔인도 동북부의 구릉지〕에서도 최초의 인간 쌍이 그렇게 태어난다.

인간

물에서 솟아나자마자, 오, 너 대지여
어린 산봉우리, 향내를 뿜으며,
기쁨을 호흡하면서, 늘 푸른 숲들로
가득, 대양의 잿빛 황야 속에.

최초의 귀여운 섬들; 태양신의 눈이
이 풋내기들을, 초목들을,
그의 영원한 젊음을, 너 대지에게서 태어난
미소짓는 아이들을 즐거이 바라보네:

늘 부드러운 고요 속에 있는 숲을
대기가 감싸며 흐르는 그 섬에
일찍이 가장 아름다운 것이 포도나무 아래 있었다.
온화한 밤이 지나,
밝아오는 아침 시간에

어머니인 대지여, 너의 가장 아름다운 아이가 태어났도다;—
그리고 소년이 아버지 헬리오스Helios를 올려다보자
그가 알아본다.
그리고 그는 세심하게 살펴서
그 성스러운 포도 덩굴, 그 달콤한 포도를 골라 맛본다.

유모에게 간다. 그리고 곧 그는 성장하고;
동물들이 그를 두려워한다. 그는 그들과 다르기 때문
그는 인간;
그러나 그는 너도 닮지 않고 아버지도 닮지 않았다.
그는 용감하고 유일한 존재이기 때문이다.

아버지의 숭고한 영혼이 너와 하나가 되고 기쁨과 함께,
오, 대지여! 그리고 너의 비애와 함께
그는 신들의 어머니, 자연, 모든 것을 포괄하는 자와
닮고자 한다!

아! 그래서 대지여! 너의 심장에서 그를 몰아내었구나!
그의 오만을, 너의 다정한 선물들은
아무 소용이 없다. 너의 다정한 애정의 사슬도;
그는 더 나은 것을 찾는가, 야만인이여!

향내가 나는 그의 강가 초원에서
인간은 꽃이 피지 않는 물을 통과해 나와야 한다.
그리고 마치 별이 빛나는 밤처럼 그의 숲이

금빛 열매들로 반짝이지만 그는

　　산에다 굴을 파고 구덩이를 감시한다.
　　그의 아버지의 밝은 빛으로부터 떨어져서,
　　태양신에게도 불성실한데,
　　태양신은 일꾼들을 사랑하지 않고
　　그들의 걱정을 비웃는다.

　　그 까닭은 숲의 새들이 더 자유롭게 숨쉬기 때문.
　　비록 인간의 가슴이 장려하게 고양된다 해도
　　그리고 어두운 미래를 보는 자, 그는
　　또한 죽음을 보아야 하고 홀로 죽음을 두려워해야 한다.

　　인간은 숨 쉬는 모든 것에 대항해 무기를 들고,
　　끝없이 불안한 자부심에 차 있지만;
　　불화가 일어나 그는 쇠약해진다. 그리고
　　그의 평화의 꽃, 사랑스러운 꽃이 오랫동안 피지 못한다.

　　그가 생명을 누리는 모든 자들 가운데
　　가장 축복받은 자가 아닌가? 그렇지만
　　운명이 더 깊고 더 아프게 파고들어, 모든 것이 차이가 없게 되
어버린다.
　　또한 불붙기 쉬운 가슴도 강한 자와 같게 된다.[11]

이 시는 작자와 자연 사이에 시작되고 있는 불화를 보여준다; 그는

현실로부터 멀어지기 시작한다. 주목할 것은 어떻게 그런 작은 인간이 '유모의 포도 덩굴'을 선택하는가 하는 점이다. 이러한 디오니소스적 시사에 대해서는 다음과 같은 말을 할 수 있다: 야곱의 축복에서 유다에 관해(「창세기」, 49장 11절) 이렇게 말한다. "그는 자신의 당나귀를 포도나무에 매고 암나귀의 새끼를 포도 덩굴에 매었다.…"

그노시스적인 장식용 보석이 있는데 거기에는 새끼에게 젖을 먹이는 암나귀가 그려져 있고 그 위에는 게(Krebs = Cancer)의 형상과 다음과 같은 문자가 있다: D.N.IHY.XPS.: Dominus noster Jesus Christus[우리 주 예수 그리스도], 덧붙여 Dei Filius[신의 아들].[12] 이미 유스티누스 순교자Justinus Martyr가 격분하며 간파한 것처럼, 기독교 전설과 디오니소스 전설의 관계는 분명하다(예를 들어 포도주의 기적). 디오니소스의 이야기에서 당나귀는 실레노스〔주신酒神 바쿠스의 머슴〕가 타는 동물로서 어떠한 역할을 한다. 당나귀는 '두 번째 태양', 즉 토성Saturn에 속한다. 토성은 이스라엘의 별이고, 따라서 야훼는 토성과 동일시된다. 로마의 팔라티노 언덕의 십자가는 그리스도의 머리를 당나귀로 그려 풍자적으로 표현하고 있는데(그림 83), 이는 예루살렘의 신전에서 당나귀 머리가 숭배된 사실을 암시하는 것이다. 그 당시의 제삼자에게는 기독교도들과 유대인 사이의 차이점이 불분명했다.

횔덜린은 주로 인간의 디오니소스적인 본성을 고찰하였다: 포도나무는 그의 유모Amme이고, 그의 야심은 '영원한 자연, 신들의 어머니, 무서운 것들'과 '같아지려는' 점에 있다. 무서운 어머니는 '탐욕스런 잔인한 어머니'이다. 거침없는 굽힐 줄 모르는 성질은 모순이 가득한 신, 그리스 만신전萬神殿 가운데서 디오니소스로 묘사된다. 디오니소스는 특이하게도 니체의 신이었다. 그러나 그 원초적 체험은 본래 섬뜩한 사냥꾼, 보탄을 지향하고 있다. 바그너는 이것을 좀 더 분명하게 말했다.

'오만'이 인간을 어머니로부터 내몰고 대지로부터 벗어나게 한다. 그리고 인간의 거만함이 두려움으로 바뀔 때까지 그는 부성적 빛을 멀리한다. 자연의 아이로서 인간은 자연과 갈라진다. 그 이유는 바로 그가 '신들의 어머니'와 같기 때문이다. 이성이 그를 이끄는 것이 아니라, 디오니소스적인 무절제한 욕정libido effrenata이 그를 이끌고 있는 것이다.

자연에 부쳐서

내가 아직도 그대의 면사포 주변에서 놀고 있을 때,
한 송이 꽃처럼 아직 그대 곁에 매달려 있었는데[13]
저마다의 소리를 내는 그대의 심장을 느꼈고,
그 소리는 민감하게 떨리는 나의 심장을 에워쌌다.
내가 아직도 믿음과 그리움으로
그대처럼 화사하게 그대의 그림 앞에 서 있었을 때,
내 눈물을 위한 자리가 여전히 있었노라,
거기서 내 사랑을 위한 하나의 세계를 발견했노라;

나의 심장이 아직 태양을 향하고 있었을 때,
마치 태양이 그 심장의 소리를 들은 것처럼,
그래서 별들을 그 형제라고 불렀고[14],
봄을 신의 멜로디라 불렀다.
숲을 움직이고 있는 미풍 속에는,
여전히 그대의 영靈, 기쁨의 영이

심장의 고요한 일렁임으로 활기를 띠도다.
그때 황금빛 나날이 나를 둘러싸네.

골짜기에 나의 목마름을 적셔주는 샘이 있고[15],
어린 초록 관목들이 있는 푸른 곳,
부동의 암벽들 주위에서 놀고 있었을 때,
나뭇가지들 사이로 천공이 나타났다.
내가 꽃들이 만발한 그곳에서
고요히 꽃들의 숨결을 마시고 있었을 때,
내게로, 빛과 광채가 굽이쳐 흘렀고,
그 높은 곳에서 비롯된 황금빛의 구름이 가라앉았다[16];…

오랜 방황 끝에 강물들이
대양을 애타게 그리워하듯
종종 취한 듯 흘리는 눈물로 사랑하며
아름다운 세계여! 그대의 충만함 가운데
나는 내 갈 길을 잃기도 했었노라.
아! 그때 모든 존재와 더불어
시간의 고독함으로부터 기꺼이 빠져나와
마치 한 순례자가 아버지의 궁전에 뛰어들듯
나는 영원의 품 안에 뛰어들었도다—

축복받으라, 황금빛 어린 나날의 꿈들이여,
그대 내 삶의 궁핍함을 숨겨주고
마음의 착한 싹을 움트게 하노라.

내 결코 다다를 수 없는 것을, 그대는 선사하였도다!
오, 자연이여! 그대 아름다운 빛에는
애씀도 없고 억지도 없이
태곳적 수확처럼[17]
당당한 사랑의 열매 맺었도다.
이제 날 기르고 나의 갈증을 채워준 이는 죽었도다.
이제 청춘의 세계는 죽었도다.
한때 하늘로 가득 채웠던 이 가슴
추수 끝난 밭인 양, 생명도 없고 궁핍하구나.
아! 봄은 나의 염려에 대해 노래하도다.
다시 한 번, 그때처럼 우정 어린 위로의 노래 부르는구나.
그러나 나의 삶의 아침은 가고
내 마음의 봄도 시들어버린다.

가장 지극한 사랑도 영원히 사그라들지 않을 수 없고
우리가 사랑하는 것 모두 하나의 그림자일 뿐.
청춘의 황금빛 꿈들 죽어버렸기에,
그렇게 친밀한 자연이 나에게서 사라져버렸도다;
그대에게 고향이 그토록 멀리 있음은
즐거운 나날에는 알지 못했던 일,
가난한 마음이여, 고향에의 꿈이 그대를 채우지 않는다면
그대 결코 고향을 찾지 않게 되리라.[18]

개영시 改詠詩, Palinodie
〔앞의 작품의 내용을 같은 작가가 같은 형식으로 취소하는 시〕

대지여, 그대 다정한 초록이여,
내 주위에서 동트는 것이 무엇인가?
그대 미풍이여, 다시 옛날처럼 내게 무엇을 휘몰아오는가?
모든 나뭇가지 끝에서 쏴쏴 소리를 내며 부는구나.…
……………………………………………

그대들은 나의 심혼의 무엇을 깨우는 건가? 왜 나의 과거들을
건드리는가? 그대 좋은 사람들아. 오, 나를 아껴주오.
영혼을 쉬게 하고, 나의 기쁨의 재를 누이게 하오,
그대들은 조롱만 하는구나; 오, 지나가거라,

그대들 운명의 손에서 벗어난 신들이여,
그대들의 젊음 속에서 늙어가는 자들 위에서 꽃피우고,
그리고 그대들이 세속의 죽을 자들과
기꺼이 함께하려 한다면, 그대들을 위해 처녀들이 피어난다.

그대들 젊은 영웅에게 더 많이, 그리고 더 아름답게
아침은 행복한 자들의 뺨 주변에서 노닐고,
근심 없는 자들의 노래들이…
사랑스럽게 울려 퍼지는데…
아! 전에는 나의 가슴에서 노래의 물결이 가볍게 소리를 내며
흘렀지.
그때는 여전히 나에게 기쁨이 살아 있었지,
천상적인 것들이 눈에서 빛났었는데…[19]

청춘으로부터의 분리는 자연에서 황금빛 광채를 빼앗았다. 그러면 미래는 아무런 희망이 없는 공허한 것으로 나타난다. 그러나 자연에게서 광채를 빼앗고 삶에서 기쁨을 앗아가는 것은 암울한 상태의 내면을 들여다보는 것이 아니라, 예전의 외부 세계를 되돌아보는 것이다. 되돌아보는 일은 퇴행으로 이끄는 것이며 퇴행의 시작이 된다. 과거는 추억이며 어떠한 정신적인 내용, 즉 내인적 정신적endopsychische 요소이기 때문에 퇴행은 본의 아니게 일어나는 내향화이기도 하다. 퇴행은 과거로 미끄러져 들어가는 것인데, 현재에서는 우울증을 통해 일어나게 된다. 우울증은 무의식적인 보상 현상이라고 간주되어야 한다. 그 보상 현상의 내용이 충분히 활동할 수 있기 위해서는 의식화가 이루어져야 한다. 이것은 우리가 우울한 경향을 의식적으로 따르면서 그로써 활성화된 과거의 추억들을 의식에 통합시킴으로써 이루어진다. 이것이야말로 우울이 목적하는 의도Zweckabsicht에 맞는 것이다.

엠페도클레스

그대는 생명을 찾고 찾는다. 그리고 생명은 솟아나오고
대지 깊은 곳으로부터 신성한 불이 번쩍인다.
그대는 전율하는 열망으로
활화산 에트나Ätna의 화염 속으로 몸을 던진다.

그렇게 왕비의 오만의 진주가 포도주 안에서 녹아버리고;
그리고 그녀는 원했다! 그대가
그대의 풍요로움만이라도. 오, 시인이여,
부글거리는 술잔 속에 빠뜨려 희생시키지 않았던들!

하지만 그대는 내게 성스러운 존재,
마치 그대를 제지한 대지의 힘처럼, 죽임을 당한 용감한 사자여!
나는 심연으로 영웅을 따라 내려가리라,
사랑이 나를 지켜주지 않더라도.[20]

이 시는 모성적인 심연과 재탄생이 이루어지는 어머니의 품Schoβ(그림 115)을 향한 은밀한 그리움을 드러내고 있다. 그는 진주처럼 포도주 속에서 용해되고자 한다. 잔 속에서, 즉 재탄생의 '분화구'에서 희생되려 한다. 그는 엠페도클레스를 모방하고 싶어 한다. 그에 대해 호라티우스Horaz는 이렇게 말한다.

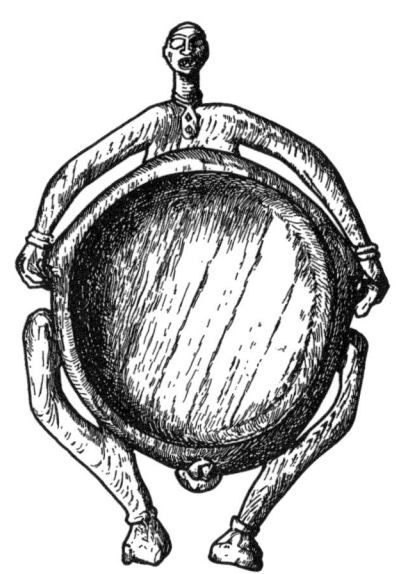

그림 115. 세계 어머니 자궁.
콩고의 나무 사발.

그가 어떤 불멸의 신으로
여겨지기를 열망했을 때,
엠페도클레스는 냉정하게 불꽃이 이는 에트나로 뛰어들었
다.[21]

그는 머릿속에 떠오르는 이상적인 전형인 영웅을 따르고 싶었고 그의 운명을 서로 나누고 싶었다. 그렇지만 사랑은 여전히 낮의 밝음 안에 물러나 있도록 그를 만류한다. 아직은 리비도가 대상을 가지고 있다. 그 대상이 있기 때문에 삶이 살 만한 가치를 찾는 것이다. 그러나 이러한 대상이 포기된다면, 리비도는 지하의 재탄생하는 어머니의 나라로 가라앉게 된다.

추도사

나는 날마다 다른 길을 간다.
때로는 숲속의 푸르름으로, 때로는 샘에서 목욕을 하고,
장미가 만발한 절벽에 이르러,
언덕에서 들판을 내려다본다; 그러나 어디에도,

그대 사랑스러운 이여, 나는 밝은 곳 어디에서도 그대를 찾지 못하고,
언어들이 나에게서 떠나 허공으로 사라진다.
그 경건한 언어들이 그대 곁에서 내가 일찍이 들었던
……………………………………………

그래, 그대 행복한 얼굴이여, 너무 멀리 있구나!
그대 생명의 아름다운 가락이 내 앞에서 차츰 사라져가고,
더 이상 들을 수 없네, 아! 어디에 있는가?
예전에 내 가슴에 있었던 그대의 마법의 노래들은

천상적인 편안함으로 나를 달래주겠는가?
얼마만인가! 오, 얼마만인가! 젊은이는
나이가 들었고, 그때 나에게 미소짓던 대지 또한
이제는 다르게 되어버렸다.

오, 안녕! 영혼은 날마다 떠나고 다시 그대에게로 온다.
그리고 너를 위해 눈물을 흘린다.
눈은, 다시 더 밝아져
그대가 주저하고 있는 곳을 건너다본다.[22]

분명히 여기서 단념의 소리, 자신의 젊음에 대한, 즉 사람들이 기꺼이 붙잡아두고 싶어 하는 '안락한' 시절에 대한 부러움의 소리가 들린다. 그러나 마지막 연은 생각해볼 만한 것을 알려주고 있다: 다른 나라, 즉 태양이 지고 뜨는 아득한 바닷가를 건너다보는 것이다. 사랑은 더 이상 시인을 지켜주지 않는다. 세계와의 모든 연결은 끊어진다. 그리고 이제 어머니에게 도와달라는 그의 외침이 크게 울린다.

아킬레스

훌륭한 신들의 아들! 그대는 사랑하는 연인을 잃었기에,

해안가로 나가, 물결을 바라보며 울었고,
성스러운 심연을 굽어보며 목놓아 호소했다.
그대의 마음이 고요해지고, 멀리
배의 고동소리, 큰 파도 아래 깊숙이 있는 평화의 동굴에
너를 지켜주었던 아름다운 바다의 여신, 테티스Thetis가 살고 있다.
어린 아들에게 어머니는 강력한 여신이었고,
예전에 어머니는 그의 섬 해안가 절벽에서 소년을 사랑스럽게
젖먹이고, 파도의 힘찬 노래도 들려주었다.
그러고는 몸을 강건하게 하는 목욕으로 그를 영웅으로 만들었다.
또한 어머니는 젊은 아들의 비탄의 외침을 듣고,
슬퍼하며 바다 밑바닥에서 마치 구름처럼 올라와,
포근하게 감싸며 사랑스런 아들의 고통을 잠재운다.
그리고 듣는다, 도와주겠다는 그녀의 달콤한 약속을.
신들의 아들이여! 오, 내가 그대였다면, 나는 허물없이
천상적인 한 분에게 나의 남모르는 고통을 호소했을 것이다.
그러나 나는 이것을 보지 말아야 한다. 그 치욕을 짊어져야 한다.
마치 내가 그녀에게 결코 속하지 않는 것처럼,
나를 눈물로 생각해주던 그녀를.
선한 신들이여! 그래도 인간의 모든 청원에 귀 기울이라.
아! 진심으로 경건하게 나는 그대, 성스러운 빛을 사랑한다.
내가 생명을 얻은 이래로, 그대 대지와 그대의 샘과 숲들과,
아버지 하늘과 그대를 느꼈고 그리워했으니,

순수한 이 마음—오, 선하신 분이여, 나의 고통을 달래주오.
나의 영혼이 일찍, 아! 너무 일찍 침묵하지 말기를,
그리고 내가 살고 그대들 고귀한 천상의 권위들에게 서둘러
지나가는 마지막 날에,
경건한 노래 부르며 감사하도록,
예전의 복리와 지나간 청년기의 기쁨에 감사하도록.
그러고 나면 부디 고독한 자를 받아주오.[23]

이 노래들은 끊임없는 뒤처짐과 점점 증대하는 삶으로부터의 소외, 그리고 추억의 심연 속으로의 점진적인 침하를 메마른 단어가 할 수 있는 것보다 훨씬 더 분명하게 묘사하고 있다. 뒤를 돌아보려는 그리움을 묘사한 이 노래들에 대해서 이상하게도 섬뜩한 손님처럼 묵시록적인 노래 「파트모스Patmos」가 등장하는데, 그것은 심연의 안개로, 즉 광기를 제공하는 어머니의 휘감은 '떠가는 구름'으로 둘러싸여 있다. 그 노래 속에서는 상징으로 표현된 죽음과 재생의 예감인 신화의 사고가 다시 빛을 발하고 있다.

「파트모스」[24]에서 중요한 몇몇 부분을 소개해보겠다.

신은 가까이 있으나
파악하기 어렵다.
그러나 위험이 있는 곳에서
구원자 또한 자란다.

이 말은 리비도가 이제 '위험이 큰' 깊이에 이르렀음을 보여준다.[25] 그곳은 '신이 가까이'에 있는 곳이다: 그곳에서 인간은 재탄생하는 모

성적인 그릇을, 즉 자신의 생명을 다시 새롭게 할 수 있는 배아의 터를 발견할 수 있을 것이다. 왜냐하면 젊음을 잃었어도 삶은 계속되기 때문이다. 물론 몰락하는 것을 되돌아보는 것이 걸음을 마비시키지 않는다면, 삶은 더 큰 강도로 계속될 수 있다. 되돌아본다는 것이 더 이상 되돌려올 수 없는 외부적인 것에 머무르지 않고, 지나간 것의 매력이 도대체 어디에서 오는지에 대해 해명한다면, 되돌아보는 것은 제대로 된 것이다. 이런 어린 시절 추억들의 은은한 황금빛 광채는 단순한 사실보다는, 마력적인, 실재로 의식하고 있는 심상 이상의 예감적인 상들의 혼합물에 기인한다. 고래에게 잡아먹힌 요나의 비유는 이 상황을 아주 잘 재현한 장면이다. 우리는 어린 시절의 추억에 빠져들고, 그럼으로써 현실 세계로부터 멀어진다. 겉으로 보기에 가장 깊은 암흑 속으로 빠진 것 같지만, 그러나 그런 후에는 피안의 세계에 대한 뜻밖의 환영幻影, Visionen들을 보게 된다. 우리가 인지한 '비의秘儀, Mysterium'는 원상들Urbilder의 그 소중한 보배를 표현한다. 모든 사람이 그것을 인류의 선물로서 현존재적 삶으로 가져오는 것, 그것은 본능들의 특성에 일치하는 선천적 형식들의 총합이다. 나는 이 '잠재적인' 정신을 집단적 무의식이라 표기하였다. 이 집단적 무의식의 층이 퇴보하는 리비도에 의해 활기를 띠면, 삶의 갱신, 마찬가지로 삶의 파괴가 일어날 수 있다. 이론의 여지가 없는 일관된 퇴행은 자연스러운 본능의 세계로 되돌아가 그것과 다시 결합하는 것을 의미한다. 이 본능들은 또한 형식상의, 즉 관념적인 관점에서는 원질료Urstoff를 나타낸다. 의식이 이 원질료를 붙잡을 수 있게 된다면, 그것은 새로이 활성화되고 새로운 질서를 실현하게 될 것이다. 반면에 의식이 침입한 무의식의 내용을 동화시킬 능력이 없다면, 위협적인 사태가 나타나게 된다. 새로운 내용들이 그 본래의 혼돈스럽고 고태적인 형상을 고수하려 함으로써 의식의 통일성을 붕괴시키기 때문이다. 그 결과로 나타나는 정신적 장애를 '정신분열증Schizophrenie, 즉 분열병Spaltungsirresein'〔조현병〕이라고 부르는 것은 주목할 일이다.

휠덜린은 경이로운 원상의 세계로 들어가는 체험을 그의 시에 이렇게 표현하였다.

> 암흑 속에 독수리가
> 살고 있는데, 아무런 두려움 없이
> 알프스 산악의 아들들이 대충 지은 다리들 위를 지나
> 심연을 넘어간다.

어두운 환상의 시는 이와 같은 말과 함께 계속 이어진다. 독수리, 즉 태양의 새가 어둠 속에 산다―리비도는 모습을 감추고 있다. 그러나 저 높은 곳 너머로 산 위의 주민들, 아마 신들이라 할 자들이("그대들은 저 위, 빛 속에서 거닐고 있다") 건너가는데, 이는 심연을 넘어 날아가는 독수리처럼 천상 너머 이동하는 태양의 상에 해당한다.

> 그 때문에, 빙 둘러
> 시간의 정점들이 싸여 있고
> 가장 사랑하는 이들이 가까이 산다. 피로에 지쳐
> 가장 멀리 떨어진 산 위에서.
> 순진무구한 물을 우리에게 주오.
> 오, 우리에게 날개를, 가장 충실한 마음으로
> 저 위편으로 날아가 다시 돌아올 날개를!

첫 번째 상像은 산과 시간의 어두운 상이다—아마도 산 위를 유랑하는 태양에 의해 야기되었을 것이다; 이어지는 상은 가까운 존재이면서, 연인으로 떨어져 있는 상으로 지하계의 삶을 암시한다.[26] 지하계에서 사람들은 언젠가 사랑했던 모든 것과 하나가 되지만, 그 하나됨의 기쁨을 누릴 수가 없다. 왜냐하면 그것은 모두 본체가 없고 생명이 없는 그림자이기 때문이다. 그곳에서 아래로 내려온 자는 다시 새로워지는 음료인 '순진무구한' 물을 마신다.[27] 그래서 그에게 날개가 자라나서 그는 다시 위로, 삶이 있는 곳으로 날아오를 수 있다. 마치 수면 위를 날아오르는 한 마리의 백조처럼, 날개를 단 태양륜과 같다(그림 12와 그림 21[7권])("위로 오르고 다시 되돌아오기 위한 날개").

그렇게 나는 말했다.
그때 나의 추정보다도 더 빨리, 그리고 멀리,
내가 결코 생각하지 못한 곳으로,
한 수호신이 나를
내 집에서 데리고 나갔다.
내가 갔을 때, 어스름한 황혼이 깃들고
그늘진 숲
그리고 그리움에 찬 시냇물들
고향; 나는 더 이상 이 땅들을 알 수 없었다.…

시인이 다가올 미래에 대한 예감을 발설한 도입부의 불투명한 수수께끼 같은 말이 있은 뒤, 동쪽으로의, 즉 일출로, 영원과 재탄생의 여정이 시작된다. 니체 또한 이를 꿈꾸며 다음과 같은 의미 있는 말을 하였다.

"오, 어찌 내가 영원성을 열망하지 않겠으며 반지들 중의 결혼반지—재림의 반지를 열망하지 않겠는가! 아직도 나는 나의 아이들을 낳고 싶은 여자를 찾지 못했다. 이 여자가 내가 사랑하는 여자가 아니라면: 왜냐하면, 나는, 오 그대, 영원성을 사랑하기 때문이다."[28]

횔덜린은 이와 같은 그리움을 장려한 상像으로 나타냈다. 이 같은 상의 주요 특징들은 이미 우리에게 친숙한 것이다.

> 그러나 곧, 선명한 광채를 발하며,
> 신비에 가득하여
> 금빛 연기에 싸여,
> 태양의 보조에 맞춰
> 빠르게 성장하여 피어났다.
> 천 개의 봉우리에 향내 가득하게,
>
> 내게 아시아가 떠오르고, 눈이 부시게
> 나는 내가 알고 있던 하나를 찾는다. 왜냐하면
> 나는 트몰루스Tmolus에서 아래로 이어지는
> 넓은 골목들이 낯설었기 때문.
> 금으로 장식된 팍톨Paktol〔리디아의 강으로 사금砂金의 산지였음〕
> 그리고 타우루스Taurus〔천상의 황소. 황도대의 두 번째 황금 황소궁金牛官〕가 있고 메소기스Messogis,
>   그리고 꽃들로 가득한 정원
>   고요한 불; 그러나 빛 속에

아득히 높은 곳에 은빛 눈이 피었다;
그리고 불멸의 생명을 증거하는 것,
들어갈 수 없는 담벽들에
지극히 오랜 담쟁이덩굴[29]이 자라고,
히말라야 삼나무와 월계수로 만든, 기분 좋게 뻗어 오른 기둥들,
장엄하고
신성하게 세워진 궁전들.

위에 나타난 상은 계시적이다: 영원한 젊음의 땅에 세운 모성적 도시는 온통 초록이고 온갖 꽃이 만발한 불멸의 봄이다.[30] 시인은 자신을 파트모스Patmos에 살았고, 한때 '가장 높으신 분의 아들'과 함께했으며 그를 면전에서 보았던 요하네스와 동일시하고 있다.

포도나무의 신비가 일어났을 때,
그들은 함께 앉아 향연의 시간을 보냈다.
그리고 위대한 영혼 속에 조용히 죽음을 예감하고
주께서 말씀하셨다. 그리고 마지막 사랑은…
…그런 후 그는 숨을 거두었다.
그에 대해 많은 것들을 말할 수 있을 것이다.
그리고 친구들은 보았다. 어떻게 그가 승리에 차서 바라보고 있는지,
가장 큰 환희를, 마지막에…

그러기에 그는 그들에게

성령을 보냈고,

장중하게 집을 흔들고 신의 뇌우가, 거기

깊은 생각에 잠긴, 예감하는 자들의 머리 위로

멀리서 천둥과 함께 몰아친다.

죽음의 영웅들이 모여 있었고,

이제, 그가 다시 한 번

이별하려고 그들에게 나타났다.

이제 왕과 같이 당당한

태양의 날이 저물고, 그리고

곧게 뻗어 빛나던 왕홀王笏을 꺾고

신적인 고통을 느끼며 물러난다.

왜냐하면

적당한 때에 그는

다시 올 것이기에…

여기에 깔려 있는 상들은 그리스도의 죽음과 부활이다. 부활을 기대하며 자기 스스로 자신의 빛의 왕홀을 꺾은 태양의 자기희생의 모습이다. '이 빛의 왕홀'의 실체Substanz에 대해 다음과 같은 것에 주목할 필요가 있다: 슈필라인Spielrein(사비나 시필레인)이 언급한 환자는 "신이 빛으로 대지를 관통한다"고 말하고 있는 것이다. 이 여자 환자에게 대지는 한 여성을 의미한다. 그녀는 태양 빛을 신화학적 방식으로 단단한 것으로 이해한다: "예수 그리스도는 빛으로 창을 두드리면서 내게 그의 사랑을 보여주었다."[31] 나도 다른 정신병 환자에게서 태양 광선이 고체라고 본 이와 똑같은 관념을 본 적이 있다. 대지를 가르면서 그 속으로 깊이 들어가는 토르의 망치는 카이네우스의 발과 비유될 수 있다. 망치는 대지의 내부에서도 재보財寶처럼 행세한다. 왜냐하면 시간이 흐르면서 그는 점차 다시 표면으로 나온다(보물이 '피어난다'), 즉 그는 대지에서 다시 태어나기 때문이다. 삼손이 나귀의 악골을 던졌던 바로 그곳에 신이 샘을 솟아나게 했다.[32] (말굽 자국, 말 발자국, 말발굽에서 나온 샘들.) 이러한 의미 연결에 마술봉, 왕홀도 포함된다. 그리스어 '스켑트론σκῆπτρον = 왕홀'은 '막대'라는 의미를 가진 스카포스σκᾶπος, 스케파논σκηπάνων, 스케폰σκήπων과 '폭풍'이라는 뜻의 스켑토스σκηπτός, 라틴어 스카푸스scapus는 '손잡이, 줄기', 고대 고지 독일어 스카프트scaft는 '던지는 창'에 속한다(그림 85).[33] 우리는 이러한 자료들에서 이미 리비도 상징들로 우리에게 알려진 그런 연관성을 보게 된다. 왕홀을 꺾는다는 것은 바로 이제까지의 힘, 즉 일정한 방향으로 나아가던 리비도를 희생한다는 것을 의미한다.

휠덜린의 시에서 아시아로부터 파트모스를 지나 기독교의 비의로 옮겨놓은 것은 겉보기에는 하나의 표층적인 연결이지만 근본적으로 보면 이것은 매우 의미 깊은 사고의 과정이다: 그것은 불멸성을 획득하기 위한 영웅의 자기희생으로서 죽음과 피안彼岸의 땅에 들어감을 말한다. 태양이 지는 순간, 즉 외관상으로 생명이 꺼지는 순간에 재생에 대한 기대가 은밀하게 분위기를 지배한다.

> …그리고 기쁨이었다.
> 이제부터,
> 사랑스러운 밤에 살고
> 천진스러운 눈동자 안에 확고하게
> 지혜의 심연을 간직하는 것은.

저 깊은 곳에 지혜가, 즉 어머니의 지혜가 살고 있다; 그 지혜와 하나 되면서 보다 깊은 곳에 있는 것들에 대한 예감이 인지된다. 그것들은 모든 생명체의 밑바닥에 있으며 그들을 부양하고 지지하고 창조적 모체를 형성하는 원상들과 근원의 힘들이다. 병적인 망아경에서 시인은 그가 본 것의 많은 위대한 것들을 느끼지만 파우스트와는 반대로 깊은 곳에서 발굴한 것을 밝은 낮으로 끌어올리는 일을 별로 중요하게 여기지 않았다.

> 어떤 것들이 사라지고 우리의 말에서
> 생기 있는 소리가 점차 약해져도
> 그것은 나쁜 일이 아니다.
> 신적 작업도 우리와 같기 때문이다.
> 가장 높은 신이라도 모든 것을 갖고자 하지 않는다.
> 협곡은 쇠를 지니고
> 에트나 활화산은 작열하는 송진을 갖고 있지만,
> 나는 풍요를 누리고 싶다.
> 하나의 상像을 만들고,
> 영靈,Geist을, 있는 그대로 볼 수 있도록.[34]

실제로 시인이 활화산의 깊은 곳에서 본 것은 바로 '영Geist'이다. 영은 늘 그랬던 것처럼, 원형상들을 낳은 원초적 형식Urformen의 총합이다. 집단적 무의식의 세계에서는 이것을 유형Typus이라고 한다. 가장 최상의 의미가 부여된 유형은 신적인 영웅의 형상으로 표현된다. 이러한 영웅의 형상에 해당되는 것이 서양에서는 그리스도이다.

>…그가 죽은 자를 깨운다
> 아직 죽음의 조야함에 붙들리지 않은 자들을…
>
> 내가 믿는 대로, 그렇게
> 이제 천상의 존재들이 나를 사랑한다면…
>
> …조용함은 그의[35] 징후
> 천둥 치는 하늘에서, 그리고 한 사람이 그 아래에 내내
> 평생 동안 서 있다.
> 아직 그리스도가 살아 있기 때문.

그러나 기적의 약초를 축복된 한 서쪽 나라에서 가져오다가 악마인 뱀에게 빼앗긴, 그 옛날의 길가메시처럼, 횔덜린의 시는 하나의 고통스러운 절규로 끝난다. 이 비탄의 소리는 그가 그림자로 하강한 후 현세로의 부활이 뒤따르지 않는다는 것을 우리에게 말해주고 있다.

> …굴욕적이게도
> 어떤 위력이 우리의 마음을 앗아간다.
> 천상의 존재들이 각기 희생을 원하기 때문이다.

우리가 은은한 기쁨과 안락함이 있는 어린 시절만을 되돌려오고 싶은 회고적인, 바로 그 갈망을 희생해야 한다는 인식이 시인에게는 너무 늦게 생긴 것이다. 그 갈망의 희생은 '천상의 존재'가 우리로부터 제물을 앗아가기 전에, 그래서 그들이 전체 인간을 데려가기 전에 이루어져야 했던 것이다.

그림 116. 뱀의 비의.
폼페이의 집 수호신을 모시는 제단.

그렇기 때문에 나는 이것을 무의식이 우리의 작자 미스 밀러에게 준 현명한 충고라고 부르는 것이다. 그것은 그녀의 영웅이 죽게 내버려 두라는 것이었다. 그는 퇴행적이며 유아적인 몽상이 의인화된 것일 뿐이기 때문이다. 그는 실제로 이 세계에서 고개를 돌리기 위해 무의식의 원초적 바다에서 나온 또 다른 세계를 낚아 올릴 의도를 나타내지도 않았을 뿐 아니라 그럴 만한 능력도 가지고 있지 않았다.

그것이야말로 진정한 영웅의 행위였을 것이다. 이와 같은 희생은 오직 삶에 대한 전적인 헌신에서만 일어난다. 이때 모든 자족적인 유대 속에 맺어진 리비도가 좁은 영역으로부터 나와 넓은 세계로 흘러가도록 해야 하는 것이다; 왜냐하면 개인이 자신의 어린 시절에 하나의 회

전체계 안에서 함께 돌아가던 부분이었다가 이제는 자라나서 그 스스로가 새로운 체계의 중심이 된다는 것은 개인의 안녕을 위해 필요하기 때문이다. 그와 같은 발걸음은 분명 성애적erotische 문제의 해결이거나, 혹은 적어도 이에 대한 고려를 포함하고 있다. 그 이유는 만일 이런 것이 일어나지 않는다면, 쓰이지 않는 리비도가 어쩔 수 없이 부모에 대한 무의식적인 족내혼적 관계에 막혀 있어서 개인을 현저하게 구속하게 되기 때문이다. 우리는 그리스도의 가르침이 사람들로 하여금 그의 가족과 분리시키고자 한다는 사실을 알고 있고 또한 니고데모와의 대화에서 퇴행에 상징적인 의미를 부여하려고 한 예수의 특별한 노력을 보았다. 두 가지 경향은 같은 목표, 말하자면 인간을 가족에 대한 결속으로부터 해방시키려는 목표에 이바지한다. 그것은 더 높은 통찰이 아니라, 유아적 감정의 유약함과 무절제에 해당한다. 인간이 어린 시절의 환경에 고착된 자신의 리비도를 내버려두어 더 높은 목표들에 이르도록 해방시키지 못한다면, 그는 무의식적 강박성의 영향을 받게 된다. 무의식은 그가 어디에 있든, 그의 콤플렉스의 투사를 통해서 그에게 언제든 다시 유아적 환경을 만들어낸다. 그럼으로써 부모와의 관계에서 나타났던 의존성과 부자유가 자신의 절실한 관심에 반해서 언제나 다시 새롭게 나타나게 된다. 그의 운명들은 그의 손을 거쳐 일어나는 것이 아니다; 그의 행운과 운명Τυχία καὶ Μοῖραι은 말하자면 별들에게서 주어진 것이다. 스토아 학파 철학자들은 이러한 상태를 에이마르메네εἱμαρμένη(Heimarmene: 숙명, 사명Bestimmung), 즉 모든 '구원받지 못한 자'에게 내려진 운명의 별의 강요라고 이름하였다. 그렇게 원시적인 형태로 고착된 채 남아 있는 리비도는 인간을 그에 상응하는 깊은 단계, 다시 말해 자제심을 잃고 정감에 내맡겨진 상태에 있게 한다. 그것이 고대 그리스·로마 시대가 끝날 무렵의 심리적인 상황이었고, 그 시

대의 구세주와 의사는 인간을 그러한 숙명에서 해방시키려고 노력하던 자였다.[36]

만일 미스 밀러의 환영이 희생의 문제를 대상으로 삼는다면, 이것은 우선 개별적인 문제일 것이다; 그러나 우리가 이러한 작업이 일어나는 형식Form으로 시선을 돌린다면, 우리는 여기에 보편적으로 전 인류가 문제시해야 할 것이 있다는 것을 알게 될 것이다. 왜냐하면 상징들—말을 죽이는 뱀과 자발적으로 자기를 희생하는 영웅—은 무의식에서 샘솟는 신화들의 형상들이기 때문이다.

세계와 모든 존재하는 것이 직접적으로 표상의 창조물인 한, 과거를 되돌아보며 그리워하는 리비도를 희생함으로써 세계의 창조가 생겨난다. 뒤를 돌아보는 자에게 세계는, 별이 반짝이는 하늘 그 자체도, 다시금 그의 위로 몸을 구부리고 사방에서 그를 감싸는 어머니가 된다. 그리고 이러한 상像과 상을 향한 그리움을 포기함으로써 근대적인 인식에 상응하는 세계의 상이 생겨난다. 이와 같은 단순한 기본적 사고에서 우주적 희생의 의미가 나타난다. 그 좋은 예가 용으로 등장하는 바빌로니아의 원초적 어머니, 티아마트Tiâmat(그림 117)의 살해이다. 용의 주검이 하늘과 대지를 형성하도록 정해져 있다.[37]

우리는 이러한 생각을 인도의 가장 오랜 철학에서, 즉 『리그베다』의 노래들에서 가장 완성된 형태로 만나게 된다. 노래(10, 81, 4)는 이렇게 묻는다.

> 그로부터 대지와 하늘이 조각되어 잘린,
> 그것이 목재였던가, 나무였던가?
> 그대 지혜로운 자들, 그들의 정신 안에서 이것을 탐구하라…[38]

그림 117. 티아마트Tiâmat와 싸우는 마르둑Marduk.
앗시리아의 인장 원통.

미지의 나무에서 세계를 창조한 만물의 창조주 비슈바카르만 Viçvakarman은 그 창조를 다음과 같이 행하였다.

> 제물〔일체의 세계〕을 바치면서, 지혜로운 제관祭官으로
> 모든 존재 속으로 내려간 우리의 아버지,
> 그는 기도로써 재화財貨〔만물〕를 원하면서
> 최초의 것〔태초의 창조물〕을 감싼 채 낮은 세계〔후대의 창조물〕 속으로 들어갔다.
> 그러나 무엇이 〔그로써 창조주가 일체를 바라보는〕 그의 근거지로…
> 무엇이, 어떻게 그의 지렛대의 거점으로 이바지하였던가…?

『리그베다』(10, 90)는 이 물음들에 대답한다: 푸루샤Purusha(남자 혹은 인간)는 근원적 존재이다. 그것은,

> 대지의 모든 곳을 빙 둘러 덮고,
> 열 손가락 높이〔하늘의 가장 높은 점點〕 그 너머로 흐른다.

푸루샤가 세계를 밖에서 둘러싸고 있는 일종의 플라톤적인 세계의 혼Weltseele임을 알 수 있다.

> 그는 태어나자 세계 위로 우뚝 솟았다.
> 앞으로, 뒤로 그리고 도처에.

모든 것을 둘러싸는 세계혼으로서 푸루샤는 또한 모성적인 특성을 갖는다. 근원적 존재로서 그는 정신적 원초적 상태를 나타낸다: 그는 둘러싸는 존재이면서 동시에 이미 둘러싼 것이다. 즉, 어머니와 태어나지 않은 아이, 구별되지 않은[구분되지 않은] 무의식적 상태다. 그러한 존재인 그는 끝나야 하고, 그는 동시에 퇴행적인 그리움의 대상이므로 희생되어야 한다. 그럼으로써 구별된 존재, 즉 의식의 내용이 생성될 수 있는 것이다. 이러한 가정에서 다음과 같은 내용이 설명된다.

> 태초에 생성된 푸루샤는
> 희생동물로서 짚이 깔린 제대 위에 봉헌되고,
> 거기에 함께 모여 있는 신들, 저승의 영들
> 그리고 현인들이 그를 희생한다.

이 시 구절은 놀랄 만하다. 우리가 이 신화소를 논리의 고문대에 팽팽하게 잡아두려 한다면, 좋든 싫든 신화소에 폭행을 가하게 될 것이다. 신神들 말고도 범상한 '현인들'이 원초적 존재들을 '희생시키려' 온다는 것은 이제껏 듣지 못한 환상적인 관념이다. 이는 앞으로 우리가 더 살펴보겠지만, 태초에 원초적 존재 외에 아무것도 존재하지 않았다는 (즉, 희생 이전에) 정황을 도외시하더라도 그러하다. 그런데 만일 그것이 모든 정신의 원초적 상태의 커다란 비밀을 의미한다고 한다면, 모든 것이 분명해진다.

> 완전히 타버린 희생동물인 그로부터
> 굳기름이 섞인 제물의 즙이 흘러나오고,
> 거기서 동물들이 공기 속에서 창조되었고
> 숲에 살며 터전을 잡는다.
> 완전히 타버린 희생동물인 그로부터
> 송가와 찬미가 생겨났고,
> 화려한 선율의 노래들도 모두 그로부터 나왔다.
> 희생의 주문에 대한 것도 포함되어 있다.
>
> 그의 마나스Manas(마음)에서 달이 나왔고,
> 그의 눈은 이제 태양으로서 볼 수 있고,
> 그의 입에서 인드라Indra와 아그니Agni가 나왔고,
> 그의 숨결에서 바람인 바유Vâyu가 나왔다.
> 대기의 제국이 그의 배꼽에서,
> 하늘이 그의 머리에서 생겨났고,
> 발에서 대지가,
> 귀에서 양극이 생겼으니,
> 이렇게 세계들이 만들어졌다.[39]

이것이 물리적인 것이 아니라, 심리학적인 우주 진화론이라는 것은 명백하다. 세계는 인간이 세계를 발견할 때 생겨나는 것이다. 그러나 인간은 원초적인 어머니Urmutter 안에서의 그의 은폐를, 말하자면 원시

적이고 무의식적인 상태를 희생할 때 세계를 발견한다. 인간을 이러한 발견으로 몰아간 것을 프로이트는 '근친상간 차단Inzestschranke'이라고 해명했다. 근친상간의 금지는 어머니를 향하는 유아적 갈망을 차단하고 리비도를 생물학적인 목표의 궤도로 가도록 강요한다. 근친상간의 금지에 의해 어머니에게 강탈당한 리비도는 금지된 어머니 대신에 성적인 대상을 찾는다. 프로이트의 다음과 같은 역설적인 문장은 아마도 '근친상간 금지', '어머니' 등의 비유어로 표현되는 의미에서 해석될 것이다: "근원적으로 우리는 오로지 성적인 대상만을 알고 있었다."[40] 이 문장은 우리가 남성과 여성에 대해 서로 맞추는 열쇠 등으로 말하는 것처럼 단지 성욕주의적 비유 이상의 것이 아니다. 그것은 단순히 성인의 부분 진실을 완전히 다른 종류의 유아적 상태에 거꾸로 옮긴 것뿐이다. 프로이트의 견해를 글자 그대로 이해한다면 그것은 옳지 않다. 더 초기 시기에는 먹여주는 젖가슴을 알고 있다는 것을 더 정확하게 말했어야 했기 때문이다. 젖먹이가 젖을 빨면서 쾌감을 느낄 때, 그것이 성적 쾌감이라고 말할 어떤 근거도 없다. 왜냐하면 쾌감은 여러 상이한 원천에서 나올 수 있기 때문이다. 아마도 애벌레는 성적인 기능을 갖고 있지 않음에도 불구하고 먹는 것으로 매우 만족할 것이며, 영양 공급의 본능Nutritionsinstinkt은 성적 충동과는 전혀 다르다. 보다 후기의 성적 단계가 더 초기의 활동에서 무엇을 만들든 상관없다. 예를 들어 키스는 성생활에서 기원했다기보다는 오히려 먹여주는 행위에서 기원한다고 할 수 있다. 그러고 보면 '근친상간 차단'은 매우 의심스러운 가설이 된다(그것이 노이로제 상태에 대한 기술에 알맞다고 하더라도). 왜냐하면 근친상간 차단은 발명된 것이 아니라, 소위 계층간 결혼 위계 체제Heiratsklassensysteme의 성립과 연관이 있는 복잡한 생물학적 필수성들을 근거로 자연스럽게 생겨난 문화의 산물이기 때문이다. 이 결혼체계는 결코 근친상간을 저지하려는 것을 목적으로 하는 것이 아니라, 오히려 족내혼의 위험성을 '교차 종형제 결혼cross-cousin-marrige'으로써 예방하려는 것이다. 외삼촌의 딸과의 전형적인 결혼은 어머니, 혹은 누이를 소유하려는 바로 그러한 리비도에 의해서 실행되는 것이다. 따라서 문제는 원시인들에게서 난혼亂婚에 빠져들 기회가 많은 근친상간을 피하는 것이 문제가 아니라, 오히려 가족 조직을 전체 종족으로 확대하는 사회적인 필요가 문제인 것이다.[41]

그러므로 인간을 구분되지 않은 정신적인 원초적 상태에서 빠져나오도록 한 것은 근친상간의 금기가 아니다. 그것은 인간 고유의 발전하고자 하는 충동이었고, 이것이 인간을 다른 동물과 근본적으로 구분하며, 그것은 또한 인간에게 무수한 금기를 강요했는데, 근친상간의 금기는 그중 하나인 것이다. 원시적이고 덜 의식된 인간의 특징들인 본능적 보수주의와 혐신증嫌新症, Misoneïsmus(새로운 것을 혐오하는 증후)을 갖고 있는 '동물적'인 인간은 이러한 '다른' 충동을 거역한다. 우리의 지나친 진보광進步狂은 또한 그에 상응하는 병적인 보상을 나타낸다.

프로이트의 근친상간 이론은 리비도의 퇴행에 수반하는 특정한 환상들, 특히 히스테리 환자의 개인적 무의식에 특징적인 환상들을 기술하고 있다. 어떤 일정한 도정에서 히스테리성 관점이 왜 그렇게 결함이 많고 부적합한지를 분명하게 입증해주는 유아적-성적 환상들이 발견된다. 이 환상들은 그림자를 노출한다. 당연히 이러한 보상의 언어는 극화되고 과장된다. 이러한 환상에서 도출된 이론은 히스테리 환자의 견해와 일치된다. 그런데 개체는 바로 그러한 견해 때문에 신경증적인 것이다. 따라서 우리는 프로이트가 했던 것 같은 이런 표현 방식을 그리 심각하게 받아들이지 않아야 한다. 그런 표현 방식은 이른바 히스테리 환자의 성적인 외상과 마찬가지로 있을 법하지 않은 것이다. 더구나 신경증적 성 이론은 드라마의 대단원이 모태(자궁)로의 회귀로 끝난다는 사실을 통해서 극복된다. 모태로의 회귀는 대개 자연스러운 통로per vias naturales로 일어나게 되는 것이 아니라, 입을 통하여per os, 즉 잡아먹힘, 그리고 집어삼켜짐의 결과다(그림 118). 그럼으로써 랑크의 이론대로 보다 더 유아적인 변이로 나타나는 것이다.

여기서 중요한 것은 단순한 임시변통을 위한 알레고리Verlegenheits-allegorik가 아니라, 퇴행이 보다 더 깊게, 시간적으로 성性보다 더 이전의, 영양공급 기능층에 이르고 그때부터 젖먹이의 체험 세계 속으로 표현된다는 점이다: 퇴행의 성적인 비유어는 퇴행이 진행되면서 영양섭취와 소화기능의 은유로 변환된다. 이것은 단순한 말투façon de parler에 불과하다고 간주될 수 없는 것이다. 소위 근친상간 성향을 수반한 오이디푸스 콤플렉스는 이 단계에서는 요나-고래-콤플렉스로 변환하는데, 요나-고래-콤플렉스에는 아이들을 잡아먹는 마녀, 늑대, 식인귀Oger, 용 등 여러 가지의 변이가 있다. 근친상간에 대한 공포는 어머니에게 잡아먹히게 되는 공포로 변한다(그림 119).

퇴행하는 리비도는 점차 성적 단계 이전인, 초기 신생아 단계까지 소급됨으로써 외관상 탈성욕화하는 것처럼 보인다. 또한 퇴행하는 리비도는 여기서도 멈추지 않고 자궁 내의, 즉 출생 전의 상태까지 되돌아가는데(글자 그대로 받아들여서는 안 된다!), 이는 개인 심리학의 영역을 떠나 집단적인 정신으로 들어가는 것을 의미한다. 즉, 요나는 고래의 배 속에서 비의, 즉 '집단적 표상représentations collectives'을 본다. 리비도는 그렇게 해서 일종의 원초적 상태에 이르고, 그 상태에서 지하세계를 순례하던 테세우스와 페이리토스처럼 리비도는 아물어 굳어질 수 있다. 그러나 리비도는 모성적인 휘감김에서 다시 풀려나올 수 있으며 새로운 삶의 가능성을 갖고 표면으로 떠오를 수 있다.

그림 118. 집어삼키는 괴물.
석상. 벨라한Belahan, 동-자바.(11세기)

근친상간 환상과 자궁 환상에서 실제로 일어나는 것은 리비도의 무의식으로의 침하沈下이다. 리비도는 무의식 속에서 한편으로는 개인적이고 유아적인 반응들, 정감들, 의견들과 태도들을 유발시키고, 다른 한편으로는 신화가 예로부터 가지고 있는 보상하고 치유하는 의미를 지닌 집단상들(원형들)을 되살린다. 프로이트는 신경증의 본체에 놀라울 정도로 들어맞는 그의 신경증 이론을 너무도 신경증적 관점에 의지해서 만들었다. 사람들이 바로 그 신경증적 관점들 때문에 병들었는데도 말이다. 그로 인해서 신경증의 동인動因, causa efficiens이 마치 먼 과거에 있는 것 같은 인상을 주게 된다(이것이 바로 노이로제 환자에게 훌륭하게 맞는다). 실제로는 신경증은 날마다 새롭게 제조된다. 그리고 그것도 잘못된 태도를 통해서 제조된다. 그 잘못된 태도란 신경증 환자가 그 잘못된 태도로 행하는 것과 똑같이 생각하고 느끼면서 자신의 신경증 이론을 정당화시키는 데 있다.

이야기가 다른 길로 나갔지만 이제 『리그베다』 노래로 다시 돌아가자. 『리그베다』(10, 90)는 기독교 비의에 아주 중요한 의미가 있는 시로 끝을 맺고 있다.

> 희생제의를 하며 신들은 제물에게 경의를 표한다.
> 이 제물은 희생제의 중 최초의 것이었다;
> 그들은 이 강력한 존재를 하늘에 이르게 한다.
> 늙은, 축복된 신들이 소요하는 곳으로[42]

희생으로 인해 충만한 힘을 얻게 되고 신들의 힘에 다다른다. 희생에 의하여 세계가 생성되었듯이, 즉 어린 시절에 대한 개인적 유대를 버림으로써, 『우파니샤드』의 가르침에 따르면 불멸의 상태라고 부를

그림 119. 인간을 잡아먹는 칼리Kali 여신.
인도의 민속예술.

수 있는 인간의 새로운 상태가 생긴다. 인간의 현존 이후의 이러한 새로운 상태는 다시 또 하나의 희생, 즉 우주적 의미가 부여된 준마駿馬를 제물로 바침으로써 도달된다. 희생된 준마가 무엇을 의미하는지 『브리하다라냐카-우파니샤드Bṛihadâraṇyaka-Upanishad』(1, 1)는 이렇게 말한다.

옴Om!

1. 진실로 아침노을은 희생말의 머리로다. 해는 그의 눈이요, 바

람은 그의 숨결이요, 그의 목구멍은 모든 곳에 퍼진 불이요, 일 년은 희생말의 몸이로다. 하늘은 그의 등이요, 공간은 그의 복강, 대지는 활처럼 둥근 그의 배; 양극은 그의 옆구리들, 극간은 그의 갈빗대, 계절은 그의 사지, 달과 보름은 그의 관절, 밤과 낮은 그의 발, 별들은 그의 골격, 구름은 그의 살. 그가 소화시킨 사료는 광야의 모래가 되고 강은 그의 혈관이 되고, 그의 간과 허파는 산맥을 이루고 풀과 나무들은 그의 갈기가 되었다. 떠오르는 태양은 그의 앞부분이고, 지는 해는 그의 궁둥이 부분이다. 말이 나타나면, 그것이 번개요, 말이 부르르 떨면, 그것이 천둥이요, 그가 소변을 보면, 그것이 비다. 그의 목소리는 연설이다.

2. 낮은 참으로, 말을 위해, 그의 앞에 놓여 있는 제물 접시로서 생겨났다: 그의 요람은 아침을 향해 가는 세계의 바다에 있다; 밤은 말을 위해 말의 뒤에 놓여 있는 제물 접시〔제물을 바치는 접시〕로 생겨났다: 그의 요람은 저녁을 향한 세계의 바다에 있다; 이 두 개의 접시는 말을 둘러싸기 위해 생겨났다. 준마로서 그가 신들을 끌며, 투사로서 간다르바Gandharven〔힌두교의 반신半神〕들을 끌고, 질주자로서 데몬들을 끌며, 말로서 인간들을 끈다. 대양은 그의 동족이요, 대양은 그의 요람이다.[43]

도이센이 주목했듯이, 준마의 희생은 '우주의 포기'를 의미한다. 준마가 희생될 때 세계는 희생되며 파괴된다―이는 쇼펜하우어의 머리에 떠오르기도 한 사유과정이다. 위의 본문에서 준마는 두 개의 제물을 담는 접시 사이에 있다. 접시 중 하나로부터 준마는 오고, 또 하나를 향해 준마는 간다. 이는 마치 아침에 떠오른 태양이 저녁으로 가는 것과 같다(7권의 그림 11). 말은 인간이 타기도 하고 일을 시키기도 하는 동물이다. 인간은 '마력馬力'에 따라 에너지를 측정한다. 따라서 준마는 인간에게 쓰도록 제공된 에너지 값[價]을 의미한다. 그러므로 말은 세계로 들어간 리비도를 나타낸다. 위에서 우리는 세계를 생산하기 위해서 어머니에게 매여 있는 리비도가 희생되어야 한다는 것을 알았다; 여기서는 처음에 어머니에게 속했다가 그 다음에 세계로 들어간 리비도를 재차 희생시킴으로써 세계가 지양된다. 그러므로 준마는 이 리비도의 상징이라고 볼 수 있다. 우리가 위에서 보았듯이, 어머니와 여러 방면에서 관계를 맺기 때문이다.[44] 준마의 희생을 통해서 세계 창조 이전의 내향화와 같은 그러한 내향화 단계에 다시 접어들게 된다. 출산하며 집어삼키는 어머니를 나타내는 두 개의 접시 사이에 있는 준마의 위치는 알 속에 둘러싸여 있는 생명의 상을 암시한다. 그렇기 때문에 두 개의 접시는 준마를 '둘러싸도록' 예정되어 있다. 실제로 이것을 증명하는 문헌 『브리하다라냐카-우파니샤드』(3, 3)에 다음과 같은 기록이 있다.

1. "파리크쉬트Parikshit의 후예들은 어디로 갔는가?" 내가, 너 야즈나발캬Yâjñavalkya에게 묻노라! "파리크쉬트의 후예들은 어디로 갔는가?"―

2. 야즈나발캬가 대답하기를: "그가 당신들에게 말했습니다. 그들은 준마가 제물로 바쳐지는 곳으로 가서 그곳에 이르렀다고. 말하자면 이 세계는 신들의 (태양의) 마차로 32일 동안이 걸릴 정도로 넓습니다. 이 (세계)는 대지를 두 번 둘러쌀 정도

로 넓고, 이 대지는 대양을 두 번 둘러쌀 만큼 넓습니다. 바로 그곳에 면도칼날 혹은 한 마리 파리의 날개만 한 넓이의 공간 (세계알의 두 껍질들)이 사이에 있습니다. 이제 그들(파리크쉬트의 후예들)을, 매의 모습을 한 인드라Indra는 바람에게 데려가고; 바람은 그들을 품어서 말을 제물로 바치는 자들이 있는 곳까지 데려다줍니다. 그는 이런 비슷한 말을 하며 (간다르바가 당신들에게) 바람을 칭찬하였습니다."—

그러므로 바람은 특수성vyashṭi이면서, 보편성samashṭi인 것입니다. 이것을 알고 있는 자는 다시 죽는 것을 막을 수 있습니다!—[45]

이 본문이 말하고 있듯이, 말을 제물로 바치는 봉헌자들은 세계알의 껍질 사이에 있는 아주 좁은 그 균열로, 즉 합쳐지는 동시에 갈라지는 곳으로 간다.[46] 매의 모습으로 소마Soma(쉽게 얻을 수 없는 보배)를 붙잡아온 인드라는 영혼의 인도자Psychopompos로서 영혼을 바람에게, 즉 생산하는 프네우마에게, 또한 개별적이고 우주적인 프라나prâna[47](생명의 입김)에게 데려다주어, 마침내 '반복되는 죽음'으로부터 벗어나게 한다. 이러한 사유의 과정은 수많은 신화들의 의미를 간추린 것이다; 동시에 인도 철학이 어떤 의미에서는 얼마나 정제되고 승화된 신화론인가 하는 탁월한 예가 된다.[48] 미스 밀러의 드라마에서는 영웅의 동물적인 형제인 말이 먼저 쓰러진다. (길가메시의 형제 같은 친구, 반수半獸의 엔키두Enkidu가 먼저 죽는 것과 일치된다.) 이러한 희생적 죽음은 신화적인 동물 희생의 모든 범주를 떠올리게 한다. 동물 희생은 단순히 제물을 선사하는 원시적인 의미를 떠나서 더 숭고한 종교적인 의미를 갖추게 되었는데, 영웅이나 신격과 내적인 관계를 가지고 있다. 동물은 신 자신을 대변하기도 한다. 황소는 자그레우스-디오니소스Zagreus-Dionysos와 미트라스를, 양은 그리스도를 나타내는 것 등.[49] 동물을 희생시킨다는 것은 동물적 성질, 즉 본능적인 리비도를 희생하는 것이다. 이는 아티스 제식의 성담에 가장 분명하게 표현된다. 아티스는 신들의 어머니 아그디스티스-키벨레Agdistis-Kybele의 아들이자 연인이다. 그에 대한 사랑에 빠져 광기를 주는 어머니에 의해 극도로 흥분한 그는 자신을 거세한다. 그것도 소나무(가문비나무) 아래서. 소나무는 그의 제식에서 중요한 역할을 한다(그림 120); 해마다 소나무 한 그루가 화관으로 장식되고, 아티스의 상이 나무에 걸린다. 그런 다음에 그 소나무를 잘라 쓰러뜨린다.

키벨레는 이 쓰러진 나무를 가져다 그녀의 동굴에 놓고 거기서 애도하며 운다. 이러한 맥락에서 나무는 분명 어머니 키벨레가 자신의 동굴, 즉 모성적인 품으로 다시 데려온 아들을 의미한다―어떤 이본異本에서는 아티스가 소나무로 변환되어 있다. 그러나 나무에는 동시에 어머니의 의미가 부여된다. 아들, 또는 아들의 상이 나무에 걸려 있는 것은 아들과 어머니의 하나됨을 나타내기 때문이다. 이러한 상은 일상적인 언어에서도 사용된다: 우리는 "어머니에 매달린다." 소나무를 베어 넘기는 것은 곧 거세와 유사하고 그렇기 때문에 거세를 떠오르게 한다. 이때 나무는 어쩌면 남근적인 의미를 더 많이 가질지 모른다. 그러나 나무는 우선 어머니를 의미하므로 나무를 벤다는 것은 어머니의 희생이라는 의미에 적합하다. 이와 같이 풀기 힘든 얽힘과 의미의 상호교차들은 그것을 리비도라고 하는 공통분모에 갖다 놓음으로써 어느 정도 해결될 수 있다. 이 공통분모는 리비도이다. 아들은 어머니를 향한 그리움을 의인화한다. 그것도 그러한 상황, 혹은 그와 비슷한 상황에 있는 한, 개체의 정신 안에서의 의인화이다. 어머니는 아들에 대

그림 120. 성스러운 아티스의 나무.
키벨레-제단에 새겨진 양각화.

한 (근친상간적인) 사랑을 의인화한다. 나무는 한편으로는 어머니를, 다른 한편으로는 아들의 남근을 체현한다. 남성의 음경membrum virile 은 그 자체로 아들의 리비도를 보여주는 것이다. 소나무의 벌목, 즉 '거세'는 불가능한 것, 혹은 목적에 맞지 않는 것을 추구하는 리비도의 희생을 의미한다. 그러니까 신화는 그의 형상들의 배치와 특성을 통하여 주로 무의식 안에서 일어나는 퇴행하는 리비도의 운명을 기술한다. 이때 의식에서는 꿈에서처럼 본질적으로 리비도의 경향과 흐름을 가시화하는 극적 인격이 나타난다. 모든 인물들의 결정적인 원동력은 리비도이다. 리비도는 그의 형상들을 리비도의 단일성으로써 밀접하게 결합하여, 일정한 속성이나 활동들이 쉽게 하나의 형상에서 다른 형상으로 옮겨 가게 할 수 있다. 이것을 직관적으로 파악하는 데는 아무 문제가 없으나 논리적으로 설명하자면 끝없이 어려운 것이다.

희생을 하도록 자극하는 것은 지금까지 우리가 살펴본 바에 의하면 이 아들을 미치게 만들고, 그래서 자해를 강요하는 어머니에서 비롯된다. 어머니는 근원적 존재로서 의식에 대한 무의식을 표현한다. 따라서 신화는 희생의 충동이 무의식으로부터 나온다는 사실을 말하고 있다. 이것은 퇴행이 삶을 역행하고 개인 인격의 본능적인 토대에 장해를 준다고 이해하면 될 것이다. 그 결과 그에 대한 보상작용이 상용할 수 없는 경향의 강력한 억압의 형태로 생겨난다. 여기서 다루어지고 있는 문제는 자연적이고 무의식적인 과정, 즉 본능적 성향들의 충돌과 대결이다. 이에 대해서 의식적인 자아Ich는 일반적으로 이러한 리비도의 움직임들을 인지하지 못하므로 대개 수동적으로 내맡겨져 있다. 그래서 의식 안에서 동참하지 못한다.

오비디우스는 소나무에 대해 다음과 같이 말하고 있다.

> 오직 뾰족한 잎들로 장식되고 신들의 어머니에게 가치 있는 것.
> 왜냐하면 키벨레의 아티스가 이 나무에서 인간다움을 잃었고,
> 이 나무줄기 아래서 굳어져버렸기에.[50]

소나무로 변한 것은 오시리스가 히스 덤불로 둘러싸인 것처럼 어머니 안에 매장된 것을 의미한다(그림 64). 코블렌츠에 있는 아티스 부조[51]에는 아티스가 어떤 나무에서 자라 나오는 것 같은 장면이 있다. 만하르트Wilhelm Mannhardt[52]는 그 속에서 나무 안에 내재하는 식물의 누멘으로 보고자 했다. 그것은 아마도 미트라스의 경우처럼 단순히 나무에서의 탄생일 수 있다(그림 77의 헤더른하임의 양각화와 비교). 피르미쿠스 마테르누스Firmicus Maternus의 보고처럼 나무와 그림Bild은 이시스와 오시리스 제의와 동정녀 페르세포네 제의에서 어떤 역할을 하고 있다.[53] 디오니소스는 나뭇가지 모양의 돌기라는 별칭을 갖고 있었고 보

에타에서는 그를 엔덴드로스ἔνδενδρος로 불렀는데[54], '나무 속에서'라는 뜻이다. 디오니소스 신화와 결부된 펜테우스의 전설은 아티스의 죽음과 그 뒤의 애도의 눈물에 대해 주목할 만한, 보충적인, 대립되는 부분을 담고 있다. 호기심에서 바쿠스를 섬기는 무녀들의 광란적 비의를 몰래 훔쳐보려던 펜테우스[55]는 소나무 위로 기어오른다. 그러나 그는 어머니에 의해 발각되고 무녀들은 그 나무를 자른다. 그리고 그는 짐승으로 간주되어 무녀들에 의해 마구 찢겨졌다[56]; 제일 먼저 그에게 달려든 여자가 그의 어머니였다.[57] 이 전설에는 나무의 남근적인 의미(나무를 베어냄 = 거세), 나무의 모성적 성질(나무는 펜테우스를 짊어진다), 그리고 나무의 아들과의 동일성(나무를 베어냄 = 펜테우스의 죽음)이라는 의미가 있다; 동시에 여기에는 피에타Pieta[예수의 시체를 들고 슬퍼하는 마리아 상]의 보충적이며 대립되는 부분, 즉 무서운 어머니가 나타난다. 아티스의 축제는 애도로서, 그리고 봄의 기쁨의 축제로서 열린다(그리스도 수난 성 금요일과 부활절). 아티스-키벨레-제의Attis-Kybele-Kult의 사제들은 거세된 자들로 갈로스들Galloi이라고 불렸다.[58] 제일 우두머리 갈로스Archigallos는 아티스Atys[59]라고 불렸다. 매년 거세하는 대신 사제들은 팔을 그어 피를 낸다(남근 대신 팔, "팔을 비튼다"[60]). 충동을 희생시키는 그런 비슷한 상징을 우리는 미트라스 종교에서도 만난다. 여기서 비의의 중요한 부분들은 황소를 붙잡고 길들이는 것으로 표현된다. 미트라스와 유사한 인물은 태초의 인간, 가요마르트Gayomart(케유마르스)이다. 그는 자신의 소와 함께 창조되었다. 그리고 둘은 행복하게 6천 년 동안 함께 살았다. 그러나 일곱 번째의 황도대에 위치한 천칭자리Libra의 시대로 접어들자, 악의 원리가 침입하였다. 천칭자리는 점성술적으로 소위 비너스(금성)의 좋은 거주지이므로 악의 원리는 어머니의 성애적인 면을 의인화한 사랑의 여신의 지배하에 들어간다. 우리가 보았듯이, 이러한 측면은 정신적으로 매우 위험하기 때문에, 아들에게 전형적인 파멸이 일어나는 것이다. 이러한 배치에 의하여 30년 후에 가요마르트와 그의 소가 죽었다(차라투스트라의 시험도 30년이 걸린다). 죽은 소에서 55개의 곡식의 종류와 12가지의 약초 등이 나왔다. 황소의 정자는 정화하기 위하여 달로 들어가지만, 가요마르트의 정자는 해로 들어간다. 이러한 경우는 황소의 숨겨진 여성적 의미를 암시하는 것 같다. 고쉬Gosh 혹은 드르바쉬파Drvâshpa는 황소의 영혼이며 여성적 신격으로 숭배된다. 차라투스트라의 도래가 다행스럽게도 고지되기 전까지 황소의 혼은 처음에는 소심하여 가축 무리의 여신이 되려고 하지 않았다. 이와 유사한 내용으로 대지에 크리슈나Krishna의 도래를 약속하는 것이 인도의 푸라나Purâna에 있다.[61] 황소의 혼은 사랑의 여신, 아르드비슈루아Ardvîçûrua처럼 마차를 타고 다닌다. 여기서 황소 아니마는 확실히 여성적인 것 같다. 점성술적으로 타우루스Taurus[황소]는 마찬가지로 비너스의 거주지이다. 가요마르트에 관한 신화는 변화된 형태로 스스로 수태하고 재탄생하는 양성적 신격의 폐쇄원의 원초적 표상을 반복하고 있다.

제물로 바쳐진 황소처럼 불은, 우리가 '리비도의 변환'[『기본 저작집』 7권]이라는 제목의 장에서 불의 희생에 관해 이미 거론한 바 있거니와, 중국에서는 여성적인 성질을 가지고 있다. 철학자 장자莊子, Tschuang Tse의 주해에 이르기를: "아궁이 신을 기Ki(편모변발編毛鬣髮 Haarflechte)[髻: 상투 계, 부엌귀신 결, 두 가지 뜻이 있다]라고 부른다[『장자』 「달생達生」에서]. 그것은 불과 같은 선홍색 옷을 입고, 마치 귀엽고 사랑스러운 처녀처럼 보인다"[「석문釋文」, 사마司馬의 말]고 했다. 『예기禮記, Buch der Riten』[제10편 「예기禮器」]에는 이런 말이 있다: "장작은 아우-신Au-Geist [au → ao: 아마도 오奧: 중국 가옥에서 제사 지내는 가장 깊숙한 곳, 오奧는 부뚜막

찬竈과 통하며 음식 만드는 신인 노부老婦를 뜻한다)을 위해 불꽃을 내며 태워졌다. 아우Au,奧를 위한 제물은 (죽은) 노부인들에게 바쳐지는 제물이다."[62] 이러한 아궁이 및 불의 귀신들은 죽은 요리사의 영혼들이며, 그렇기 때문에 '늙은 부인들'이라고 불린다. 부엌신은 불교 이전의 전승에서 발전해온 것으로 나중에는 (남성적) 가족의 지배자이자 가족과 신 사이의 중개자가 되었다. 그래서 늙은 여성의 특성으로 드러나는 불의 귀신은 일종의 로고스이자 중개자이다.

황소의 정자에서 소종족의 부모가 나타났고, 이로운 272종의 동물들이 나왔다.[63] Mînôkhired(Mainyo-i-Khard)[64]에 따르면 가요마르트는 사악한 욕망의 악령으로 보이는 데브 아추르Dév Azûr를 파괴하였다. 마찬가지로 악령 아치Azi는 차라투스트라의 영향에도 불구하고 지상에서 최대한 견뎌내었다. 그러나 그는 부활이 일어난 때에 마침내 파괴되었다(「요한계시록」에 나오는 사탄처럼); 다른 원전에 보면, 앙그로 마이니우스Angro Mainyus와 뱀들이 최후까지 남아 있었지만 결국 아후라 마즈다Ahura Mazda에 의해 죽게 된다.[65] 케른Kern의 추측에 따르면 차라투스트라는 '중무릇Goldstern〔황금별 백합과 식물〕'이라고 불렸다고 하며 미트라스와 동일시되었다고 한다.[66] 미트라스의 이름은 태양과 사랑을 의미하는 현대 페르시아어, 미르mihr와 관련이 있다.

우리는 자그레우스에게서 황소가 신과 동일하다는 것을 보게 된다. 그렇기 때문에 황소를 희생하는 것은 곧 신을 희생하는 것이다. 동물은 어떤 의미에서 단지 영웅의 일부이다; 그는 단지 그의 동물만 희생한다. 그러니까 단지 자신의 충동성을 상징적으로 포기하는 것이다.[67] 희생 행위에 대한 내적인 참여는 황소를 죽이는 미트라스의 고통스러우면서도 열광하는 얼굴에서 탁월하게 표현된다. 그는 그것을 자유의지로, 그러면서도 강제적으로 행한다.[68] 그렇기 때문에 어떤 기념비에

새겨진, 특이하게 비장한 표현은 기도 레니Guido Reni의 십자가에 못 박
힘에 있는 너무도 감상적인 (예수의 얼굴) 표정과 어딘가 모르게 비슷
하다. 벤도르프Otto Benndorf는 미트라스에 대해 이렇게 말했다.

"특히 윗부분에 매우 이상적인 특성을 지니고 있는 얼굴 표정들
은 극단적으로 병적인 표정을 담고 있다."[69]

쿠몽도 마찬가지로 타우로크토노스Tauroktonos(황소를 죽이는 자)의
얼굴 표정을 이렇게 강조했다.

"최상으로 재현된 것을 볼 때 그 얼굴 표정은 거의 여성적인 아름
다움을 지닌 한 소년의 얼굴이다. 풍성한 곱슬머리는 이마 위를
불룩하게 덮고, 마치 후광처럼 얼굴을 감싸고 있다. 머리는 약간
뒤로 젖혀져서 그의 시선은 하늘을 향하고 있다. 그리고 잘못 그
어진 눈썹과 입술은 기이하게 고통스러운 표정을 짓게 한다."[70]

쿠몽이 그려낸 오스티아Ostia(Mithras tauroctonus?)의 머리는 물론 우
리가 환자들에서 봄직한 감상적 체념의 표정을 하고 있다. 기원후 첫
백 년 동안에 특이한 정신적인 변환과 더불어 그와 마찬가지로 놀랄
만한 감정의 해방, 혹은 촉발이 손에 손을 잡고 이루어졌다는 사실은
주목할 만하다. 이것은 카리타스(자애)와 신적 사랑amor divinus의 지고
한 형태로 표현될 뿐만 아니라, 감상적이고 유아적인 특징들로 나타나
기도 한다. 무엇보다 여기에 속하는 것이 초기 기독교 예술에서의 어
린 양의 비유이다.

감상성은 야만성의 자매이고 이 둘은 결코 멀리 떨어져 있는 것이

아니기 때문에, 중요한 것은 아마 1세기에서 3세기에 이르기까지에 나타난 매우 특징적인 사태라는 점이다. 병약한 얼굴 표정은 희생하는 자의 불일치와 분열됨을 암시한다: 그는 원하며—그리고 또한 원하지 않는다. 이러한 갈등은 영웅이 동시에 제물의 봉헌자이며 희생되는 자라는 것을 말해준다. 어쨌든 미트라스는 오직 자신의 동물적 성질만을 희생한다. 즉, 언제나 태양의 운행과의 밀접한 유비類比하에 그의 충동성을[71] 희생하는 것이다.

우리는 이러한 연구 과정에서 종교적인 형성물을 만들어내는 모든 리비도는 최후에는 어머니에게 퇴행하고, 그럼으로써 우리가 자신의 근원과 관계를 맺는 연결 끈을 형성한다는 것을 알게 되었다. 교회의 교부들이 렐리기오religio라는 단어를 다시 연결한다는 의미의 라틴어 religare에서 유래한다고 했을 때는, 그들은 자신들의 견해를 옹호하기 위해서 적어도 이러한 심리학적인 사실들을 근거로 했어야 했다.[72] 우리가 보았듯이, 퇴행하는 리비도는 그것이 남성적 성질의 것이든 여성적 성질의 것이든 상관없이 정말로 여러 다양한 상징들 속에 숨어 있다; 우리가 피상적인 관찰로 추측할 법한 성의 차이점들은 근본적으로 부차적인 성질이며 심리학적으로 아무런 역할도 못한다. 희생극의 실체와 동기가 되는 힘은 그 자체의 무의식적이고 에너지론적인 변환에 있다. 마치 뱃사람에게 해저 화산 폭발이 의식되듯이, 이 변화는 자아에게 그렇게 의식된다. 그 경우에 희생의 사유와 마찬가지로 장중한 제식의 아름다움과 숭고함을 고려할 때, 심리학적인 표명은 놀랄 정도로 냉정하게 작용한다는 점이 시인된다. 희생 행위의 극적인 생생한 모습은 심리학적 표명에 의해 어느 정도 메마른 추상성으로 환원되며 형상들의 화려한 삶이 2차원으로 평평하게 된다. 학문적인 오성은 유감스럽게도 한편으로 이러한 한심스러운 작용을 하지만; 다른 한편으로는 바로 그 추상성이 현상들을 더 깊게 이해할 수 있도록 한다. 이로써 우리는 신화적 드라마의 형상들이 서로 교환될 수 있는 특성들을 소유한다는 점을 인식한다. 왜냐하면 신화적 형상들에게는 물리적 세계의 구체적인 형상들과 동일한 존재 의미가 부여되지 않기 때문이다. 경우에 따라서 물리적 세계의 구체적 형상들은 비극을 실제로 감내해야 한다. 그러나 신화적 드라마에 등장하는 형상들은 단지 비극을 묘사할 뿐인데, 그것도 자기 성찰적인 의식意識의 주관적 무대에서 공연된다. 현상 세계의 본질에 관해 인간이 대담하게도 추론하는 것, 즉 별들의 윤무輪舞와 인간의 역사는 하나의 신적인 꿈의 실제적인 가시화라는 생각은 우리 마음속에서 일어나고 있는 내적인 드라마에 적용될 때 학문적 개연성이 된다: 신화적 드라마의 본질적인 것은 형상들의 구체주의가 아니다. 즉, 어떤 동물이 도살되는가, 혹은 어떤 신이 희생물에 의해 표현되는가는 중요하지 않다; 중요한 것은 희생의 행위가 행해지고 있다는 점, 즉 무의식 안에서 변화의 과정이 일어나고 있다는 점이다. 이 변화과정의 역동성, 내용, 주체 그 자체는 의식되지 않지만, 그러나 간접적으로 의식에 알려지게 되는데 그러한 점들이 의식에 사용되는 표상 자료를 자극하고 마치 무용수들이 동물의 가죽을 입거나 신관神官들이 봉헌된 인간의 피부를 입는 것과 같은 식으로 표상 자료로 옷 입음으로써 알려지게 되는 것이다.

과학적 추상은 신비극의 무대 뒤에서 일어나는 비밀스러운 과정을 추론할 수 있는 큰 장점을 우리에게 제공한다. 여기서 우리는 화려한 극장의 세계를 우리 뒤에 남겨두고 정신적 역동과 의미 심장성의 더 이상 환원할 수 없는 실재성을 해명하게 된다. 이러한 인식은 소위 무의식적인 과정들에게서 모든 부수현상적인 것들을 벗겨내고 그 무의식적 과정이 우리의 모든 경험으로도 알 수 있듯이 자율적인 크기의 것으로 드러나게 한다. 그럼으로써 무의식을 의식에서 나온 것처럼 유도하는 모든 시도는 공허한 기교, 헛된 지적 유희가 된다. 우리는 저자들이 기분 좋게 '하의식Unterbewußtsein'을 이야기하고 있는 곳이면 어디서든 그와 같은 사실을 짐작할 수 있다. 이들은 그렇게 함으로써 얼마나 불손한 선입견을 말하고 있는지 의식하지 못한다. 그들은 어떤 근거로 무의식이 '아래'에 있고 의식 '위에' 있지 않다고 말하는가? 분명 이러한 용어의 사용에서 보면 의식이 신들 자체보다 더 높이 있으리라는 생각에서 나왔을 것이다. 아마도 그는, 우리가 바라건대, 언젠가는 의식의 '신 비슷함 때문에' 두려워하게 될 것이다.

해마다 용에게 처녀를 바치는 것은 아마도 신화적인 차원에서 이상적인 희생의 경우를 나타내는 것 같다. 무서운 어머니의 화를 달래기 위해 사람들의 탐욕의 상징인 가장 아름다운 처녀를 제물로 바치는 것이다. 그것보다 완화된 형태의 희생으로는 첫 아이와 여러 가지 소중한 가축들을 제물로 바치는 것이다. 두 번째로 이상적인 사례는 어머니를 위해서 자기 스스로 거세하는 행위이다; 이것을 조금 완화시킨 형태가 할례. 이 경우에는 상징적인 행위에 의해 이미 대체 제물에 필적하는 한 조각이 최소한 봉헌된다.[73] 희생의 대상물들은 절실히 갈구되고 존중된 소유물을 나타내는데 그와 같은 희생들과 함께 이 충동적 갈구, 즉 리비도는 새로운 형태로 다시 얻을 수 있기 위해 방기放棄되는 것이다. 희생을 하는 과정에서 사람들은 죽음의 두려움으로부터 자유로워지고 제물을 요구하는 하데스와 화해한다. 옛날부터 행동으로 모든 악과 죽음을 극복하고 신적인 대표가 된 영웅은 저 후기의 제식들에서는 사제와 같은 자기 희생자가 되고 생명을 다시 생산하는 자가 된 것이다. 그는 이제 신적인 형상이 되고 그의 희생은 하나의 초세계적인 비의이며 그 희생의 의미는 평범한 희생 제물의 가치를 훨씬 능가하기 때문에 희생의 상징성의 이와 같은 심화는 퇴행적으로 인간 희생의 사상을 재수용한 것이다. 왜냐하면 자기희생의 사상을 선명하게 보여주기 위해서는 좀 더 강하고 총체적인 표현을 필요로 하기 때문이다. 미트라스와 그의 황소의 관계는 이미 이러한 사상에 매우 근접해 있다. 기독교에서는 자유의지로 희생을 하는 자가 영웅 자신이다. 미트라스의 제식을 묘사한 기념비에서 우리는 자주 특이한 상징을 접한다: 그것은 뱀이 감고 있는 항아리Kratēr(포도주와 물을 섞는 고대 그리스의 항아리)인데[74], 사자 같은 것이 이 뱀과 적대적으로 맞서 있다.[75] 마치 두 동물이 항아리를 차지하려고 다투는 것처럼 보인다. 항아리는 모성적인 재생산이 이루어지는 그릇을 상징하고, 뱀은 두려움과 저항을 상징하고, 사자는 아주 강한 욕망을 상징한다.[76] 뱀은 미트라스 제의의 황소 희생에서 거의 한결같이 제식을 보조한다. 이때 뱀은 제물로 바쳐진 황소에서 흐르는 피를 향하여 움직인다. 이런 행위는 아마 황소의 생명(피)이 어떤 의미에서 뱀에게로 흘러감을 말하는 듯하다. 즉, 지하계에 바쳐지는 제물은 오디세우스의 네키야Nekyia에서 그림자가 피를 마시는 것과 같은 의미이다. 우리는 위에서 이미 뱀과 황소가 서로 교체할 수 있는 상호관계임을 암시했고, 황소는 살아 있는 영웅을 상징하고, 뱀은 죽어서 매장되어 지하에 있는 영웅을 상징한다는 사실을 발견했다. 이러한 죽음의 상태에 있는 영웅은 곧 어머니 안에 있는 것이기 때문에 뱀은 또한 집어삼키는 어머니를 나타내는 것이다. 황소의 피와 뱀과의 연결은 마치 대극의 합일처럼 보인다. 항아리를 차지하려고 다투는 사자와 뱀도 유사한 것을 의미할 수 있다. 황소의 희생 후에 놀라운 생산력이 있게 되는 이유가 여기에 있다. 이미 원시 단계에 (오스트레일리아 흑인의 경우) 생명력은 소모되고, '나쁘게' 되거나 상실되었기 때문에 일정한 시기마다 새롭게 갱신될 필요가 있다는 견해가 있었다. 늘 그러한 '저하低下, abaissement'가 등장할 때마다 생명을 새롭게 하는 제식Ritus이 거행되어야 한다. 이러한 제식들은 끝없이 다양하다. 그러나 가장 높은 (문명) 단계에서도 제식들은 생명 갱신의 원뜻을 보여준다. 그래서 미트라스 제식에서 황소의 죽음은 무서운 어머니, 즉 무의식에 바쳐지는 제물이다. 무의식은 의식이 그의 뿌리로부터 너무 멀리 떨어져 있고, 신들의 능력을 잊어버렸기 때문에 자연스럽게 의식의 에너지를 자신에게 끌어당긴다. 신들의 힘이 없이는 모든 생명은 메마르거나 왜곡된 발전에 이르러 파멸적인 결과 속에 사라져버릴 것이다. 희생으로 의식은 그의 소유와 힘을 무의식을 위해 포기한다. 이로써 하나의 대극의 합일이 가능하게 되고, 그 결과는 에너지의 해방으로 나타난다. 희생의 행동은 동시에 어머니의 수태를 의미한다; 지하의 뱀의 악령은 피를 마신다. 즉, 영웅의 영혼을 마신다. 그럼으로써 생명이 불멸의 상태를 유지한다. 왜냐하면 태양처럼 영웅도 자기희생과 어머니에게로 다시 되돌아감으로써 스스로 자신을 다시 생산한다. 예전의 모든 자료들에 따르면, 기독교 신비에서도 어머니에게 바쳐지는 인간의 희생 혹은 아들의 희생을 인식하는 것이 이제 더 이상 어렵지 않을 것이다. 아티스가 자신의 어머니를 위해서 거세하고 이러한 행위를 기억하도록 자신의 상을 소나무에 걸어두었던 것처럼, 그렇게 그리스도도 생명의 나무이자 순교의 나무, 즉 에카테Εκάτη이자 어머니(그림 71)에 매달린다.[77] 그리고 그로써 죽음의 대가로 창조를 얻는다. 그는 다시 어머니의 품으로 들어가면서, 원인간Protanthropos(원초적 인간Urmensch)인 아담이 삶에서 죄지었던 것을 죽음으로 갚는다.[78] 그리스도는 그의 행동으로 원죄로 더럽혀진 삶을 영적인 단계에서 새롭게 한다. 이미 언급했듯이 아우구스티누스는 이런 그리스도의 죽음을 어머니와의 신성혼Hierosgamos이라고 했다. 이는 비너스와 아도니스를 신방 침상에 데려다 놓는 아도니스의 축제와 유사하다.

> "흡사 신랑처럼 그리스도는 자신의 방에서 나왔다. 그는 자신의 결혼식을 예고하러 세상의 평원으로 나갔다. 그는 십자가로 이루어진 신혼의 침상torus[=침상, 동침녀, 관대棺坮]에 이르렀고, 십자가에 오르면서 그는 결혼을 증명했다. 그리고 그가 피조물의 힘겨운 탄식을 느꼈을 때, 그는 신부를 위한 경건한 자기희생으로 속죄하여 영원히 그녀와의 결합을 보증하였다."[79]

아내matrona는 아우구스티누스의 표현으로는 양羊의 신부Braut des Lammes인 교회를 의미한다. 고대 신성혼의 감정적 색조는 여기서 그 반대극으로 변했다. 열락의 자리에 고통이 들어오고 어머니의 연인 대신에 고통의 기둥이 나타난다; 기쁨의 색조였던 이전의 것이 이제 고통스럽게 느껴진다. 즉, 남성적인 의식과 여성적인 무의식의 합일이 이루어진다―혹은 신성혼이 상징하는 것은 더 이상 구체적으로 신체적인 차원이 아니라, 더 높은, 정신적인 수준에서 신과 그의 공동체 sinem corpus mysticum의 합일로 체험되는 것이다. 근대적으로 표현하면, 후자의 투사는 의식과 무의식의 결합, 즉 개성화 과정에 특유한 초월적인 기능을 의미한다. 무의식의 의식으로의 통합은 치유의 효과를 가지고 있다.[80]

미트라스 희생과 그리스도의 희생을 비교하면 기독교적 상징의 우월성이 어디에 있는지 분명히 나타난다: 그것은 동물로 묘사된 동물적인 충동성만 희생시켜야 하는 것이 아니라, 동물 모습의 상징이 표현하는 것 이상으로 모든 자연적인 인간이 희생되어야 한다는 직접적인 통찰이다. 전자가 동물적인 충동성, 즉 종種의 법칙에 전적으로 예속되는 것을 묘사하는 데 비해서 자연적인 인간은 그것을 넘어서 인간 특유의 것, 다시 말해 법칙이탈능력Vom-Gesetz-abweichen-Können, 종교적으로 말하면 '죄'를 지을 능력이라고 이해할 수 있다. 항상 다른 길을 열어두고 있는 이러한 가변성은 주로 호모 사피엔스에게 정신적인 발전을 가능하게 하였다. 그러나 불리한 점은 우리가 원하기만 하면 본능에 의해 설정된 절대적이고도 믿을 만한 길잡이도, 유인원에서도 발견되는 비정상적인 학습능력에 의해 억압된다는 것이다. 본능의 확실성 대신에 불확실성이 등장하고, 그럼으로써 인식하고 평가하고 선택하고 결정하는 의식이 요구된다. 만일 의식이 본능의 확실성을 성공적으로 보상한다면, 의식은 점점 더 많이 믿을 만한 규칙과 행동 방식들로써 본능적인 행동과 직관적인 탐지를 대체할 것이다. 그럼으로써 결국 의식이 자신의 본능적인 토대와 분리되고 자연의 충동 대신 의식된 의지를 내세우는 대립적 위험이 나타난다.

자연적인 인간을 희생함으로써 이러한 목적에 도달해보려는 시도가 이루어진다. 왜냐하면 희생을 한 다음에야 비로소 의식의 지배적인 관념이 전적으로 자신을 관철할 수 있게 되고 인간의 본성을 이런 뜻에서 형성하기 때문이다. 이러한 이상의 이념의 위대함과 숭고함은 논란의 여지가 없으며 또한 있을 수도 없다. 그렇지만 이 정점에서 자연 자체가 이러한 형성을 참아낼 능력이 있는지, 그리고 우리들의 지배 이념이 자연의 원료를 손상하지 않은 채 형성할 수 있도록 그렇게 만들어져 있는지 의문이 제기된다. 오직 경험만이 이러한 의문에 대답할 수 있다. 그러므로 이러한 정점에 오르려는 시도는 감행되어야 한다. 그런 감행이 없이는 결코 이 담대하고 강력한 변화의 시도가 실제로 가능하다는 것을 증명해 보일 수 없다. 또한 우리는 그러한 시도를 북돋우거나 혹은 불가능하게 만드는 힘이 어떤 것인지를 헤아리거나 이해할 길이 없을 것이다. 마찬가지로 그런 자연적 인간의 자기희생이 기독교가 이해하듯이 최종적인 해결인지 아니면 수정 가능한 견해인지는 오직 감행 뒤에 비로소 판명될 것이다. 미트라스 희생제의는 아직 고태적인 동물 희생을 통하여 상징화되어 있고 오직 충동적인 인간을 길들이고 훈육하는 것을 목적으로 하는 데 비하여[81], 기독교적인 희생의 사상은 한 인간의 죽음을 통하여 구체화되어 전 인간의 헌신을 요구하는 것이다. 따라서 동물적인 충동들을 길들일 뿐 아니라, 오히려 그것들의 전적인 포기와 이를 넘어서 인간 특유의 정신적인 기능들을 초세계적인 정신적 목표를 향해 훈련하는 것이다. 이러한 이상은 인간으로 하여금 그 자신의 자연(본능) 그리고 자연 전체로부터 아주 멀어지게 하지 않을 수 없게 하는 강한 훈련이다. 이러한 시도는 역사가 증명하고 있듯이 전적으로 가능했고, 세기가 거듭되면서 하나의 의식의 발전으로 인도했다. 의식의 발전은 이러한 수련이 없었다면 결코 불가능했을 것이다. 그러한 발전들은 결코 임의의, 혹은 지적인 고안과 환상들이 아니라, 나름대로의 내적 논리성과 필연성을 지니고 있다. 계몽주의 시대 이래로 계속되어온 (물질주의적) 비판, 즉 도그마의 물리적인 황당함에 초점을 맞춘 비판은 완전히 빗나간 것이다. 도그마는 하나의 물리적인 불가능성이어야 한다. 왜냐하면 그것은 물리적 세계에 대해서는 아무것도 이야기하지 않고 오히려 초월적인, 즉 무의식적 과정들의 상징이기 때문이다. 심리학이 그것을 확신할 수 있는 한, 이 과정들은 의식의 피할 수 없는 발전과 관계한다. 도그마에 대한 믿음은 마찬가지로 피할 수 없는 임시방편이다. 그것은 만약 우리의 문화가 존속한다면 조만간 그에 적절한 이해와 인식을 통해 교체되어야 하는 것이다.

   미스 밀러의 환영에도 말의 희생에서 영웅의 자기희생으로 이행되는 일종의 내적 강요가 있다. 말의 희생이 생물학적인 충동 성향의 포기를 상징화하는 반면, 영웅의 희생에는 인간의 자기희생, 단순한 자아성의 포기라는 더 심오하고 윤리적으로 값진 의미가 있다. 물론 이 경우는 다만 은유적인 의미에서 옳다. 왜냐하면 자유의지로 자신이 제공하고 동시에 그 제물이 된 것은 이야기의 저자가 아니라 이야기의 주인공, 치완토펠이기 때문이다. 도덕적으로 중요한 행위는 주인공에게 위임되고, 반면 미스 밀러는 단지 놀라면서 박수갈채를 보내며 지켜볼 뿐이다. 이때 그녀는 자신의 아니무스 형상인 치완토펠이 그녀 자신이 하지 않는 일을 하고 있다는 것을 제대로 감지하지 못한다. 그러므로 말의 죽음으로 묘사되고 있는 동물의 희생에서 인간의 희생으로 나아가는 것은 단지 관념 속에만 있는 것이다. 그리고 미스 밀러가 상상의 희생 행위를 경건하게 지켜보는 관람자 역할을 한다면, 이러한 참여에는 어떤 윤리적인 의미도 부여되지 않는다. 그러한 경우에 거의 그렇듯이, 그녀는 영웅, 즉 삶의 중대하고도 마술적인 행위를 수행하는 담지자가 죽을 때조차도 그것이 무엇을 의미하는지 전혀 모르는 상태이다. 그런 다음에 일어난 것은 투사가 없어지고 그 결과 위협적인 희생 행위가 이제 주체, 즉 꿈을 꾼 그녀의 개인적 자아에 접근한 것이다. 그 이후 어떤 형태로 사건들이 일어나는지 나는 이것을 미리 이야기하고 싶지 않다. 나는 미스 밀러의 경우에서 자료도 부족하고 그 개인의 인격에 대해 잘 모르기 때문에 치완토펠의 희생에 상응하는 것을 만들어낸 것이 바로 정신병이라고 예견하지도 않았고 감히 가정하지도 않았다. 그러나 그것은 실제로 완전한 희생 내지는 구속κατοχή이었는데 생명의 긍정적인 가능성에로의 구속이 아니라, 무의식의 밤의 세계를 향한 것으로, 그녀의 영웅의 몰락과 비슷한 몰락이었다.

치완토펠은 뱀에 물려 죽는다. 우리는 뱀이 희생의 도구라는 것을

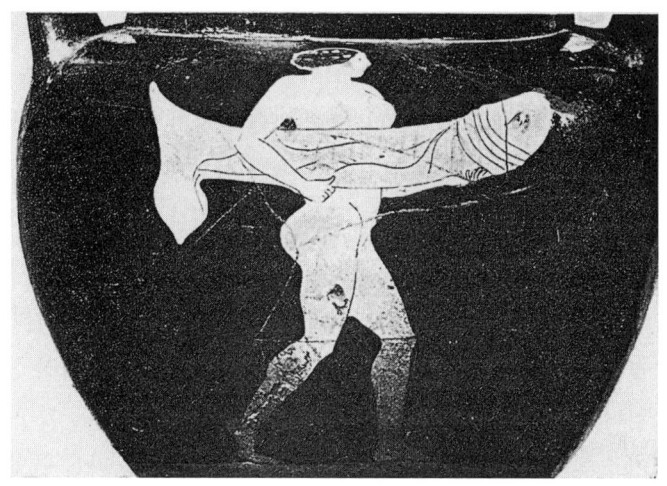

그림 121. 데메테르 비의들에서의 남근 모양의 물고기.
범凡-화가Pan-Maler의 그리스 꽃병 그림.

충분한 증거 자료를 통해 이미 알고 있다(실베스터의 전설, 성처녀 시험, 레와 필록테테스의 부상, 창과 화살의 상징성). 뱀은 죽이는 칼이다. 그러나 또한 마치 시체처럼 땅속에 묻혀 있지만 동시에 대지를 풍요롭게 하는 밀알의 재생력(그림 121)을 상징하는 남근이기도 하다.

연금술에서 특히 그러한 것처럼 뱀은 변환 행위의 누멘이자 변환의 실체를 상징한다. 탄트라의 쿤달리니가 복강에 살듯이, 지하 동굴의 주민인 뱀은 대지인 어머니의 품에서 산다. 예를 들어 연금술에는 왕족의 오누이 쌍인 가브리쿠스와 베야의 전설이 있다. 신성혼에서 가브리쿠스는 누이동생의 몸에 통째로 들어가서 그 안에서 사라진다. 그는 그녀의 품에 매장되어 분자로 용해되어 영웅으로서의 영혼의 뱀(메르쿠리우스 뱀; 그림 15[7권])으로 변환한다 등등.[82] 그러한 환상들은 환자들에게도 드물지 않게 나타난다. 나의 환자들 중에서 이런 여자 환자가 있었다. 그녀는 한 마리 뱀이었고, 뱀은 어머니를 감싸고 있다가 결국 어머니 속으로 완전히 기어들어갔다.

영웅을 죽인 뱀은 초록색이다. 또한 위의 환자의 뱀도 초록색이다. 그녀는 뱀에 대해 이렇게 말한다: "초록색의 작은 뱀이 내 입까지 왔어요—뱀은 너무도 섬세하고 사랑스러운 감각을 지니고 있었어요. 마치 그것이 인간 오성을 갖고 있기나 한 것처럼, 내게 무엇인가를 말하려고 하는 것 같았고, 내게 입맞춤을 하려는 것 같았어요."[83] 슈필라인의 여환자는 뱀에 대해 이렇게 말한다: "뱀은 그렇게 신비한 색을 가진 신의 동물입니다: 초록, 파랑, 흰색. 초록은 방울뱀이죠; 방울뱀은 아주 치명적이죠. 뱀은 인간의 영을 가질 수 있고, 신의 판단력을 가질 수 있어요; 아이들을 좋아하죠. 뱀은 인간 생명의 유지에 꼭 필요한 아이들을 구해줄 것입니다."[84] 분명 뱀은 재생의 의미도 지니고 있다(그림 110).

말이 치완토펠의 형제였듯이, 뱀은 그의 누이 동생이다('나의 귀여운 누이'). 기사와 말은 반인반마半人半馬인 켄타우로스와 같이 하나의 단일체를 형성한다. 마치 인간과 그의 그림자, 또는 우월한 사람과 열등한 사람, 혹은 자아의식과 그림자, 길가메시와 엔키두의 관계와 같다. 그래서 남성에 속하는 것은 여성적인 것, 그것도 그의 무의식적 여성성인데 나는 그것을 아니마라고 부른다. 이것이 환자들에게 자주 뱀의 형상으로 나타난다. 생명의 색인 초록은 탁월하게도 뱀에 꼭 들어맞는 색깔이다. 초록은 또한 창조주의 정신Creator Spiritus의 색이기도 하다. 나는 아니마를 삶의 원형Archetypus des Lebens이라고 정의하였다.[85] 겉으로 보기에 모순된 것 같지만 뱀이 상징하는 바를 따라서 아니마에 '정신Geist'의 속성도 부여할 수 있는 것은 아니마가 우선적으로 등장하면서 다른 원형들과 구분될 수 없을 정도로 전체 무의식을 의인화하기 때문이다. 계속적으로 분화하는 가운데 일반적으로 '정신'의 원형Archetypus des Geistes인 노인(노현자)의 형상이 아니마로부터 분리된다. 이 원형은 아니마에 대하여 (영적인) 아버지로서 관계한다. (예를 들어 보탄과 브륀힐데, 혹은 비토스Bythos와 소피아Sophia, 라이더 해거드Rider Haggard의 소설들에 나오는 전형적인 예들을 보라!)

치완토펠이 뱀을 자신의 '귀여운 누이'라고 부른다면, 이것은 미스 밀러에게도 의미가 있다. 왜냐하면 영웅은 바로 그녀의 오라버니-연인이며, 그녀의 '영적 연인', 즉 아니무스이기 때문이다. 그녀 자신은 그의 생명의 뱀Lebensschlange으로서 그에게 죽음을 가져다준다. 영웅과 그의 말이 죽고 나면 초록 뱀만 남아 있다. 이 초록 뱀이 다름 아닌 우리의 저자 미스 밀러의 무의식적 심혼 자체이다. 우리가 이미 보았듯이, 이제 그 심혼은 치완토펠의 운명을 참아내야 할 것이다: 그녀는 자신의 무의식에 지배당할 것이다.

말과 뱀, 혹은 황소와 뱀의 대극은 리비도 그 자체 내의 대극, 즉 하나 속의 전진과 후퇴의 지향성을 나타내고 있다.[86] 쇼펜하우어가 세계의지라고 설명했고, 죽음을 외부로부터 들어오는 간계이거나 불운이라고 한 것처럼 리비도는 끊임없이 앞으로 나가려고 하는 영원한 삶의 의지와 재건의 의지만이 아니다. 리비도는 태양과 같이 또한 몰락과 쇠퇴를 원한다. 인생의 전반부에 리비도는 성장을 원하고, 후반부에 리비도는 처음에는 조용히, 그 다음에는 확실하게 그의 목표의 변화를 암시한다. 청년기에서 충동이 삶의 제한 없는 팽창에 대해서 흔히 그에 대한 저항이라는 층에 가려진 채 있는 것처럼 '다른 충동'도 흔히 이제까지의 삶의 형식에 고집스럽게, 그리고 맹목적으로 집착한 채 은폐되어 있다. 이렇게 리비도의 본질에서 외견상의 대극은 이탈리아 베로나의 고대 그리스 로마 박물관의 프리아푸스Priapus 조각상이 잘 보여 주고 있다[87]: 프리아푸스는 자신의 남근을 물고 있는 뱀을 웃으면서 손가락으로 가리키고 있다(그림 122).

이와 비슷한 주제를 루벤스Peter Paul Rubens의 「최후의 심판」(뮌헨 고미술관)에서 볼 수 있다. 이 작품에서는 뱀 한 마리가 어떤 남성을 거세하고 있다. 이 주제는 세계 종말의 의미를 설명하고 있다.[88] 불타는 세계의 환상, 참담한 세계 종말의 환상은 커다란 반전의 원초적 상이 투사된 것이다; 따라서 루벤스는 뱀에 의한 거세를 몰락의 특별한 경우로 묘사하였다. 정신적인 개별 존재에 속하는 세계의 현상이 다시 해체되는 이 변화의 상像은 무의식에서 싹터서 꿈과 예감으로 의식 앞에 나타난 것이다. 의식이 이러한 통보를 내켜하지 않으면 않을수록, 상징들은 더 비호의적이고 더 불안한 형태로 인지된다. 뱀은 꿈에서 불안의 상징으로 결코 사소하게 넘길 수 없는 중요한 역할을 한다. 뱀이 품은 독 때문에 꿈에 나타난 뱀의 상은 신체적인 병들의 초기 증상을 예고하는 경우가 적지 않다. 일반적으로 뱀은 무의식의 비정상적인 (활성화되어 배치된 무의식) 활성화를 나타내며 그럼으로써 그와 관련된 생리학적(주로 복부적) 징후들을 나타낸다. 항상 그렇듯이, 그때그때의 해석은 물론 온갖 있을 수 있는 개별적인 상황들에 따라 다르거나, 혹은 개별적인 상황들에 맞게 수정되어야 한다. 젊은이에게는 그것이 삶에 대한 두려움인 반면에, 나이가 든 노인에게는 죽음에 대한 두려움이다. 우리의 작자, 미스 밀러의 경우에는 그녀에게 뒤에 일어난 사건들을 비추어볼 때 초록 뱀이 치명적인 의미를 가지고 있음을 바로 알 수 있다. 그러나 그녀의 무의식이 우세해진 본래의 이유가 무엇이었는지를 설명하는 것은 그리 쉬운 일이 아닐 것이다. 그러기에는 미스 밀러의 생활사에 관한 자료들이 부족하다. 나는 그저 일반적인 이야기를 할 수 있을 뿐이다. 즉, 그런 사례에서 현저한 의식의 협소, 관점의 소심한 경직성, 그리고 어린아이 같은 천진난만함, 혹은 현학적

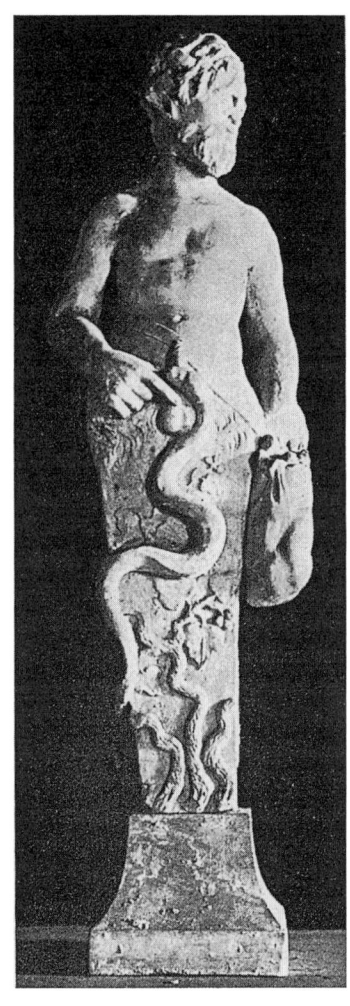

그림 122. 뱀과 함께 있는 프리아푸스.
로마.

인 선입견 때문에 정신적 내지는 정감적 지평이 제약되는 경우를 나는 매우 자주 관찰했다. 작자에 관한 얼마 안 되는 자료에 따르면, 그녀에게도 정감적 천진성이 문제가 된 것 같다: 그녀는 아마도 자신의 가능성들을 과소평가했고, 그림자에 대한 어떤 심리학적 지식이 있어야 하는 순간인데도 위험한 심연에로 너무도 쉽게 건너뛰어버렸다. 바로 그러한 사례들에서 가능한 한 많은 심리적 지식이 전달되어야 한다. 비록 그러한 지식이 그녀를 정신병의 분출로부터 지켜주지 못한다고 해도 병의 예후를 좋게 하는 것을 나는 종종 보았다. 올바른 심리학적 이해는 그러한 경계증례들에서 종종 생명을 구한다.

우리가 이 고찰을 시작했을 때, 영웅의 이름 때문에 인체의 '창조하는' 부분인 포포카테페틀(둔부)의 상징성에 관해서 말하지 않을 수 없었는데, 그처럼 미스 밀러의 드라마의 종말은 화산이 영웅의 죽음을 어떻게 돕고 있으며 어떻게 지진이 영웅을 땅속으로 사라지게 하는지를 볼 기회를 주고 있다. 화산이 영웅에게 이름과 탄생을 부여했듯이, 그것은 그의 생의 마지막에 그를 다시 삼켜버린다.[89] 영웅의 최후의 말에서 우리는 유일하게 그를 이해한, 그가 그리던 연인의 이름이 자-니-와-마Ja-ni-wa-ma라는 것을 알게 된다. 우리는 이 이름에서 롱펠로의 『히아와타』에서 알려진 영웅의 유아기에 중얼거렸던 소아어Lallworte〔편어 단계의 단어군, 예: 마마〕를 발견한다: 즉, 와와Wawa, 와마wama, 마마mama. 우리를 진정으로 이해하는 유일한 사람은 바로 어머니이다. 왜냐하면 '이해하다verstehen'라는 단어(고대 고지 독일어 피르스탄firstân)는 아마도 원시 게르만어의 접두어 '프리fri'에서 파생된 것 같다. 프리는 페리περί, 즉 '주위를 돌아' 혹은 '(무엇을) 둘러싸고'라는 뜻의 움um, 헤룸herum과 동일하다; 고대 고지 독일어 '안트프리스톤antfristôn = 통역하다'는 피르스탄과 같은 뜻으로 분류된다. 거기서

'이해하다verstehen'의 의미에 해당하는 "무엇인가의 주위에 둘러세우다sich um etwas herumstellen"라는 것이 생긴 것 같다.[90] '쥐다, 포함하다'의 뜻을 가진 라틴어 '콤프레헨데레comprehendere'와 희랍어 카타쉴람바네인κατασυλλαμβάνειν은 독일어의 '붙잡다, 혹은 파악하다erfassen'와 비슷한 상을 표현한다. 이러한 표현들의 공통점은 '둘러쌈Umgeben'과 '껴안음Umfassen'이다. 그리고 이 세상에서 어머니처럼 우리를 그렇게 완전하게 감싸는 존재가 없다는 것은 의심할 여지가 없다. 만일 신경증 환자가 세상은 '이해력이 없다'고 하소연한다면, 그렇게 말하는 그는 자신에게 간접적으로 어머니가 결여되었다고 말하는 격이 되는 것이다. 폴 베를렌Paul Verlaine은 자신의 시 「정다운 나의 꿈Mon rêve familier」에서 이러한 생각을 너무도 아름답게 노래했다.

> 나는 종종 내가 사랑하고 그녀도 날 사랑하는
> 알지 못하는 여인이 등장하는
> 기이하고도 집요한 꿈을 꾼다.
> 그녀는 꿈을 꿀 때마다 똑같은 모습도 아니고
> 그렇다고 완전히 다른 모습도 아니다.
> 그녀는 나를 사랑하고 나를 이해한다[파악한다].
>
> 왜냐하면 그녀가 나를 이해하기 때문, 그리고 내 마음은,
> 오직 그녀에게만은 투명하고, 오직 그녀에게만은
> 문제가 생기지 않는다. 오직 그녀만이 눈물로
> 나의 창백한 이마의 축축함을 식혀줄 수 있다.
> 그녀의 머리가 갈색이었던가, 금발 아니면 붉은색?—잘 모르겠다.

희생 —— 409

그녀의 이름은? 다정하고 듣기 좋았다는 것만 생각난다.
삶에서 추방된 사랑을 담뿍 받은 연인의 이름처럼.

그녀의 시선은 조각상의 시선과 같고,
그녀의 목소리는――아득하며, 낮고, 진지한――
입을 다문 채 울리는 저 고귀한 목소리의 억양을 지니고 있다.[91]

결론

미스 밀러의 환상이 우울하게 끝을 맺은 것은 그녀가 무의식에 압도될 위험을 감지하게 하는 저 결정적인 순간에 그녀의 환상이 중단된 사실에서 유래한다. 그녀는 자신의 환영 체험들의 의미에 관해서 그렇게 아무것도 모르고 있었고, 테오도르 플루르누아Théodore Flournoy 또한 올바른 가치 감정에도 불구하고 그 환상의 의미에 대해 아무것도 설명할 수 없었으니, 이들이 미스 밀러에게 있을 다음 과정, 즉 그녀의 의식적 인격에 반드시 있어야 할 영웅과의 동화에 대해 적절한 태도로 대처하리라고는 거의 짐작하기 어렵다. 적절한 태도를 가지고 본다면 운명이 무엇을 요구하고 그녀의 의식으로 침투한 낯선 상像들이 무엇을 의미하는가를 인식할 수 있었을 것이다. 무의식이 독자적으로 진행되고 그 상들을 눈앞에 보여주면서 이미 정신은 해리되어 있는 것이다. 그 상들은 그녀가 의식적으로 만들어낸 것이 아니기에 낯설고 기이하게 느껴지는 것들이다. 물론 객관적인 관찰자는 환상들이 의식의 통제하에 있지 않은 정신적 에너지에서 나온다는 것을 분명히 알고 있다. 그것은 의식이 긍정적으로나 부정적으로 어떻게 할 수 없는 열망들, 충동들, 그리고 상징적인 사건들이다. 미스 밀러를 어린 시절의 잠에서 끌어내고자 하는 본능적인 충동에 반항하여 하나의 개인적인, 매우 부적절한 자부심과 아마도 그와 일치된 협소한 도덕적 시야가 내세워진다. 그래서 상징의 정신적 내용을 이해하는 데는 의식에 도움될 만한 것이 없다. 우리의 문화는 이미 오래전에 상징적으로 생각하는 일을 잊어버렸다. 신학자조차도 교부敎父들의 해석학을 가지고 어떻게 시작해야 할지 모른다. 개신교에서 영혼의 치유cura animarum(목회牧會)는 좋지 않은 상태에 있다. 기독교의 기본 사상을 '병리학적인 환상들의 쓰레기'에서 주워 모으는 수고를 누가 하겠는가? 이러한 상황에 처해 있는 환자들에게 의사가 그러한 산물들을 소중한 것으로 받아들이고 거기서 암시하는 의미를 환자에게 알기 쉽게 이해시켜준다면 그것은 하나의 생명의 구원을 의미할 수 있다. 그러는 가운데 의사는 환자에게 적어도 무의식의 한 조각이라도 동화시킴으로써 위험한 분열을 어느 정도 감소시킬 수 있다. 동시에 무의식의 의식으로의 동화는 자신의 인격의 이해할 수 없는, 비합리적인 부분과 대결하고 있는 사람이면 누구나 느끼는 위험한 고립 상태에서 그를 보호해준다. 이러한 고립은 곧 공황으로 이어진다. 그것이 곧 정신병의 시작이 되는 경우가 너무나 흔하다. 의식과 무의식의 틈이 점점 더 넓게 벌어지면 벌어질수록, 인격의 균열로 더 가까이 가게 된다. 이러한 균열이 신경증적인 소인을 가진 사람에서는 신경증(노이로제)이 되고, 정신병적인 소인을 가진 사람에서는 정신분열증(조현병), 즉 인격의 붕괴로 이끈다. 치료 노력은 무의식의 경향을 의식에 통합시킴으로써 해리를 완화시키고 경우에 따라서는 이를 지양하는 데 있다. 정상적으로 무의식의 추진력은 무의식적으로, 혹은—사람들이 말하는 것처럼—'본능적으로' 실현된다. 이때에 거기에 속하는 정신적인 내용은 주의를 끌지 못한 채 남아 있지만, 그럼에도 불구하고 의식적인 정신의 생활 속으로 숨어드는 데 물론 다양하게 위장된다. 후자는 의식 안에 상징적인 성질을 가진 표상들이 존재한다면, 특별한 어려움 없이 진행될 수 있다: 연금술에서는 "상징을 가진 사람에게는 이행이 쉽다Habentibus symbolum facilis est transitus"고 말한다. 그와 반대로 이미 어떤 특정한, 특히 어린 시절부터 시작된 해리가 있다면, 무의식의 공격이 의식과 무의식의 간격을 더 크게 한다. 일반적으로 그러한 균열을 없애기 위해서는 일종의 기술적인 도움이 필요하다. 내가 미스 밀러를 치료했다면, 그녀의 의식이 집단적 무의식의 내용들을 이해할 수 있을 정도로 넓게 만들기 위해 그녀에게 이 책에 적어놓은 내용의 것들을 알려주었을 것이다. 이미 원시인들이 정신치료적인 의미로 생각했던 '집단적 표상들représentations collectives'(레비-브륄)의 도움 없이는, 무의식의 산물들의 원형적 연관을 이해시킬 수 없다. 어떤 경우에도 단지 개인주의적인 방향의 심리학으로는 충분하지 않다. 그러므로 그러한 해리들을 치료하려고 하는 자는 반드시 그가 치료하려고 하는 정신Geist의 해부학과 발달사에 대해 알아야만 한다. 우리는 육체적인 병을 치료하는 의사에게도 해부학, 생리학, 태생학, 그리고 비교 발달사에 대한 지식을 요구한다. 신경증적 해리는 물론 어느 정도 순수한 개인주의적 심리학으로 고쳐질 수 있다. 그러나 대부분의 경우에서 제기되는 전이의 문제는 그런 심리학으로 치료되지 않는다. 이것은 항상 집단적인 내용들을 내포하기 때문이다.

　미스 밀러의 경우는 더 심한 정신적 장해에 선행하는 무의식의 표명을 보여주는 모범 사례이다. 물론 그러한 무의식의 표명들이 있다고 해서 반드시 그와 같은 장해가 일어나야 한다는 것을 증명하지는 않는다. 우리가 이미 말했던 것처럼, 그것은 많든 적든 의식이 기꺼이 수락하는 입장을 취하느냐, 혹은 거역하는 입장을 취하느냐 하는 문제에 달린 것이다. 나는 그러한 미스 밀러의 의식적 태도와 전혀 관계가 없었기 때문에 나에게는 이 사례가 오히려 시의적절한 사례였다고 생각되었다. 그러니 내가 환자에게 영향을 주었다는 자주 들었던 비난에 대해서도 충분히 반박할 수 있었다. 만약 처음에 저절로 환상이 생겼을 때 치료를 받았다면, 예를 들어 나중의 치완토펠-에피소드는 전혀 다른 성격을 취할 수 있었을 것이다. 그리고 그 결말도──우리가 희망하기로는──그렇게 고통스럽지는 않았을 것이다.

이러한 지적과 함께 우리는 이제 프로그램의 마지막 지점에 도달했다. 우리는 개별적인 환상체계를 그 원천과의 관련에서 고찰하기로 작정하였다. 그리고 이 기회에 여러 문제에 부딪혔는데, 그 문제의 범위가 너무도 엄청나서 그것들을 전체 범주에서 파악하려는 시도가 결과적으로 표피적인 조망Orientierung을 의미할 뿐이라는 것을 알게 되었다. 나는 특정한 몇몇 연구 가설들이 영원한 유효성을 갖고 있지 않다든가, 혹은 어쩐지 잘못되어 있는 것 같다는 이유로 그것들을 억제하려는 입장에 동조할 수 없다. 물론 나는 그런 연구의 위험성을 잘 인식하고 있었기 때문에 오류를 가능한 한 저지르지 않도록 자신을 보호하려고 했다. 그러한 오류는 너무도 신뢰성 없는 길을 따라갈 때 치명적인 것이 될 수 있는 것이다. 우리 의사들은 다른 영역을 탐구하는 연구자들과 똑같은 처지에 있지 않다. 우리는 한 과제를 선택하거나 한 연구 영역만을 표방할 수 있는 것이 아니다. 오히려 치료할 환자가 경우에 따라서는 예견할 수 없는 문제를 가지고 우리에게 대면하고, 우리가 거의 감당할 수 없다고 느끼는 치료적 과제를 충족할 것을 요구하는 것이다. 나의 경우 끊임없는 탐구를 하게 만든 가장 강한 동인은 치료에서 나왔고, 거기에는 결코 무시할 수 없는 다음과 같은 물음이 있었다: "네가 이해하지 못하는 것을 네가 어떻게 다룰 수 있겠는가?" 꿈,

환영, 환상, 그리고 망상들은 환자의 상황을 표현하는 것들이다. 그러므로 내가 꿈을 이해하지 않으면, 나는 환자의 상황을 이해하지 못하는 것이다. 그렇다면 나의 치료가 무슨 소용이 있겠는가? 나의 이론들을 환자에게서 정당화하는 것은 나에게 결코 중요한 일이 아니었다. 왜냐하면 환자의 상황을 모든 측면에서 물론 그에 대한 무의식적 보상까지를 포함해서 이해하는 것이 내겐 더 중요하게 여겨졌기 때문이다. 미스 밀러는 나에게는 바로 그런 경우의 사례였다. 나는 그녀의 상황을 최대한 이해하려고 했고, 이러한 연구에서 정신치료를 하려는 의사가 알아야 할 문제의 종류와 범위에 관한 하나의 예로서 나의 노력의 결과를 제시하였다. 의사에게 필요한 것은 **심혼에 관한 학문**Wissenschaft von der Seele이지, 심혼에 대한 이론이 아니다. 나는 학문의 작업을, 정당성을 획득하기 위한 시합이 아니라 인식을 증대시키고 심화시키는 작업이라고 보고 있고, 이 논문은 학문에 대하여 이와 비슷하게 생각하는, 바로 그런 사람들을 향한 것이다.

그림 123. 두 마리의 용이 받들고 있는 알.
고대의 장식용 보석.

부록

프랭크 밀러의 원문

[원래 불어판이었던 원문을 독일어로 번역한 것이다. 테오도르 플루르누아가 서문을 첨가해「잠재의식의 창조적 상상력에 대한 몇 가지 사실 Quelques Faits d'imagination créatrice subconsciente」이란 제목으로『심리학 문집 Archives de Psychologie』V권(제네바, 1906, pp. 36~51)에 편집해 넣었다.]

IV

'치완토펠Chiwantopel', 잠들 무렵의 드라마

경계현상들borderland phenomena ─ 혹은, 다르게 표현하여, 몽롱 상태(반-몽半夢[Flournoy: 'état crépusculaire'])에서 나타나는 뇌의 구상들 ─ 에 나는 특히 관심이 있습니다. 그리고 나는 그러한 경계 현상의 정확하고도 통찰력 있는 탐구가 그 비밀을 밝히고 이른바 '귀령들'에 대한 미신을 불식시키는 데 크게 기여할 것이라 믿습니다. 이런 의도에서 나는 당신에게 한 사례를 소개합니다. 이것은 틀림없는 진실에 신경 쓰지 않는 사람, 혹은 임의의 수식과 첨가를 허용하는 데 아무런 주저도 하지 않는 사람의 손에 넘어가 환상적인 소설을 쓰게 하는 계기가 되게 하거나 당신의 영매의 꾸며낸 이야기와 비교할 자료가 될 수 있을 것입니다. 나는 거의 꿈에 가까운 상태에서 직접 기록한 메모를 토대로 다음과 같은 관찰 기록을 가능한 한 충실하게 작성하였습니다. 그리고 나는 제한적으로 괄호를 치고 괄호 안에 한두 개의 주석을 기입했고 문자들도 표시하였는데, 이것은 뒷부분에서 그에 관한 소견을 밝히도록 하였습니다.

1902년 3월 17일, 밤 12시 30분의 관찰 기록

첫 단계—너무도 심한 혼란과 압박에 시달리던 저녁이 지나고 나는 11시 30분에 잠자리에 들었다. 나는 흥분한 상태였다; 지칠 대로 지쳤지만 잠을 이룰 수가 없었다. 나는 무언가 받아들일 준비가 되어 있는 마음의 상태인 듯했다. 방 안은 불이 꺼져 있었다. 나는 눈을 감고 앞으로 일어나게 될 무엇인가를 기다리는 감정으로 있었다. 그러자 어떤 강한 긴장의 이완을 느꼈다. 나는 될수록 그렇게 완전히 수동적인 태도로 있었다. 선, 불꽃, 나선형 불이 내 눈앞에 생겨났고 신경과민과 극도의 눈의 피로에서 오는 징후들, 이어서 최근에 일상에서 일어난 평범한 사건들이 단편적인 모습으로 만화경같이 이어졌다. 그런 다음 순간에 내게 무엇인가가 통보되는 것 같은 인상을 받았다. 내 안에서 "말하소서, 주인이시여, 당신의 하녀가 듣고 있나이다. / 당신께서 저의 귀를 열도록 하소서"라는 말이 되풀이되었다. 갑자기 이집트식 장식을 한 스핑크스의 머리가 시야에 나타났다; 그러다 잠시 후 사라졌다. 이 순간에 부모님이 나를 부르셨다. 나는 즉각 반응하듯이 대답을 했다. 그것은 내가 잠들지 않았다는 것을 증명한다.

두 번째 단계—갑자기 한 아즈텍 남자가 등장한다. 그의 모습의 모든 세부가 뚜렷이 보였다: 커다란 손가락이 펼쳐져 있었고, 독특한 윤곽의 두상, 갑옷, 아메리카 인디언의 깃털 장식 같은 머리 장식이 눈에 들어온다. 전체적인 모습이 어딘가 모르게 멕시코의 조각품을 떠오르게 했다(주해 A).—'치-완-토-펠'이라는 이름이 한 음절씩 떠올랐고, 그리고 그것이 방금 언급된 형상에 속하는 것처럼 보였다(주해 B).— 그런 다음 한 무리의 군중이 나타났다. 말들도 있었고, 전투가 있었고, **꿈의 도시**(주해 C) 광경이 보였다.—그 다음은 혹이 달린 가지들이 가득한 이상한 침엽수가 나타났다가, 보랏빛 물이 있는 어느 만灣에서 뾰족한 돛이 나타났다. 그리고 가파른 낭떠러지가 보이고. 와-마Wa-ma, 와-마Wa-ma 하는 소리들이 혼란스럽게 엉켜 들려왔다.

(공백)—무대가 숲으로 바뀌었다. 나무들, 잡목 숲, 덤불 등. 치-완-토-펠의 모습이 남쪽에서 말을 타고 나타났는데 빨강, 파랑, 흰색의 알록달록한 포대를 두르고 있다. 구슬이 박힌 짐승 가죽옷을 입고 깃털 장식을 한 인디언 한 명이 몸을 낮추고 몰래 포복해 와서 치-완-토-펠을 향해 활을 쏘려고 한다. 치-완-토-펠은 그에게 가슴을 내밀면서 도전적인 자세를 취한다. 그러자 그 광경에 겁먹은 인디언은 도망치며 숲속으로 사라진다. 치-완-토-펠은 언덕에 주저앉아, 자신의 말의 고삐를 놓아주고, 영어로 다음과 같은 독백을 한다: "나는 이 대륙의 척추 끝에서부터, 평지의 가장 바깥 가장자리에서부터 여기에 이르도록 오랜 세월을 방랑하였다. 내 아버지의 궁을 떠난 후로 나는 늘 '나를 이해해줄 여성'을 찾으려는 나의 광적인 바람을 성취하려고 쫓아다녔다. 나는 보석들로 많은 미녀들을 유혹했고, 키스로 그녀들에게서 마음의 비밀을 낚아챘고, 영웅적 행동으로 그녀들의 찬사를 얻어냈다. (그는 마음속으로 자신이 알았던 여성들을 차례로 떠올렸다.) 나의 가문의 공주, 치타Chi-ta… 그녀는 멍청했지. 허영이 많기론 공작과 같았고, 머

리엔 온갖 장신구들뿐. 시골 처녀 타난Ta-nan… 에이, 그저 어미 돼지. 가슴과 배와 오로지 먹을 것밖에 몰랐지. 또 여사제 키마Ki-ma는 정말 앵무새였어. 사제들에게 배운 허황된 말들을 쉴 새 없이 되풀이 지껄였지; 잔뜩 겉치레뿐이지. 진정한 교양도 없고 정직하지도 않은데 의심이 많고 잘난 체하고 가식적이니! … 아! 나를 이해할 여인들이 아니었다. 나와 닮거나 내 누이의 영혼이라고 할 그런 영혼을 가진 여인이 아니었다. 그녀들 중에는 나의 영혼을 인식할 만한 여인이 없었고, 나의 생각을 읽을 수 있는 여인이 없었다.─그것과는 거리가 멀었다; 나와 함께 빛나는 봉우리를 찾을 만한, 혹은 나와 함께 초인간적인 말인 사랑의 말을 중얼거릴 만한 여인이 없다!"(공백)─그는 고통스럽게 이렇게 외친다. "이 온 세상에 단 한 여자도 없구나! 나는 백 개의 종족을 찾아 돌아다녔다. 내가 찾기 시작한 지가 거의 백 달이 넘었다. 나의 영혼을 알아줄 여인이 단 한 명도 없을 것인가?─하지만, 숭고한 신 곁에는 있을 것이다! 그녀의 순수한 영혼이 태어나기까지는 만 개의 달이 떴다가 질 것이다. 그녀의 조상들은 또 다른 세계에서 이 세계로 올 것이다. 그녀는 밝은 피부와 머리카락을 가질 것이다. 어머니가 그녀를 낳기 이전에 어머니가 겪은 고통을 그녀는 알고 있을 것이다. 그 고통이 늘 그녀와 함께할 것이다; 그녀 또한 그녀를 이해할 사람을 찾고 있을 것이다. 그리고 아무도 발견하지 못했을 것이다. 수많은 연모자들이 그녀에게 구애를 하려고 할 것이다. 그러나 그 누구도 그녀를 이해할 수 없을 것이다. 유혹이 종종 그녀의 영혼을 엄습할 것이다─그러나 그녀는 약해지지 않을 것이다.… 그녀의 꿈에서 나는 그녀에게 다가갈 것이다. 그리고 그녀는 이해할 것이다. 나는 나의 몸을 온전하게 지켰다. 나는 그녀가 오기 만 달 전에 왔고, 그녀는 만 달이 지나서 늦게 왔다. 그러나 그녀는 이해할 것이다! 오직 만 달에 한 번씩 그녀와 같은 심혼이 태어나는구나!"

(공백)—초록 독사 한 마리가 덤불숲에서 나와 그에게 미끄러지듯 다가와 그의 팔을 물었다. 그런 다음 그의 말을 공격한다. 그의 말이 먼저 죽는다. 그때 치-완-토-펠이 말에게 이렇게 [말한다]: "성실한 나의 형제여, 신의 명하심이다! 편안히 잠들어라! 나는 너를 사랑했단다. 그리고 너는 나를 위해 그 임무를 다하였다. 잘 가거라, 내가 곧 너를 뒤따라가련다!" 그렇게 말한 뒤 그는 뱀을 향해 외친다: "고맙구나, 귀여운 누이여, 네가 나의 방랑을 끝맺어주었구나!" 그런 후 그는 고통에 차서 소리치고 기도하듯 외친다: "숭고한 신이시여, 나를 빨리 [당신 곁으로] 데려가주소서! 당신을 인식하고 당신의 법을 지키려고 애썼습니다. 오, 나의 육신을 부패와 악취로 떨어뜨리지 마시고 독수리의 먹이가 되지 않게 하소서!" 사람들은 멀리서 연기가 피어오르고 있는 화산을 보고, 뒤따르는 지진의 굉음을 듣는다. 그리고 뒤이어 땅이 꺼진다. 치-완-토-펠은 대지가 그의 육체를 덮자, 견딜 수 없는 고통 속에서 이렇게 외친다: "나는 내 몸을 상처 없이 지켰다.—아! 그녀는 이해할 것이다!—너, 자-니-마-와Ja-ni-ma-wa여, 나를 이해하는 너!"

주해와 설명

제가 생각하기에 당신들도 상상력의 작업으로서 생겨난 이 잠들 무렵의 환상이 주목을 받을 만하다는 것을 시인할 것입니다. 이 환상의 형성에는 분화됨과 고유성이 있고 더구나 주제의 구성에 있어서 그 자체로 하나의 특정한 독창성까지 나타내고 있습니다. 우리는 거기에서 일종의 통속극 같은 것을 만들 수도 있겠습니다. 만일 제가 본래 그러한 구성 요소들의 의미를 과대평가하는 성향을 가졌다면, 그리고 이러한 놀라운 몽상에서 매우 믿을 만한 요소들을 재인식할 수 없었다면, 나는 다른 많은 영매들의 사례에 따라 치-완-토-펠을 나의 '감독 contrôle', 즉 나의 지도령Kontrollgeist으로 간주하도록 내버려두었을지도 모릅니다. 나는 내가 굳이 그런 일을 하지 않았다고 말하지는 않겠습니다. 그러니 우리는 이 작은 소설이 어디서 왔는지 그 원천을 찾아봅시다.

우선 치-완-토-펠이라는 이름을 살펴봅시다: 어느 날 완전히 각성된 상태에서 갑자기 앗시리아 설형문자 아-하-마-라-마A-ha-ma-ra-ma라는 낱말이 떠올랐습니다. 그리고 나는 그 이름의 유래를 알아내기 위하여 이미 내가 알고 있는 아하수에로Ahasuerus, 아슈라바마 Asurabama(쐐기형 벽돌을 만든 두 번째 사람)와 같은 이름과 연결시킬 필요가 있었습니다. 마찬가지로 여기서; 당신은 치-완-토-펠을 중앙 아메리카에 있는 화산의 이름인 포-포-카-타-펠Po-po-cat-a-pel과 비교한다면, 그 이름의 발음이 서로 아주 유사하다는 점이 눈에 띌 것입니다.

더 나아가서 하루 전에 내가 나폴리에서 온 편지 한 장을 받았는데, 그 편지 봉투에 멀리서 연기가 피어오르는 이탈리아의 화산인 베수비오의 광경이 그려져 있었음을 밝히고 싶습니다(K).─나는 어린 시절에 매우 특별하게 아즈텍의 단편들과 페루와 잉카의 역사에 관심이 많았습니다(A와 B).─최근에 나는 큰 규모의 인디언 전시회에 가서 그들의 의상들을 보았습니다. 그것들이 나의 꿈속에 알맞은 자리를 발견한 듯합니다(D).─카시우스가 브루투스에게 벌거벗은 가슴을 내밀던 셰익스피어의 유명한 부분이 장면 (E)를 설명하게 합니다; 장면 (F)는 한편으로 붓다가 자신의 아버지의 집을 떠나는 사건을 생각나게 했고, 다른 한편으로는 새뮤얼 존슨Samuel Johnson이 쓴 아비시니아 왕자 라셀라스Rasselas 이야기가 떠오릅니다.─다른 여러 개개의 요소들은 히아와타의 노래, 롱펠로의 인디언 서사시를 생각나게 했습니다. 그런 유의 리듬이 치-완-토-펠의 독백 중 여러 곳에서 무의식적으로 수용된 것으로 보입니다. 그리고 자신과 비슷한 종류의 어떤 인물을 향한 그의 불타는 열망(G)은, 바그너가 아주 훌륭하게 표현한 브륀힐데에 대한 지크프리트의 감정과 유사함을 암시합니다.—마지막으로 (I)나는 최근에 손상되지 않은 인격The inviolate Personnality에 대한 펠릭스 아들러Felix Adler의 강의를 들었습니다.

뉴욕에서 지냈던 흥분된 생활 중 종종 단 하루의 총체적 인상에는 천 가지 요소들이 함께 뒤섞입니다. 음악회, 강연, 책, 잡지, 연극 공연 등.—그 모든 것은 뇌를 소용돌이 속에 갖다 놓습니다; 어쩌면 정신 속에 들어온 것은 아무것도 완전히 잃은 것이 없다고 주장할 수 있을 것입니다; 가장 희미한 인상도 다시 살리기 위해서는 단지 사고의 연결이나 주변 상황의 특정한 일치가 필요할 것입니다. 이는 많은 사례에서 적합할 것입니다. 예를 들어 꿈의 도시(C) 표시의 세부는 내가 최근에 읽었던 잡지들 중 한 잡지의 표지의 세부와 말하자면 정확하게 일치했던 것입니다. 그리고 그것은 결국 이러한 전체적 사건이 다음에 나오는 구성 요소들의 모자이크일 가능성이 있는 것입니다.

A—아즈텍의 단편들과 페루 잉카의 역사.
B—페루의 항해자 피사로Francisco Pizarro.
C—최근 여러 '잡지'에서 본 동판화들과 삽화들.
D—인디언 의상 등의 전시회.
E—셰익스피어의 『줄리어스 시저Julius Cäsar』에 나오는 한 구절에 대한 회상.
F—붓다와 라셀라스의 이별.

G와 H—브륀힐데를 갈망하는 지크프리트.
I—손상되지 않은 인격에 관한 강의를 회상.
K—편지 봉투에 그려진 베수비오의 광경.

그리고 이제, 내가 앞서간 나날들 내내 어떤 '독창적인 이념'을 찾고 있었다는 말을 덧붙인다면, 이 모자이크가 무척 바쁜 한 인간에서 출현하는 수많은 인상들을 이용해서 스스로 생겨난 것이고, 이와 같은 환상적인 꿈의 형태를 갖추게 된 것이라는 점을 아는 데에는 그다지 큰 노력이 필요치 않았습니다. 그때는 자정 무렵이었고 아마 나의 상태는 극도의 피곤과 정신적인 흥분 상태에 있어서 어느 정도까지는 내 사고의 흐름이 흐려지고 그 방향이 바뀌었을 것입니다.

추신: 나는 정확성을 기하려고 오히려 나의 관찰에 너무 개인적인 강조를 부여한 것은 아닐까 두려워집니다. 그러나 나는 희망합니다.—그리고 동시에 그것은 나의 변명이기도 합니다.—나의 관찰이 다른 사람들에게 유용하기를 바랍니다. 비슷한 종류의 체험 한가운데서 갈 길을 찾을 수 있게 하고, 영매들이 나타내는 그런 복합적 현상들을 해명하려는 사람들에게도 도움이 되기를 바랍니다.

주석

영웅의 기원

1 그래서 아마 태양-영웅, 길가메시에게 저 아름다운 이름 "비통하고도 기쁜 사람Wehfrohmensch"이 붙여진 듯하다. P. Jensen, *Das Gilgamesch-Epos in der Weltliteratur*, Straßburg, 1906와 비교하라.
2 *Jahrbuch für psychoanalytische und psychopathologische Forschungen* I(1909), pp. 513~525에 있는 H. Silberer의 연구 논문 "Bericht über eine Methode, gewisse symbolische Halluzinations-Erscheinungen hervorzurufen und zu beobachten"도 참고하라.
3 E. Bleuler, "Zur Theorie des schizophrenen Negativismus", *Psychiatrisch-neurologische Wochenschrift* XII(1910), Nrn. 18~21 참조.
4 다음을 참조. *Bhagavad-Gîtâ*(p. 13)에서 동요하고 있는 아르주나Arjuna에게 한 크리슈나Krishna의 경고: "그러나 그대여, 대극 쌍으로부터 자유로울지어다!"
5 *Maximes*[supprimée], DCXXX, p. 264, in: *Œuvres complètes*, Bd. 1, Paris, 1868(프랑스어 원문은 『전집』을 보라).
6 이에 대하여 다음 장을 참조하라.
7 이에 대하여 J. Müller, *Über die phantastischen Gesichtserscheinungen*, Coblenz, 1826을 참조.
8 그러므로 나의 후기 저술에서는 '집단적' 무의식을 말한다[『기본 저작집』 2권 참조].
9 H. Bertschinger, 「도해식圖解式 환각Illustrierte Halluzinationen」, in: *Jahrbuch*

    für psychoanalytische und psychopathologische Forschungen III(1912), pp. 69~100.
10 중세에 스핑크스는 관능적 쾌락의 '상징emblema'이라고 알려져 있다; Alciatus(*Emblemata*, p. 801)에 따르면 "…육체의 관능적 쾌락은, 처음에는 겉보기에 매력적이지만, 그것을 맛본 뒤에는 쓰고도 슬프다.—육적 쾌락에 관하여 말하기를… 정사는 젊은 남자들이 진지한 공부를 못하게 꾀어낸다." (라틴어 원문은 『전집』을 보라.)
11 아마도 '도움을 주는 동물들'의 모티브도 부모-상과 관련될 것이다.
12 *Faust*, 제2부, p. 315.
13 에키드나Echidna의 형상은 헬레니즘적인 혼합주의를 거치면서 어머니 이시스 Isis 제식의 상징이 되었다.
14 그림자가 무의식적이라는 점에서, 그것은 '개인적' 무의식의 개념에 해당한다. 이에 대해 내 저서인 *Über die Psychologie des Unbewußten*[『전집』 7권, 103단락]을 참조하라.
15 더 나아가서 Emma Jung, *Ein Beitrag zum Problem des Animus*[*Animus und Anima*, Rascher, 1967]를 참조하라.
16 루터 성서.
17 [바젤시와 바젤 지역의 교회, 학교 그리고 가정을 위한 개신교 성가책, Nr. 401(p. 428f.).] 왕관은 연금술에 있어서도 중요한 역할을 한다. 그것은 아마 카발라Kabbala(중세 유대의 비설秘說)에서 침투해 들어왔을 것이다. (이에 대해 E. R. Goodenough의 대집성 *The Crown of Victory in Judaism*, in: *Art Bulletin* XXVIII/3, New York, pp. 139~159를 참조하라.) 헤르마프로디투스(양성체)는 대부분 왕관을 쓰고 있는 것으로 묘사된다(그림 41). 왕관corona에 대한 연금술 자료를 나는 아직 출판하지 않은 『융합의 비의*Mysterium Coniunctionis*』에 모아두었다[1955~1957 간행, 『전집』 14/I 와 II].
18 [『개신교의 찬송가*Evangelisches Gesangbuch*』, Nr. 398(p. 424).]
19 [앞의 책, Nr. 392(p. 420).]
20 낙인烙印을 독일의 대중적인 표현으로는 "붉은 수탉을 지붕 위에 앉히다"라고 말한다.
21 신적인 영웅과 입교자Myste와의 동일성은 의심할 여지가 없다. 헤르메스에게 바치는 파피루스 기도서에는 이런 말이 있다: "당신은 곧 나입니다. 그리고 나는 바로 당신입니다. 당신의 이름이 바로 나의 이름이고, 나의 이름은 당신의 이름입니다. 즉, 나는 당신의 모상模像입니다." Kenyon; Dieterich, *Eine Mithrasliturgie*, Berlin, 1910, p. 97에서 인용. 리비도 상으로서의 영웅은 머

리카락이 이마 위로 화염처럼 굽이쳐 너울거리고 있는 라이덴Leiden에 있는 디오니소스의 머리(Roscher, *Ausführliches Lexikon der griechischen und römischen Mythologie* I, Sp. 1128)에서 잘 묘사되어 있다. 그는 마치 하나의 불길과 같다. 「이사야Jes」, 10 : 17 참조: "그리고 이스라엘의 빛은 불이 될 것이며, 그의 성인은 불길이 될 것이다." Firmicus Maternus(*De errore profanarum religionum*, Leipzig, 1907, XIX)는 신은 신랑이며 젊은 빛으로서 환영받았다고 한다. 그리고 그는 다음과 같은 문장을 전한다: "환영받을지어다. 신랑이여, 환영받을지어다. 새로운 빛이여." 이 문장에 대해서 그는 기독교적인 반론을 제기한다: "당신의 곁에는 아무런 빛도 없습니다, 아무도 신랑이라고 부를 만한 가치를 가진 자도 없습니다: 오로지 하나의 빛, 하나의 신랑만 있습니다. 이러한 이름의 은총을 그리스도는 맞이하였습니다."[p. 47](그리스어 및 라틴어 원문은 『전집』을 보라.)

22 이름을 부여하는 것은 비록 영혼 그 자체를 넘겨받는 것은 아니더라도 어떤 특징을 넘겨받는 것이다. 따라서 어린아이들에게 성자의 이름을 부여하는 관습이 오래전부터 있었던 것이다.

23 De Gubernatis(*Die Thiere in der indogermanischen Mythologie*, Leipzig, 1874)는 민간 전승에 기초하여, 똥과 금은 항상 함께 있는 것이라고 말하는데, Freud도 개인심리학적 경험을 근거로 그와 같이 얘기한다. J. Grimm[*Deutsche Mythologie* III, p. 454]은 다음과 같은 주술 관습을 보고한다: 만약 일년 내내 집에 돈이 넘쳐나기를 바란다면, 성 금요일에 렌즈콩을 먹어야만 한다. 주의를 끄는 연관성은 단순히 렌즈콩이 소화되기 어렵다는 생리학적 사실을 통해서 설명된다. 콩이 동전 모양으로 그대로 나오게 되기 때문이다. 그래서 부자가 될 수 있다는 것이다.

24 프랑스어를 말하는 한 아버지는 나에게 자기 아이가 그런 관심을 가졌을 리가 없다고 부인하면서도 다음과 같이 이야기했다. 아이가 '카카오cacao'에 관해 말할 때마다 언제나 'lit(bed)'를 덧붙인다는 것이다: 그러니까 아이는 'cacau-lit'를 생각하고 있는 것이다.

25 Freud, *Analyse der Phobie eines 5jährigen Knaben*(『전집Ges. Werke』7).

26 *Genie und Irrsinn in ihren Beziehungen zum Gesetz, zur Kritik und zur Geschichte*, Leipzig, 1897, p. 207.

27 민중들은 자신들의 떠돌아다니는 태양 영웅을 포기하지 않는다. Cagliostro도 되풀이해서 말하기를, 그가 네 마리의 백마를 타고 바젤시의 모든 문에서 동시에 달려 나왔다고 하였다.

28 이에 대하여는 나의 논문 *Über Wiedergeburt*를 참고하라[『전집』 9/I, 40단락

이하].
29 우리 = 알라Allah.
30 L. Ullmann이 번역한 『코란』, Bielefeld, 1857, p. 246 이하.
31 "뿔이 둘인 존재". 주석자들에 의하면 아라비아의 전설 속에서 스위스 베른의 영웅 디트리히Dietrich von Bern 같은 역할을 한 알렉산더 대왕을 의미한다. 뿔이 둘인 존재는 태양 황소의 힘에 관계한다. 주화에 새겨진 알렉산더는 종종 유피테르 아몬Jupiter Ammon[유피테르: 로마 최고의 신, 아몬: 이집트의 태양신]의 뿔을 가지고 있다(그림 42). 이것은 전설적 인물인 지배자와 숫양자리에 있는 봄의 태양의 동일시를 말하는 것이다. 인류가 영웅에서 인간적이고 개인적인 것을 없애고자 하는 강한 욕구를 가지고 있다는 것은 틀림없는 사실이며, 이것은 메타오타오이스μετάοταοις를 통해 그 영웅들을 태양과 같이, 즉 전적으로 리비도의 상징으로 만들기 위해서이다. 우리가 쇼펜하우어 편에서 생각해본다면 곧바로 그것을 '리비도의 상징'이라고 말할 수 있을 것이다: 그러나 만약 괴테와 함께 생각해본다면, 우리는 '태양'이라고 말할 것이다: 왜냐하면 우리가 존재하는 것은 태양이 우리를 바라보기 때문이다.
32 앞의 책, p. 248.
33 앞의 책, p. 249.
34 K. Vollers, "Chidher", in: *Archiv für Religionswissenschaft* XII (1909), p. 235f. 나는 이 논문에서 코란 주석의 견해를 빌려 쓰고 있다.
35 미트라스와 그리스도의 유사함, 1부 [『기본 저작집』 7권, 150쪽 이하]를 참조.
36 *Mt.* 17, 2~4.
37 이와 반대로 *Mt.* 17, 11에 따르면 세례자 요한을 엘리야로 이해한다.
38 Kyffhäusersage를 참고.
39 Vollers, 앞의 책, p. 258.
40 다른 보고에 따르면 알렉산더는 자신의 '장관' 키드르Chidr와 함께 인도 아담의 산山 위에 있었다고 한다.
41 이러한 신화적 공식은 전적으로 꿈꾼 이가 여러 꿈의 인물상으로 나뉠 수 있다는 꿈의 법칙에 따른 것이다.
42 앞의 책, p. 274.
43 "저 사람은 자라나야 하지만, 나는 줄어들어야 한다." (*Joh.* 3, 30)
44 F. Cumont, *Textes et monuments figurés relatifs aux mystères de Mythra*, Brüssel, 1896/99, p. 172ff.
45 앞의 책, p. 173.
46 헤라클레스와 미트라스의 유사성은 이 밖에도 더 많이 있다: 헤라클레스처럼

미트라스도 뛰어난 궁수이다. 어떤 기념비들을 보고 판단하자면, 헤라클레스뿐만 아니라 미트라스도 어린 시절에 뱀으로부터 위협을 받은 것으로 보인다. 헤라클레스가 한 일들의 의미는 황소를 제압하고 희생하는 미트라스의 비의祕儀와 일치한다(그림 38).

47 이 세 장면은 클라젠푸르트의 기념비에 모두 차례로 묘사되어 있다. 그래서 우리는 그 극적인 연관성을 추측할 수 있다. Cumont, *Mysterien des Mithra*, Tafel II, Fig. 6(그림 43과 비교).

48 Cumont, 앞의 책, p. 173; Roscher, *Lexikon* II, Sp. 3048, 42ff.

49 L. Frobenius, *Das Zeitalter des Sonnengottes*, Berlin, 1904 참조.

50 이러한 해석은 여전히 약간은 신화적이다: 더 정확히 말하자면, 그 물고기는 무의식의 (자율적인) 내용을 상징하는 것이다. 마누Manu는 뿔이 달린 물고기를 갖고 있고, 그리스도는 익스두스Ἰχθύς의 아들, 시리아 페니키아의 데르케토Derketo처럼 하나의 물고기인 것이다. Josua ben Nûn은 "물고기의 아들"을 말한다. 뿔이 둘인 존재(둘카나인Dhulqarnein = 알렉산더)는 키드르 전설에도 나타난다.

51 둘러싼다는 것은 불확실성을 의미한다. 즉, '영靈임을 의미한다'. 그것이 신참자가 비의祕儀에서 무엇인가로 둘러씌워지는 이유이다(그림 6: 『기본 저작집』 7권). "행운의 모자Glückshaube(양수막)"를 쓰고 태어난 아이는 특별한 행운아로 간주된다.

52 에투리아(고대 중부 이탈리아 서방 지방의 이름) 축일에 평평하게 갈아놓은 밭고랑에서 생겨난 "이제 막 이랑에서 파낸 소년"은 마찬가지로 지혜의 스승이다. 리타올레인Litaolane 신화에서 바수토Basuto(Frobenius, 앞의 책, p.105)는 모든 인류를 먹어치우는 괴물로 묘사된다. 이때 오직 한 명의 여자만 살아남아서 마구간(동굴이 아니다, 아래에 있는 이 신화의 어원과 비교)에서 아들, 바로 영웅을 출산했는데, 그녀가 지푸라기로 갓난아이의 잠자리를 마련하는 사이 그 아이는 벌써 다 자라서 '지혜의 말'을 했다. 이와 같은 영웅의 빠른 성장은 자주 반복되는 모티브로서, 그의 출생과 외견상의 어린 시절이 매우 특별하다는 것을 확실히 보여준다고 할 수 있다. 왜냐하면 그러한 영웅의 출생은 사실상 재탄생이기 때문이고, 그래서 그는 후에 영웅으로서의 역할에 빠르게 익숙해질 수 있기 때문이다.

53 Rê의 밤인 뱀과의 투쟁.

54 *Mt.* 3, 11.

55 *Gilgamesch-Epos in der Weltliteratur* I, p. 50. 내 책을 새로 개정할 때, 본질적으로 Jensen에 입각한 나의 설명을 기존의 상태 그대로 내버려두었다. 그 설

명에서 어떤 부분은 새로운 연구 결과들을 통해서 보충될 수도 있다. 나는 A. Heidel, *The Gilgamesh Epic and Old Testament Parallels*, Chicago, 1946; A. Schott, *Das Gilgamesch-Epos*, Leipzig, 1934; 그리고 무엇보다도 매우 중요한 번역서인 R. C. Thompson, *The Epic of Gilgamish*, London, 1928에 주목할 것을 권한다.

56 미트라스 희생제의와의 차이는 주목할 만하다. 다도포렌Dadophoren은 희생에는 참여하지 않는, 해롭지 않은 빛의 신들이다. 그리스도 장면은 훨씬 더 극적이다. 다도포렌의 미트라스에 대한 내적 관계는, 다음에 더 언급하게 될 것이지만, 그리스도와 범죄자의 관계와 비슷한 점을 추측하게 한다.

57 예를 들면, 한 기념비는 다음과 같은 헌사를 보여준다: "D(eo) I(nvicto) M(ithrae) Cautopati." 우리는 곧 "Deo Mithrae Caute" 또는 "Deo Mithrae Cautopati", 비슷한 변화형인 "Deo Invicto Mithrae" 또는 오로지 "Deo Invicto", 아니면 아예 "Invicto"만 쓰인 것도 보게 된다. 다도포렌이 미트라스의 속성인 칼과 활로 무장하고 있는 모습으로 나타난다. 이것은 그 세 가지 형상들이, 말하자면 한 사람의 세 가지 서로 다른 상태를 나타내고 있는 것으로 생각해볼 수 있다. Cumont, *Textes et monuments* I, p. 208f.을 참조.

58 Cumont, 앞의 책. 3위체의 상징으로 표현된 드라마에 관해서는 나의 논문에 들어 있는 설명을 보라: *Versuch einer psychologischen Deutung des Trinitätsdogmas* [『전집』 11권, 172단락 이하].

59 앞의 책, p. 210.

60 그것들은 4300년부터 2150년까지 해당하는 춘분(추분) 표지이다. 오래전에 방향을 바꾼 이 춘분(추분) 표지는 후기 기독교 시대까지 관습적으로 여전히 보존되었다.

61 개별 영혼과 우주적 영혼, 개인적인 아트만과 초개인적인 아트만의 성격을 규정하기 위해서, *Çvetâçvatara-Upanishad* IV, 6, 7, 9 (P. Deussen, *Sechzig Upanishads des Veda*, Leipzig, p. 301f.)는 다음의 비유를 사용한다.

> 훌륭한 날개를 지닌, 서로 결합된 두 친구가
> 같은 나무 하나를 감싸 안는다;
> 그들 중 하나는 달콤한 과실을 먹지만,
> 또 다른 하나는 그것을 먹지 않고 그냥 내려다본다.
>
> 영靈이 그러한 나무를 향해 침하沈下하는데,
> 정신없이 망상에 사로잡힌 채 슬퍼한다;

그러나 그가 만약 저 전능함과 위엄을 존경하며 바라본다면
고뇌는 그로부터 사라지리라.…

찬가, 희생, 작업, 서약,
과거, 미래, 베다의 가르침 등 그 모든 것이 그에게서 생겨난다.
그는 마법사로서 이 세계를 창조했고,
다른 친구는 이 세계에 현혹되어 잘못된 길로 빠져든다.

62 인간을 구성하는 요소들 가운데서 미트라스 의식에서는 특히 불이 신적인 것으로 강조되었고, "나를 구성하기 위해 신으로부터 주어진 것"이라고 표현된다(그리스어 원문은 『전집』을 보라)(Dieterich, *Mithrasliturgie*, p. 58).
63 Félix Lajard, *Recherches sur le culte, les symboles, les attributs, et les monuments figurés de Vénus en Orient et en Occident* [Textteil, 1837], Paris, 1837, p. 32ff.
64 그로써 성욕으로 표현되는 주기적 현상이나 리듬으로 묘사된다.
65 그림은 사진에서 나온 것이 아니라, 작가가 연필로 소묘한 것이다.
66 바카이리Bakairi 신화에는 한 여성이 등장하는데, 그녀는 옥수수 절구에서 태어났다. 줄루Zulu 신화에서 이르기를: 어떤 한 여자가 있었는데, 그녀는 냄비에 피 한 방울을 떨어뜨린 다음, 뚜껑을 덮어서 여덟 달 동안 곁에 두고 있다가 아홉 달째에 그것을 다시 열라는 이야기를 들었다. 그녀는 그 충고를 그대로 따라서 아홉 달이 지난 후 그 냄비를 열었더니 그 안에는 아이가 하나 있었다(Frobenius, 앞의 책, pp. 236과 237).
67 앞의 책, p. 48f. [본문]; pl. I, fig. 13 [그림 부분, 1849].
68 Roscher, *Lexikon* II, Sp. 2733f., Men을 보라.
69 아주 잘 알려져 있는 태양 동물.
70 미트라스와 다도포렌과 같다.
71 이러한 설명은 충분하지 않다. 원형적 근친상간의 문제를 그에 수반된 모든 복잡한 것들과 함께 여기에서 펼쳐놓는 것은 유감스럽지만 나에게는 불가능한 것이다. 나는 그것에 대해서 나의 책 *Die Psychologie der Übertragung* [『기본 저작집』 3]에서 광범위하고 심도 있게 설명해놓았다.
72 길가메시, 디오니소스, 헤라클레스, 미트라스 등등.
73 추가로 M. Graf, *Richard Wagner im "Fliegenden Holländer"*, Leipzig/Wien, 1911을 참고하라.
74 [『파우스트』 2부, p. 315 이하.]

어머니와 재탄생의 상징들

1   Freud, *Die Traumdeutung*, 『전집Ges. Werke』 2.
2   오늘날에는 '만다라'에 관해 자기상징으로서 말할 것이다.
3   그 동일한 주제의 또 다른 형태는 비의 호수인 보우루카샤Vourukasha에 서 있는 생명의 나무에 대한 페르시아인의 견해이다. 이 나무의 씨앗들은 물에 섞이게 되고, 그를 통해 땅의 비옥함이 유지된다. Vendidâd 5, 57ff.에는 다음과 같은 내용이 나온다: "물은 보우루카샤 호수로 흐바파Hvâpa 나무로 흘러가는데, 그곳에는 나의 모든 종류의 나무들이 자라고 있다. 나는 그것들을 그곳에 순수한 남성의 음식으로서, 그리고 좋은 소를 위한 목초지로서 비 내리게 한다." 또 하나의 생명의 나무는 바로 샘물 아르디슈라Ardîçura, 즉 생명의 물에서 자라는 백색의 하오마Haoma이다(F. Spiegel, *Erânische Altertumskunde* I, Leipzig, 1871, p. 465ff.).
4   여기에 O. Rank, *Der Mythus von der Geburt des Helden*, Leipzig/Wien, 1909를 소개한다.
5   *Das Zeitalter des Sonnengottes*, Berlin, 1904, p. 30.
6   앞의 책, p. 421.
7   앞의 책, p. 60ff.
8   앞의 책, p. 173f.
9   여기서 '그림자'는 그저 영혼과 같은 것. 아직 도덕적인 고려를 할 만한 것들이 아니다.
10 당연히 아버지에 대한 것이기도 하다. 그러나 어머니와의 관계가 명백한 근거에서 우선한다. 어머니에 대한 관계가 더 원초적이고 심오하기 때문이다.
11 예를 들어 바빌론의 지하계에서 영혼들은 새처럼 깃옷을 입는다. 『길가메시 서사시Gilgameshepos』를 보라.
12 14세기 브뤼게Brügge의 복음성서에는 성모님처럼 사랑스런 '여인'이 하반신을 용 속에 두고 서 있는 세밀화가 있다.
13 그리스어 토 아르니온τὸ ἀρνίον, 작은 숫염소. 사용되지 않는 아렌ἀρήν의 축소형 = 숫양. (테오프라스토스Theophrastus는 그것을 '어린 자손'이라는 뜻으로 사용한다.) 이와 같은 계통에 속하는 단어인 아그니스ἄγνις는 매년 아르고스Argos에서 리노스Linos를 기리며 열리는 한 축제를 가리킨다. 이 축제에서는 리노스λίνος라 부르는 비가悲歌가 불리는데, 이것은 프사마테Psamathe와 아폴로Apollo 사이에서 태어난 아기 리노스가 개에게 물려 뜯겨 죽은 것을 애도하기 위한 노래이다. 아버지 크로토포스Krotopos의 노여움이 두려웠던 아이의 엄마는 아기

를 내버렸던 것이다. 그에 대한 복수를 하기 위해 아폴로는 용, 즉 포이네Poine를 크로토포스의 나라로 보냈다. 델피의 신탁은 죽은 리노스를 위해서 여성들과 처녀들이 해마다 애도할 것을 명령했다. 또한 프사마테도 어느 정도 숭배받게 되었다. 리노스에 대한 이 추모는, 헤로도토스(II, 79, p. 215f.)가 말한 것처럼, 페니키아, 키프로스 그리고 이집트에 있는 아도니스(탐무즈) 추모의 전통과 유사하다. 헤로도토스가 지적했듯이 이집트에서는 리노스를 마네로스Maneros라고 부른다. H. Brugsch(*Religion und Mythologie der alten Ägypter*, Leipzig, 1891, p. 13)는 마네로스가 이집트의 비탄의 부르짖음인 "부르러 오라 maa-n-chru!"에서 유래한 것이라고 생각했다. 포이네는 모든 엄마의 배 속에서 아이들을 빼앗는 특성을 갖는다. 이러한 모든 주제들은 임신한 별의 여인에 대해서 쓰고 있는 「묵시록Apokalypse」, 12 : 1f.에서도 다시 발견되는데, 용이 그녀의 아기를 위협하지만 그 아기는 하늘로 옮겨진다는 내용이다. 헤로데의 유아 살해는 이러한 원초적 심상을 인간화시킨 것이다(Brugsch, *Die Adonisklage und das Linoslied*). A. Dieterich(*Abraxas, Studien zur Religionsgeschichte des späteren Altertums*, Leipzig, 1891, p. 117f. 참조)는 이 구절에 대한 설명을 위해 아폴로와 피톤Python의 전설에 대해서 환기시킨다. 그는 (Hyginus에 따르면) 그 전설을 다음과 같이 이야기한다: "피톤, 대지의 아들이며, 위대한 용에게, 레토Leto의 아들이 그를 죽일 것이라는 예언이 주어졌다. 레토는 바로 제우스에 의하여 아이를 갖게 되었다: 그러나 헤라는 레토가 햇빛이 비치지 않는 곳에서만 아이를 낳을 수 있게 만들었다. 그런데 레토가 아이를 출산하게 될 것을 알아차린 피톤은 그녀를 죽이기 위해 뒤쫓는다. 하지만 보레아스Boreas가 레토를 포세이돈에게 데려가고, 포세이돈은 다시 그녀를 오르티기아Ortygia로 데리고 간 뒤에 바다의 물결로 그 섬을 덮어버린다. 피톤은 레토를 발견하지 못하자 파르나스Parnaß로 되돌아온다. 레토는 포세이돈이 끌어올린 오르티기아섬에서 출산을 한다. 아기가 태어난 지 나흘째 되던 날, 아폴로는 복수를 위해 서둘러 파르나스로 가서 피톤을 죽인다."

14 *Apokal*. 21, 2: "그리고 나는 하늘에 계신 하나님이 내려주신 새 예루살렘인 신성한 도시를 보았다. 그 도시는 신랑을 위해 화장한 신부처럼 준비를 끝냈다."

15 *Somadeva Bhatta*에서 유래한 샤크티데바Shaktideva의 전설에는 영웅이 어마어마한 물고기(무서운 어머니)를 잡아 운 좋게도 먹히게 되는 것을 극복하고 마침내 황금 도시를 찾아서 자신이 사랑하는 공주와 결혼한다고 되어 있다 (Frobenius, 앞의 책, p. 175).

16 성서외전外典 격인 도마의 「사도행전」(2세기)에는 교회를 그리스도의 신부, 동정녀 어머니로 해석하고 있다. 한 사도의 간청에 이르기를:

"오소서, 거룩한 그리스도의 이름이여, 모든 이름 위에 있는 이름.
오소서, 가장 전능한 힘이여, 가장 큰 은총이여.
오소서, 은혜를, 고결함을 베푸는 자여.
오소서, 은총이 가득하신 어머니여.
오소서, 남성인 아들을 관리하는 자여.
오소서, 여인이시여, 감추어진 신비술을 드러내는 자여." 등등.
또 다른 사도의 간구는 다음과 같다:
"오소서, 가장 위대한 은총이여.
오소서, 남성(글자 그대로: 공동체)의 아내여.
오소서, 여인이시여, 선택된 자의 신비술을 알고 있는 자여…
오소서, 여인이시여, 감추어진 것을 나타내주는 자여.
그리고 형언할 수 없는 일들이 드러내는, 성스러운 비둘기, 당신은 쌍둥이 새를 만들었나이다.
오소서, 신비로운 어머니여."
(F. C. Conybeare, *Die junfräuliche Kirche und die jungfräuliche Mutter. Eine Studie über den Ursprung des Mariendienstes*, in: *Archiv für Religionswissenschaft* IX [1906], p. 77.) 어머니와의 관계는 전혀 의심할 바가 없으며(그림 61), 아내로서의 어머니에 대한 견해도 역시 그러하다. 위에 나온 '남성적 공동체'는 변하지 않고 지속되는 공존의 주제를 가리킨다. '쌍둥이 새'는 예수와 도마 Thomas가 쌍둥이였다는 오랜 전설을 가리키는 것이다. 그것은 이집트에 정착된 예수와 그의 카Ka에 대한 견해이다(*Pistis Sophia*, London, 1921 참조).

17 *Apokal.* 22, 1ff.
18 덧붙여 Freud, *Traumdeutung*, Ges. Werke; 더 이전의 Abraham, *Traum und Mythus. Eine Studie zur Völkerpsychologie*, Leipzig/Wien, 1909, p. 22f. 참조.
19 *Jes.* 48, 1: "이 말을 들으라, 야곱의 집을 이스라엘이라 이름 붙이라. 그것은 유다의 물에서 솟아날 것이다.…"
20 A. Wirth, *Aus orientalischen Chroniken*, Frankfurt/M., 1894.
21 Cumont, *Textes et monuments* I, p. 106f.
22 [『파우스트』, 1부, p. 149.]
23 '주관단계Subjektstufe'라는 용어와 관련해서 내 저서 *Psychologische Typen* (『전집』 6), Definition 50을 보라.
24 원추들은 때때로 원주 대신으로 사용됨. 키프리스Kypris, 아스타르테Astarte의 제례祭禮 등에서.
25 손가락 마디의 상징적 의미와 관련하여 나는 Daktylos[그리스어. 손가락]

에 관한 자세한 설명[『기본 저작집』7, 176~185쪽(한국어판)]을 제시한다. 여기서는 바카이리 신화Bakairimythus에서 다음의 내용을 들겠다: "니마가카니로Nimagakaniro는 집에 있던 많은 바카이리 손가락들 중에서 두 개를 삼켜 버렸다. 그 많은 손가락들은 오카Oka가 화살촉으로 썼기 때문이며, 그는 그것으로 바카이리들을 많이 죽이고 그 고기를 먹었던 것이다. 니마가카니로는 오카에 의해서가 아니라, 바로 이 손가락 마디로 인해서 아이를 갖게 되었다."(Frobenius, 앞의 책, p. 236)

26 이에 대한 그 밖의 증거는, Prellwitz, *Etymologisches Wörterbuch der griechischen Sprache*, Göttingen, 1905에 있다.

27 [『기본 저작집』7, 176쪽과 비교.]

28 Siecke, *Der Gott Rudra im Rig-Veda*, p. 237ff.

29 이에 대하여 나의 후기 연구의 아니마-아니무스 이론과 비교하라.

30 [『기본 저작집』6, 그림 131 참조] 무화과나무는 남근적인 나무이다. 사람들이 무덤 위에 남근들Phallen을 세우듯이 디오니소스가 저승의 입구에 무화과나무 한 그루를 심은 것은 주목할 만하다. 사랑의 여신 아프로디테, 즉 키프리스Kypris에게 바쳐진 실측백나무Zypresse를 사람들이 상가喪家의 문가에 세워둠으로써 완전히 죽음의 상징이 되어버렸다.

31 자웅동체에 대하여 [Jung], *Psychologie und Alchemie*[『기본 저작집』6과 7, 색인]를 참조하라.

32 아들의 어머니에 대한 관계는 많은 제례의 심리학적 기초였다. John M. Robertson(*Die Evangelien-Mythen*, Jena, 1910, p. 36)은 그리스도와 마리아의 관계에 관심을 가졌다. 그리고 그는 이 관계가 아마도 오래된 신화와 관련성이 있을 것이라는 가정을 제시했다. 그 신화에서 "아마도 요슈아Joschua라는 이름을 가진 팔레스타인의 한 신이 신화적인 마리아에게 아들과 애인으로서의 두 가지 서로 교차되는 관계로 등장한다. 이것은 가장 오랜 신지학Theosophie에서의 자연스러운 변이이며 상당한 편차를 두고, 미트라스, 아도니스, 아티스, 오시리스 그리고 디오니소스 신화에서도 나타나는 것이다. 이것은 어머니와 아내가 때때로 동일시되는 한 모두 모성신이면서 어머니이거나 아내라는, 혹은 어머니이자 아내인 이중적인 여성의 특징과 관계있다."

33 『파우스트』, 2부, p. 487.

34 O. Rank는 백조 처녀의 신화에서 훌륭한 예를 보여주었다(*Die Lohengrinsage*, Leipzig/Wien, 1911).

35 R. Muther(*Geschichte der Malerei* II, Leipzig, 1909, p. 355)는 논문「최초의 스페인 고전주의자Die ersten spanischen Klassiker」제하의 장章에서 다음과 같이 말

한다. "Tieck은 일전에 이렇게 말했다: '관능적 쾌락은 우리 인간 존재의 커다란 비밀이며, 감각적 욕구는 우리 신체기관에서 가장 먼저 움직이는 바퀴이다. 그것은 우리의 현 존재를 움직이게 하고 또한 기쁘고 활기차게 만든다. 우리가 아름답고 고귀한 것으로 꿈꾸는 모든 것들이 여기에 속하는 것이다. 감각적 욕구와 관능적 쾌락은 음악, 미술, 그리고 모든 예술의 정신이며, 인류의 모든 소망은 마치 모기가 타오르는 빛을 향해 가듯이 이 극단을 향해 가고 있다. 미적 감각과 예술적 감정은 단지 서로 다른 방언이나 발음일 뿐이다. 이들은 관능적 쾌락을 향한 인간의 본능 그 이상의 것은 전혀 의미하지 않는다고 할 수 있다. 나는 경건 자체를 감각적 충동을 유도하는 통로라고 생각한다.' 여기에서는 고대 교회 예술을 판별함에 있어서 절대로 잊어서는 안 되는 것이 이야기되고 있다: '현세의 사랑과 천상의 사랑 사이의 경계를 없애고자 하는 열망, 그 하나를 다른 한쪽으로 옮기고자 하는 그 열망은 언제나 주도적인 사상이었으며, 가톨릭교회의 가장 강력한 선전 수단이었다.'" 이에 대해 나는 이 충동을 성욕으로 좁게 제한하는 것은 전혀 불가능하다는 점을 지적하고 싶다. 여기서 문제되는 것은 주로 원초적 충동성이다. 다시 말해 아직 충분히 분화되지 않은 리비도에 관한 것인데, 물론 리비도는 즐겨 성적인 형식을 사로잡는다. 관능적 쾌락은 결코 '삶의 충만감'의 유일한 형태는 아니다. 성욕으로부터 유래하지 않는 다양한 열정들도 존재하고 있다.

36 *Joh.* 3, 3ff.
37 상징의 기능적인 의미에 대해서는 [Jung], *Über psychische Energetik und das Wesen der Träume* [『전집』 8, 88단락 이하]와 비교하라.
38 *De Iside et Osiride*.
39 앞의 책, p. 20. (그리스어 원문은 『전집』을 보라.)
40 앞의 책, p. 19f. (그리스어 원문은 『전집』을 보라.)
41 [『파우스트』, 1부, p. 172.]
42 A. Erman, *Ägypten und ägyptisches Leben im Altertum*, Tübingen, 1885, p. 360f.
43 나는 여기서 근친상간이라는 말에 대해 그 용어 본래 의미 이외의, 또 다른 의미와 결부시키고 있다는 것을 상기시켜야겠다. 근친상간은 어린 시절로 후퇴하고자 하는 지향이다. 아이에게는 아직 근친상간이라고 하지 않는다. 오직 충분히 성애적인 것이 발달한 성인에게 이러한 후퇴 지향이 근친상간이 된다. 왜냐하면 성인은 더 이상 어린이가 아니고, 어떤 퇴행적인 사용도 견디지 못하는 성욕을 가지고 있기 때문이다.
44 Frobenius, 앞의 책 참조.

45 아스타르테Astarte 신전에 세워진 남근 모양의 기둥들을 많이 연상시키는 것. 실제로 한 이설에 따르면 왕의 부인을 아스타르테라고 불렀다고 한다. 이 상징은 잘 어울리게도 (성물함에 담겨 있는) '엥콜피아ἐγκόλπια, enkolpia'[엥콜피온Enkolpion: 목걸이 유물함. 그리스 정교회 고위 성직자들의 십자가 목걸이]라고 부르는 십자가를 연상시킨다.

46 Sabine Spielrein, *Über den psychologischen Inhalt eines Falles von Schizophrenie(Dementia praecox)*, in: *Jahrbuch für psychoanalytische und psychopathologische Forschungen* III(1912), 359ff.은 한 분열병 환자에게서 나타난 해체의 주제를 수없이 많이 제시하고 있다. 다양한 물건들과 소재들의 조각들은 '요리되고' 또는 '태워진다'. '그 재는 인간이 될 수 있다.' 그 여환자는 어떻게 "유리의 관 안의 어린이들이 토막내어졌는지"를 보았다.

47 데메테르Demeter는 그 토막내어진 디오니소스의 몸을 함께 모아서 다시 하나로 만들었다.

48 Diodorus, III, 62 참조.

49 Friedrich Creuzer, *Symbolik und Mythologie der alten Völker* II, Leipzig, 1810~12, p. 212.

50 Petronius, *Satyricon*, Kp. 71. (라틴어 원문은 『전집』을 보라.)

51 Frobenius(앞의 책, p. 393f.)는 불의 신들(태양-영웅들)에게는 흔히 사지四肢 중 하나가 없다는 사실을 지적한다. 이에 대해 그는 다음의 유례를 제시한다. "신이 '거인' 오그렌Ogren[거인 식인귀]의 팔을 비틀듯이, 오디세우스는 고귀한 폴리페무스의 눈을 비틀어 뽑아내는데, 그로 인하여 태양이 하늘로 신비롭게 떠오른다. 이렇게 불을 켜는 것과 팔을 비트는 것에 어떤 관계가 있는 것일까?" 우선은 사지절단에 관한 것이고, 그 다음에는 비트는 동작에 대한 것인데, Frobenius는 이러한 행위를 불을 피우기 위해 마찰하여 비비는 것과 적절하게 연결시키고 있다. 사지절단은 아티스의 경우에는 거세에 해당하고, 오시리스의 경우에도 그와 비슷하다.

52 Aigremont, *Fuß- und Schuh- Symbolik und -Erotik*, Leipzig, 1909를 참고.

53 Brugsch, *Religion und Mythologie der alten Ägypter*, p. 354.

54 앞의 책, p. 310.

55 앞의 책.

56 앞의 책, p. 112ff.

57 테베 시의 주신主神은 크눔Chnum인데, 그는 우주 진화론적 측면에서 미풍微風 Windhauch을 나타낸다. 여기서부터 나중에 "물 위에 떠도는 신의 영靈(프네우마πνευμα)"으로 발전하였다; 우주적 부모의 원초적 상은 아들이 자신들을 벗어

날 때까지 압박을 가하고 있었다.
58 Brugsch, 앞의 책, p. 114f.
59 앞의 책, p. 128f.
60 이집트의 바타 민담Batamärchen에서도 비슷한 주제가 있다. [Erman, *The Literature of the Ancient Egyptians*, p. 156.]
61 Grimm(*Deutsche Mythologie* II, p. 544)과 관련 있는 세르비아의 노래.
62 Frobenius, 앞의 책, p. 271ff.
63 *The Light of Asia or The Great Renunciation*, London, 1895; Deutsch: *Die Leuchte Asiens oder die große Entsagung*, Leipzig, 1887, p. 23f(영어 원문은 『전집』을 보라). 탄생 장면에서 마찬가지로 바위, 나무 그리고 물이 목격되는 게르만 왕 아쉬아네스Aschanes의 탄생과 비교하라. Spitteler는 자신의 저서 *Prometheus*에서 이와 같은 모티브인 사랑을 하는 나무라는 모티브를 사용했는데, 이는 어떻게 자연이 땅으로 내려온 '보배Kleinod'를 받아들이는지 묘사하고자 했기 때문이다. 그것은 붓다의 탄생 설화에서 빌려온 것이다. "Om mani padme hum = 오, 연꽃 속의 보배여oh, das Kleinod im Lotus!"[C. Spitteler, *Prometheus und Epimetheus*, Jena, 1923, p. 125ff.]
64 루고스Λύγος는 일반적으로 휘기 쉽고 엮기 쉬운 나뭇가지를 가진 버드나무이다. 루고Λυγόω는 엮는다는 말이다.
65 *Beschreibung von Griechenland*, II, 38, 2, p. 189.
66 XIV, 294~296.
67 신기하게도 바로 이 구절(288행)에서 전나무 위 높은 곳에 앉아서 자는 것에 대한 묘사가 다시 발견된다. 바로 그곳에 그는 가시 돋친 가지들에 둘러싸인 채 앉아 있는데, 밤이면 산속으로 날아가는, 소리내어 우는 새와 같다. 이 주제는 마치 신성혼에 속하는 것처럼 보인다. 아레스와 아프로디테를 현장에서 휘감아 묶어놓아 신들의 웃음거리로 만들었을 때, 헤파이스토스가 사용했던 마술 그물과 비교하라.
68 Roscher, *Lexikon* I, Sp. 2102, 52ff.를 보라.
69 앞의 책, III, 16, 11, p. 231.
70 이에 대하여 나의 자세한 설명이 들어 있는 *Über die Psychologie des Unbewußten* [『전집』 8, Paragr. 123ff.]을 참고하라.
71 Fick, *Vergleichendes Wörterbuch der indogermanischen Sprachen* I, Göttingen, 1890, p. 132.
72 "소리를 내는 태양die tönende Sonne"[Goethe, 『기본 저작집』 7, 227쪽] 참조.
73 '개폐식 바위 문'의 주제 역시 이런 집어삼키는 주제에 속한다(Frobenius, 앞

의 책, p. 405) 영웅은 자신의 배를 타고 맞붙어 닫혀 있는 두 개의 바위를 통과해야만 한다. (꽉 맞물린 문, 두 개를 함께 막은 나무줄기와 비슷하다.) 대부분의 새는 그곳을 통과할 때 꼬리가 끼어서 잘린다(또는 배의 뒷부분 등등): 사람들은 여기에서 다시 한 번 사지절단의 모티브('팔을 돌려 빼는 것')를 발견하게 된다. Scheffel은 자신의 유명한 노래「청어가 굴을 사랑하다Ein Harung liebt' eine Auster」등에서 이 장면을 인용한다. 그 노래의 끝부분은 굴Auster이 키스를 하면서 그의 머리를 베어버린다는 내용을 담고 있다. 제우스에게 암브로시아를 가져오는 비둘기들은 닫혀 있는 바위 문을 통과해야만 했다. Frobenius가 말한 대로 주문을 통해서만 열리는 그와 같은 바위들, 또는 동굴은 바위 문 모티브와 매우 밀접한 관련이 있다. 이 점에서 가장 뛰어난 것이 남아프리카의 한 전설이다(Frobenius, p. 407): "바위에다 곧이곧대로 다음과 같이 큰소리로 외쳐야 한다: '바위Untunjambili여, 내가 들어갈 수 있도록 열려라.' 그러나 그 돌은 그 사람에게 열어주고 싶지 않으면 이렇게 대답할 수 있다: '아이들은 바위를 열 수 없다; 하늘을 날아다니는 제비에 의해서 바위는 열릴 것이다!'" 여기서 주목할 것은 인간의 힘으로는 그 바위를 열 수 없고, 오로지 주문 아니면 새만이 그럴 수 있다는 것이다. 이러한 표현은 이미 그 바위를 여는 것이 실제로는 실행될 수 없으며 사람들이 성공하기를 소망하는 그저 하나의 시도라는 것을 말해주고 있다. '소원'은 중부 고지 독일어에서는 '어떤 비범한 것을 달성해내는 능력'이었다. 그리고 새는 '소망의 사고'를 표현하는 것이다.

74 Grimm, 앞의 책 I, p. 474.
75 아테네에서는 '포플러나무에서 베어낸 자'라는 의미의, 아이게이로토모이 Αἰγειροτόμοι라고 부르는 가문이 있었다.
76 P. Herrmann, *Nordische Mythologie, in gemeinverständlicher Darstellung*, Leiptig, 1903, p. 589.
77 자바섬의 부족들은 늘 나무를 예술적으로 새기고 파내면서 그들의 신상神像, Gottesbild을 만들어 세운다. 페르시아의 신화에서 백색의 하오마Haoma는 천상의 나무이다. 이 나무는 보루카샤Vourukasha 호수에서 자라는데, 물고기 Kharmâhî가 그 주위를 지키며 돌면서 그 나무를 두꺼비Ahriman로부터 보호한다. 이 나무는 여자와 아이들, 소녀와 남편들, 그리고 남자들과 말들에게 영원한 생명을 준다. Mînôkhired에서는 그 나무의 이름이 '시체들을 준비하는 자'이다. Spiegel, *Eränische Altertumskunde* II, p. 114f.
78 태양의 배, 죽음의 바다 위를 항해하면서 태양과 영혼을 해가 뜨는 곳으로 옮긴다.
79 Brugsch, *Religion und mythologie der alten Ägypter*, p. 177.

80 「이사야Jes」51장 1절과 비슷하다: "너희를 떼어낸 바위를 우러러보고, 너희를 파낸 동굴을 쳐다보아라." 계속되는 증거: August von Löwis of Menar, *Nordkaukasische Steingeburtsagen*, in: *Archiv für Religionswissenschaft* XIII(1910), pp. 509~524.
81 Grimm, 앞의 책 I, p. 474.
82 *Das Kreuz Christi*, Gütersloh, 1875, p. 51ff.
83 Seth에 관한 전설은 Jubinal의 *Mystères inédits au XV. siècle*, T.II, p. 16ss에서 볼 수 있다. Zöckler, 앞의 책, p. 241에서 인용.
84 게르만의 신성한 나무들도 절대 금기의 법 아래 있었다: 즉, 나무에서는 어떠한 잎도 떼어내서는 안 되고, 나무의 그림자가 미치는 땅에서는 어떤 열매도 따내서는 안 되는 것이었다.
85 독일 전설(Grimm, 앞의 책 II, p. 809)에 따르면, 지금 담벽에서 아주 여린 벼처럼 자라난 나무가 크게 자라면, 그리고 그 원목으로 영웅을 눕히고 흔들어줄 수 있는 요람을 만들면, 구원의 영웅이 태어날 것이다. 정해진 방식은 다음과 같다(앞의 책): "보리수나무를 심어야 한다는 것이다. 그 나무의 꼭대기에는 그 재목으로 Poie(Boie) = 부표浮標를 만들 수 있는 두 개의 가지가 싹틀 것이라고 한다. 그 부표에 처음으로 뉘이게 될 아이는 분명 칼로써 죽임을 당할 것이고, 그런 후 다시 구원을 받을 것이다." 놀랍게도 게르만의 전설에서도 미래에 있을 사건의 발단이 이제 막 싹이 트는 나무와 결부되어 있다. '곁가지' 또는 '회초리'라는 그리스도의 또 다른 명칭들과 비교하라.
86 그 안에서 어쩌면 '새의 도움'의 주제가 발견될 수도 있다. 천사는 사실 새이다. 지하계 영혼들의 새의 옷, '영혼의 새'; 미트라스 희생제의에서 신의 사절('천사')은 까마귀이다; 신의 사절은 날개를 달고 있다. 하여튼 유대교적 전통에서 천사는 남성이다. 세 천사의 상징은 그것이 하부의 여성적 힘과 투쟁하는 상위의 공기, 또는 영적 삼위를 의미하는 만큼 중요하다. 이에 대해 나의 상론(*Zur Phänomenologie des Geistes im Märchen*)(『기본 저작집』 2, 293쪽 이하)과 비교할 것.
87 Frobenius, 앞의 책, p. 110f.
88 라모스 Λαμός = 목구멍, 구멍. 타 라미아 τά λαμία = 대지의 심연.
89 델피스 δελφίς = 돌고래와 델푸스 δελφύς = 자궁의 밀접한 관계는 강조할 만하다. 델피에는 대지의 심연과 세발 기구(델피니스 δελφινίς = 돌고래의 형상으로 다리가 세 개 달린 델피의 상)가 있다. 돌고래 위의 Merlicertes와 불에 의한 Melkarths의 희생을 비교하시오.
90 E. Jones, *On the Nightmare*, in: *American Journal of Insanity* LXVI(1910),

pp. 383~417에서의 방대한 개관을 비교하라. 독일어판: 중세 미신의 몇몇 형태와의 관계에서 본 악몽. *Der Alptraum: in seiner Beziehung zu gewissen Formen des mittelalterlichen Aberglaubens*, Leipzig/Wien, 1912.
91 L. Laistner, *Das Rätsel der Sphinx*, Berlin, 1889.
92 Freud, *Analyse der Phobie eines 5jährigen Knaben*(Ges. Werke 7)와 Jung, *Über Konflikte der kindlichen Seele*(『전집』17).
93 Hendrik Cannegieter, *Epistola de ara ad Noviomagum reperta*, p. 25(Grimm, 앞의 책, II, p. 1041 인용. 라틴어 원문은 『전집』을 보라).
94 Grimm, 앞의 책, II, p. 1041.
95 앞의 책.
96 Herrmann, 앞의 책, p. 64, 그리고 Fick, 앞의 책, p. 284f.
97 Grimm, 앞의 책, p. 345f.
98 *De bello Gallico*, I, 50(라틴어 원문은 『전집』을 보라). 델피의 심연인 미미르의 샘 등과 함께 쓰이는 의미도 참고하라.
99 [이 책 pp. 42ff.(58쪽 이하)를 비교하라.]
100 Plutarch, *De Iside et Osiride*, 19, 6, p. 31f.
101 이국풍의 신화가 Frobenius(앞의 책)에 의해 보고되어 있다. 여기서 고래의 배는 곧 사자死者의 나라라는 것이다.
102 그것은 그가 들어갈 수 있었듯이 구멍에서 다시 나올 수도 있다는 마르Mar의 고유한 특성에 해당한다. 이 모티브는 분명히 재탄생 신화에 해당한다.
103 Frobenius, 앞의 책, p. 264ff.
104 지혜의 나락, 지혜의 샘, 상상의 원천. 아래를 참고하라.
105 H. Gressmann, *Altorientalische Texte und Bilder zum Alten Testament* I, Tübingen, 1909, pp. 8, 9, 16, 18 und 19 [I, II 와 IV 목록]에 따라서.
106 "그때 그 남자는 Tiâmat가 있는 한가운데(?)로 살피며 다가왔다."
107 어머니의 분리, Kaineus와 비교.
108 Hermann, *Schöpfung und Chaos in Urzeit und Endzeit*, Göttingen, 1895, p. 30ff.
109 우리 문화권에서는 아버지-어머니, 신들의 쌍에 해당하는 대부代父-대모가 4위체로서 표현된다.
110 Brugsch, *Religion und Mythologie der alten Ägypter*, p. 161.
111 앞의 책, p. 162f.
112 앞의 책, pp. 169와 170.
113 앞의 책, p. 170.

114 앞의 책, p. 172.
115 Ares는 아마도 이집트의 티폰Typhon을 말하는 듯.
116 Buch II, 61ff., p. 208.
117 Dieterich, *Eine Mythrasliturgie*, Berlin, 1910, p. 100에서 인용.
118 폴리네시아의 마우리 전설에서 말하기를, 그 영웅은 어머니에게서 허리띠를 빼앗았다(Frobenius, p. 308). 백조 처녀 신화에서 깃옷을 훔치는 것도 같은 것을 의미한다. Yoruba의 아프리카 전설에서는 영웅이 자신의 어머니를 강간한다(앞의 책).
119 아테네의 성스러운 나무, 즉 모리아moria를 쓰러뜨리려 했을 때 스스로 자결한 Halirrhotios에 관한 신화는 태모太母에 대해 헌신하고자 하는 사제들의 거세와 똑같은 심리학을 포함하고 있다. 기독교에서의 금욕적 풍조(Origenes의 자기 거세)는 하나의 비슷한 현상이다.
120 A. Kuhn, *Herabkunft des Feuers und des Göttertranks*, in: *Mythologische Studien* I, Gütersloh, 1886, p. 37.
121 앞의 책, II, p. 1041.
122 그 때문에 아마 영국에서 크리스마스에 겨우살이 나뭇가지를 걸어놓게 된 듯하다. 생명의 채찍인 겨우살이: Aigremont, *Volkserotik und Pflanzenwelt* II, Halle, 1909, p. 36.
123 '영원한 소년puer aeternus'의 훌륭한 묘사는 비행사인 생텍쥐베리의 『어린 왕자*Le Petit Prince*』에 나온다. 나는 일차 정보를 통해 이 작가의 개인적 모성 콤플렉스를 충분히 확인하였다.
124 [Jung,] Die Beziehungen zwischen dem Ich und dem Unbewußten[자아와 무의식의 관계, 『기본 저작집』 3권]을 보라.
125 똑같은 주제를 다르게 적용한 경우를 니더작센의 전설에서 발견할 수 있다: 일찍이 물푸레나무 하나가 자라게 된다. 아직 아무도 그것을 보지 못했지만, 작은 새싹이 눈에 띄지 않게 땅바닥으로부터 자라난다. 매해 설날 전날 밤이면 백마를 탄 백기사가 그 어린 싹을 잘라버리기 위해서 오는데, 같은 시간에 흑기사가 와서 그 백기사의 공격에 맞선다. 오랜 전투 끝에 백기사는 흑기사를 몰아내는 데 성공하고, 그 새싹을 잘라버린다. 그러다 한번은 백기사가 그 일을 성공시키지 못하게 되고, 물푸레나무가 자라나게 된다. 그리고 말을 그 밑에 묶어놓을 수 있을 만큼 나무가 자라게 되면, 강력한 왕이 나오게 될 것이고, 엄청난 전투가 시작될 것이다(세계 종말). Grimm, 앞의 책, II, p. 802 참조.
126 Lehmann, in: Chantepie de la Saussaye, *Lehrbuch der Religionsgeschichte* II, Tübingen, 1925, p. 227f.

127 Frobenius, 앞의 책, 여기저기에서 더 많은 예를 찾을 수 있다.
128 Jensen, *Das Gilgamesch-Epos in der weltliteratur*, Straßburg, 1906, p. 17f. (도판 VI과 비교하라).
129 신의 형상의 이러한 변환은 이미 중세부터 뚜렷이 지각되고 표현되었다. [Jung], *Psychologie und Alchemie*[『기본 저작집』6, p. 208ff.(한국어판 245쪽 이하)]를 보라. 그러한 변화는 이미 「욥기」에서 준비되었다: 야훼는 사탄에게 속아서 욥을 불충실하다고 여기게 되는 판단의 실수를 범하고 자신의 그러한 실수를 깨달아야만 한다. 하지만 그와 반대로 욥은 야훼에게 복종하지만 그로부터 도덕적 승리를 얻는다. 여기에는 이미 요한의 그리스도를 의식하는 싹이 담겨 있는 것이다: "나는 길이요, 진리요, 생명이다."[Joh. 14,6]
130 그리스도는 같은 그 나무에서 죽었고, 아담은 그 나무에서 일찍이 죄를 지었다 (Zöckler, 앞의 책, p. 241).
131 예를 들어 동물의 가죽이 나무들에 걸렸고, 그쪽으로 창을 던졌었다.
132 Herrmann, *Nordische Mythologie*, p. 308에서 인용하였다.
133 *Geschichte der amerikanischen Urreligionen*, Basel, 1867, p. 498.
134 Stephens, *Centralamerika* II, p. 346; Müller, 앞의 책 p. 498에서 인용.
135 Zöckler, 앞의 책, p. 34.
136 Bankroft, *Native Race of Pacific States of North America* II, pp. 386과 509 (Robertson, *Die Evangelien-Mythen*, Jena, 1910, p. 139에서 인용).
137 Rossellini, *Monumenti dell' Egitto etc.*, Tom. 3, Tav. 23 (Robertson, 앞의 책, p. 142 인용).
138 Zöckler, 앞의 책, p. 7ff. 룩소르에 있는 왕의 탄생에 대한 묘사에서는 다음의 내용을 볼 수 있다: 로고스이자 신의 사자使者, 즉 새의 머리 모습을 하고 있는 토트Thoth는 순결한 여왕 마우트메스Mautmes에게 그녀가 아들을 낳게 될 것이라고 전한다. 다음 장면에서는 크네프Kneph와 아도르Athor가 손잡이 십자가Crux ansata를 그녀의 입에 대고 있다. 그들이 그녀를 영적인(상징적인) 방법으로 수태시켰기 때문이다(그림 80). Sharp, *Egyptian Mythology*, p. 18f. (Robertson, 앞의 책, p. 43에서 인용).
139 Robertson(앞의 책, p. 140)은 멕시코 사제와 제사장들이 방금 죽은 여성의 가죽을 뒤집어쓰고, 십자가 모양으로 팔을 벌린 모습으로 전쟁의 신 앞에 선다는 사실을 언급했다.
140 원시적인 이집트 십자가 형태를 의미한다: T(Maurice, *Indian Antiquities* VI, London, 1796, p. 68; 영어 원문은 『전집』을 보라).
141 Zöckler, 앞의 책, p. 19.

142 *Evangelien-Mythen*, p. 133.
143 나는 이 발견을 보고할 수 있게 해준 슈투트가르트의 공과대학 전직 교수이셨던 E. Fiechter 박사에게 감사드린다.
144 『티마이오스』, p. 27.
145 앞의 책.
146 [Jung,] *Psychologische Typen* [『전집』 6] 정의Definitionen: '심혼Seele'과 '심혼상Seelenbild'. 아니마Anima는 여성적인 것의 원형이며, 그것은 남성의 무의식 속에서 특히 중요한 역할을 담당하고 있다. [Jung,] *Die Beziehungen zwischen dem Ich und dem Unbewußten* [『기본 저작집』 3, "Anima und Animus"] 과 비교하라. 티마이오스의 세계혼에 대해서는 [Jung의] *Versuch zu einer psychologischen Deutung des Trinitätsdogmas* [『전집』 11, Paragr. 186ff.]를 참조하라.
147 앞의 책의 나의 자세한 설명을 참고하라.
148 앞의 책, p. 29f.
149 Zöckler, 앞의 책, p. 33.
150 이것은 달이라고 이해되어야 한다. 뒷부분[이 판에서 230쪽 이하] 참조. 달은 영혼들의 집합 장소이다(그림 91 비교).
151 Brugsch, *Religion und Mythologie der alten Ägypter*, p. 286.
152 Rê가 천상의 암소로 귀환. 인도의 정화의식에서 속죄자는 다시 태어나기 위해서 인공적으로 만든 암소를 통과해야 한다.
153 F. Schultze, *Psychologie der Naturvölker*, Leipzig, 1900, p. 338.
154 Brugsch, 앞의 책, p. 290ff.
155 이러한 형상들은 이상한 것이 아니다. 왜냐하면 그것은 우리 안에 있는 원시적인 인간이며, 그 원초적 힘이 종교에서 나타나는 것이기 때문이다. Dieterich의 말(*Mithrasliturgie*, p. 108)은 이와 관련하여 하나의 아주 의미 있는 측면을 보여준다: "종교 역사에서 보면 그 오래된 사상들은 아래로부터 비롯된 새로운 힘으로 등장한다: 아래로부터의 개혁은 태고의 파괴될 수 없는 모습으로 종교의 새로운 삶을 완성해낸다."[융의 강조]
156 (*Sermo suppositus* 120, 8; 라틴어 원문은 『전집』을 보라.) '여인Frau'은 교회이다.
157 "Dispute between Mary and the Cross", in: Morris, *Legends of the Holy Rood*, Zöckler, 앞의 책, p. 240f. 인용.
158 그리스에서 사형되거나 처벌받는 범죄자에게 가한 고문용 말뚝은 ἑκάτη (Hekate)라고 표시되었다.

159 근친상간 금기는 하나의 복잡한 전체의 부분에 해당한다. 즉, 결혼 위계체제의 가장 기본이 되는 형태는 교차 종형제 결혼이다. 그것은 족내혼의 경향과 족외혼의 경향 사이의 절충이다.
160 Diez, *Etymologisches Wörterbuch der romanischen Sprachen*, p. 90ff.
161 『파우스트』, 1부, p. 165.
162 앞의 책, p. 154f.

어머니로부터 해방되기 위한 투쟁

1 그래서 지하 세계의 여신 헤카테Hekate는 또한 말의 머리로 묘사된다. 데메테르Demeter와 필리라Philyra는 크로노스나 포세이돈의 구애로부터 벗어나고자 할 때 말로 변신한다. 마녀들은 즐겨 말의 모습으로 변신하므로 그녀의 손에 못 자국과 말편자가 발견된다. 마귀는 마녀의 말을 타고, 성직자의 가정부는 죽은 뒤에 말이 된다(J. Von Negelein, "Das Pferd im Seelenglauben und Totenkult", in: *Zeitschrift des Vereins für Volkskunde* XI, 1901, 406~420; XII, 1902, 14~25, 377~390).
2 전설적인 원초적 왕 타흐무라흐트Tahmuraht도 아리만Ahriman(고대 페르시아 조로아스터교의 악의 원조), 즉 마귀를 탄다.
3 암탕나귀와 그의 새끼들은 점성학에서 유래되었을 것이다. Zodion Cancer(하지)도 옛날에는 당나귀와 그의 새끼들로 묘사되었기 때문이다(Robertson, *Evangelien-Mythen*, p. 19).
4 이 그림은 아마도 서커스에서 얻은 것이다. 스페인의 투우사는 여전히 영웅적 의미를 갖고 있다. Sueton(*Claud.* 21): "서커스에서 사나운 황소를 이리저리 쫓아다니며 지치게 만들어 그 목덜미 위에 뛰어올라 소의 뿔이 땅에 닿도록 쓰러뜨린다."(p. 341; 라틴어 원문은 『전집』을 보라.)
5 이 전설은 유대 민족의 신(토성±토)의 점성학적 측면에 속한다. 여기서는 더 이상 토론하지 않겠다.
6 이 주제가 풍부하게 기술되어 있는 M. Jähns, *Roß und Reiter in Leben, Sprache, Glauben und Geschichte der Deutschen*, Leipzig, 1872 참조.
7 보탄은 애꾸눈이다. 이에 대해 W. Schwartz, *Indogermanischer Volksglaube*, Berlin, 1885, p. 164ff. 참조.
8 오딘Odin은 하이드렉Heidrek 왕(Hervarar-전설)에게 이 수수께끼를 건넸다 (Schwartz, 앞의 책, p. 183; 라틴어 원문은 『전집』을 보라).
9 von Negelein, 앞의 책, p. 415.

10 앞의 책, p. 419.
11 Schwartz, 앞의 책, p. 88.
12 Preller, *Griechische Mythologie* I, Leipzig, 1854, p. 432(그리스어 원문은 『전집』을 보라).
13 또는 Bellerophon.
14 Aigremont, *Fuß- und Schuh- Symbolik und -Erotik*, Leipzig, 1909를 보면 더 많은 예가 있다.
15 Jähns, 앞의 책 I, p. 277.
16 Aigremont, 앞의 책, p. 17.
17 von Negelein, 앞의 책, [XII] p. 386f.
18 Schwartz, 앞의 책, p. 113.
19 바람의 신 켄타우로스에 관한 소개는 E. H. Meyer, *Indogermanische Mythen*, Berlin, 1883/87, p. 447ff.에 있다.
20 Schwartz, 앞의 책, p. 141.
21 Or. XXXVI, §39ff.; F. Cumont, *Die Mysterien des Mithra*, Leipzig, 1911, p. 105f.에서 인용.
22 이것은 특별한 모티브이다. 어떤 전형적인 것을 지니고 있음에 틀림없다. 어떤 정신분열증 여성 환자(*Über die Psychologie der Dementia Praecox* [『전집』 3, Paragr. 290])는 자신의 말이 마치 '약간 곱슬한 털'처럼 생긴 '반달'을 가죽 밑에 가지고 있다고 말했다. 중국에서는 털가죽 위에 주술적 표시 '하도河圖'가 있는 말이 『역경易經』을 가져다주었다. 이집트의 하늘의 여신, 또는 천상의 소가죽에는 별들이 씨처럼 뿌려져 있다(그림 68 참조). 미트라적 아이온Aion은 (아래를 참조) 자신의 피부에 황도대를 가지고 있다(그림 84 참조).
23 이러한 변화는 세계 대재앙을 통해 이루어진다. 신화학에서는 생명의 나무의 번성과 쇠락 또한 세월의 흐름에서의 전환점을 의미한다.
24 F. Cumont, *Textes et monuments* I, Brüssel, 1896, p. 76f.
25 그러므로 사자는 삼손Simson에 의해 죽음을 당하고, 그 후에 삼손은 그 사자의 사체에서 꿀을 거둬들인다. 여름의 끝은 곧 가을의 풍성함이다. 그것은 미트라스식 희생제의에 대한 한 유례이다. 삼손에 대하여 H. Steinthal, "Die Sage von Simson", in: *Zeitschrift für Völkerpsychologie und Sprachwissenschaft* II(1862), pp. 129~178을 참고하라.
26 *Saturnalia*, I, 20, §15, p. 271f.
27 Philo, *In Genesim*, I, 100; F. Cumont, Textes et monuments I, p. 82 인용. (라틴어 원문은 『전집』을 보라.)

28 Spiegel, *Erânische Altertumskunde* II, Leipzig, 1871f., p. 193. 조로아스터 Zoroaster가 썼다고 하는 저서 περὶ φύσεως에는 피할 수 없는 운명인 아낭케 Ananke가 공기로 표현되어 있다(Cumont, 앞의 책, I, p. 87).
29 Spielreins의 여성 환자(앞의 책, p. 394)는 인간, 심지어는 무덤에서 파낸 시체까지 잡아먹는 말에 관해 언급한다.
30 von Negelein, 앞의 책, [XII] p. 416. 이에 대해 다리 셋의 말에 대한 나의 자세한 설명을 참조하라. *Zur Phänomenolgie des Geistes im Märchen*[『기본 저작집』 2, p. 231ff.〔한국어판 298쪽 이하〕].
31 [Jung,] *Psychologie und Alchemie*[『기본 저작집』 6, p. 219f.〔259쪽 이하〕].
32 4막, 2장, p. 92f.
33 아니마와 동일시한 사례. 아니마 상像을 담지한 첫 번째 여자는 알다시피 어머니이다.
34 이러한 해명은 합당하다. 왜냐하면 미스 밀러의 환상에서는 의식적으로 원해서 형상화된 창조가 아니고 비의도적인 산물을 다루고 있기 때문이다.
35 1부를 참조[『기본 저작집』 7, p. 42f.〔60쪽 이하〕].
36 "당신(성모 마리아)의 마음은 예리한 검에 찔리듯 아플 것입니다. 그러나 그는 반대자들의 숨은 생각을 드러나게 할 것입니다."(「누가복음」, 2 : 35)
37 Th. Wegener, *Das wunderbare äußere und innere Leben der Dienerin Gottes Anna Katharina Emmerich aus dem Augustinerorden*, Dülmen, 1891, p. 63.
38 K. E. Neumann, *Die Reden Gotamo Buddho's aus der Sammlung der Bruchstücke Suttanipato des Pali-Kanons*, Leipzig, 1905, p. 252 [Nr. 767].
39 외인성外因性 고통과 동일한 의미에서 테오크리토스Theokrit 27, 28은 출산의 고통을 "에일레이티아의 탄환Geschosse der Ilithyia(격렬한 두통)"이라고 부른다〔에일레이티이아Eileithyia: 그리스 출산의 여신〕. *Jesus Sirach*, 19 : 12에는 욕구라는 의미의 똑같은 비유가 발견된다: "말씀이 어리석은 자에 박히면 마치 화살이 대퇴부 살에 박힌 것과 같다."[루터성서] 즉, 그것에서 벗어날 때까지 그를 쉬게 하지 않음을 말한다.
40 그러나 이 사실은 신비적 합일unio mystica의 체험이 전적으로 성적인 동기에서 유래한다는 것을 증명하지 못한다. 분출되는 성애는 단지 리비도의 이동이 완전히 성공하지 못하고 있다는 것을 증명할 뿐이다. 이러한 경우에는 틀림없이 본래의 형태를 한 잔재가 동화되지 않은 채 남아 있다.
41 앞의 책, p. 77f.
42 Apuleius(*Metamorphoses*, lib. II, p. 31)는 활과 화살의 상징을 철저하게 이용하고 있다: "내가 아모르Amor의 첫 화살을 내부 깊이 느끼자마자, 나는 바로

뿔과 현을 튕겨내고자 온 힘을 다하여 내 활을 팽팽히 당겼다."(p. 52; 라틴어 원문은 『전집』을 보라.)
43 그렇게 페스트를 가져오는 Apollo처럼. Ahd.는 화살 스트랄라strala를 말한다.
44 Herodot, IV, 77, p. 353.
45 Roscher, *Ausführliches Lexikon*, s. Kaineus(II/1 Sp. 894ff.) 참조.
46 앞의 책; Spielrein의 여환자도 비슷한 연관성에서 대지의 갈라짐에 대한 생각을 가지고 있다: "쇠는 땅을 뚫기 위해서 필요하다.… 쇠를 가지고 할 수 있는 것은… 인간들을 창조한다.… 대지는 갈라지고 폭파되며, 인류는 조각으로 나누어진다.… 인류는 서로 갈라졌다가 다시 함께 모인다.… 살아 있는 채로 매장됨에 종지부를 찍기 위해서, 예수 그리스도는 제자들에게 땅을 뚫으라고 명했다." 이러한 '갈라짐'의 모티브는 보편적인 의미를 갖는다. 흰 말의 모습으로 등장하는 페르시아의 영웅 티쉬트리아Tishtryia는 비의 호수를 열어서 그것으로 땅을 풍요롭게 만들었는데, 그는 'Tîr = 화살'이라고도 불린다. 그는 활과 화살과 함께 여성성으로 묘사되기도 한다(Cumont, *Textes et monuments* I, p. 136). 미트라스는 가뭄을 해결하기 위해 바위에서 흘러나오는 물을 화살로 쏘았다. 미트라스식의 기념비들에서는 때때로 땅에 꽂혀 있는 칼이나, 황소를 죽일 때 쓰는 제물을 희생하는 도구가 발견된다(앞의 책, pp. 165와 115).
47 *Metamorphoses*, XII, p. 196(Schlüter의 번역)[라틴어 원문은 『전집』을 보라].
48 Meyer, *Indogermanische Mythen*, p. 155의 비평.
49 16 : 11ff.
50 *Also sprach Zarathustra*, p. 367f.
51 Spielrein의 여환자도 말하기를, 자신이 신에 의해 "관통되었다"(3발). "그러고는 오직 영Geist(정신)만의 부활이 있었다."(앞의 책, p. 376)
52 「맹금들 사이에서Zwischen Raubvögeln」, in: Werke VIII, p. 414f.
53 [*Die versunkene Glocke*, Berlin, 1904, p. 104.]
54 『파우스트』, 2부, 1막 어머니들 장면, p. 317.
55 이것은 지하계의 프로세르피나Proserpina[로마신 지하계의 여왕, 그리스 신화의 페르세포네에 해당]를 정복하고자 원했던 테세우스Theseus와 페이리토스Peirithoos의 전설에서 신화적으로 묘사되고 있다. 그들은 그 목적을 이루고자 지하계에 도달하기 위해서 콜로노스Kolonos의 작은 숲에 있는 대지의 갈라진 틈 안으로 내려갔다; 아래에 도착했을 때, 그들은 잠시 쉬어가기로 했다. 그러나 그들은 꼼짝 못하게 사로잡힌 채 바위에 매달려 있게 된다. 다시 말해 그들은 어머니 품속에 머물게 되어 지상의 세계로 가는 길을 잃게 된 것이다. 나중에 테세우스만이 겨우 헤라클레스에 의해서 구출되는데, 헤라클레스는 이를

통해서 죽음을 극복한 불사의 구원자로서의 역할을 담당하게 된다. 그의 신화는 개성화 과정Individuationsprozeß을 표현한다.

56 그리스가 트로이에 대항하여 출정할 때, 그들은 예전에 아르고나우트Argonaut〔그리스 신화: 이아손Iason이 이끄는 아르고 배의 50인의 용사들, 황금 양가죽을 구해 항해하기도 함〕들과 헤라클레스가 그랬듯이 그들의 출정에 좋은 결과를 기원하기 위해서, 크리세Chryse섬에 사는 님프인 크리세Chryse의 제단에 제물을 바치고자 했다. 그런데 그들 중에서는 필록테테스Philoktet만이 크리세의 숨겨진 성소를 발견할 수 있는 유일한 사람이었다. 하지만 그곳에서 그는 재앙을 만난다. 제단을 지키는 뱀이 나타나서 그의 발을 물었다는 설도 있고, 또 다른 설에 따르면 그가 독이 묻은 자신의 화살(헤라클레스로부터 받은 화살)에 우연히 찔려서 상처를 입고 천천히 쇠약해졌다고도 하는데, 어쨌든 그래서 그는 오랫동안 병마와 싸워야만 했다. 이 이야기는 소포클레스Sophokles가 자신의 *Philoktetes*에서 다루고 있다. 한 고전 주해자로부터 우리는 다음과 같은 내용을 알게 된다. 크리세가 그 영웅 필록테테스에게 사랑을 고백했지만, 그가 그것을 무시했기 때문에 바로 그러한 저주를 내렸다는 것이다; 그리고 그 저주는 앞에서 암시한 것처럼 잔인하게 실현되었다. 필록테테스는 (막연하게 그의 선구자였던 헤라클레스처럼) 상처 입고 병든 왕의 본보기이며, 그러한 모티브는 성배聖杯의 전설과 연금술적 상징에 이르기까지 계속되고 있다. [Jung,] *Psychologie und Alchemie* 『기본 저작집』 6, p. 175ff. 〔208쪽 이하〕와 그림 149〕.

57 Roscher, *Lexikon*, s. Philoktetes, Sp. 2318, 15ff. 참조.

58 러시아의 태양 영웅, 올레그Oleg가 맞아 죽은 말의 해골에 다가가자, 뱀 한 마리가 거기서부터 나타나 그의 발을 문다. 그는 그래서 병이 들고 죽게 된다. 매 Cyena의 모습을 한 인드라가 감로수Soma〔힌두의 우주의 나무, 거기서 나온 불멸의 약수〕를 빼앗을 때, 수호자인 Kriçânu는 그에게 화살을 쏘아 발에 상처를 입힌다(A. de Gubernatis, *Die Thiere in der indogermanischen Mythologie*, Leipzig, 1874, p. 479f.).

59 어머니의 상징인 그릇을 지키는 성배의 왕과 비교 가능하다. 필록테테스의 신화는 헤라클레스 신화와 오랜 관계를 가지고 있다. 즉, 헤라클레스에게는 두 명의 어머니가 있다. 자애로운 어머니, 알크메네Alkmene와 그를 박해하는 헤라Hera가 그들인데, 헤라클레스는 헤라의 젖을 먹음으로써 불사의 삶을 얻을 수 있었다. 헤라클레스는 요람에서부터 이미 헤라의 뱀을 이겼다. 즉, 이것은 그가 무의식으로부터 벗어났음을 의미한다. 그러나 헤라는 그가 때때로 광기의 발작을 겪도록 했는데, 그런 상태에서 어느 날 헤라클레스는 자신의 아이들을 죽이게 된다. 이는 헤라가 라미아Lamia〔그리스 신화: 어린이를 강탈해가는

여귀女鬼)임을 간접적으로 보여준 것이다. 한 전설에 따르면 헤라클레스가 에우리스테우스Eurystheus에게 봉사하면서 큰 업적을 수행하기를 거부하던 순간에 그 사건이 일어났다고 한다. 그리고 그러한 후퇴 때문에 과업을 위해 마련된 리비도는 무의식적인 어머니-상으로 퇴행하였고 결과적으로 미치게 된다. 이러한 상태에서 헤라클레스는 자기 자신을 라미아와 동일시하고 결국은 자신의 아이들을 죽인다. 델피의 신탁은 그가 "헤라클레스라고 부른다"는 사실을 알려준다. 그가 불사의 명예를 얻게 된 것은 헤라 덕분이었기 때문인데, 그녀의 박해는 그가 위대한 업적을 이루도록 하는 데 꼭 필요한 것이라는 것이다. 우리는 그 위대한 행위가 다음과 같은 것을 의미한다는 사실을 알 수 있다: 즉, 어머니를 극복하고, 그를 통해서 불멸성을 얻는 것이다. 그의 특징적인 무기인 몽둥이를 그는 어머니 같은 올리브나무를 깎아 만들었다. 그는 태양으로서 아폴로의 화살을 가지고 있었다. 헤라클레스는 네메아의 사자를 그의 동굴 속에서 제압하는데, 그 동굴은 "자궁 속의 무덤"을 의미한다(이 장의 마지막을 참고); 다음으로는 히드라Hydra와의 싸움(그림 38)이 나오고 그의 남아 있는 영웅적 사건들이 뒤따르는데, 이 모든 사건들은 헤라가 헤라클레스에게 시킨 것들이다. 그 사건들은 모두 예외 없이 무의식에 대한 투쟁을 표현하고 있다. 그러나 그의 인생 행로의 끝에서 헤라클레스는 어떤 한 신탁 때문에 옴팔로스Omphale(ὀμφαλός = 배꼽)의 노예가 된다. 즉, 그는 결국 무의식에 복종할 수밖에 없는 것이다.

60 A. Erman, *Ägypten und ägyptisches Leben im Altertum*, Tübingen, 1885, p. 360ff.
61 원시적 단계에서 이 신화소가 얼마나 구체적인가를 이해하려면 Attilio Gatti, *South of the Sahara*, New York, 1945, p. 226ff.를 읽어보라(Natal의 한 여주의女呪醫, medicine woman의 기술. 그녀는 7m 길이의 보아 구렁이Boa Constrictor가 친구라고 여기고 있다는 것).
62 히폴리투스Hippolytus의 신화는 비슷한 구성 요소를 보여준다: 그의 계모인 파이드라Phädra는 그에게 반한다. 하지만 그는 그녀를 거부한다; 그러자 그녀는 자신의 남편에게 히폴리투스가 그녀를 능욕했다고 고해 바친다; 그녀의 남편은 바다의 신 포세이돈에게 히폴리투스를 처벌해 달라고 청한다. 그러자 바다에서 괴물이 나오고 히폴리투스의 말들이 이를 보고 놀라서 그를 죽도록 끌고 간다. 그러나 그는 애스쿨랍Äskulap(아스클레피오스. 그리스의 의신醫神)에 의해 다시 깨어나고 신들은 그를 누마 폼필리우스Numa Pompilius의 조언자, 현명한 님프 에게리아Nymphe Egeria에게 옮겨다 놓는다.
63 헤라클레스와 옴팔로스의 관계를 비교하라.

64 [『기본 저작집』9.]
65 프로이트는 당시에 내가 책에서 주의를 환기했던 그 사례를 충분히 살펴보지 않았다: Psychoanalytische Bemerkungen über einen autobiographisch beschriebenen Fall von Paranoia(Dementia paranoides), Ges. Werke 8.
66 Spielrein의 여성 환자도 '뱀의 독'으로 잃는다(앞의 책, p. 385). D. P. Schreber는 '시독屍毒'(Denkwürdigkeiten eines Nervenkranken, Leipzig, 1909, p. 93)에 감염된다; 그에게 '영혼의 살인'(p. 22f.)이 저질러진 것이다, 등등.
67 앞의 책, p. 415.
68 Spielrein(앞의 책, p. 336)의 여성 환자는 비슷한 그림들을 이용했다; 그녀는 '십자가에서의 영혼의 경직성'과 '해소되어야' 하는 '석상石像들'에 관해 말했다.
69 Gurlitt가 말하기를: "작은 것을 큰 것과 비교해본다면, 그림 89에서처럼 미트라스가 황소를 짊어진 것은 그리스도가 십자가를 짊어지고 있듯이 인류를 구원하는 힘든 과업ἆϑλα 중 하나이다."(Cumont, Textes et monuments I, p. 172 인용)
70 Robertson은 십자가의 짊어짐이 나타내는 상징성에 관한 문제를 하나의 논문을 통해 기여했다(Evangelien-Mythen, p. 130f.): 삼손Simson은 가자Gaza의 문 기둥을 짊어지고 필리스터Philister(고대 팔레스타인 연안에 살던 민족으로 유대인의 적)의 회당 기둥 사이에서 죽었다. 헤라클레스도 기둥들을 들었는데 시리아 판본에 따르면 바로 자신이 죽는 그 장소인 가데즈Gades에서 기둥을 들었다고 한다. (헤라클레스의 기둥은 태양이 바다로 가라앉는 곳인 서쪽을 표시한다.) "고대 예술에서는 그가 팔 아래로 두 기둥을 십자가 모양으로 끼고 나르는 것처럼 묘사되어 있다; 여기서 우리는 어쩌면 자신의 십자가를 처형장까지 지고 가야 했던 예수의 신화의 기원을 발견할 수도 있겠다. 신기하게도 3복음서 저자는 십자가를 지고 가는 자로서, 예수를 시몬이라 부르는 키레네Kyrene 출신의 남자로 대치시킨다. 키레네는 우리가 이미 본 것처럼 헤라클레스가 기둥 옮기는 일을 했던 리비아의 그 전설 속의 무대이다. 그리고 시몬Simon(심손Simson)은 삼손Samson에 가장 가까운 그리스식 이름이다.… 그러나 팔레스타인에서는 시몬Simon이나 세모Semo 또는 셈Sem은 사실 고대의 태양신 세메쉬Semesch를 나타내는 신의 이름이었다. 세메쉬는 그쪽 지역에서는 다시 바알Baal과 동일시되었으며, 삼손의 신화는 의심할 바 없이 바로 바알의 신화로부터 생겨난 것이다; 그리고 그 시몬이라는 신은 사마리아에서 특히 숭배되었다." 나는 여기에 Robertson의 말들을 다시 옮기지만 시몬과 심손의 어원학적 연계는 매우 의문스럽다는 점을 강조해야겠다. 헤라클레스의 십자가는 태

양륜太陽輪, Sonnenrad을 뜻할 수도 있는데, 실제로 그리스에는 그 태양륜에 대
한 십자가 상징이 있었다. 아테네의 작은 중심지에 있는 부조에 조각된 태양
륜은 심지어 말타식 십자가Malteserkreuz(요한 기사 수도회 성 십자가. 각 가지
가 제비꼬리 모양을 함)와 매우 비슷한 십자가를 포함하고 있기까지 하다(G.
Thiele, *Antike Himmelsbilder*, Berlin, 1928, p. 59 참조). 나는 여기서 만다라의
상징에 대해 주의를 환기시켜야만 하겠다. 그 밖에 참조: [Jung,] *Psychologie
und Alchemie*[『기본 저작집』 5]와 Wilhelm und Jung, *Das Geheimnis der
Goldenen Blüte*[Olten, 1971].
71 태양륜에 결부된, 그리스의 익시온Ixion(헤라Hera를 범하려다가 제우스의 노여
움을 사서 익시온 바퀴에 묶임) 전설(그림 90)은 비슷한 것을 가리키고 있다. 즉,
익시온은 '네 개의 바퀴살인 사슬(Pindar)'에 '십자가처럼 매달린 것이다'. 익
시온은 처음에 자신의 장인을 살해했으나 후에 제우스에 의해 그 죄를 씻게
되고 그 호의에 감사한다. 하지만 배은망덕하게도 그는 헤라, 즉 어머니를 유
혹하려고 했다. 제우스는 구름의 여신 네펠레Nephele를 헤라의 모습으로 변
하게 하여 그를 속인다. (이들의 결합에 의해서 첸타우렌Zentauren(켄타우로스
Kentauros들: 얼굴은 사람, 몸은 말인 괴물)이 태어났다고 한다.) 익시온은 자신의
행동에 자만하였지만, 제우스는 그를 벌주기 위해 지하계에 떨어뜨렸고 바람
에 의해 영원히 빙빙 돌아가는 바퀴에 묶어버렸다.
72 W. Stekel, "Aus Gerhart Hauptmanns Diarium", in: *Zentralblatt für Psycho-
analyse* II(1912), p. 365.

이중의 어머니

1 [영미의 발행인들은 1952년 원판의 제VII장: '희생Das Opfer'을 제VII '이중의 어
머니The Dual Mother'와 VIII '희생The Sacrifice'으로 분류하였다. 저자가 살아 있
었던 1956년에 이 책이 출판되었기 때문에 우리는 그들의 조치를 따른다. 독일어
판 발행인] (프랑스어 원문은 『전집』을 보라. 또한 이 텍스트에서의 인용도 참조.)
2 [Flournoy(앞의 책, p. 49): "allusion probable aux Andes et aux Montagnes
rocheuses".]
3 (라틴어 원문은 『전집』을 보라.) 그 문장의 주어(메르쿠리우스 또는 비밀의 실체)
는 내적인 상상력이라고 이해된다. 그 인용문은 원전에서 보면 물론 훨씬 더
포괄적이고 신비적인 의미를 가지고 있는데, 그것은 어머니에 대한 관계의 원
상原像을 이용하고 있다. 그 유래는: *Septem tractatus aurei*(Kp. IV, p. 24). Zu
Mercurius 참조. [Jung,] *Der Geist Mercurius*(『전집』 13)[그리고 『기본 저작

집』5와 6].
4 [Jung,] *Der Geist der Psychologie* [후에 *Theoretische Überlegungen zum Wesen des Psychischen*, 『기본 저작집』 2].
5 Esther Harding, *Der Weg der Frau*, Zürich, 1935 [제II장 '그림자 애인', p. 60f.].
6 나는 미스 밀러가 여기서 제시한 다른 출처, 즉 Samuel Johnson, *Histoire de Rasselas, Prince d'Abyssinie*, London, 1759를 구할 수 없다.
7 참조: 이시스에 대한 호루스의 신성모독적인 폭행에 대해 플루타르크Plutarch(*De Iside et Osiride*, 제20장, p. 32f.)는 깜짝 놀랐다; 그는 그에 관해서 다음과 같이 말한다: "그러나 만약 누군가가 이 모든 것이 행복이 넘치고 변치 않는(그것에 가장 어울리는 것이 신적인 것이라 생각되는) 성질과 관련하여 실제로 그러한 일들이 일어났고, 또 갑자기 생겨났다고 가정하고 주장하기를 원한다면, 아이스킬로스Aischylos와 더불어 '토해내고 입을 깨끗이 해야만 한다'."
8 Nietzsche, *Menschliches, Allzumenschliches*, 서론, p. 6ff.
9 [우리는 영미판에서 다음의 진술을 얻어냈다: "1855년 발행. 그것은 아메리카의 한 전설에 토대를 두고 있으며, 그 기원은 주로 인디언-민속학의 선구자 중 하나인 Henry Rowe Schoolcraft의 저술과 관련된다. 히아와타Hiawatha는 역사적으로 16세기에 이로쿼이irokesisch족의 지도자였지만, 시詩에 있어서의 전문 용어들과 전설적 요소들은 알공킹족Algonkin의 것이다(*Standard Dictionary of Folklore*, New York, 1949/50, Hiawatha를 보라). 롱펠로(Boston/New York, 1893)는 시 운율을 핀란드의 서사시『칼레발라*Kalewala*』에서 차용했다."]
10 앞의 책, p. 114ff.(영어 원문은『전집』을 보라). '친구'의 모티브에 대해 나의 논문 *Über Wiedergeburt* [『전집』 9/I, Paragr. 240ff.]를 보라.
11 기체 마니토Gitche Manito의 형상은 안트로포스Anthropos의 한 종류로 이해된다(영어 원문은『전집』을 보라).
12 Budge, *Coptic Apocrypha in the Dialect of Upper Egypt*, London, 1913, p. 244(영어 원문은『전집』을 보라).
13 [Horaz, *Ode*, XXXVII, 1~2.]
14 『파우스트』, 2부, 1막, p. 318.
15 '발구르기Strampeln'의 의미에 대하여 [Jung,] *Über Konflikte der kindlichen Seele* [『전집』 17, Paragr. 47]를 참조하라.
16 그에 대해서는 다음 책에 있는 선례들을 참조: Aigremont, *Fuß- und Schuh-Symbolik und -Erotik*; Leipzig, 1909.
17 Kosmos. *Versuch einer physischen Weltbeschreibung* I, Stuttgart, 1889, p. 72.
18 Porphyrios(*De antro nympharum*, c. 24; Dieterich, *Mithrasliturgie*, Berlin,

1910, p. 63 인용-)가 말하기를, 영혼에 관한 미트라스의 가르침에 따르면, 영혼들은 탄생 시 바람에 의해 결정된다. 영혼은 풍기風氣, Windhauch, πνεῦμα를 흡수하여 그와 동류의 존재가 되었기 때문이다(그리스어 원문은 『전집』을 보라).
19 (영어 원문은 『전집』을 보라.) 미트라스 제식에서 생명을 탄생시키는 영기靈氣, Geisthauch는 태양에서 나온다. 짐작건대 '태양의 파이프'로부터 나온다. 첫 부분[『기본 저작집』 7, pp. 104~108(143~148쪽)]을 비교하라. 『리그베다』에서는 이러한 표상에 상응하게 태양을 '외발잡이'라고 부른다. 기도하는 사람의 얼굴에 태양이 자신의 발을 쉬어가기를 소망하는 아르메니아의 기도와 비교해보라(Abeghian, *Der armenische, Volksglaube*, Leipzig, 1899, p. 41).
20 Firmicus Maternus (*Matheseos libri VIII*, I, 6, 10; p. 16): "영은 태양의 궤도를 통과하여 내려오지만, 달의 궤도를 통해서는 영의 상승을 준비한다는 말이 있다."(라틴어 원문은 『전집』을 보라.) 리두스Lydus(*De mensibus*, IV, 3)는 고대 그리스 비의 성직자의 수장인 프레텍스타투스Praetextatus가 했다는 다음과 같은 말을 보고하고 있다: 야누스Janus가 "달의 무리에게 보다 더 신적인 영혼들을 보낸다"는 것이다. Epiphaniu(*Adversus octoginta haereses*, LXVI, 52): "보름달은 영혼으로 가득 차 있다."(그리스어 원문은 『전집』을 보라.) 이국적 신화들에서도 마찬가지다(Frobenius, 앞의 책, p. 352ff.).
21 TH. Waitz, *Anthropologie der Naturvölker* II, Leipzig, 1859ff. p. 342.
22 [Heinrich Heine, *Buch der Lieder*, p. 23.]
23 [*Jung Volkers Lied*, in: Werke II, p. 48.]
24 *The Light of Asia or The Great Renunciation*, deutsch: *Die Leuchte Asiens oder Die große Entsagung* I, p. 22f., Leipzig, 1887, p. 2. 해당 그림에는 코끼리가 어떻게 긴 코를 가지고 마야Maja의 허리를 뚫고 갔는지를 볼 수 있다. 중세의 전승에 따르면 마리아Maria는 귀를 통해서 수태를 한 것으로 표현되고 있다.
25 *Psychologie und Alchemie* [『기본 저작집』 6, B. 범례로서의 외뿔 짐승 모티브].
26 *Der Mythus von der Geburt des Helden*, Leipzig/Wien, 1909.
27 어머니의 갑작스런 죽음이나 어머니와의 이별은 영웅신화의 주제에 속한다. 백조 처녀 신화에서도 백조 처녀는 아이를 낳은 뒤에는 다시 멀리 날아가버릴 수 있다는 생각이 있다; 왜냐하면 그녀는 목적을 달성했기 때문이다.
28 곰은 아르테미스Artemis에 속한다. 곰은 그러니까 '여성적인' 동물이다. 또한 갈리아 지역 로만어의 Dea Artio(그림 95)와 비교하라. 그 외에도 Jung, *Zum psychologischen Aspekt der Kore-Figur* [『전집』 9/I, Paragr. 340ff.]를 보라.
29 상세한 묘사는 J. Layard, *The Incest Taboo and the Virgin Archetype*, in: 『에

라노스-연보 *Eranos-Jahrbuch*』 XII(1945), Zürich, 1946, p. 253ff.를 보라.
30 나무숲의 바람 소리를 나타내는 인디언의 단어.
31 파도가 부딪쳐 부서지는 소리를 의미한다(앞의 책, p. 120)[영어 원문은 『전집』을 보라].
32 칼 요엘Karl Joël(*Seele und Welt*, Jena, 1912, p. 153f.)은 말한다: "삶은 예술가와 예언자들에게서 축소되지 않고 오히려 증강된다. 그들은 잃어버린 낙원으로 이끄는 지도자들인데, 그들에 의해서 비로소 천국을 재발견하게 된다. 예술가들이 추구하고 이끌어가는 그것은 더 이상 낡고 공허한 삶의 통일성이 아니다. 그것은 감정을 통한 재통일, 공허하지 않은 충만한 통일성이며, 서로 무차별의 통일성이 아니라 서로 다른 차이점들의 통일성인 것이다. 모든 삶은 균형의 무너짐과 다시 그 균형으로의 되돌아감이라고 할 수 있다. 그러나 그러한 귀향은 종교와 예술에서 발견되는 것이다."
33 앞의 책, p. 147. '원초적 체험' 가운데에는 주체와 객체 간의 최초의 인간적 구분이 있다. 그것은 저 최초의 의식된 대상 설정이라고 이해할 수 있는 것으로, 심리학적으로 '동물적' 인간이 자기 자신과 내적으로 분리된다는 가정 없이는 생각조차 할 수 없는 것이다. 내적 분리를 통해서 그는 자신과 하나인 자연(본능)과도 분리되었던 것이다.
34 Crèvecœur, *Voyage dans la Haute Pensylvanie* I, Paris, 1801, p. 362. 타오스 푸에블로 인디언Taospueblos의 추장이 나에게 비슷한 말을 했다: 그는 미국인을 정신병자라고 간주했는데 이들이 부산하게 행동하기 때문이다[『C. G. Jung의 회상, 꿈, 그리고 사상*Erinnerungen, Träume, Gedanken von C. G. Jung*』, Olten, 1971, p. 251〔한국어판: 이부영 옮김, 집문당, 251쪽)].
35 또한 그리스(와 스위스)의 설화에서 용은 샘 또는 그 밖의 수역에서 살면서, 보통 이것을 지키는 수호자 역할을 한다. '냇가의 싸움' 모티브도 여기에 속한다.
36 사람들이 걸어서 강을 건널 수 있는 곳; 위에 기술한 휘어감음와 올가미의 모티브에 대한 논의와 비교하라. 꿈속에서 장애물로 등장하는 물은 어머니, 즉 리비도Libido의 퇴행을 가리키는 것 같다. 물을 건너가는 것은 저항을 극복하는 것, 즉 잠자거나 죽음과 비슷한 상태에 대한 동경의 상징으로서의 어머니를 극복하는 것을 의미한다. Jung, *Über die Psychologie des Unbewußten*[『전집』 7, Paragr. 132ff.]을 보라.
37 봄에 황소를 박제하는 아티카의 관례, 루페칼리아Luperkalien, 사투르날리아Saturnalien 등의 관례들과 비교하라.
38 이러한 사실에 근거하여 나의 제자 Dr. Spielrein은 '죽음의 충동'에 관한 그녀의 생각을 발전시켰는데, 이것을 그 뒤에 Freud가 받아들였던 것이다. 그러나

내 생각으로, 그것은 결코 단지 죽음의 충동일 뿐 아니라, '다른' 충동(Goethe), 즉 영적 삶의 충동을 의미한다.

39 [사례의 상세한 설명은 다음 책에 있다: Jung, *Die Bedeutung der analytischen Psychologie für die Erziehung*, 『전집』17, Paragr. 107.]

40 이 소질素質, Disposition에 속하는 것이 '정리하는 요소들', 즉 원형들의 선험적 존재이다. 이 원형들은 선천적인 기능 양식이라고 이해될 수 있고, 그것들이 전부 합쳐서 인간의 천성을 이루는 것이다. 병아리는 알에서 나올 수 있는 방법을 배우지 않고도 선험적으로 알고 있는 것과 같다.

41 *Liber Azoth*, Sudhoff XIV, Lyon, 1644, p. 576. (Ganz, *Chronologia sacro-profana*, p. 21.)

42 G. Friedlander 번역 및 발행, London/New York, 1916, 제X장.

43 마찬가지로 『길가메시 서사시』에서도 영웅이 얻고자 하는 것은 불멸성이다.

44 [영어 원문은 『전집』을 보라.] Zosimos, *Über die Kunst* 참조(Berthelot, *Collection des anciens alchemistes grecs*, III, I, 2, p. 108: "어쩔 수 없이 사제가 되었고, 나는 '정신Geist'으로서 완성할 것이다."). (그리스어 원문은 『전집』을 보라.)

45 [Jung,] *Zur Phänomenologie des Geistes im Märchen*[『기본 저작집』2, 「민담에 나타난 정신 현상에 관하여」]도 참조.

46 Sepp, *Das Heidentum und dessen Bedeutung für das Christentum*, 1853, III, p. 82, 인용처: A. Drews, *Die Christus-Mythe*, Jena, 1910, p. 78.

47 여기에 관한 생생한 예로는 Irenaeus가 말한 소피아Sophia의 사랑 이야기가 있다.

48 Almus = 양육하는, 원기를 돋우는, 자비로운, 행운을 가져오는(그림 36 참조).

49 *Einige Kapitel aus dem Geschichtswerk des Fray Bernardino de Sahagun*, Stuttgart, 1927, p. 258ff.

50 친구의 모습에 관해서는 나의 카디르Chadir에 관한 자세한 설명을 보라: *Über Wiedergeburt*[『전집』9/I, Paragr. 240ff., 또한 『기본 저작집』5, 만다라 상징Die Mandalasymbolik, 13. 꿈].

51 Frazer, *The Golden Bough*, Part IV, London, 1911 p. 297(영어 원문은 『전집』을 보라).

52 "너는 가장 무거운 짐을 찾았다. 바로 거기서 너는 네 자신을 찾았다!"(니체[이 책 209쪽 이하를 참고])

53 그리스도는 사막에서 권력 마귀의 유혹을 성공적으로 이겨냈다. 그런 이유에서 권력을 좋아하는 사람이 기독교적 전제에서 볼 때 마귀에 사로잡힌다는 것은 심리학적 관점에서도 전혀 이론異論의 여지가 없다.

54 「창세기Gen」49:9.
55 [「베드로전서1 Petr」5:8.]
56 고래용의 신화에서 그 괴물의 배 속에 있는 영웅이 매우 배가 고파서 배를 채우기 위해서 그 동물의 살점을 잘라내기 시작한다는 것은 항상 나타나는 특이한 점이다. 즉, 영웅은 바로 '영양을 공급하는 어머니' 속에 있는 것이다. 그의 다음 행동은 밖으로 나가기 위해서 불을 피우는 것이다. 베링 해협에 사는 한 에스키모 신화에는 영웅이 고래 배 속에서 동물 혼魂인 한 여인을 발견한다 (Frobenius, 앞의 책, 이곳저곳을 참조).
57 나무 젊어지기ϑαλλοφορία는 슈트라보Strabo(X)의 한 주해에서 다루고 있듯이 디오니소스와 세레스Ceres(데메테르)의 제식에서 중요한 역할을 했다.
58 죽은 파라오가 하늘에 도착하는 것을 내용으로 하는 피라미드 원문에서는 파라오가 스스로 신과 같은 성질, 아니 신들의 지배자가 되기 위해서 어떻게 신들을 장악하는지에 대해서 기술하고 있다: "그의 하인들은 투척용 삼줄로 신들을 붙잡았으며 잘 조사하여 판단한 후 질질 끌고 와서 묶었고 그들의 목을 잘라서 내장을 꺼냈고 그것을 잘게 썰어 뜨거운 솥에 넣고 끓였다. 그런 후에 왕은 신들의 힘을 먹어치우고 영혼을 먹는다. 큰 신들은 그의 아침식사가 되었고, 중간 신들은 그의 점심식사, 그리고 작은 신들은 그의 저녁식사가 되었다.… 왕은 그를 방해하는 모든 것들을 먹어치운다. 그는 그렇게 탐욕스럽게 모든 것을 먹었고 그의 마력은 그 어떤 마력보다도 강하게 된다. 그는 모든 상속자들보다도 더 위대한 권력의 상속자가 되고, 하늘의 주인이 된다. 그는 모든 왕관들과 팔찌들을 먹었고, 모든 신의 지혜를 먹어치웠다." 등등 (Wiedemann, *Die Toten und ihre Reiche im Glauben der alten Ägypter. Der alte Orient* II, 2, 1900, p. 18; Dieterich, 앞의 책, p. 100f. 재인용). 이 게걸스러운 식욕은 부모가 '영양을 공급하는' 의미를 갖는 그 단계에로 후퇴하는 충동적 성향을 적절하게 기술하고 있다.
59 Dyonisos-Zagreus의 제의적 희생과 그 제물의 고기를 먹는 행위를 통하여 신의 부활Διόνυσος이 일어났다. 그것은 Dieterich(앞의 책, p. 105)에 의해서 인용된 에우리피데스Euripides의 크레타섬 단편으로 분명해지는 바와 같다: "내가 크레타섬의 제우스의 비의로 입문한 이후로, 축성된 삶을 이끌며, 밤놀이를 즐기는 자그레우스의 목자가 되었네." 내가 자그레우스의 생살을 먹었으므로. (그리스어 원문은 『전집』을 보라.) 제물의 익히지 않은 생고기를 먹음으로써 입문자는 자기 자신 안에 신을 받아들이는 것이다(Teoqualo, '신을 먹음 Gottessens'의 멕시코식 제의와도 비교). [Jung,] *Das Wandlungssymbol in der Messe*[『기본 저작집』4, 'III. 변환 신비의 유례'].

60 *Richter* 14, 14.
61 *Metamorphoses* IV, 18ff., p. 53f. [라틴어 원문은 『전집』을 보라].
62 Orphischer Hymnus 46 (Roscher, *Lexikon*, Iakchos를 보라).
63 이것과 정확히 유사한 경우는 일본의 오르페우스라고 할 수 있는 이자나기 Izanagi의 전설이다. 그는 죽은 자신의 부인을 쫓아 지하 세계까지 내려가 그녀에게 다시 돌아가자고 애원한다. 그녀는 준비가 되어 있었지만 그에게 한 가지 부탁을 한다: "나를 쳐다보지 마세요!" 그런데 이자나기는 그의 빗, 즉 빗의 남성적 갈퀴와 같은 것에 불을 붙였기 때문에 그의 부인을 잃게 된다(Frobenius, 앞의 책, p. 343). 부인에 대해서는 '어머니', 아니마Anima, 무의식을 추정할 수 있다. 그런데 영웅은 어머니가 아닌 불을 가져온다. 하이와타Hiawatha가 옥수수를, 오딘Odin이 룬 문자(고대 독일어 문자)를 가져온 것처럼.
64 K. H. E. De Jong, *Das antike Mysterienwesen in religionsgeschichtlicher, ethnologischer und psychologischer Bedeutung*, Leiden, 1909, p. 22 인용.
65 데메테르 신화에 나오는 아들이자 애인은 이아손Iasion이다. 이아손은 파종한 경작지에서 세 번이나 데메테르를 안았다. 이로 인하여 이아손은 제우스가 보낸 벼락을 맞아 죽었다(Ovid, 앞의 책, IX, in: Roscher, 앞의 책, s. Iasion, Sp. 60).
66 *De Iside et Osiride*.
67 Harman [Hg.], *Menippus*, IV, p. 89와 비교하라.
68 Oratio V; Cumont, *Textes et monuments* I, p. 56에 인용함.
69 그리스 원문은 『전집』을 보라. "내가 일한 후에"가 아니라 Lobeck가 제안하듯이 "내가 맛본 후에"로 읽어야 한다. 그러나 Dieterich(*Mythrasliturgie*, p. 125)는 전통적인 독법讀法을 고집한다.
70 앞의 책, p. 125ff.
71 예를 들어 Lovatelli(*Antichi monumenti* I, IV, 그림 5)의 캄파나 부조 Campanarelief 베로나Verona의 풍요의 신, 프리아푸스가 남근이 담긴 바구니를 가진 것과 유사하다.
72 De Jong, *Das antike Mysterienwesen* 앞의 책, p. 21.
73 'ΣΚΙΡΑ', in: Hermes XXI, Berlin, 1886, p. 124.
74 어머니는 음식을 제공하는 존재다. 성 도미니크는 성모님의 가슴으로부터 원기를 얻고, 연금술의 스승이 되었다. 나마쿠아Namaqua의 태양의 여인은 비곗살로 이루어져 있다. 이에 더하여 내 여환자의 과대망상을 참조. 그녀는 나에게 확언하기를: "나는 전적으로 달콤한 버터로 이루어진 게르마니아Germania이자 헬베티아Helvetia입니다." (*Über die Psychologie der Dementia praecox* [『전집』 3, Paragr. 201])

75 *Protrepticus*, II, 16, in: Dieterich, 앞의 책, p. 123.
76 앞의 책(그리스어 원문은 『전집』을 보라).
77 Dieterich, 앞의 책(라틴어 원문은 『전집』을 보라).
78 Nietzsche에 있는 그림들을 참조: "구멍이 나버린 상태", "그대 자신의 갱도 坑道에서" 등등[그 책의 Paragr. 446과 459]. 런던 파피루스에 헤르메스를 향한 기도문이 있었는데, 다음과 같다: "나에게로 오라, 헤르메스여, 아이들이 어머니의 자궁으로 향하듯이." Kenyon, *Greek Papyri in the British Museum* I, p. 116; Papyrus CXXII, II, 2ff.; Dieterich, 앞의 책, p. 97 인용(그리스어 원문은 『전집』을 보라).
79 (그리스어 원문은 『전집』을 보라.) Brimo = Demeter. 유피테르Jupiter는 황소의 형상으로 자신의 어머니 데오Deo(= Demeter)와 동침하였다고 한다. 이것이 여신을 격노케 했다. 어머니를 진정시키려고 그는 자발적 거세를 한 척했다 (Roscher, 앞의 책, IV, Sabazios를 보라, Sp. 253, 5).
80 De Jong, 앞의 책, p. 22f. 참조. 고대의 곡신穀神은 아도니스Adonis였다. 그의 죽음과 재탄생일에는 매년 축제가 열렸다. 그는 어머니의 아들이자 연인이었는데, Robertson(*Evangelien-Mythen*, p. 36)이 잘 지적한 것처럼 곡식은 아들이고 대지의 품에서 열매를 맺게 하는 존재이기 때문이다.
81 De Jong, 앞의 책, p. 14.
82 개신교 교회 찬송가, Basel, 1897, Nr. 170(p. 186ff.).
83 *De errore profanarum religionum*, hg. v. K. Ziegler, Leipzig, 1970, XXII, I, p. 57(라틴어 원문은 『전집』을 보라).
84 Dieterich, 앞의 책, p. 167.
85 앞의 책.
86 "마치 구름처럼 무리들이 휘감는데, / 열쇠를 이리저리 흔들며, 그것을 몸에서 지킨다!"(『파우스트』, 2부, 1막, p. 317)
87 여기서 나는 라타Rata 신화를 예로 들겠다: "순풍順風을 맞으며 배는 기분 좋게 대양으로 나아갔다. 그러던 어느 날 느가나오아Nganaoa가 외쳤다: '오 라타여, 여기에 대양에서 위로 올라가는 무서운 적敵이 있습니다!' 그것은 거대한 크기의 입을 벌린 조개였다. 껍데기의 한쪽은 배 앞에 있었고 다른 한쪽은 배 뒤에 있었다. 그러자 배는 곧장 그 사이에 놓였다. 다음 순간에 그 거대한 조개는 입을 닫았고 그 배와 그들은 모두 그 조개의 입에서 짓눌려 부서졌다. 그러나 느가나오아는 이렇게 될 줄 알고 미리 대비하였다. 그래서 그는 자신의 긴 창으로 그 동물의 몸을 재빠르게 찔렀다. 그래서 두 쪽을 지닌 그 생물은 탁 닫히는 대신 곧장 바다 밑으로 가라앉았다. 그들은 이런 위험에서 가까스로 벗어난 뒤

에, 가던 길을 계속 갔다. 그러나 얼마 지나지 않아 느가나오아의 깨우는 목소리가 다시 한 번 들렸다: '오 라타여, 대양의 심연에서부터 또 무서운 적이 올라오고 있습니다.' 이번에는 강력한 낙지Oktopus였다. 그 낙지의 거대한 촉수가 배를 부수기 위해 이미 휘감았다. 이렇게 위험한 순간에 느가나오아는 자신의 창을 잡고 그 낙지의 머리를 찔렀다. 그 촉수들은 축 늘어졌고, 그 죽은 괴물은 대양의 표면 위를 떠다녔다. 그들은 다시 여행을 계속했다. 그러나 더 큰 위험이 그들을 기다리고 있었다. 어느 날 용감한 느가나오아가 소리쳤다: '오 라타여, 여기에 거대한 고래가 있습니다!' 그 고래는 입을 엄청나게 크게 벌렸다. 아래턱은 이미 배의 바닥에 있었고 위턱은 배의 위에 있었다. 그 순간 고래는 그들을 삼켜버렸다. 이제 '괴물을 죽이는 자'인 느가나오아가 자신의 창을 두 조각으로 부러뜨렸고, 고래가 그들을 짓눌러 부수려 했던 그 순간에 그는 두 개의 막대기를 고래의 벌린 입에 세워 끼웠다. 그래서 고래는 자신의 턱을 닫을 수 없었다. 느가나오아는 재빨리 거대한 고래(영웅을 삼킴)의 입으로 뛰어올라 고래의 배 속을 보았다. 그가 무엇을 보았겠는가? 거기에는 자신의 부모님; 아버지 타이리토케라우Tairitokerau, 어머니 바이아로아Vaiaroa가 앉아 있었다. 이들은 고기잡이를 할 때 깊은 물에 있는 이 괴물에 의해 삼켜졌던 것이다.…신탁은 이루어졌다; 여행은 그들의 목표를 달성했다. 느가나오아의 부모님들은 아들을 알아보고는 매우 기뻐하셨다. 이제 그들은 자신들이 곧 풀려날 것을 확신했다. 그래서 느가나오아도 복수를 끝내었다. 그는 동물의 입에서 두 개의 막대기 중 하나를 빼냈다—고래가 입을 다물지 못하게 하고 느가나오아와 그의 부모님이 빠져나올 길을 열어놓는 데에는 한쪽의 막대기로도 충분했다. 그는 마찰 발화 막대기로 쓸 수 있도록 창을 두 부분으로 부러뜨렸다. 그는 아버지에게 자신이 위에서 막대를 부비는 동안 불이 피워질 때까지 아래에서 잡아달라고 청하였다(점화). 그가 불을 피워서 불꽃이 일게 되자 고래의 배 속의 지방질 부분을 서둘러 가열했다(심장). 고통스러워하며 몸을 비틀고 있던 그 괴물은 고통을 제거하려고 근처의 육지로 헤엄쳐갔다(항해). 곧 모래톱에 다다랐고(상륙), 아버지와 어머니 그리고 아들은 죽은 고래의 열린 입으로 나와서 뭍에 올랐다(영웅의 탈출Heldenausschlüpfen…)." Schema, 앞의 책, p. 354[이 책 73쪽] 참조.

88 『기본 저작집』 7, p. 168f.(한국어판 225쪽 이하)를 참고.
89 뉴질랜드의 마우이족 설화(Frobenius, 앞의 책, p. 66ff)에는 정복되어야 할 괴물은 여자 조상 히네-누이-테-포Hine-nui-te-po이다. 영웅인 마우이가 자기 주변의 새들에게 말하기를: "나의 작은 친구들이여, 내가 만약 지금 나이 든 여자의 입으로 기어들어간다면 그대들은 웃지 않겠지만, 내가 만약 그 여자의 입

안에 들어갔다가 다시 나오면 환호하며 기뻐하겠지." 그러고 나서 마우이는 실제로 잠자고 있는 나이 든 여자의 입에 기어들어갔다.

90　Von Negelein[편], Gießen, 1912, p. 177.
91　앞의 책, p. 257(영어 원문은 『전집』을 보라).
92　소나무는 알다시피 중요한 단어인 "민네-와와Minne-wawa!" 하고 말했다.
93　재투성이 아가씨 민담에서는 어머니의 무덤 위에서 자라고 있는 나무 위의 작은 새가 도움을 주러 온다.
94　Roscher, 앞의 책, Picus를 보라, Sp. 2496, 30.
95　피쿠스Picus의 아버지는 스테르쿨루스Sterculus 또는 스테르쿨리우스Sterculius라고 부르는데, 그 이름은 분명히 스테르쿠스stercus, 즉 대변, 진창이라는 말에서 유래되었음에 틀림없다; 또 그는 비료의 발명자임이 확실하다. 어머니를 만드셨던 원 창조자는 우리가 앞서 다루었던 어린애 같은 미숙한 창조물을 만드는 중에 그렇게 하셨다. 가장 상급의 신이 그 자신의 알, 즉 그의 어머니를 세워 놓고 그것으로부터 자신을 다시 태어나게 하였다. 연금술에서 스테르쿠스는 원질료prima materia라는 의미를 가진다.
96　Spielrein의 여성 환자는 하나님으로부터 머리, 가슴, 눈 이렇게 세 방 맞았다. "그러고 나서 오직 영靈, Geist만의 부활이 있었다."(앞의 책, p. 376) 티베트의 보그다 게서 칸Bogda Gesser Kahn의 전설에는 태양 영웅이 자신을 잡아먹고 다시 토해내는 사악한 노인의 이마를 화살로 쏘았다. 서몽고의 칼묵족 전설에는 영웅이 화살로 황소의 이마에 있는 '빛나는 눈'을 쏘았다.
97　어머니로 들어가기의 동의어에는 내부 세계로 가라앉기, 통과하기, 구멍 내기, 귀를 뚫기, 못질하기, 뱀의 삼키기 등이 있다.
98　[Jung,] Psychologie und Religion[『기본 저작집』 4, p. 61f.(78쪽 이하)].
99　μεσουράνισμα ἡλίου: Zosimos의 환영에서 태양을 정오에 세움은 입문자의 깨달음의 상징이다(Berthelot, Alchimistes Grecs, III, v^{bis}, p. 118).
100　마리아가 이집트로 도망가고, 레토가 뒤쫓아간 것 등을 비교하라.
101　Die Walküre, 1782~83행, 1792~94행.
102　P. Deussen, Allgemeine Geschichte der Philosophie I, Leipzig, 1906, p. 145.
103　앞의 책, p. 139.
104　앞의 책, p. 140.
105　Die Walküre, 900~903행 그리고 907~908행.
106　Hennecke[편], 신약 묵시록, Tübingen, 1924, p. 260.
107　앞의 책, p. 270.
108　Die Walküre, 1867~1874행.

109 Grimm에서 이 전설이 언급되는데, 한 암사슴이 지크프리트를 젖 먹여 길렀다고 한다.
110 J. Grimm, *Deutsche Mythologie* I, Gütersloh, 1876, p. 314f. 미메Mime 또는 미미르Mîmir는 대단한 지혜를 가진 거대한 존재이다. 즉, 북유럽의 신들Asen이 그와 사귀던 '더 오래된 자연신'이다. 후대의 우화에서 그는 숲의 정령과 예술성이 풍부한 대장장이로 나타난다. 보탄Wotan이 지혜로운 여자에게서 조언을 얻듯이, 오딘Odin은 지혜와 영리한 생각이 잠재되어 있는 미미르 샘으로 간다. 그는 그곳에서 마실 것(불멸의 음료)을 갈구한다. 그러나 그는 자신의 눈을 샘에 바치고서야 비로소 마실 것을 얻게 된다. 미미르 샘은 분명히 어머니 이마고를 가리킨다. 미미르와 그의 샘 속에 어머니와 태아(난쟁이, 하계의 태양, 하르포크라테스Harpokrates)가 응축된다; 동시에 그는 어머니로서 지혜와 예술의 원천이기도 하다. 베스Bes가 난쟁이이고 교육자이며 이집트 모성 신에 소속되듯이, 미미르도 모성적인 원천에 속한다. Ernst Barlach의 드라마 「죽음의 날*Der tote Tag*」(Berlin, 1912)에는 사악한 어머니가 '엉덩이 수염'으로 불리는 집의 정령을 소유하고 있다. 이는 베스처럼 난쟁이 형태이다. 이 형상들은 신화적 아니무스의 모습들이다. 아니무스의 형상에 대해서는 [Jung,] *Die Beziehungen zwischen dem Ich und dem Unbewußten*[『기본 저작집』 3, p. 89ff. (118쪽 이하)]를 보라.
111 호메로스의 신성혼 축제에도 주술적인 수면이 있다.
112 지크프리트의 말을 참고하라[2641~2650행]:
　　타고 있는 불을 통해　　　내 가슴에 들고,
　　나는 너에게 갔다;　　　　불은 나의 피를 끓게 하는구나.
　　갑옷도 아니고 철갑옷도 아니라　한창의 열정으로;
　　내 육체를 숨겼다:　　　　사납게 몰아치는 불이
　　이제 불길은 부서져　　　　내 속에서 불붙는구나.
113 동굴의 용은 무서운 어머니이다(그림 108). 독일 전설에서는 해방되어야 하는 동정녀가 뱀이나 용으로 자주 나오는데 이런 형상의 상태에서 키스를 받아야 한다; 그렇게 하여 용은 아름다운 여성으로 변한다. 몇몇 여자 점술사들은 물고기나 뱀 꼬리를 달고 있다. '황금산'에는 왕의 딸이 마법에 걸려 뱀이 되었다. 오젤Osel산에는 밀밭 언덕 근처에 뱀이 사는데, 그 뱀은 여자의 머리를 하고 목에 열쇠 꾸러미가 있다(Grimm, 앞의 책 II, p. 809f.).
114 *Siegfried*, 1462~1470행.
115 앞의 책, 1482~1487행.
116 이 문제에 관해서는 모성 콤플렉스에 관해 훌륭하게 묘사한 Barlach, 앞의 책

에서 읽을 수 있다.
117 [Jung,] *Psychologische Typen*[『전집』6], *Psychologie und Alchemie*[『기본 저작집』5와 6], Aion[『전집』9/II], Wilhelm und Jung, *Das Geheimnis der Goldenen Blüte*[Olten, 1971].
118 *Edda*, I, p. 124.
119 『독일어 어원 사전*Etymologisches Wörterbuch der deutschen Sprache*』, Straßburg, 1910, s. Hort.
120 『그리스어 어원 사전*Etymologisches Wörterbuch der griechischen Sprache*』, Göttingen, 1905, s. κεύθω, p. 219.
121 *Urkeltischer Sprachschatz*, Göttingen, 1894; Fick, *Vergleichendes Wörterbuch der indogermanischen Sprachen*, Göttingen, 1890ff., II, p. 89.
122 Pausanias, *Pausanias' Beschreibung von Griechenland*(Langenscheidt), Berlin/Stuttgart, 1855~1907, I, 앞의 책, 18, 7, p. 42.
123 *Ilias*, XIV, 246. (그리스어 원문은 『전집』을 보라.)
124 앞의 책, I, 34, 4, p. 82.
125 E. Rohde, *Psyche* I, Tübingen, 1907, p. 214.
126 앞의 책.
127 B. Maehly, *Die Schlange im Mythus und Kultus der klassischen Völker*, Basel, 1867, p. 13.
128 Duchesne, *Liber Pontificalis*, I, p. CIX, in: Cumont, *Textes et monuments* I, p. 351.
129 *Offb.* 20, 1ff.
130 Cumont, 앞의 책에서 인용.
131 *Offb.* 20, 3도 비교하라. Vandiemensland(Tasmania) 오이스터Oyster만 종족의 신화에서 여성들을 칼로 찔러 죽인 무장한 용이 있는데, 같은 모티브라 하겠다: "한 홍어가 절벽의 움푹 파인 곳에 놓여 있었다. 거대한 홍어가! 홍어는 엄청나게 컸다. 그는 매우 긴 창을 가지고 있었다. 그는 자신의 구멍으로 여성들이 잠수하는 것을 염탐했다; 그는 창으로 그녀들을 찔러서 뚫었다. 그는 그녀들을 죽여, 없앴다. 한동안 그녀들을 더 이상 볼 수 없게 되었다." ― 그 뒤에 두 영웅들이 그 괴물을 죽였다. 그 둘은 불을 만들었고 여자들을 다시 살려냈다(Frobenius, 앞의 책, p. 77).
132 사람의 아들의 눈은 "불길과 같다"(*Offb.* 1, 14).
133 라틴어 원문은 『전집』을 보라.
134 [Jung,] *Zur Psychologie östlicher Meditation*[『기본 저작집』9, 논고의 마지막

부분].
135 W. Bousset, *Der Antichrist in der Überlieferung des Judentums, des neuen Testaments und der alten Kirche*, Göttingen, 1895.
136 그리스도가 얼마나 원형적 영웅에 합당한지는 예를 들어 Cyrillus von Jerusalem(313~386)의 견해가 잘 제시하고 있다. 그에 따르면 그리스도의 육체는 악마에 대한 미끼였고, 악마는 그것을 삼켰던 것이다. 그러나 고래가 요나를 그렇게 했듯이, 악마는 소화불량 때문에 다시 되돌려주어야만 했다.
137 Cumont, 앞의 책 I, p. 352 인용.
138 Roscher, 앞의 책, Sp. 1891, s. Hekate를 참고.
139 Roscher, 앞의 책, s. Empusa, Sp. 1243. (그리스어 원문은 『전집』을 보라.)
140 『파우스트』, 2부, 어머니들의 장면. 열쇠는 하계의 문지기이자 영혼의 인도자인 신격, 헤카테에 귀속된다. 야누스Janus, 페트루스Petrus와 아이온Aion과 비교하라.
141 무서운 어머니의 속성: 이슈타르Ishtar는 "준마를… 회초리와 바늘, 채찍으로 괴롭히고 죽도록 고문하였다."(Jensen, *Das Gilgamesch-Epos in der Weltliteratur*, Straßburg, 1906, p. 18)
142 *Arch. Zeitung*, 1857, Taf. 99; Roscher, 앞의 책 인용, Hekate를 보라, Sp. 1909.
143 젖 짜는 사람의 성모 마리아 송가(12세기)의 상징을 참조하라: "성 마리아여, / 닫힌 작은 문 / 하나님의 말씀으로 열린 ― / 샘을 봉하고, / 정원을 폐쇄하며, / 낙원으로부터의 작은 문." 성애적으로 나타낸 같은 상징: "동정녀여, 내가 너희들과 함께 갈 것이다 / 너희의 장미원으로, / 붉은 작은 장미가 피어 있는 그곳, / 섬세함과 부드러운 작은 것, / 그리고 그 옆에 나무도 한 그루, / 그 나무에 달린 작은 잎들이 흔들리고, / 서늘한 샘물, / 바로 그 아래 놓여 있다."
144 『파우스트』, 1부. [이 책 167쪽 이하 참조.]
145 R. Herzog, "Aus dem Asklepieion von Kos", *Archiv für Religionswissenschaft* X(1907), p. 219ff.
146 미트라스 성전은 가능한 한 지하 동굴에 꾸며졌지만; 흔히 인공적 동굴이었다. 기독교적 지하 납골당과 유사한 의미의 지하 교회를 생각해볼 수 있다(그림 66).
147 V. Schultze, *Die Katakomben*, Leipzig, 1882, p. 9ff. 참조.
148 Rohde, *Psyche* I, p. 306. 더 많은 정보는 Herzog, 앞의 책, p. 224.
149 앞의 책, p. 225.
150 물론 신성한 뱀들은 전시하거나 그 밖의 목적으로 보유하고 있었다.
151 Herzog, 앞의 책, p. 212f.

152 Rohde, 앞의 책, p. 244.
153 앞의 책 I, p. 28.
154 그 외에도 라틴어 cuturnium = vas quo in sacrificiis vinum fundebatur[희생제의 때 포도주를 붓는 그릇].
155 Fick, 앞의 책 I, p. 424.
156 헤라클레스의 마구간 청소 참조. 마구간은 동굴과 같은 탄생 장소이다. 동굴과 그리스도가 태어난 곳인 마구간도 참조할 것(Robertson, *Christ and Krishna*, London, 1889). 바수토Basuto 전설에서도 마구간 탄생이 나온다(Frobenius, 앞의 책, p. 105f.). 마구간 탄생은 동물 우화에 해당한다; 예를 들어 불임의 사라Sarah를 임신시킨 이야기는 이집트에서 동물 우화로 이미 형성되어 있다. Herodot(*Geschichte* III, 28, p. 19)에서 이르기를: "이 아피스Apis나 에파포스Epaphos는 더 이상 새끼를 낳을 수 없는 암소의 새끼 송아지이다. 그래서 이집트인들이 말하기를, 하늘에서 그 암소에게 빛이 내려와서 그로부터 아피스를 낳았다" 하였다. 아피스는 태양이다. 그래서 그의 표지가 있다: 즉, 이마 위에 흰색 얼룩, 등 위에 독수리 그림, 혀 위에 딱정벌레 등.
157 이것과 관련해서 퀴로스κῦρος, 힘, 퀴리오스κῦριος, 남성, 고대 이란어 caur, cur, 영웅, 고대 인도어 슈라-스çura-s, 강한, 영웅이 제시된다. 그러나 그 관련성은 의문시되거나 믿을 수 없는 것으로 간주되었다.
158 Maehly, *Die Schlange im Mythus und Cultus der classischen Völker*, Basel, 1867, p. 7.
159 여기에 대한 좋은 예는 고전적인 중국 철학의 음양설이다.
160 Mereschkowski, *Peter der Große und sein Sohn Alexei*에서 러시아의 종파 추종자의 망아적 축제에 관한 묘사를 보라. 아나히타Anâhita 혹은 Anaïtis의 망아적 제의는 '불을 끔'이라는 알리 일라히야Ali Illâhiya 제의에서, 예지덴Yezîden과 두쉬쿠르덴Dushikkurden 제의에서 보존되었다. 이는 밤중에 행하는 종교적 망아의 축제이며, 근친상간적 혼합도 출현하는 거친 성적 무질서로 끝맺는다.
161 뱀의 키스에 대해 Grimm, *Deutsche Mythologie* II, p. 809f.를 참조하라. 그로써 한 아름다운 여성이 구원된다. Spielreins의 환자(앞의 책, p. 344f.)는 다음과 같이 말했다: "포도주는 예수의 피다.… 물은 축복받아야 하고 예수에 의해 축복된다. 산 채로 묻힌 자는 포도밭이 되었다. 저 포도주는 피가 될 것이다.… 물은 어린이 다음으로 뒤섞이게 된다. 왜냐하면 신이 아이들처럼 되라고 말씀하셨기 때문이다. 물론 피와 함께 마실 수 있는 정액도 있다. 그것은 아마 예수의 물일 것이다." 다른 여러 표상들의 혼합이 특징적이다. Wiedemann(앞의 책; Dieterich, *Mithrasliturgie*, p. 101 재인용)은 한 여신의 젖을 뺌으로써 불멸성을

얻는 이집트적 사고를 입증하고 있다. 헤라의 젖만 먹고 불멸성을 획득한 영웅 헤라클레스 신화도 참고하라.
162 *Aus den Schriften des Sektierers Anton Unternährer. Geheimes Reskript der bernischen Regierung an die Pfarr- und Statthalterämter*, 1821. 이 문헌을 알게 된 것은 피스터 목사Dr. O. Pfister 덕분이다.
163 Nietzsche, *Also sprach Zarathustra*, p. 79: "그리고 내가 너희에게 이러한 비유를 알려주겠노라: 악마를 내쫓으려던 사람 중 적지 않은 사람들이 스스로 더러운 놈이 된다."
164 근본적으로 이중적인 뜻이 있다. testis = 고환과 증인.
165 이에 대하여 니체의 시를 참조: "무엇이 너로 하여금 늙은 뱀의 낙원으로 오게 유혹하였느냐?" 등[이 책 209쪽 이하를 보라].
166 니체는 때로 혐오하던 동물들을 편애하는 행동을 보여주었다고 한다. Bernoulli, *Franz Overbeck und Friedrich Nietzsche* I, Jena, 1908, p. 166을 참조.
167 나는 이 논문의 첫 부분에서 인용했던 니체의 꿈을 기억한다[『기본 저작집』 7, 「과거사Vorgeschichte」, 주1].
168 *Also sprach Zarathustra*, Leipzig, 1899ff., p. 233f. 이에 속하는 상像으로는 베른Bern의 디트리히Dietrich의 게르만 신화가 있다: 그는 이마에 화살을 맞고 부상을 입게 된다. 그래서 화살 한 조각이 박혀 있다; 그 때문에 그는 불사신이라 불린다. 흐룽그니르Hrûngnir의 돌쐐기의 반쪽이 토르Thor의 두개골에 박힌 것도 유사하다. Grimm, *Deutsche Mythologie* I, p. 309를 참조.
169 Deussen, *Allgemeine Geschichte der Philosophie* I, Leipzig, 1906, p. 181.
170 'Sa tapo atapyata'[그는 자기 자신을 자기의 체온으로 뜨겁게 하였다](앞의 책, p. 182).
171 앞의 책.
172 우리는 이미 [『기본 저작집』 7, 「창조주의 찬가Der Schöpferhymnus」, 주 52]에 있는 창조하는 원초적 열기에 관한 스토아 철학의 표상에서 리비도를 발견했는데, 이 표상은 이러한 연관성에 해당한다. "리비도의 열을 통해서만solo aestu libidinis" 일어나는 미트라스의 돌로부터의 탄생도 이루어진다.
173 Kâma = Eros.
174 이 구절에 대한 정확한 산문 번역은 다음과 같다: "그때 그에게서 Kâma의 시작이 이루어졌다."(Deussen, 앞의 책, p. 123) Kâma는 리비도이다. "현자들은 비非-존재에서 존재의 뿌리를 발견했다. 왜냐하면 그들은 통찰력을 가지고 그것을 마음속에서 탐구했기 때문이다."(앞의 책)

175 *Denkwürdigkeiten eines Nervenkranken.*
176 [*Gott und Welt. Ultimatum*, in: Werke III, p. 102.]
177 *Ruhm und Ewigkeit*, in: Werke VIII/1, Leipzig, 1899ff., p. 425.
178 Grimm, *Deutsche Mythologie* III, p. 111. 뱀의 눈들: "ormr î auga; 지구르드르 Sigurdr는 Ormr î Auga라 불린다."
179 「갈라디아서」(3 : 27)는 무의식적으로 이 원상을 암시한다: "왜냐하면 그리스도로 세례받은 너희들 모두는 그리스도를 끌어당기기 때문이다." 여기서 사용된 ἐνδύειν(induere)은 다음을 의미한다: 쑤셔 넣다, 끌어당긴다, 옷을 입다.
180 Robertson, *Evangelien-Mythen*, p. 123을 비교하라.
181 Mamba는 아프리카의 코브라로 불린다.
182 J. G. Frazer, *The Golden Bough*, Part IV, London, 1907, p. 405. (영어 원문은 『전집』을 보라.)
183 앞의 책, p. 242.
184 앞의 책, p. 246.
185 앞의 책, p. 249. 가죽을 벗기는 모티브에 대하여 나의 논문 *Das Wandlungssymbol in der Messe*와 비교하라[『기본 저작집』 4, 179쪽 이하].
186 다른 해결 시도는 쌍둥이신 디오스쿠리Dioskuri의 모티브일 것이다. 그것은 비슷하게 생긴 형제이다: 한 명은 죽고, 다른 한 명은 불사이다. 이 모티브는 인도에도 발견되는데, 두 아쉬빈Açvins으로 둘 사이의 구분은 없다. 이에 반해서 *Shvetâshvatara-Upanishad* 4, 6에서는 분명히 "하나의 같은 나무를 감싸 안고 있는 이에 반해서" 친구 쌍으로, 즉 개인적 아트만Atman과 비개인적 아트만으로 나타난다. 미트라스 제의에서 미트라스는 아버지이고, 태양Sol은 아들이다. 그러나 그 둘은 위대한 태양신 미트라스ὁ μέγας θεὸς Ἥλιος Μίθρας로서 하나이다(Dieterich, 앞의 책, p. 68). 말하자면 인간이 자신의 불멸성으로 변하지 않고, 살면서 둘이 되는데, 즉 나Ich와 자기Selbst인 것이다.
187 Firmicus Maternus, *De errore profanarum religionum*, Leipzig, 1907, XXVI, 1, p. 67. (그리스어 원문은 『전집』을 보라.)
188 *Unter Töchtern der Wüste*, in: Werke VIII, Leipzig, 1899ff., p. 407ff.
189 *Siegfried*, 2088~2101, 2117~2119, 2126~2127, 2248~2249행.
190 사자를 죽이는 영웅 삼손과 헤라클레스가 싸움에서 무장을 하지 않았다는 사실은 주목할 만하다(그림 38). 사자는 가장 뜨거운 여름 열기의 상징이다. 이 상징은 점성학적으로 볼 때 태양이 거주지domicilium solis임을 의미한다. Steinthal(*Die Sage von Simson*, p. 133)은 그것에 관하여 다음과 같은 논리적 추론을 했다. 내가 말 그대로 옮기자면: "태양신이 여름 열기와 싸울 때, 그것

은 자기 자신과 싸우는 것이다; 그가 여름 열기를 죽인다면, 그 자신을 죽이는 것이다. —당연하다! 페니키아인, 앗시리아인과 리디아인은 자살을 자신들의 태양신의 탓으로 돌렸다. 왜냐하면 태양이 스스로 열기를 줄이는 것은 오직 자살이라고 이해되기 때문이다. 그래서 씌어 있기를, 그는 태양이 여름에 가장 뜨겁고, 그래서 소모하는 작열로 자신의 빛을 태워버린다고 생각했다: 신은 자신도 태워버리지만, 죽지는 않고 다시 젊어질 뿐이다.… 또한 헤라클레스도 타버리지만 그 불꽃 속에서 올림푸스산에 오른다. —이것은 이교도의 신들에게서는 자가당착으로 나타난다. 그들은 인간들을 이롭게 할 수도 있고, 해롭게 할 수도 있는 자연의 힘이다. 그러므로 선을 행하거나 구하기 위해서 그들은 스스로를 자기 자신에 반하여 행하여야 한다. 자연의 힘의 양 측면이 특수한 신으로 모두 의인화된다면, 모순은 상대적으로 무디게 된다. 또는 만약 그들이 단지 한 명의 신적 인물로 생각된다면, 그러나 그들의 이중적 작용 방식이 선행을 하기도 하고 재앙을 가져오기도 한다면 각각은 특별한 상징을 취하게 된다. 상징은 점점 더 독립적이 되어 결국에는 그 자체가 신이 된다; 신이 근원적으로 자기 자신에 대항하여 작용해서 자기 자신을 없애는 데 반해서, 상징은 상징과 대항하여 싸우고, 신은 신에 대항하여, 또는 신은 상징과 더불어 싸운다." 영웅에게는 무기가 없는데, 왜냐하면 영웅은 자기 자신과 싸우기 때문이다.

191 앞의 책, p. 106.
192 그것은 죽은 사람의 유골 단지를 땅속에 묻고 위에 표지판을 덮어씌우는 에트루리아의 관습이다. —논문 *Siegfried*, 2478~2482, 2496~2500, 2511~2516, 2542~2543, 2552~2559행.
193 I, p. 32.
194 *Siegfried*, 2561~2562, 2565~2566, 2571~2590, 2738~2750, 2797~2799, 2818~2819, 2862~2863행.
195 일반적으로 무의식이 의식에 대해 보완적komplementär이지만 개별적인 경우에는 그 보완이 기계적이어서 뚜렷하게 예견될 수 있는 특성이 아니라, 합목적적이고 지성적으로 나타난다. 그래서 그것을 차라리 보상Kompensation이라고 파악하는 것이 더 낫다.
196 *Die Beziehungen zwischen dem Ich und dem Unbewußten*[『기본 저작집』3, 제2부, 4. 마나-인격Die Mana-Persönlichkeit]을 참고.
197 개인적 아트만Atman과 초개인적인 아트만과의 동일성.
198 그 밖의 것은 [Jung], *Psychologische Typen*[『전집』6, Paragr. 338ff. 독일어판] 그리고 *Über die Symbolik des Selbst* in: *Aion*[『전집』9/II]을 참조.

희생

1 *Die zweifache Mutter*, Anm. 1.(프랑스어 원문은 『전집』을 보라. 또한 이 원문의 인용문을 보라.)
2 E. Harding, *Der Weg der Frau*, Zürich 1935 [제II장, 60ff.].
3 『파우스트』, 1부, p. 165.
4 A. Jaffé 논문 *Bilder und Symbole aus E. T. A. Hoffmanns Märchen* "Der Goldene Topf", in: C. G. Jung, *Gestaltungen des Unbewußten*, Zürich 1950.
5 제2판의 서문을 보라[『기본 저작집』 7].
6 Hölderlin, 전집 II (*Gedichte*), Jena, 1919, p. 91.
7 장미Rosa는 심지어 사랑받는 자의 전형이고, 마리아를 '신비의 장미Rosa mystica'로 표현한다. Richard Wilhelm과 함께 발행한 논문인 *Das Geheimnis der Goldenen Blüte* [『전집』 13, Paragr. 31ff.]와 만다라 상징 in: *Psychologie und Alchemie* [『기본 저작집』 5, 최초의 꿈Die Initialträume, 꿈 16과 만다라 상징Die Mandalasymbolik, 꿈 10]를 비교하라; 마찬가지로 G. F. Hartlaub, *Giorgiones Geheimnis*, München, 1925도 참조하라.
8 앞의 책, p. 160.
9 L. Frobenius, *Das Zeitalter des Sonnengottes*, Berlin, 1904, p. 68.
10 앞의 책, p. 269.
11 Hölderlin, 앞의 책, p. 128f.
12 Robertson, *Evangelien-Mythen*, p. 92.
13 자연이란 우리의 이전의 설명과 앞서 언급한 횔덜린의 시와 관련하여, 어머니라고 이해할 수 있다(『기본 저작집』 7, 그림 7). 어린아이가 꽃처럼 달려 있는 나무로서의 어머니가 시인의 상념에 떠오른 것이다(그림 76).
14 그는 언젠가 "별이 그의 형제"라고 했다. 나의 연구[『기본 저작집』 7, p. 92 (127쪽)]의 첫 번째 부분에서 상술하였음을 상기시켜야겠다. 특히 천체에 대한 모든 신비한 동일시: "나는 별이다" 등을 상기할 것이다. 어머니로부터의 분리와 구별인 '개성화Individuation'는 의식의 토대인 주체와 객체의 대항을 야기한다. 이전에는 어머니, 세계 전체와 하나였다. 그때 사람들은 아직 태양이 형제인 줄 몰랐고, 나중에서야 그것이 가능해졌다; 성공적인 분리가 있은 후 예감을 품고 있는 자에게는 천체의 별들과 그가 친족이라는 생각을 하게 된다. 그것은 정신병Psychose에서 드물지 않게 나타나는 과정이다: 한 젊은 직공이 정신분열증을 앓고 있었다; 그의 첫 병적인 느낌은 그가 태양과 천체의 별과 특별한 관계가 있다는 것을 인지하게 된 것과 연관이 있었다. 별들은 그에게 매

우 중요하게 느껴졌고, 별들이 그와 어떤 식으로든 관계가 있으며, 태양은 그에게 생각을 불어넣어준다고 생각했다. 우리는 때때로 이 병에서 자연에 대한 이와 같은 전적으로 새로운 지각을 만나게 된다. 한 다른 환자는 그의 애인으로부터 소식을 보내오는 새의 언어를 이해하기 시작했다(Siegfried 참조!).
15 그 원천은 심상의 전체에 속한다.
16 이 상像은 히페리온Hyperion의 운명의 노래에서처럼 신적이며 어린이다운 축복을 표현한다: "너희는 저 위의 빛 가운데서 거닐고 / 그 푹신한 바다 위에서, 축복받은 수호신이여! / 찬란한 신의 공기가 / 가볍게 너희를 건드리는구나…"
17 이 구절은 특히 두드러진다: 어린 시절에는 모든 것이 그에게 주어져 있었다. 그래서 그 남자는 노력하여 그것을 다시 얻어낼 능력이 없다. 왜냐하면 '노력과 강제'가 아니고는 이루어낼 수 없기 때문이다; 심지어 사랑도 노력의 대가를 지불해야 한다. 어린 시절에는 샘이 끓어오르듯이 솟아나지만, 나이가 들어서 샘물을 계속 흐르게 하려면 힘들여 일을 해야 한다. 왜냐하면 늙어가는 노인에게 있어 샘은 근원으로 다시 돌아 흘러가고픈 성향을 더욱 갖게 되기 때문이다.
18 Hölderlin, 앞의 책, p. 97ff.
19 앞의 책, p. 285
20 앞의 책, p. 202
21 *Ars poetica*, 464f. [라틴어 원문은 『전집』을 보라.]
22 Hölderlin, 앞의 책, p. 209.
23 앞의 책, p. 213f.
24 Hölderlin, *Sämtliche Werke*, Insel, Leipzig (o. J.), p. 230ff.
25 『파우스트』, 2부, 어머니들 장면.
26 오디세우스가 자신의 어머니를 끌어안으려고 한, 저승길에 일어난 일에 관한 구절을 참조: "…그런데 나는 내밀한 그리움으로 어찌할 바를 모르고, / 죽은 어머니의 영혼을 안고 싶었다. / 나는 포옹에의 강한 욕구 때문에 세 번이나 접근하려 시도하였다; / 헛된 그림자나 몽상처럼 손에서 세 번이나 빠져나가버렸다. / 어머니는 달아났다; 그리고 내 심장에서 더욱 세찬 슬픔이 일어났다."(*Odyssee*, XI, Verse 204ff.)
27 Spielreins의 여성 환자(앞의 책, p. 345)는 "어린아이의 천진함이 섞인 물", "정액의 물", "피와 포도주"를 먹는 만찬의 의미와 관련해서 말했다; p. 368에서 그녀가 말하기를 "물에 빠진 영혼들은 신에 의해 구원된다", 영혼들은 깊은 바닥에 떨어진다. ─그 영혼들을 태양신이 구해주신다." 이에 대해 영원의 물에 관한 놀라운 특성도 참조하라. *Psychologie und Alchemie* [『기본 저작집』 6, 1.

연금술의 기본 개념Die alchemistischen Grundbegriffe, C].
28 『차라투스트라는 이렇게 말했다*Also sprach Zarathustra*』, p. 334ff.
29 φάρμακον ἀθανασίας는 페르시아인들의 하오마Haoma인 소마-음료Somatrank 이다. 이것은 비속한 에페드라Ephedra vulgaris로 만들어진 것이다(Spiegel, *Erânische Altertumskunde* I, p. 433).
30 G. Hauptmann의 *Hanneles Himmelfahrt*(Berlin, 1902, p. 92)에 나오는 천상의 도시처럼, "지복함은 기가 막히게 아름다운 도시이다. / 평화와 기쁨이 무한한 그곳. / 도시의 집들은 대리석, 집들의 지붕은 황금이고, / 은으로 만들어진 작은 샘에는 붉은 포도주가 흐르고, / 희고 흰 거리에는 꽃들이 뿌려져 있고, / 종탑들로부터 결혼식 종소리가 영원히 울린다. / 5월의 신록은 이른 새벽빛으로 빛나는 성첩城堞[성벽 위의 요철형 흉벽胸壁], / 장미 화환으로 장식된 나비들이 그 주위를 비틀거리며 난다. / …저 아래에서 그들은 손에 손을 잡고 거닌다: / 천상의 나라로 가는 축하하는 사람들이. / 넓디넓은 바다는 붉디붉은 포도주로 가득 차 있고, / 빛나는 몸들이 바다로 잠수해 들어간다. / 그들은 거품과 장관으로 잠수해 들어가고, / 그들은 선명한 보라색으로 완전히 파묻혔고, / 그들은 밀물 후에 환호하며 다시 올라온다. / 이로써 그들은 예수의 피로 몸을 씻었다."
31 앞의 책, pp. 375와 383.
32 *Richter* 15, 17ff.
33 Prellwitz, *Etymologisches Wörterbuch der griechischen Sprache*, Göttingen, 1905, 참조. σκήπω, p. 416f.
34 나는 원래 횔덜린의 구판을 이용했다. 신판에는 '정신(영)Geist' 대신에 '그리스도Christ'로 되어 있다. 나는 이 구판의 문구를 그대로 둘 것이다. 왜냐하면 신판의 문구를 알기 전에도 나는 내적인 명징성으로 거기서 그리스도를 도출할 수 있었기 때문이다[앞의 책, p. 234].
35 아버지의.
36 원래 모든 비의秘儀가 이 목적을 추적한다. 비의는 죽음과 재탄생의 상징을 생산한다(그림 116). Frazer(*The Golden Bough*, part III: "The Dying God", p. 214ff.)가 지적하듯이, 유럽인이 아닌 이민족들도 자신들의 비의에서 입문을 위한 죽음과 재탄생에 관한 유사한 상징을 가지고 있다. Apuleius (*Metamorphosen*, XI, 23, p. 240)가 이시스 비의Isismysterien(그림 9)에서 루시우스Lucius의 봉헌에 관해 말하는 것과 똑같다: "나는 삶과 죽음의 경계선까지 갔다. 나는 프로세르피나의 영역인 하계의 문턱에 들어섰고, 모든 요소를 통과해서 갔지만 다시 돌아왔다."(p. 425; 라틴어 원문은 『전집』을 보라.) 루시우스는

형상적으로는 죽었지만 "자유의지로 죽은 것과 같이ad instar voluntariae mortis" 다시 태어나게 되었다.
37 연금술에서는 용의 희생으로 철학자(현자)의 돌lapis philosophorum의 소우주가 유래된다. [Jung,] *Psychologie und Alchemie* [『기본 저작집』 6, '작업Das Werk'].
38 P. Deussen, *Allgemeine Geschichte der Philosophie* I, p. 136.
39 앞의 책, p. 156f.
40 *Zur Dynamik der Übertragung*, Ges. Werke 8, p. 171.
41 이에 관해서는 [Jung,] *Die Psychologie der Übertragung* [『기본 저작집』 3, p. 178ff.(233쪽 이하)]. 그리고 J. Layard, *The Incest Taboo and the Virgin Archetype*, Zürich, 1946 참조.
42 Deussen, *Geschichte der Philosophie* I, p. 158.
43 P. Deussen(*Die Geheimlehre des Veda*, Leipzig, 1909, p. 21f.).
44 분다히쉬(*Bundahish*, in: Hg. E. W. West, Pahlavi Texts, Oxford, 1880, XV, 27)는 황소 사르사오크Sarsaok가 세계의 멸망 때 희생될 것이라고 하였다. 그러나 사르사오크는 인간의 종을 퍼뜨리는 자였다; 그는 15개 인간 종족 중에서 9종족을 등에 지고 바다를 건너 먼 세계로 데려다주었다. 우리가 위에서 보았듯이, 가요마르트Gayomart의 원초적 황소의 모습은 그 생산성 때문에 모성적인 의미를 가진다.
45 Deussen, *Geheimlehre des Veda*, p. 38.
46 Deussen이 덧붙여 말하기를: "'그곳', 다시 말해 하늘과 바다가 서로 마주치는 수평선에 세계알의 아래와 위 두 껍질 사이에 작은 틈이 나 있다. 그 틈을 통해 인간이 알 밖으로 나오게 된다.… 그러니까 '하늘의 등' 위로… 이르렀고… 그 곳에서… 브라만교와의 합일이… 이루어진다."(*Bṛihadâraṇyaka-Upanishad* 3, 3 in: *Sechzig Upanishad's des Veda*, Leipzig, 1938, p. 434)
47 브라만Brahman의 한 상징(Deussen, 앞의 책).
48 질버러Silberer에게 신화적 상징이 신화학적 단계의 인식과정이라면(*Über die Symbolbildung*), 이 견해와 나의 견해는 완전히 일치된다.
49 흥미로운 수메르-앗시리아의 단편(H. Gressmann, *Altorientalische Texte und Bilder zum Alten Testament*, Tübingen, 1909, I, p. 101에서 인용)은 Assurbanipals 도서관에서 유래한다: "그가 현자에게 말하기를: / 어린 양은 인간의 대치물이다; / 그는 자신의 생명을 양으로 대신하였고, / 양의 머리로 인간의 머리를 대신하였다.…"
50 Opera, Amsterdam 1630, *Metamorphosen*, lib. X, p. 254[라틴어 원문은 『전집』

을 보라).
51 Roscher, *Ausführliches Lexikon*, Attis 제하 참조, Sp. 722, 10.
52 *Wald- und Feldkulte* II, 1905, p. 292.
53 Firmicus Maternus, *De errore profanarum religionum*, Leipzig, 1907, XXVII, p. 69: "해마다 한 그루의 소나무를 자른다. 그 나무 한가운데에 한 젊은이의 상像을 붙여놓는다."(라틴어 원문은『전집』을 보라.)
54 Preller, *Griechische Mythologie* I, p. 555, Zit. in: Robertson, *Evangelien-Mythen*, Jena, 1910 p. 137.
55 뱀의 성질을 가진 헤로스Heros(그리스 신화: 반신 반인)로서의 펜테우스Pentheus. 그의 아버지는 에키온Echion, 즉 독사Natter(율모기과의 뱀)였다.
56 디오니소스 제의에서 볼 수 있는 전형적인 희생의 죽음.
57 Roscher, Dionysos를 보라. Sp. 1054, 56ff.
58 축제의 행렬 때 그들은 여자 옷을 걸쳤다.
59 비티니아에서는 아티스Attis를 파파스πάπας(Papa, Papst)라고 불렀고, 키벨레Kybele는 마Mâ라고 불렀다. 서남아시아의 이 모성신 제의에서는 물고기를 신봉하고 성직자가 물고기를 먹는 것을 금지시켰다. 마찬가지로 아들이 아스타르테Astarte와 키벨레 등과 동일한 Atargatis, Ἰχθύς로 불렀던 것도 알아둘 만하다(Roscher, 앞의 책, s. Ichthys, Sp. 94).
60 Frobenius, 앞의 책 여기저기.
61 Spiegel, *Erânische Altertumskunde* II, p. 77.
62 A. Nagel, *Der chinesische Küchengott Tsau-kyun*, in: Archiv für Religionswissenschaft XI(1908), p. 24.
63 Spiegel, 앞의 책 I, p. 511.
64 Spiegel, *Grammatik der Pârsisprache*, Leipzig, 1851, pp. 134 와 166.
65 Spiegel, *Erânische Altertumskunde* II, p. 164.
66 Spiegel, 앞의 책 I, p. 708.
67 Porphyrius(*De antro nympharum*)가 말하기를: "황소가 창조력을 나타내기 때문에 미트라스 역시 생성의 주인이다." Dieterich, *Mithrasliturgie*, p. 72 인용 (그리스어 원문은『전집』을 보라).
68 황소의 죽음 그 자체는 자의적인 동시에 타의적이다. 미트라스가 황소를 찌르자 한 마리 전갈이 소의 고환을 찔렀다(황소시대의 추분秋分 그림 77).
69 *Bildwerke des Lateranischen Museums*, Nr. 574, zit. in: Cumont, *Textes et monuments* I, p. 182.
70 Cumont, 앞의 책(프랑스어 원문은『전집』을 보라). 다른 곳에서(p. 183)

Cumont은 "영웅의 모습이 지닌 슬프고도 거의 병적인 품위"에 관해 말한다.
71 희생 제물의 리비도 성격은 명백하다. 페르시아에서 숫양은 최초의 인간에게 최초의 죄악, 즉 성교를 저지르게 한다. 숫양은 인간들이 희생을 위해 죽이는 최초의 동물이기도 하다(Spiegel, 앞의 책 I, p. 511f.). 또한 숫양은 낙원의 뱀과 동격인데 마니교의 문학 작품에서는 그것이 그리스도였다. Meliton von Sardes(2세기)는 그리스도는 양이었고, 아브라함이 자신의 아들 대신 희생했던 숫양에 해당한다고 가르쳤다고 한다. 그 경우에 관목은 그리스도의 십자가를 나타낸다고 한다(단편 V, 인용처: Robertson, 앞의 책, p.143f).
72 라틴어 relegere의 본래의 파생어가 더 확실성을 가지고 있을 것이다(Cicero, *De inventione*, 2, 53, 그리고 *De natura deorum*, 1, 42). Lactantius(*Divinae institutiones*, 4, 28)는 religare에서 다음과 같은 것을 파생시켰다: "우리는 그 경외의 끈으로 신과 결부되고 연결된다Hoc vinculo pietatis obstricti Deo et religati sumus." Hieronymus와 Augustinus도 마찬가지이다. 이에 대해서는 Walde, *Lateinisches etymologisches Wörterbuch*, Heidelberg, 1910, diligo도 참고해 보라. 의미 있는 대극은 religo와 neglego이다.
73 "어머니의 피의 신랑Blutbräutigam"(2 *Mos*. 4, 25f.)을 비교하라. *Jos*. 5, 2ff.에서 여오수아Josua는 첫 출생자의 할례와 장자의 속죄를 다시 도입하였다. "그래서 그는 이전에도 늘 야훼에게 바쳤던 어린이 희생을 남성 포피의 희생으로 대체해야 한다고 하였고, 이것으로 희생제의를 인간적인 형태로 바꾸는 근거를 제공하였다."(Drews, *Die Christusmythe* I, Jena, 1910, p. 47)
74 Porphyrius 보고에서 다음과 같은 것을 끄집어낼 수 있다: "미트라스 옆에는 샘 대신에 혼합하는 단지가 있다."(그리스어 원문은 『전집』을 보라.) Cumont, 앞의 책, I, p. 1011 인용. 이것은 분화구의 해석에 있어서 중요한 것이다. 예를 들면 초시모스Zosimos의 분화구와 비교(Berthelot, *Alchemistes grecs*, III, LI, 8, p. 245[236]).
75 Cumont, 앞의 책, I, p. 100.
76 최고의 태양열에 대한 황도대의 표지로서.
77 유사한 희생의 죽음은 프로메테우스의 종말이다. 그는 바위에 사슬로 묶인다. 이본異本에서는 그의 사슬이 기둥에 의해 끌어당겨졌다. 그리스도가 자유의지로 떠맡은 그것이, 프로메테우스에게는 처벌로 닥친 것이다. 그런 이유에서 프로메테우스의 운명은 지하계적 어머니인 바위에 매달려 있는 테세우스와 페이리토스Peirithoos의 불행을 상기시킨다. Athenaeus에 따르면 유피테르Jupiter는 프로메테우스를 풀어준 후에, 그에게 그가 자유롭지 못하고 종속되어 있다는 상징으로 버들로 만든 왕관과 쇠로 만든 반지를 걸치라고 주었다.

Rorbertson은 프로메테우스의 왕관을 그리스도의 가시 면류관과 비교한다. 신앙 깊은 사람들은 프로메테우스의 영광을 위하여 그와의 결속을 나타낼 목적으로 왕관을 쓴다(*Evangelien-Mythen*, p. 126). 그러므로 이러한 연관성에서 왕관은 약혼반지와 같은 의미를 지닌다. 그것은 κάτοχοι τού θεού 즉, 신의 포로임을 나타낸다.

78 미트라스의 황소 희생에서 롱기누스Longinus의 창에 찔린 상처는 단도에 찔린 상처로 대체된다. 사슬에 묶이고 희생되는 프로메테우스에게는 가슴에 "청동 쐐기 모양으로 날카롭게 한 이빨"이 관통된다(Aischylos, *Prometheus*). 오딘과 우이칠로포치틀리Huitzilopochtli는 창에 찔리고, 아도니스는 수퇘지의 어금니에 물려 죽는다(그림 163 참조).

79 *Sermo suppositus* 120, 8. [이 책 163쪽. 라틴어 원문은 『전집』을 보라.]

80 북유럽 신화도 같은 생각을 하고 있다는 점을 언급해야겠다: 오딘은 생명의 나무에 매달림으로써 고대 게르만 문자인 룬 문자에 관한 지식과 불멸성을 가져다줄 도취성 음료를 얻게 된다.

81 미트라스주의는 로마의 군인 종교였으며, 입교자는 남자들뿐이었다.

82 이에 대하여는 [Jung,] *Psychologie und Alchemie* [『기본 저작집』 6, pp. 101ff. (123쪽 이하)]: Visio Arislei] 참조.

83 *Über die Psychologie der Dementia praecox* [『전집』 3, paragr. 283].

84 *Über den psychologischen Inhalt eines Falles von Schizophrenie*, p. 366.

85 *Über die Archetypen des kollektiven Unbewußten* [『기본 저작집』 2, p. 104f. (136쪽 이하)].

86 이것을 Bleuler는 양가兩價, Ambivalenz, 혹은 양가성이라고 불렀다. W. Stekel (*Die Sprache des Traumes*, Wiesbaden, 1911, p. 535f.)은 모든 정신현상의 '양극성Bipolarität'이라고 했다.

87 아직 출간되지 않은 이 작은 입상立像의 출판을 허락해준 베로나 고미술관 관리국의 호의에 감사한다.

88 세계의 멸망은 뱀의 신화적 역할에 상응한다. 『뵐루스파Völuspa』에 이르기를 지구를 둘러싸고 있는 큰 뱀(대양)이 전반적인 파멸을 목적으로 깨어난다면, 홍수가 일어난다고 한다. 뱀의 이름은 요르문간드르Jörmungandr이고, 이것은 글자 그대로 '일반적인 늑대'를 의미한다. 세계를 파괴하는 늑대의 모습을 한 괴물Fenriswolf는 다시금 바다와 관계한다(그림 101). '펜Fen'은 프리그Frigg(북유럽 신화: 오딘의 아내)의 거처인 펜사리르Fensalir(Meersäle) 바다가 모인 곳에서 발견되며, 원래 의미가 바다이다(Frobenius, 앞의 책, p. 179). 민담 빨간 모자 소녀에서도 뱀이나 물고기 대신 늑대를 넣었는데, 왜냐하면 늑대도 전형적

으로 집어삼키는 동물이기 때문이다.
89 휠덜린의 엠페도클레스적인 그리움과 비교할 것. 화산의 하계의 입구를 통한 차라투스트라의 지옥 순례도 마찬가지이다. (이미 소개했듯이, 니체Nietzsche의 본문 구절은 잠재 기억으로 이루어진 것이다[Jung, *Kryptomnesie*, 『전집』 1, paragr. 180ff.].) 죽음은 어머니 속으로 다시 되돌아감을 말한다. 그래서 이집트 왕 미케리노스Mykerinos도 자신의 딸을 도금한 목재 암소 옆에 앉혔다. 이는 재탄생의 보증이다. 그 암소는 화려한 방에 서 있으며 그녀의 희생자를 그리로 데려온다. 이 암소 가까이에 있는 다른 방에는 미케리노스의 첩들의 그림들이 있었다(Herodot, *Neun Bücher der Geschichte*, München/Leipzig, 1911, 2. Buch, I, p. 194).
90 Kluge, *Etymologisches Wörterbuch der deutschen Sprache*, Straßburg, 1910.
91 *Poèmes Saturniens*, VI, in: Œuvres complètes, Bd. 1, Paris, 1923.

그림 출처

모든 작품의 출전은 처음에만 완전히 제시했으며, 반복되는 경우 해당되는 번호를 대괄호 안에 표시하였다. (37번까지는 『기본 저작집』 7권에 있다.)

38   Robert, C.: *Die antiken Sarkophag-Reliefs*. Berlin 1897, III/1, Tafel XXXIX, Figur 128(부분). Gori, *Inscriptiones antiquae graecae et romanae*, 1783에서 모사된 석관石棺 부조.
39   Guirand, F.: *Mythologie générale*. Paris 1935, p.173.
40   "Inter-Tribal Indian Ceremonial" in Gallup(New Mexico) 1949를 계기로 발간됨.
41   *Tractatus qui dicitur Thomae Aquinatis de alchimia*. Ms. Voss. chem. F. 29, Fol.91(1520), Universitätsbibliothek, Leiden.
42   Bernoulli, J. J.: *Die erhaltenen Darstellungen Alexanders des Großen*, München 1905, Tafel VIII, Figur 4.
43   Burckhardt, J.: *Die Zeit Constantins des Großen*. Wien[o. D., Phaidonausgabe], Abb. 139.
44   Jeremias, A., Abb. 32, p.96. [21]
45   Metropolitan Museum of Art, New York.
46   Cumont, F., II, Figuren 111 and 113, p.270. [20]
47   Lajard, F.: *Recherches sur le culte, les symboles, les attributs, et les monuments figurés de Vénus en orient et en occident*. Paris 1849, Tafel I, Figur 1.
48   Roscher, W. H., II/2, Spalte 2731. [22]
49   Roscher, W. H., II/1, Spalte 1647. [22]
50   Bibel, M. Merian(도해 및 인쇄). Frankfurt 1704.
51   Burckhardt, J., Abb.122. [43]
52   Zimmer, H.: *Myths and Symbols in Art and Civilisation*.

	(Bollingen Series VI) New York 1946, Figur 70.
53	저자 소장 그림.
54	Vaillant, G. C.: *Indian Arts in North America*, New York 1939, Tafel 41.
55	Ehrenstein, Th.: *Das Alte Testament im Bilde*. Wien 1923, Figur 38, p.493.
56	Worringer, W., Abb.88, p.136. [18]
57	Ikonensammlung Dr. S. Amberg, Ettiswil bei Luzern.
58	Prof. Dr. C. A. Meier의 소장 그림.
59	Fuhrmann, E.: *Neu-Guinea*. (Kulturen der Erde XIV) Hagen i. W. 1922, p.69.
60	Zimmer, H., Tafel 64. [52]
61	Hildegard von Bingen: *Wisse die Wege(Scivias)*. Hg. von Maura Böckeler. Salzburg 1954, p.41.
62	Louvre, Paris. 저자의 그림 수집.
63	Haas, H., Figur 31. [11]
64	Budge, E. A. W.: *Osiris and the Egyptian Resurrection*. 2 Bde. London 1911, I, p.5
65	Gaddis, A., und G. Seif: *The Book of the Dead*. Luxor[o. D.], Tafel 19.
66	Cumont, F., II, Figur 28, p.202. [20]
67	Budge, E. A. W., II, p.101. [14]
68	Erman, A.: *Die Religion der Ägypter*. Berlin/Leipzig 1934, p.15.
69	Zeitschrift *Cultureel Indie* I(Leiden, Februar 1939), p.41.
70	Bilderarchiv der *Ciba-Zeitschrift*, Basel.
71	Straßburger Galerie. 저자 소장 그림.
72	Schmitt, O., I Abb.2, p.157. [19]
73	Guirand, F.: *Mythologie générale*. Paris 1935, p.121.
74	Vaillant, G. C., Tafel 92. [54]
75	Budge, E. A. W., I, p.500. [14]
76	Kenton, E.: *The Book of Earths*. New York 1928, Tafel XIX.
77	Cumont, F., II Tafel VII. [20]

78 Gray, L. H., und J. A. MacCulloch(Hg.): *The Mythology of all Races.* 13 Bde. Boston 1916~1928, XI, Tafel XXb.
79 Agrippa von Nettesheim, H. C.: *De occulta philosophia libri tres.* Köln 1533, p.162.
80 Budge, E. A. W., II, p.24. [14]
81 Vaillant, G. C., Tafel 80. [54]
82 Gray, L. H., und J. A. MacCulloch, II, Tafel VIII. [78]
83 Burckhardt, J., Abb.48. [43]
84 Museo Profano, Vatikan. 저자 소장 그림.
85 Spiess, K. von, 1. Teil, p.225. [17]
86 Guirand, F., p.320. [73]
87 Prampolini, G., II, p.278. [33]
88 Danzl, Th. W.: "Zur Psychologie der altamerikanischen Symbolik" in: *Eranos-Jahrbuch 1937*(Zürich 1938), Abb.11, p.235 (부분).
89 Cumont, F.: *Die Mysterien des Mithra.* Leipzig 1911, Tafel IV, Figur 4.
90 Roscher, W. H., II/1, Spalte 770. [22]
91 Chapouthier, E.: *Les Dioscures au service d'une déesse.* (Bibliothèques des Ecoles françaises d'Athènes et de Rome, fasc. 1937) Paris 135, Figur 67, p.324.
92 Danzl, Th. W., Tafel 35. [28]
93 Le Coq, A. von: *Die Buddhistische Spätantike in Mittelasien.* Teil I: Die Plastik. Berlin 1922, Tafel 14a.
94 Jeremias, A., Abb.274. [21]
95 Bernisches Historisches Museum(베른 역사박물관), Bern.
96 Fuhrmann, E.: *Reich der Inka. Sprache und Kultur im ältesten Peru.* (Kulturen der Erde I und II) 2 Bde. Hagen i. W. 1922, Tafel 59.
97 Haas, H., Fig. 163. [11]
98 Gressmann, H.: *Die orientalischen Religionen im hellenistisch-römischen Zeitalter.* Berlin und Leipzig 1930, Abb.15, p.40.

99   저자 소장 그림.
100 Museo Topografico dell'Etruria, Firenze. 저자 소장 그림.
101 Gray, L. H., und J. A. MacCulloch, II, Tafel XXI. [78]
102 Cohn, W., Abb. 3, p. XXIV. [8]
103 Ms. latin 11534, Bibliothèque Nationale, Paris.
104 Prampolini, G. I., p. 354. [33]
105 Roscher, W. H., I/2, Spalte 1909. [22]
106 Bilderarchiv der *Ciba-Zeitschrift*, Basel.
107 Lambsprinck, *De lapide philosophico figurae et emblemata*, in: *Musaeum Hermeticum*. Frankfurt 1678, p. 353.
108 Vitruvius, P. M.: *De architectura*. Kommentiert und illustriert von Fra G. Giocondo. Venedig 1511, Buch I, p. 9.
109 Müller, N.: *Glauben, Wissen und Kunst der alten Hindus*. Mainz 1822, Tafel II, Figur 21.
110 Macarius, J. P.: *Abraxas*. Antwerpen 1657, Tafel XV, Figur 63.
111 Danzl, Th. W.: *Altmexikanische Bilderschriften*. (Kulturen der Erde XI) Darmstadt 1922, Tafel 53.
112 Jeremias, A., Abb. 21. [21]
113 Bilderarchiv der *Ciba-Zeitschrift*, Basel.
114 Aubert, M.: *La Sculpture française au Moyen Age*. Paris 1946, p. 26.
115 Danzl, Th. W., Tafel 88. [28]
116 Bilderarchiv der *Ciba-Zeitschrift*, Basel.
117 Jeremias, A., Abb. 14. [21]
118 Zeitschrift *Cultureel Indie* I (Leiden, Februar 1939), p. 41.
119 Bilderarchiv der *Ciba-Zeitschrift*, Basel.
120 Gressmann, H., Abb. 41, p. 99. [98]
121 Deubner, L.: *Attische Feste*, Berlin 1932, Tafel 4.
122 Museo Archeologico, Verona. Bildersammlung des Autors.
123 Bachofen, J. J.: *Versuch über die Gräbersymbolik der Alten*. Basel 1859, Tafel II, Abb. 1.

C. G. 융 연보

1875. 7. 26.
칼 구스타프 융Carl Gustav Jung이 스위스 동북부 투르가우Thurgau주 보덴 호수 가의 케스빌Keßwil 마을에서 목사인 아버지 요한 파울 아킬레스 융 Johann Paul Achilles Jung(1842~1896)과 어머니 에밀리에 프라이스베르크 Emilie Preiswerk(1848~1923) 사이에서 출생.

1876(생후 6개월)
가족이 라인폭포Rheinfall 상류의 라우펜Laufen으로 이사.

1879(4세)
바젤Basel 근처의 클라인휴닝겐Kleinhüningen으로 이사.

1884(9세)
여동생 게르트루트 융Gertrud Jung(1884~1935) 출생.

1886(11세)
바젤에서 김나지움(대학예비교)에 입학.

1895~1900(20~25세)
바젤대학에서 자연과학 수학 후 의학 전공.

1896(21세)
아버지 사망.

1898년(23세)
학위 예비연구 시작.

1900(25세)
의사 국가시험에 합격하고, 정신의학을 전공하기로 결심. 12월 10일 "부르크휠츨리Burghölzli"라고 불리는 현 취리히 주립정신병원 및 취리히대학 의학부 정신과의 오이겐 블로일러Eugen Bleuler 주임교수 밑에 차석 조수로 들어감.

1902(27세)
부르크휠츨리에서 수석 조수가 되고, 학위논문 "소위 심령 현상의 심리와 병리에 대하여Zur Psychologie und Pathologie sogenannter okkulter Phänomene" 발표. (전집 1)

1902~1903(27~28세)
겨울 학기에 파리Paris 살페트리에르Salpêtrière 정신병원의 피에르 자네 Pierre Janet와 이론 정신병리학을 연구.

1903(28세)
스위스 북부 샤프하우젠Schaffhausen의 기업인의 딸 엠마 라우셴바흐 Emma Rauschenbach(1882~1955)와 결혼. 슬하에 다섯 자녀: 아가테 니후스Agathe Niehus, 그레트 바우만Gret Baumann, 프란츠 융Franz Jung, 마리안네 니후스Marianne Niehus, 헬레네 회르니Helene Hoerni를 둠.

1903~1905(28~30세)
취리히대학 의학부 정신과에서 견습의사Volontärarzt로 근무.
"진단적(정상 및 병적) 단어연상에 관한 실험적 연구Diagnostische Assoziationsstudien"(1906, 1909)(Studies in Word-Association, 1918)를 함. (전집 2)
이미 1900년에 접했던 프로이트Freud의 "꿈의 해석Traumdeutung"을 다시 읽고, 자신이 수행한 단어 연상실험의 결과와 프로이트의 이론에 관련이 있음을 발견함.

1905~1909(30~34세)
취리히대학 의학부의 정신과 강사Dozent, 취리히대학 정신과 상급의사 Oberarzt로 1913년까지 전임교수직(사강사Privatdozent) 유지. 정신신경증과 심리학 강의. 외래의 최면요법 담당.
조발성 치매Dementia Praecox(정신분열증/조현병)에 관한 연구를 시작.

1906(31세)
논문 "진단적 연상실험에 관한 연구Diagnostische Assoziationsstudien"를 프로이트에게 보냄으로써 4월 그와 서신 왕래가 시작되고, 프로이트를 개인적으로 알지 못했으나 뮌헨München의 한 학회에서 그의 이론을 옹호함.

1907(32세)
3월 비엔나Vienna에서 프로이트를 처음으로 만남.
"조발성치매의 심리에 관한 연구Über die Psychologie der Dementia Praecox" 발표. (전집 3)

1908(33세)
잘츠부르크에서 개최된 제1회 국제정신분석학대회에 참석.
취리히 근교 퀴스나흐트Küsnacht시에 자택 신축.

1909(34세)
신화를 심층적으로 연구하기 시작.
퀴스나흐트에서의 개업에 따른 격무로 인해 대학병원 진료를 그만둠.
미국 클라크대학Clark University, Worcester의 초청을 받아 단어연상 연구에 관한 강의를 하고, 명예 법학박사 학위를 받음. 함께 초청을 받은 프로이트와 동행함.

1909~1913(34~38세)
블로일러와 프로이트가 발행한 "정신분석 및 정신병리학 연구 연감 Jahrbuch für psychoanalytische und psychopathologische Forschungen"(Leibzig/Wien)의 편집인이 되어 1913년까지 계속함.

1910(35세)
뉘른베르크Nürnberg에서 개최된 제2차 국제정신분석학대회에 참석.
새로 결성된 국제정신분석협회의 회장직 수행(1914년, 39세까지).

1911(36세)
바이마르Weimar에서 개최된 제3차 국제정신분석학대회에 참석.

1911~1913(36~38세)
프로이트와 점차 거리를 둠.

1912(37세)
뉴욕의 포덤대학Fordham University에서 "정신분석학 이론The Theory of Psychoanalysis" 강의. (전집 4)
"심리학의 새로운 길Neue Bahnen der Psychologie(New Paths in Psychology)" 발표. 후에 개정증보하여 "무의식의 심리학On the Psychology of the Unconscious". (전집 7)
"리비도의 변환과 상징Wandlungen und Symbole der Libido" 발간. 후에 "변환의 상징Symbole der Wandlungen"이라는 이름으로 개정하여 1952년 출간. (전집 5, 기본 저작집 7, 8)

1913(38세)
뮌헨에서 개최된 제4차 국제정신분석학대회에 참석.
프로이트와의 정신분석학 운동을 결별하고, 자신의 심리학을 '분석심리학Analytische Psychologie'이라 명명함(한때 '콤플렉스 심리학'이라고도 함).
취리히대학 교수직 사임.

1913~1919(38~44세)
'철저한 내향기'에 자기 자신의 무의식과 그 자신의 신화적 체험을 관조.
이탈리아 라벤나Ravenna 여행.

1914(39세)
7월 스코틀랜드 아버딘Aberdeen시 영국협회British Association에서 강연.

국제정신분석협회의 회장직 사임.

1916(41세)

"죽음에 관한 일곱 가지 설법Septem Sermones ad Mortuos" 발표(자전적 체험기 "C. G. 융의 회상, 꿈, 그리고 사상Erinnerungen, Träume, Gedanken von C. G. Jung"에 수록).

"초월적 기능Die transzendente Funktion"이라는 논문에서 '적극적 명상 aktive Imagination'에 대해 처음 기술.(전집 8, 기본 저작집 2)

'개인적 무의식', '집단적 무의식', '아니마Anima', '아니무스Animus', '자기Selbst', '개성화Individuation' 등의 개념을 그의 논문 "무의식의 구조Die Struktur des Unbewußten"에서 처음 사용(전집 7의 부록에 수록). 후에 "자아와 무의식의 관계Die Beziehungen zwischen dem Ich und dem Unbewußten"라는 제목의 논문으로 수정 보충됨.(전집 7, 기본 저작집 3)

파리에서 자아와 무의식의 관계에 관한 강연을 함.

취리히 심리학클럽Psychologischer Club, Zürich 설립.

1917(42세)

"무의식의 과정에 관한 심리학Die Psychologie der unbewußten Prozesse" 발표. 후에 수정 보충하여 "무의식의 심리학에 관하여Über die Psyhcologie des Unbewußten"로 출간.(전집 7)

1918~1919(43~44세)

대위로서 샤토-데Château-d'OEX의 영국군 수용소 의무실장으로 군 복무.

"본능과 무의식Instinkt und Unbewußtes"(전집 8)에서 '원형Archetypus'이라는 용어를 전까지 사용하던 '집단적 무의식의 지배적인 것(주상主想) Dominanten des kollektiven Unbewußten'과 부르크하르트Jakob Burckhardt의 '원상原像, Urbilder' 개념 대신에 처음으로 사용.

만다라 연구.

1918~1926(43~51세)

신지학Gnosis의 문헌을 연구하기 시작.

1920(45세)
북아프리카 튀니지와 알제리를 여행.

1921(46세)
"심리학적 유형Psychologische Typen" 발표. (전집 6, 기본 저작집 1)

1922(47세)
장크트갈렌Sankt Gallen주 볼링겐Bollingen에 취리히 호수를 끼고 있는 토지를 구입하여 '탑Turm'으로 불리는 별장을 짓기 시작.

1923(48세)
볼링겐에 첫 번째 탑을 세움.
모친 사망.
리하르트 빌헬름Richard Wilhelm이 취리히 심리학클럽에서 "역경" 강독.

1924~1926(49~51세)
미국 애리조나Arizona와 뉴멕시코New Mexico의 푸에블로Pueblo 인디언족 답사.

1925~1926(50~51세)
케냐Kenya와 우간다Uganda를 탐사함. 영국령 동아프리카 원주민, 특히 엘곤Elgon산의 마사이족을 탐사.

1925(50세)
런던에서 열린 웸블리Wembley 세계 박람회 방문.
취리히 심리학클럽에서 처음으로 영어 세미나를 주재함.

1928(53세)
"자아와 무의식의 관계Die Beziehungen zwischen dem Ich und dem Unbewußten"(전집 7, 기본 저작집 3), "심혼의 에너지론Über die Energetik der Seele"(전집 8) 발표.
빌헬름과 중국의 도교경전 "태을금화종지太乙金華宗旨, Das Geheimnis der

Goldenen Blüte"를 공동으로 연구하기 시작했고, 1929년 같은 제목으로 출간(융의 저술 부분은 "유럽 평론Europäischer Kommentar"으로 전집 13에 수록). 이 연구를 통하여 처음으로 연금술을 접함.

1928~1930(53~55세)
취리히 심리학클럽에서 영어 세미나 "꿈의 해석Interpretation of Dreams" 주재.

1930(55세)
크레츠머Ernst Kretschmer 교수가 회장직을 맡고 있던 '정신치료 범 의학회Allgemeine Ärztliche Gesellschaft für Psychotherapie' 부회장에 선출.

1930~1934(55~59세)
취리히 심리학클럽에서 영어 세미나 "환영幻影의 해석Interpretation of Visions" 주재.

1931(56세)
"현대의 심혼적 문제Seelenproblem der Gegenwart"(전집 4, 6, 8, 10, 15, 16, 17에 에세이로 수록).

1932(57세)
신문에 발표한 "피카소론"으로 취리히시로부터 문학상 수상.

1933(58세)
취리히 스위스 연방공과대학에서 처음으로 "현대심리학" 강의.
스위스 남부 아스코나Ascona시에서 열린 제1회 에라노스 학술회의에 참가(1933~1952)하고, 그의 첫 강연으로 "개성화 과정의 경험에 관하여Zur Empirie des Individuationsprozesses"를 발표. (전집 8)
이집트Egypt와 팔레스타인Palestine 크루즈 여행.

1934(59세)
국제 정신치료 범 의학회Internationale Allgemeine Ärztliche Gesellschaft für

Psychotherapie(International General Medical Society for Psychotherapy)를 창설하고 회장에 피선.
에라노스 학술회의에서 두 번째 강연으로 "집단적 무의식의 원형Die Archetypen des kollektiven Unbewußten"을 발표. (전집 9/1, 기본 저작집 2)
연금술을 체계적으로 연구하기 시작.
"심혼의 실재Wirklichkeit der Seele"(전집 8, 10, 15, 16에 에세이로 수록).

1934~1939(59~64세)

취리히 심리학클럽에서 영어 세미나 "니체의 차라투스트라의 심리학적 측면Psychological Aspects of Nietzsche's Zarathustra" 주재.
"정신치료 및 인접분야 중앙학술지Zentralblatt für Psychotherapie und ihre Grenzgebiete"(Leipzig) 발행인에 취임하여 1939년까지 역임.

1935(60세)

국제 정신치료 범 의학회의 회장에 피선.
스위스 연방공과대학의 명예교수로 위촉되고, "현대심리학Moderne Psychologie"을 강의.
에라노스 학술회의에서 "꿈에 나타난 개성화 과정의 상징Traumsymbole des Individuationsprozesses" 강연. 후에 보완되어 전집 12 "심리학과 연금술Psychologie und Alchemie"의 제2장으로 수록. (기본 저작집 5)
런던의 의학심리학 연구소Institute of Medical Psychology에서 "분석심리학의 기초 개념들에 관한 강의(타비스톡 강좌Tavistock Lectures)"를 행함. 1968년에 비로소 "분석심리학: 이론과 실제Analytical Psychology: Its Theory and Practice"로 출간. (전집 18)
"티베트 사자의 서書"에 대한 심리학적 논평.

1936(61세)

미국 하버드대학에서 "인간행동의 심리적 결정인자" 강의. 명예박사학위를 받음.
에라노스 학술회의에서 "연금술에서 본 구원의 관념Erlösungsvorstellungen in der Alchemie" 강연. 후에 전집 12 "심리학과 연금술"의 제3장에 수록.
"보탄Wotan" 발표. (전집 10, 기본 저작집 6)

1937(62세)
미국 예일대학에서 "심리학과 종교Psychology and Religion"를 강의(테리 Terry 강좌)하고, 1940년 독일어로 발표. (전집 11)
에라노스 학술회의에서 "초시모스의 환영The Visions of Zosimos" 발표. (전집 13)

1938(63세)
인도 주재 영국 총독부 초청으로 콜카타대학 25주년 축하 행사에 참석.
콜카타대학, 알라하바드Allahabad와 바라나시Varanasi의 힌두대학에서 명예박사학위를 받음.
그 밖에 우스터Worcester 소재 클라크대학, 뉴욕의 포덤대학, 옥스퍼드대학, 스위스 연방공과대학 ETH에서 명예박사학위 받음.
에라노스 학술회의에서 "모성원형의 심리학적 측면Psychologische Aspekte des Mutter-Archetypus" 강연. (전집 9/1, 기본 저작집 2)
영국 옥스퍼드에서 열린 국제 정신치료 의학대회International Medical Congress for Psychotherapy에 참석.
런던 왕립의학원Royal Society of Medicine의 명예회원으로 위촉됨.

1939(64세)
에라노스 학술회의에서 "재탄생에 관하여Über Wiedergeburt" 강연. (전집 9/1)

1940(65세)
에라노스 학술회의에서 "삼위일체 도그마의 심리학적 해석 시론Versuch einer psychologischen Deutung des Trinitätsdogmas" 발표. (전집 11)

1941(66세)
케레니Karl Kerényi 교수와 공저로 "신화학 입문Einführung in das Wesen der Mythologie(Essays on a Science of Mythology)" 출간(융의 저술 부분은 전집 9/1에 수록, 기본 저작집 2)
에라노스 학술회의에서 "미사에 나타난 변환의 상징Das Wandlungssymbol in der Messe" 강연. (전집 11, 기본 저작집 4)

1942(67세)

"파라켈수스Paracelsus" 발표. (전집 13과 15에 나뉘어 수록, 기본 저작집 9)
스위스 연방공과대학 교수직 사임.
에라노스 학술회의에서 "메르쿠리우스 영Der Geist Mercurius" 강연. (전집 13)

1943(68세)

"무의식의 심리학에 관하여Über die Psychologie des Unbewußten" 발표. (전집 7)
스위스 학술원Schweizerische Akademie der Wissenschaften 명예회원이 됨.

1944(69세)

바젤대학의 의학심리학과(정신과) 주임교수로 부임했으나, 건강상의 이유로 같은 해에 사임.
"심리학과 연금술" 발표. (전집 12, 기본 저작집 6)

1945(70세)

제네바대학에서 70회 생일 기념으로 명예박사학위 수여.
에라노스 학술회의에서 "정신의 심리학에 관하여Zur Psychologie des Geistes" 강연. (전집 9/1에 "민담에 나타난 정신의 현상에 관하여Zur Phänomenologie des Geistes im Märchen"라는 제목으로 수록, 기본 저작집 2)
스위스 임상심리학회Schweizerische Gesellschaft fur praktische Psychologie 설립, 회장 취임.

1946(71세)

"심리학과 교육Psychologie und Erziehung"(전집 17에 나뉘어 수록), "시대적 사건에 관한 논술Aufsätze zur Zeitgeschichte"(전집 10과 16에 나뉘어 수록), "전이의 심리학Die Psychologie der Übertragung"(전집 16 수록) 발표. (기본 저작집 3)
에라노스 학술회의에서 "심리학의 정신Der Geist der Psychologie" 강연.
이를 보충하여 "정신의 본질에 관한 이론적 고찰Theoretische Überlegungen zum Wesen des Psychischen"로 발표. (전집 8, 기본 저작집 2)

1948(73세)

취리히 C. G. 융 연구소C. G. Jung-Institut, Zürich 설립.

"정신의 상징론Symbolik des Geistes" 발표. (전집 9/1, 11, 13에 나뉘어 수록)

1950(75세)

"무의식의 형상들Gestaltungen des Unbewußten" 발표. (전집 9/1, 15에 나뉘어 수록)

1951(76세)

"아이온Aion" 발표. (전집 9/2)

에라노스 학술회의에서 "동시성에 관하여Über Synchronizität" 강연. (기본 저작집 2)

1952(77세)

파울리Wolfgang Pauli와의 공저인 "자연 해석과 정신Naturerklärung und Psyche"에 "비인과론적 관련 원리로서의 동시성Synchronizität als ein Prinzip akausaler Zusammenhänge"이라는 제목으로 발표. (전집 8)

"변환의 상징Symbole der Wandlung(Symbols of Transformation)" 출간. (전집 5, 기본 저작집 7, 8)

"욥에의 응답Antwort auf Hiob" 발표. (전집 11, 기본 저작집 4)

중병에서 회복.

1953(78세)

영문판 "전집"(R. F. C. Hull 번역)이 뉴욕에서 볼링겐 시리즈Bollingen Series로 간행되기 시작.

1954(79세)

"의식의 뿌리Von den Wurzeln des Bewußtseins" 발표. (전집 8, 9/1, 11, 13에 나뉘어 수록).

1955(80세)

스위스 연방공과대학으로부터 80세 생일 축하로 명예 자연과학 박사학위 수여받음.
11월 27일 부인 사망.

1955~1956(80~81세)
"융합의 비의Mysterium Coniunctionis"를 2권으로 발표. 연금술의 심리학적 의의에 관한 최종 저술. (전집 14)

1957(82세)
"현재와 미래Gegenwart und Zukunft(The Undiscovered Self [Present and Future])" 발표. (전집 10)
자전적 체험기 "칼 융, 회상, 꿈, 그리고 사상Erinnerungen, Träume, Gedanken von C. G. Jung"을 편자인 야페A. Jaffé 여사에게 구술하기 시작. 융 서거 후 1962년에 출판됨.
프리먼John Freeman과 BBC TV 인터뷰.

1958(83세)
"현대의 신화Ein moderner Mythus(Flying Saucers: A Modern Myth)" 발표. (전집 10)

1960(85세)
독일어판 "전집"이 제16권 "정신치료의 실제Praxis der Psychotherapie" (기본 저작집 1 참조)를 필두로 출판되기 시작함.
85회 생일 기념으로 퀴스나흐트시로부터 명예시민권을 받음.

1961(86세)
사망 10일 전 그의 마지막 저술 "무의식에의 접근Approaching the Unconscious" 탈고. 1964년에 "인간과 상징Man and His Symbols"에 수록.

1961년 6월 6일(86세)
퀴스나흐트시의 자택에서 짧은 와병 후에 영면.
6월 9일 퀴스나흐트에서 영결식 및 장례.

참고 문헌

이부영(2011), 분석심리학: C. G. Jung의 인간심성론, 제3판, 일조각, 서울, pp. 16~40.
이철(1986), 심성연구 1: Carl Gustav Jung 연보, 서울, pp. 91~99.
Jaffé, A. (1977), C. G. Jung: Bild und Wort, Princeton University Press.
Jaffé, A. (1979), C. G. Jung: Word and Image, Princeton University Press.
Jaffé, A. (hrsg.)(1962), Erinnerungen, Träume, Gedanken von C. G. Jung, Rascher Verlag, Zürich.
Jaffé, A. (hrsg.), C. G. Jung Briefe, Bd. 1, Zeittafel, Walter-Verlag, Olten u. Freiburg im Breisgau: 15~18.
Von Franz, M.-L. (2007), Sein Mythos in unserer Zeit, Verlag Stiftung für Jung'sche Psychologie, pp. 265~267. [이부영 번역(2007), C. G. 융: 우리 시대 그의 신화, 한국융연구원, pp. 309~311.]

역편자: 이 철 李哲

찾아보기(인명)

괴테Goethe, Johann Wolfgang von 135, 166, 323, 430
도이센Deussen, Paul 321, 384
디오게네스Diogenes 158
디오니시우스 아레오파기타 Dionysius Areopagita 56
랑크Rank, Otto 237, 380
레비-브륄Lévy-Bruhl, Lucien 413
롬브로소Lombroso, Cesare 39
롱펠로Longfellow, Henry Wadsworth 224, 342, 408, 425, 455
루벤스Rubens, Peter Paul 406
뫼리케Mörike, Eduard 234
바이런Byron, George Gordon 42
베르칭거Bertschinger, Hans 23
베를렌Verlaine, Paul 409
블로일러Bleuler, Eugen 14
쇼펜하우어Schopenhauer, Arthur 18, 324, 384, 405, 430
슈필라인Spielrein, Sabine 368, 404
아널드Arnold, Edwin 235
아우구스티누스Augustin 163, 398, 399
아풀레이우스Apulejus 334
알렌도르프Allendorf, Johann Ludwig Konrad 29
오비디우스Ovid 191, 263, 389
요엘Joël, Karl 242

이안네우스Iannaeus, Alexander 325
자커Sacer, Gottfried Wilhelm 31
질버러Silberers, Herbert 22, 65, 474
카루스Carus, Carl Gustav 18
카이사르Caesar, Julius 134
쿠몽Cumont, Franz 49, 54, 56, 393
클레멘스Clemens von Alexandrien 265, 266
파라켈수스Paracelsus 250
프로베니우스Frobenius, Leo 71~74, 123, 131, 140, 141, 348
프로이트Freud, Sigmund 15, 38, 92, 131, 133, 150, 151, 248, 249, 378, 379, 382, 453
플라톤Platon 157, 158, 283, 291, 338, 376
플루르누아Flournoy, Théodore 411, 419
하르트만Hartmann, Karl Robert Eduard von 18
하웁트만Hauptmann, Gerhart 196
해거드Haggard, H. Rider 405
헤로도토스Herodot 144, 435
호프만Hoffmann, E. T. A. 148
휠덜린Hölderlin, Friedrich 347, 348, 352, 364, 366, 369, 371, 471, 473
훔볼트Humboldt, Alexander von 228

찾아보기(주제어)

ㄱ

가브리쿠스와 베야 403
가시 장미 120
가요마르트Gayomart 390~392, 474
가이아Gaia 26, 299, 308, 348
가족 34, 78, 111, 134, 150, 206, 212, 221, 257, 373, 379, 392
갈등 13, 14, 17, 38, 98, 165, 186, 194, 249, 345, 394
갈라진 땅 309
감동 287
감상성 393
감정 16, 40, 92, 105, 111, 182~185, 207, 213, 219, 241, 242, 244, 256, 290, 335, 341, 373, 393, 399, 411, 420, 425, 438, 457
강 14, 46, 48, 68, 80, 83, 99, 128, 129, 159, 177, 227, 244, 253, 384, 457
강박 165, 294, 373
개 23, 26, 113~116, 247, 300, 306, 308, 310, 434
ㅡ의 여신 306
개구리 32
개별적 19, 57, 72, 102, 150, 165, 198, 246, 284, 298, 374, 386, 406, 414, 470
개성화(과정)Individuation(s)(prozeß) 208, 399, 451, 471
개신교 412, 428, 461
개인 18, 19, 25, 142, 165, 185, 225, 246, 372, 373, 380, 389, 402
개인적 13, 20, 22, 28, 34, 65, 106, 108, 212, 218, 224, 225, 249, 382, 402, 412, 426, 432, 444, 469, 470
ㅡ무의식 148, 379, 428
ㅡ신학 20
개인적인 것 13, 196, 238, 430
객체 241~243, 457, 471
갱년기 246
갱신更新 146, 157, 277, 292, 363, 397, 398
거세 59, 60, 84, 117, 148, 318, 387, 388, 390, 396, 398, 406, 439, 444, 461
거인 21, 139, 151, 245, 246, 296, 439
건강염려증 환자 38
게리온 26, 49
게으름 15, 16
걱정Pathos 218
결혼 25, 34, 35, 70, 90, 93, 109, 116, 163, 220, 234, 283, 343, 379, 399, 435, 447
결혼식 122, 399, 473

결혼체계 379
경계중례 408
경험 17, 21, 83, 91, 95, 96, 100,
    104, 131, 133, 142, 148, 198,
    199, 204, 210, 217, 225, 254,
    261, 288, 339, 395, 400, 429
계몽 218, 344
계획 16, 17, 137, 139, 188
고기 141, 437, 459
고대 교회 101, 438
고대 그리스 로마 100, 102, 405
고대 멕시코 사람들 155
고독 61, 223, 257, 319, 359, 362
고래 123, 131, 250, 327, 363, 380,
    443, 459, 462, 466
고래용Walfischdrache 135, 140, 273,
    281, 459
고르고Gorgo 26, 27, 310
고태적 18, 295, 363, 401
고통 11, 30, 76, 91, 92, 121,
    153, 154, 165, 167, 186~190,
    192~196, 203, 223, 226, 269,
    314, 321, 323, 325, 341, 342,
    361, 362, 368, 371, 392, 393,
    397, 414, 422, 423, 449, 462
곡신穀神 267, 461
곰 229, 239, 245, 247, 251, 456
공기 16, 21, 74, 235, 284, 301, 377,
    442, 449, 472
공포 25, 52, 54, 131, 135, 136,
    149~150, 165, 199, 204, 205,

223, 229, 230, 244, 266, 284,
305, 315, 319, 320, 328, 330,
333, 380
과학 97, 104, 395
관棺 108, 112, 113, 439
광기 174, 306, 362, 387, 451
광란Orgie 102, 315, 317, 318, 334,
    342, 390
괴물 26, 27, 73, 74, 104, 130,
    131, 135, 140, 141, 150, 151,
    228~230, 272~276, 310, 381,
    431, 452, 454, 459, 462, 465,
    477
교차 종형제 결혼cross-cousin-marrige
    379, 447
교황 51
교회 20, 32, 35, 47, 49, 76, 81, 84,
    96, 97, 101, 112, 250, 269, 271,
    276, 309, 339, 394, 399, 428,
    435, 438, 446, 466
구름 62, 63, 123, 126, 177, 193,
    354, 361, 362, 384, 454, 461
구세주 68, 189, 190, 226, 262, 324,
    342, 374
구세주-영웅 270
구약성서 67, 139, 140
구원 129, 131, 139, 140, 199, 238,
    270, 324, 329, 331, 373, 412,
    442, 453, 467, 472
구원자 92, 330, 362, 450
권력 39, 213, 458, 459

귀령鬼靈, Geister 11, 78, 133, 270, 419
그노시스파 232, 314
그릇 58, 70, 107, 158, 363, 397, 451, 467
그리스 27, 41, 58, 70, 100, 102, 106, 114, 123, 126, 130, 135, 157, 163, 180, 191, 213, 267, 270, 293, 300, 306, 309, 348, 352, 373, 397, 403, 405, 446, 450~454, 456, 457, 475
그리스도 30, 47, 51, 55, 56, 76, 83, 97, 99, 127, 128, 148, 156, 163, 170, 171, 186, 189, 194, 210, 221, 238, 239, 252, 254, 262, 263, 265, 267, 269, 270, 291, 302, 303, 314, 324, 338, 339, 352, 370, 371, 373, 387, 390, 398, 399, 429~432, 435, 437, 442, 445, 450, 453, 458, 466, 467, 469, 473, 476, 477
　——가 매달린 십자 128
　——와 미트라스 83
　——와 반反그리스도 304
　——와 베드로 48, 49
　——와 엘리야의 승천 47
　——의 꿈 38
　——의 승천 49
　——의 십자가 101, 106, 172, 476
　——의 죽음과 부활 368
그리움 54, 60, 61, 76, 77, 92, 111, 112, 167, 204, 216, 217, 244, 248, 251, 258, 277, 286, 287, 296, 297, 319, 325, 326, 335, 347, 353, 358, 362, 365, 366, 374, 376, 387, 472, 478
그림자 28, 63, 74, 116, 117, 148, 149, 197, 211, 289, 296, 335, 337, 355, 365, 371, 379, 397, 404, 408, 428, 434, 442
근원적 상像, urtümliches Bild 219, 243
근원적 체험Urerlebnis 242
근친상간(근친간) 15, 16, 25~27, 59, 60, 77, 80, 93, 96, 108, 109, 111, 144, 145, 148~151, 153, 165, 199, 201, 248, 257, 266, 287, 290, 295, 378~380, 382, 388, 438, 467
　——금기 77, 93, 110, 141, 257, 379, 446
　——금지 93, 111, 146, 151, 165, 378
　——문제 16, 59, 433
　——차단Inzestschranke 378
　——환상 16
금빛 날개의 새 32
금욕 44, 60, 100, 322, 323, 325, 444
기도 18, 22, 92, 199, 226, 258, 291, 293, 342, 375, 423, 456
기독교 38, 55, 76, 81, 83, 97, 100,

102, 103, 128, 153, 156, 194,
218, 236, 238, 258, 270, 309,
318, 325, 339, 340, 342, 352,
393, 397, 398, 401, 412, 432,
444
─도그마 101, 102
─신 292
기독교적 100, 163, 210, 227, 262,
324, 344, 401, 429, 458, 466
─비의 262, 369, 382
─상징 194, 399
─심리학 153
기적 196, 197, 232, 291, 352, 371
기체 마니토Gitche Manito 226~228,
283, 284, 455
기호 91, 283
길 44~46, 51, 62, 93, 101~104,
167, 173, 203, 204, 210, 248,
251, 269, 308, 309, 345, 347,
359, 400, 414, 433, 445, 450,
461
길가메시Gilgamesch 48, 53~54,
123, 151, 153, 201, 205, 208,
246, 248, 252, 253, 285, 371,
386, 404, 427, 433, 434, 458
깃털의 관 29
까마귀 442
꽃 90, 116, 121, 123, 156, 220, 223,
302, 353, 354, 366, 367, 473
꿈 22~25, 27, 28, 36, 38, 39, 51,
66, 84, 89, 90, 106, 117, 120,
123, 124, 142, 148, 174, 186,
212, 219~221, 225, 235, 242,
243, 246, 253, 255, 257, 279,
298, 300, 301, 305, 316, 318,
335~337, 341, 343, 345, 347,
354, 355, 365, 388, 395, 402,
406, 409, 414, 415, 420, 422,
426, 430, 438, 457

ㄴ

나무 81, 84, 86, 88~91, 106,
108, 112, 120, 121, 126~129,
134, 144~146, 151, 153~156,
162~164, 169, 177, 180, 191,
220, 228, 233, 238, 239, 254,
278, 280~282, 306, 325, 348,
374, 375, 384, 389~390, 398,
421, 432, 434, 440~442, 444,
445, 448, 466, 469
근원의 의미인─ 146
낙원의─ 106
리비도의 상징인─ 91
음경에 상응하는─ 89
중요한 어머니 상징인─ 108
─상징 180
─에 걸림 106
─의 자웅동체적 특징 89
나비 134, 473
낙인烙印 428
낙차落差 96, 98
난쟁이 296, 298, 464

남근男根 32, 57, 58, 70, 86, 87, 89,
　　91, 108, 117, 118, 174, 175,
　　264, 266, 317, 387, 388, 390,
　　403, 405, 437, 438, 460
　—바구니 70
　—적 상징 84, 88~91, 206, 207,
　　434
　—적인 수레바퀴 57
남성 26~28, 35, 57, 88, 95, 175,
　　177, 184, 205, 208, 216, 232,
　　294, 335, 343, 378, 388, 404,
　　406, 436, 442, 446, 469, 476
남성 스핑크스 27
남성적 이상형 34
남성화 206
내면세계 197, 242, 303
내인적內因的 248, 357
내적 11, 14, 15, 17, 38, 60, 170,
　　244, 284, 286, 386, 392, 395,
　　401, 402, 432, 454, 457, 473
　—대상 17
　—체험 13, 257
내향화Introversion 13, 17, 21, 60,
　　196~199, 255~258, 264, 313,
　　320~324, 357, 385
네프티스Nephthys 109, 156
노老 현자 253, 254, 405
노르넨Nornen 134
노부인Matronae 134, 392
노아 54, 73, 75
노이로제(신경증) 14, 35, 204, 212,
　　346, 378, 382, 412
노화 112, 346
논리 176, 303, 335, 376, 388, 469
뇌간腦幹 314
뇌신雷神의 화살 177
누멘Numen(누미노제) 84, 104~106,
　　108, 199, 202, 219, 338, 340,
　　345, 389, 403
누이-아내(누이이자 아내) 156, 206,
　　290
누이-아내-어머니 206
눈Nun 118, 119, 143
눈-아몬Nun-Amon 118
늑대 246, 276, 380, 477
늙은 여성 275, 392
니고데모 94, 95, 97, 99, 251, 373

ㄷ

다도포렌Dadophoren 54~56, 58, 59,
　　116, 432, 433
다이몬 264, 270, 288
닥틸렌Daktylen 41, 59, 175
달 57, 58, 62, 160, 231~233, 239,
　　240, 264, 278, 305, 337, 341,
　　377, 384, 391, 422
　—의 여신 116, 233, 264
당나귀 306, 352, 447
대극 38, 219, 304, 315, 317, 334,
　　397, 398, 405, 476
　—성의 조화 15
　—쌍 15, 427

―의 반전Enantiodromie 315
―의 합류 303
―의 합일 397, 398
대중 428
대지 21, 30, 117, 121, 128, 201,
　210, 227, 230, 234, 258, 261,
　265, 269, 299, 309, 312, 316,
　342, 344, 345, 347, 350, 353,
　356~358, 360, 361, 368, 369,
　374, 375, 377, 384~386, 391,
　403, 423, 435, 442, 461
―의 갈라진 틈 450
―의 갈라짐 450
―의 어머니 26, 337
대홍수 41, 69, 73, 299
데메테르Demeter 116, 263~266,
　268, 318, 403, 439, 447, 459,
　460
데몬Dämon 11, 74, 108, 124, 258,
　277, 282, 324, 325, 384
데몬-애인demon-lover 34
데미우르고스Demiurg 157
데우칼리온Deukalion 41, 299
도그마 97, 101, 102, 401
도덕 44, 46, 102, 144, 150, 151,
　212, 248, 303, 402, 412, 434,
　445
도롱뇽 136
도시 66~70, 75~79, 81, 91, 106,
　145, 293, 305, 309, 367, 421,
　425, 473

모성적 상징인― 60
―와 아내 70
―의 상징성 77
독립성 104, 212
독벌레 206
독사 135, 201, 206, 277, 287, 300,
　326, 342, 345, 423, 475
독수리 26, 95, 113, 114, 118, 342,
　364, 423, 467
―깃털 28
동굴 44, 76, 122, 167, 255, 262,
　265, 271, 273, 278, 297, 299,
　300, 302, 305, 309~313, 318,
　361, 387, 403, 431, 441, 442,
　452, 466, 469
―제의祭儀 309
―의 비유 338
동물 19, 23, 25, 26, 93, 111, 118,
　131, 153, 170, 173, 175, 180,
　206, 210, 227, 238, 245, 246,
　255, 263, 275, 281, 314, 350,
　352, 376, 377, 385~387, 392,
　395, 397, 399, 401, 402, 404,
　428, 433, 445, 456, 459, 461,
　462, 467, 468, 476, 478
―형상 23~25, 236, 246
―의 혼 111
동물적 18, 23, 25, 26, 111, 152,
　154, 165, 173, 245, 262, 345,
　379, 387, 394, 457
―충동 23, 153, 170, 399, 401

동정녀 37, 92, 227, 324, 389, 435, 464, 466
　—의 수태 240
　—의 출산 101
동지冬至 51, 112
돼지 23, 246
두 번의 탄생 주제 237
두 어머니 주제 238
디오니소스 108, 174, 263, 264, 270, 352, 353, 387, 389, 390, 429, 433, 437, 439, 459, 475
디오니시우스 아레오파기타 Dionysius Areopagita 56
디오스쿠렌Dioskuren 48, 54
딸 26, 34, 42, 67, 68, 78, 90, 116, 155, 160, 222, 232, 239, 240, 253, 254, 264, 293, 295, 317, 331, 379, 464, 478
딸-아내 239
똥 38, 40, 41, 306, 429

ㄹ

라미아Lamia 130, 131, 150, 205, 306, 451, 452
레Rê(라Ra) 35, 109, 117, 118, 121, 126, 201, 203, 403
레비아탄Leviathan 140, 141
레아Rhea 108, 308
　—키벨레Kybele 66
레토Leto 150, 309, 435, 463
렐리기오religio 394
로고스 34, 206, 236, 291, 292, 392, 445
로마 49, 51, 58, 59, 61, 67, 78, 83, 84, 86, 100, 102, 103, 116, 146, 171, 172, 175, 178, 181, 247, 267, 268, 282, 299~302, 305, 307, 352, 373, 405, 407, 430, 477
로물루스Romulus와 레무스Remus 327, 381
로키Loki 173
루드라 86, 88
리그베다Rigveda 86, 254, 291, 321, 323, 374, 375, 382, 456
리듬 131, 133, 228, 425, 433
리비도 11, 13~18, 20, 21, 23, 24, 57, 60, 65, 77, 80, 88, 90, 91, 93, 96, 100, 103, 104, 139, 144, 149, 154, 170, 177, 179, 180, 186, 191, 192, 196~199, 204, 206, 208, 214, 216, 217, 223, 226, 228, 247, 248, 251, 255, 257, 266, 270, 277, 297, 323, 346, 347, 359, 362~364, 369, 372~374, 378~380, 382, 384~389, 394, 396, 405, 428, 438, 449, 452, 468, 476
　—를 의인화 142
　—를 해방 91
　—와 빛 86
　—의 내향화 198, 257

―의 동물 형상의 묘사들 23
―의 변환 100, 179, 391
―의 상징 86, 88, 91, 142, 170, 175, 176, 195, 228, 369, 385, 430
―의 상징화 58
―의 자체 지각 17
―의 집중 18
―의 퇴행Regression 139, 228, 379, 457
―의 활동 93
―의 흐름 13, 77
―의 희생 38
링감Lingam 70, 71, 86, 89

◻
마구간 탄생 467
마귀 173, 174, 180, 262, 295, 301, 447
마나스Manas 377
마녀 91, 130, 131, 134, 173, 205, 337, 380, 447
마누Manu 431
마니교 325, 476
마르Mar 130, 133, 173, 305, 443
마르둑Marduk 137~140, 375
마리아 92, 135, 164, 165, 390, 437, 449, 456, 463, 466, 471
마법의 약초 54, 252
마술 93, 130, 229, 232, 280, 440
마술사(주술사) 245, 301

마야 121, 135, 155, 235, 456
마태복음 47, 109, 221
만다라 434, 454, 458, 491
만찬 263, 472
말Pferd 23, 66, 131, 133, 135, 169~171, 173~177, 180, 374, 384, 386, 404, 405, 421, 423, 447, 452
검은― 149, 174
검은 번개― 174
공포의― 131, 135
―발굽 173~175, 369
―의 상징 180
망상 335, 415, 432
매 451
매달림 477
맹목적 101, 243, 262, 405
메르쿠리우스Mercurius 454
메피스토펠레스 61, 62, 197
멕시코 십자가 155
멘Men 58, 59, 150, 170, 173
―의 제의祭儀 58
멘데스Mendes 118
멧돼지 170
명명命名 행위 35
모권 148
모성적 51, 81, 83, 84, 114, 160, 244, 245, 251, 259, 261, 270, 278, 297, 333, 358, 362, 367, 376, 380, 387, 390, 397, 464, 474

―상징 66
모세 44, 45, 47, 48, 51~54, 265, 267, 324
목적론(적) 93, 109
몬다민Mondamin 258, 259, 261, 263, 265
몽마夢魔 130, 131, 133, 134, 282
몽유병 13, 306
무덤 31, 48, 83, 114, 120, 128~130, 173, 210, 243, 261~263, 271, 272, 276, 346, 437, 449, 463
무서운 22, 26, 27, 72, 131, 135, 137, 223, 246, 279, 282, 296, 306, 333, 335, 346, 352, 390, 396, 398, 435, 461, 462, 464, 466
무의식 13, 17~19, 23~25, 32~35, 37, 57, 60, 65, 77, 84, 91, 99, 103, 104, 106, 108, 111, 112, 148~150, 169, 173, 180, 188, 189, 192, 196, 198, 199, 201, 205, 206, 208, 209, 213, 214, 216~221, 224, 228, 240, 245, 248~250, 253~255, 257~261, 270, 275, 277, 281, 283, 284, 287~289, 292, 297, 298, 303, 305, 306, 313~315, 320, 322, 326, 333, 335, 337, 343, 345, 346, 372~374, 378, 382, 388, 389, 394~396, 398, 399, 401, 402, 404~406, 411~413, 415, 425, 428, 431, 446, 451, 452, 460, 469, 470
―성 24, 102, 165, 214
―과 본능 111
―에 의한 보상 320, 357
―의 관점 18
―의 그리움 60, 335
―의 보상 경향 320
―의 보편성 19
―의 산물 337, 413
―의 상징 65, 245, 314
―의 어둠 250, 275
―의 원형적 구조 199
―의 집어삼키는 성질 297
―의 창조력 91
―의 침입 345, 346
―의 활성화 65
―적 내용 33
―적 상 18
―적 인격 43
―적 정신 303, 320
―적 창조 17
―적인 리비도의 발현 24
무적無敵의 태양Sol invictus 49
무화과나무 86, 281, 437
묵시록Apokalypse 91, 92, 435
문명Zivilisation 102, 398
문화Kultur 78, 103, 105, 221, 242, 378, 401, 412
―의 관점 20
물 46, 52, 62, 70, 77, 78, 81, 83,

84, 91, 94, 96, 97, 108, 118,
119, 121, 122, 124, 128, 135,
139~141, 143, 159, 160, 174,
180, 203, 227, 228, 230, 240,
241, 244, 253, 264, 272, 275,
277, 278, 280, 282, 283, 285,
299, 333, 349, 350, 364, 365,
397, 421, 434, 436, 440, 457,
467, 472
—의 모성적 의미 244
—의 모성적 측면 84
—의 상징 81
—의 여신 83
물고기 44, 45, 51, 52, 54, 71~73,
116, 117, 131, 139, 198, 200,
250, 267, 272, 275, 403, 431,
435, 441, 464, 475, 477
—꿈 51
—사람 137
—왕 271, 273, 282
물질주의 401
미국 여성 34
미국인 28, 225, 457
미래 159, 209, 284, 351, 357, 365,
433, 442
미로 41
미묘체subtle body 253
미트라스Mithras 48~50, 54~56, 58,
59, 83, 115, 127, 128, 150~153,
170, 171, 177, 210, 211, 387,
389, 390, 392~394, 397, 398,
430~433, 437, 450, 453, 455,
456, 466, 468, 469
—동굴 309
—비의 48, 179, 262, 431
—가 죽인 황소 115
—식 희생제의(황소를 희생시킴)
54, 401, 432, 442, 448
—와 헬리오스 50
—의 나무 106
—의 희생 115, 399
미풍微風 230, 242, 353, 356, 439
민간 전승 429
민담Märchen 35, 38, 131, 174, 241,
254, 315, 463, 477

ㅂ
바다 30, 44, 45, 49, 51~54, 62,
70~72, 74, 81, 83, 84, 90, 109,
118~120, 123, 130, 134, 135,
139, 140, 167, 173, 180, 228,
230, 235, 240, 243, 250~253,
273, 278, 279, 286, 361, 372,
384, 435, 441, 452, 453, 461,
473, 474, 477
—괴물 74, 141, 275
—의 상징 166
—의 의인화 140
바람 94, 95, 106, 137, 138, 154,
175, 176, 230, 231, 233~235,
251, 252, 283, 285, 286, 347,
377, 383, 384, 386, 421, 454,

456
——의 신 175, 448
——의 신부 175, 234
바빌론(바빌로니아)(바벨) 52, 56,
　57, 68, 78~81, 128, 136, 292,
　374, 434
바알Baal 55, 453
바쿠스 25, 270, 315, 352, 390
바퀴 57, 213, 346, 438, 454
반反그리스도Antichrist 295, 304
발 117, 164, 167, 170, 171, 173,
　177, 190~192, 201, 227, 228,
　273, 282, 306, 377, 384, 451
발구르기 228
발더Balder 145, 146, 148, 149, 174
발퀴레들Walküren 180
발화 막대기 462
발화제식發火祭式 146
밤 11~13, 18, 52, 75, 83, 112, 121,
　133, 154, 161, 177, 234, 241,
　252, 269, 278, 286, 287, 290,
　308, 349, 350, 369, 384, 440,
　444, 467
——의 (바다) 항해 72, 75, 83,
　108, 112, 121, 230, 278, 290,
　309
——의 뱀과의 싸움 136
——의 여신 84, 305
방귀Flatus 36
방랑 43, 60, 215, 216, 223, 243,
　342, 421, 423

——자 26, 46, 60, 328, 329
방향잡기(지남력, 정향성)
　Orientierung 111
밭갈이 263
배(타는 배) 36, 49, 51, 74, 121,
　273, 278, 361, 461, 462
배腹 73, 140, 177, 215, 250, 275,
　290, 312, 384, 422, 435, 443,
　459
배고픔 257, 258
배변 38
배사교(도)拜蛇敎(徒) 294, 317, 324
배설물 38, 41
배화拜火교도 113
백마 175, 429, 444
백조 275, 365
백조 처녀 신화 437, 444, 456
뱀 26, 54, 57, 110, 117, 125, 136,
　140, 141, 149, 150, 163, 170,
　177, 179, 195, 202, 205, 209,
　223, 224, 247, 253, 266~268,
　275, 277~279, 284, 294,
　298~303, 309~314, 316~320,
　324, 325, 327, 342, 345, 346,
　348, 371, 372, 374, 392, 397,
　398, 402~407, 423, 431, 451,
　463, 464, 466, 468, 475~477
성스러운—— 311
——꿈 345
——신 320, 324
——에게 물림 202

―에게 휘감겼다 121
―의 독 209, 453
―이 휘감고 있는 나무 150
번개 174, 177, 223, 264, 384
　―말 174~176
　―신 106, 173
벌레 201~204, 206, 296, 329
붉은― 123
법칙이탈능력 400
베다Veda 83, 197, 198, 283, 312, 433
베드로 47~49, 51
베스Bes 464
변소locus 39
변환 11, 100, 111, 112, 142, 153, 179, 188, 242, 258, 261, 283, 289, 291, 335, 339, 346, 380, 387, 393, 394, 403, 445
변환자Umformer 104
별 11, 37, 52, 62, 119, 135, 145, 228, 233~235, 352, 353, 373, 374, 384, 395, 448, 471, 472
보리수 281, 442
보배Kleinod 278, 363, 440
　얻기 어려운(손에 넣기 어려운)(쉽게 얻을 수 없는)― 149, 199, 250~252, 298, 386
보살Bodhisattva 236
보탄Wotan 170~173, 175, 290, 292~296, 328, 330~332, 335, 352, 405, 447, 464

보편적 무의식성 24
본질의 동일성Homoousie 338
봄의 축제 267
부모 15, 24, 25, 60, 90, 93, 111, 184, 190, 204, 205, 246, 251, 259, 267, 283, 287, 310, 373, 392, 420, 428, 439, 459, 462
부모 원형 305
부모-이마고 183
부성父性 71, 151
부엌귀신 391, 392
부활 180, 191, 245, 263, 267, 271, 296, 310, 324, 333, 368, 371, 392, 450, 463
북유럽의 신화 126
분석 28, 36, 101, 336
분화分化 18, 19, 21, 188, 208, 247, 404, 423, 438
불 32, 49, 52, 56, 63, 73, 74, 80, 88, 96, 142, 161, 167, 175~177, 182, 228, 262, 265, 272~275, 277, 278, 291, 296, 313, 333, 357, 384, 391, 406, 420, 429, 433, 439, 442, 459, 460, 462, 464, 465
나선형― 420
―어머니Feuermutter 146
―의 마차 46, 167
―의 상징 176
―의 신 173, 263, 293, 439
―의 점화 73

—타는 말 175
불꽃 12, 86, 182, 289, 359, 392,
　420, 462, 470
불사不死(성性)(불멸성) 43, 54, 56,
　95, 149, 153, 191, 253, 347,
　369, 452, 458, 467, 469, 477
　—의 인간 56
　—의 존재 46
　—인 형제의 쌍 56
불안 12, 25, 92, 137, 149, 167, 204,
　205, 311, 325, 351, 406
붓다 121, 189, 221, 235~237, 424,
　425, 440
브라만Brahman 321, 322, 474
브라흐마Brahma 197, 198, 281, 349
브라흐마나스파티Brahmanaspati
　291
브륀힐데Brünhilde 290, 292, 294~
　296, 330~334, 405, 425, 426
브리하다라냐카-우파니샤드
　Bṛihadâraṇyaka-Upanishad 176,
　383, 385
비너스 390, 391, 398
비둘기 236, 294, 436, 441
비밀 35, 61, 65, 78, 120, 159, 188,
　211, 266, 268, 275, 279, 294,
　295, 326, 377, 395, 419, 421,
　438, 454
비슈누 197, 198, 200, 281
비유 14, 48, 60, 74, 88, 91, 134,
　156, 164, 193, 196, 229, 230,
　287, 291, 319, 324, 338, 347,
　363, 368, 378, 393, 432, 449,
　468
비유非有, Nichtsein 286
비의秘儀 48, 145, 167, 174, 179,
　250, 259, 262~269, 305, 306,
　315, 317, 320, 327, 333, 363,
　369, 372, 380, 382, 390, 396,
　403, 431, 456, 473
비합리성 95, 101, 303, 412
빙의 261
빛 11, 30~32, 47, 60, 63, 86, 88,
　142, 175, 190, 216, 228, 235,
　239, 250, 269, 292, 303, 332,
　344, 354, 355, 361, 362, 364,
　366, 368, 429, 438, 467, 470,
　472, 473
　—의 딸 293
　—의 신 118, 432
빛나는 진주 250
빵 44, 113, 263, 316
뼈 133

ㅅ

사고思考 40, 65, 97, 153, 198, 199,
　219, 263, 294, 362, 369, 374,
　425, 426, 441, 467
사과나무 90, 233
사냥꾼 175, 193, 194, 352
사랑 13, 14, 20, 21, 30, 83, 123,
　128, 164, 181, 183~186, 196,

208, 210, 213, 216, 218, 223,
230, 231, 233, 234, 241, 246,
285, 286, 296, 316, 323, 331,
332, 334, 335, 342~344, 347,
353~355, 358~361, 364~369,
371, 387, 388, 392, 409, 410,
422, 423, 438, 440, 451, 458,
472
—의 능력 13
—의 무능 14
—하는 것에 대한 저항 14
사위일체四位一體, Quaternität 284
사자 26, 125, 170, 177, 179, 246,
262, 263, 358, 397, 452, 469
사자使者 275, 443, 445
사제 52, 144, 215, 265, 267, 270,
390, 396, 422, 444, 445, 458
사탄 45, 301, 304, 392, 445
삶Leben 13, 54, 57, 61, 75, 105,
142, 145, 146, 163, 186, 188,
204, 205, 212, 214, 217, 218,
220, 243, 244, 251, 255, 256,
258, 284, 286, 288, 304, 309,
327~329, 335, 344, 346~348,
354, 355, 357, 359, 363, 365,
372, 380, 389, 394, 398, 402,
405, 406, 410, 438, 446, 451,
457
—과 죽음 473
—에 대한 불안 205
—으로부터 도망친다 346

—으로부터의 소외 362
—의 궤도 11
—의 원형Archetypus des Lebens
404
—의 의미 216, 284
삼손 206, 263, 369, 448, 453, 469
삼신三神 281
삼위 56, 281, 442
삼위일체 101
삼킴Verschlingen 123, 462
상像, Bild 11, 18, 25, 26, 32, 56, 60,
65, 66, 79, 80, 91, 100, 106,
123, 126, 135, 139, 149, 157,
159, 166, 170, 171, 173, 180,
181, 184, 192, 193, 195, 196,
198, 202, 219, 221, 227, 242,
243, 249, 254, 263, 270, 278,
284, 286, 295, 309, 333, 335,
344, 348, 349, 365, 366, 370,
374, 406, 411, 468, 472, 475
상승 46, 289, 293, 335, 456
상징 11, 15, 17, 20, 22~24, 27, 51,
57, 58, 60, 65, 66, 69, 70, 72,
76, 77, 80, 81, 84, 86, 88, 91,
92, 95, 96, 99~101, 103~106,
108, 113, 116, 118, 120, 126,
128, 131, 134, 149, 150, 153,
154, 156, 157, 163, 170, 173,
175~177, 179, 180, 185, 186,
194~196, 201, 204, 209~211,
220, 222~224, 226, 228, 236,

238, 239, 242, 245~246, 250, 251, 257, 263, 265, 267, 269, 275, 277, 278, 281, 283, 284, 289, 290, 298, 303, 306, 311, 312, 314, 317, 320, 326, 331, 347, 362, 369, 374, 385, 390, 394, 396, 397, 399, 401, 403, 404, 406, 408, 412, 428, 430, 437~439, 442, 449, 451, 454, 457, 463, 466, 469, 470, 473
―형성 92, 99, 100
―들은 변환자Umformer 104
―의 이행 11
상처 110, 145, 152, 189~191, 195, 196, 201, 205, 282, 343, 423, 451, 477
새 29, 32, 39, 78, 155, 164, 191, 275, 281, 282, 297, 298, 351, 364, 436, 442, 445, 462, 463
샘 46, 76, 83, 141, 174, 197, 287, 288, 300, 309, 354, 359, 361, 369, 457, 464, 466, 472, 473, 476
생명(력) 51, 57, 79, 81, 88, 105, 112, 116, 126, 128, 146, 148, 151, 154, 155, 160, 161, 163, 165, 167, 171, 197, 203, 220, 226, 231, 232, 242, 243, 251, 259, 273, 275, 283, 291, 297, 299, 311, 313, 324, 328, 330, 335, 345~347, 351, 355, 357, 360, 361, 363, 365, 367, 369, 385, 396~398, 402, 404, 408, 441, 445, 456, 474
―수 81, 287, 288
―의 강 46, 48
―의 나무 81, 84, 106, 107, 126~128, 153, 156, 163, 239, 398, 434, 448, 477
―의 목재 84
―의 물 46, 83, 106, 434
―의 뱀 405
―의 법칙 24
―의 샘 48, 51, 82, 335
―의 원리 24, 174
생물학 39, 57, 225, 249, 378, 402
―적 관점 20
생산력 197, 236, 397
생식 32, 175, 228
생식기 39, 57
생활고 14
서쪽 바람 230, 233, 234, 251, 252
선善 30, 152
성 베드로 301
성경(서) 18, 29, 46, 66, 76, 227, 267, 304
성교 93, 100, 116, 174, 264, 348, 476
성기 91, 116, 160, 267
성령 76, 77, 80, 94, 96, 99, 236, 251, 291, 293, 294, 316, 368
―과 불 52

성수 84
성애性愛 58, 449
성역聖域, Temenos 299, 300, 309
성욕Sexualität 60, 88, 100, 438, 493
성우聖牛 110
성적性的 23, 57, 60, 90, 100,
　131, 133, 151, 173, 294, 317,
　378~380, 449, 467
──욕구 23, 24
──충동 99, 173, 378
성제식性祭式 100
성처녀 403
세계 39, 43, 65, 73, 78, 98, 111,
　139, 176, 177, 184, 204, 212,
　214, 242, 254, 273, 283, 323,
　324, 341, 353, 354, 360, 374,
　375, 377, 378
──몰락 323
──수Weltesche 106, 126, 131,
　134, 135, 180
──창조 136, 139, 385
──의 어머니 284
──의 중심 308
──의 혼anima mundi, Weltseele
　157~159, 180, 284, 308, 376,
　446
세레스Ceres(데메테르) 84, 459
세례Taufe 35, 48, 52, 109, 155, 238,
　469
세례자 요한 52, 430
세속적 117, 344

소 49
소나무 84, 106, 240, 241, 253, 279,
　281, 387~390, 398, 463, 475
소년 39, 59, 263, 283, 350, 361,
　393, 431
소년 시절 37
소마Soma 386
소문 188, 189
소피아Sophia 344, 405, 458
속죄 60, 154, 163, 399, 446, 476
손 28, 29, 32, 49, 56, 78, 115, 133,
　135, 140, 153, 160, 177, 190,
　201, 216, 223, 273, 293, 301,
　302, 306, 317, 319, 393, 447,
　472, 473
손가락 28, 32, 57, 293, 421, 436,
　437
솔방울 58, 59, 240
수레 58, 138, 144
수면 148, 244, 464
수성Merkur 56
수수께끼 22, 25~27, 90, 115, 171,
　223, 263, 319, 365, 447
수탉 49, 59, 133, 177, 179, 428
수탉과 솔방울 58
숫양 55, 80, 117, 118, 137, 170,
　236, 434, 476
숲 84, 116, 122, 128, 169, 170, 228,
　240, 241, 244, 255, 282, 297,
　349~351, 353, 359, 361, 365,
　377, 421, 450, 457, 464

슈레버Schreber 208, 323
스바스티카(卍자) 128
스카라베우스 163
스킬라Scylla 26, 310
스토아 176, 373, 468
스틱스Styx 83, 180
스핑크스Sphinx 17, 22, 23, 25~28,
　33, 34, 134, 271, 420, 428
―상징 27
시간 61, 112, 114, 133, 176, 179,
　180, 196, 216, 288, 289, 343,
　349, 354, 364, 365, 367, 369,
　380
―의 상징 176, 177
―의 신 177
시라노Cyrano 182, 185, 219
시바Shiva 70
―와 파르바티Parvati 69
시체 112~114, 116, 139, 173, 209,
　282, 291, 309, 390, 403, 441,
　449
식인귀Oger 380
신神 22, 56, 59, 81, 142~145, 158~
　160, 165, 187, 188, 201~203,
　218, 227, 258, 261~263, 362,
　376, 430, 433, 459
잔인한― 192
―비슷함Gottähnlichkeit 158, 396
―의 대리자 20
―의 변환 339
―의 부활 459

―의 아들 42, 304, 352
―의 어머니 83, 118
―의 이마고eine imago Dei 339
―의 지혜 52
―의 탄생 108
신격神格, Gottheit 18, 20, 44, 49, 57,
　84, 155, 156, 159, 228, 310,
　386, 391, 466
신경증 14, 102, 204, 212, 249, 255,
　318, 412
―이론 382
―의 동인動因, causa efficiens 382
―적 13, 150, 379, 380, 382
―적 갈등 13
―적 괴로움 16
―적 성 이론 380
―적 태도 24
―적인 소인 412
신랑 163, 220, 339, 429, 435
신부 30, 31, 80, 81, 399, 435
신비적 융합unio mystica 189
신비적 참여participation mystique
　245
신비적 태양Sol mysticus 239
신상神像, Gottesbild 18, 121~123,
　144, 240, 267, 269, 441
신성한 아가토 뱀 귀령
　Agathodämonschlange 163
신성혼神聖婚, Hierosgamos 122, 123,
　163, 265, 267, 398, 399, 403,
　440, 464

신앙 31, 38, 98, 103, 105, 477
신약성서 79, 94
신인神人 258, 290
신적神的 25, 238
―인 44, 46, 49, 134, 142, 158,
　176, 203, 210, 218, 234, 238,
　251, 252, 262, 270, 275, 338,
　368, 370, 376, 428, 433, 455,
　456
―인 꿈 395
―인 아이 göttliches Kind 250
―인 창조력 göttliche Schöpferkraft
　259
신지학 Theosophie 437
신탁神託 41, 134, 300, 309, 434,
　452, 462
신화 15, 22, 35, 44, 48, 69, 72, 75,
　81, 84, 91, 95, 106, 114, 116,
　120, 121, 123, 130, 139, 142,
　149, 160, 170, 179, 180, 191,
　197, 206, 208, 211, 217, 218,
　225, 226, 228, 236, 254, 259,
　270, 271, 273, 275, 276, 282,
　300, 304, 315, 324, 335~337,
　348, 362, 374, 382, 386, 388~
　391, 395, 396, 431, 433, 437,
　441, 443, 444, 450~453, 456,
　459~461, 464, 465, 468, 477
―소神話素 163, 225, 338, 376,
　452
―의 해석 75, 335, 337

―적 상징 91, 474
신화학 70, 75, 140, 149, 243, 298,
　368, 448, 474
심령술 13
심리소 Psychologem 196, 315
심리학 18~20, 81, 97, 104, 114,
　142, 153, 173, 184, 194, 208,
　240, 249, 254, 264, 284, 298,
　303, 315, 331, 335, 336, 338,
　339, 345, 347, 379, 380, 394,
　401, 408, 413, 429, 437, 444,
　457, 458
심인성心因性 14
심혼心魂, Seele 13, 14, 16, 21, 79,
　88, 104, 106, 198, 212, 217,
　220, 225, 290, 303, 343, 344,
　356, 405, 415, 423, 446
―상像, Seelenbild 446
―에 관한 학문 415
십자가 38, 49, 55, 106, 128, 129,
　154~165, 190, 193, 194, 210,
　238, 262, 276, 303, 308, 352,
　393, 399, 439, 445, 453, 476
아담의 무덤인― 128
―나무에 걸림 106
―상징 157, 159, 454
―죽음 101
―에 달린 신 153
―와 생명의 나무 156
십자로 159
쌍둥이 형제 48, 54, 117

ㅇ

아그니Agni 32, 170, 254, 263, 377
아누비스Anubis 113, 114, 116, 310
아니마Anima 220, 229, 240, 242,
　253, 254, 279, 294, 331~334,
　337, 391, 404, 405, 437, 446,
　460
　―원형 249
　―와 동일시 449
아니무스Animus 28, 34, 207, 212,
　213, 217, 221, 279, 337, 344,
　402, 405, 437, 464
　―영웅 217
아담 89, 128~130, 153, 154, 164,
　165, 398
아도니스Adonis 84, 148, 254, 398,
　435, 437, 461, 477
아들 26, 31, 35, 42, 44, 47, 52,
　59, 60, 68, 76, 80, 81, 90~92,
　95, 108, 110, 117, 121, 135,
　136, 141, 146, 148~150, 164,
　165, 174, 190, 201, 204, 205,
　220, 224, 230, 234, 238~240,
　250~252, 254, 258, 262~265,
　267, 276, 278, 286, 295, 304,
　317, 326, 328, 331, 390, 391,
　398, 431, 435~437, 439, 445,
　460~462, 465, 475, 476
　―아니무스 217
　―영웅 217
　―의 리비도 91, 297, 388

―의 에로스 33
아레스Ares 145, 440
아르키메데스의 점 104
아르테미스Artemis 58, 247, 308,
　456
아메리카 원주민 28
아모르amor 58, 190, 449
아몬-레Amon-Rê 117
아버지 25, 27, 28, 30, 33, 34,
　38, 39, 95, 96, 117, 118, 123,
　135~137, 148, 150, 151, 160,
　161, 184, 203, 205, 208, 214,
　221, 222, 227, 230, 239, 240,
　246, 249, 251~255, 267, 276,
　278, 279, 283, 292, 295, 296,
　326, 338, 350, 351, 354, 361,
　375, 405, 421, 424, 429, 434,
　462, 469, 475
아브라함 254, 317, 476
아스클레피오스Asklepios 116, 311,
　452
아이 → 어린이
아이온Aion 177, 178, 180, 448, 466
아이의 의식 24
아즈텍 35, 207, 245, 258, 336, 420,
　424, 425
　―사람 28, 32~34
　―영웅 35
아침 11, 70, 120, 227, 230, 243,
　286, 329, 349, 355, 356, 384,
　385

아테네 58, 59, 81, 134, 267, 292,
　　299, 300, 310, 324, 326, 441,
　　444, 454
아트만Atman 284, 432, 469, 470
아티스Attis 59~61, 106, 148, 265,
　　269, 325, 326, 387~390, 398,
　　437, 439, 475
　―의 소나무 106
　―의 자기거세 148, 318
아티스-키벨레-제의Attis-Kybele-Kult
　　59, 390
아폴로Apollo 150, 308, 309, 434,
　　435, 452
아프로디테 83, 306, 308, 437, 440
아피스Apis 110, 467
아하스베르Ahasver 43, 46, 54
악惡 79, 93, 109, 110, 137, 138,
　　140, 170, 194, 284, 314, 319,
　　390, 396, 447
악몽Alp 131, 173, 296, 297, 443
악어 23, 141
안트로포스Anthropos 455
알卵 39, 143, 283, 321, 324, 415,
　　458, 463
암소 25, 110, 118~120, 291, 446,
　　467, 478
앗시리아 41, 53, 156, 292, 375,
　　424, 470, 474
야곱Jakob 261, 352, 436
야훼 140, 141, 150, 261, 292, 304,
　　352, 445, 476

양羊 182, 184, 210, 387, 399, 434
양가성향Ambitendenz 14
　정상적인― 14
양성성兩性性 191
양성체 33, 69, 70, 428
어린 시절 15, 32, 38, 39, 77,
　　110, 174, 212, 240, 244, 248,
　　253, 287, 297, 303, 346, 348,
　　371~373, 382, 411, 413, 424,
　　431, 438, 472
　―추억들 363
　―로부터의 분리 112
어린 양 55, 80, 81, 92, 393, 474
어린이 24, 26, 38, 105, 133, 196,
　　257, 275, 301, 438, 439, 451,
　　467, 472, 476
어머니 25
　만물의― 26
　무서운― 22, 27, 72, 131, 246,
　　279, 296, 306, 333, 335, 352,
　　390, 396, 398, 435, 464, 466
　삼키는― 251, 278, 310, 348
　양― 237, 296
　양육하는― 256~258
　육체적인― 76
　잡아먹는― 26
　―들 26, 61, 63, 118, 126, 134,
　　135, 164, 228, 231, 265, 286,
　　450, 466, 472
　―상 26, 27, 32, 80, 91, 126,
　　149, 165, 242

―상징 66, 84, 108, 201, 204, 209, 242, 246, 263, 281, 451
―신神 25, 66, 110, 120, 133, 217, 220
―신神에서 유래한 스핑크스 25
―아내-누이 332
―원형 112, 208
―이마고 22, 81, 84, 159, 183, 205, 219, 220, 249, 291, 296~298, 331, 333
―콤플렉스 34
―로 되돌아감 93
―로부터의 해방 277
―와 동일시 183, 184
―와 분리 165
―와 융합 165
―와 하나됨 242
―와의 관계 77, 112, 256, 259, 434, 436
―와의 근친상간 25
―와의 무의식적 동일성 111
―와의 신성혼Hierosgamos 163, 398
―의 품 257, 335, 358, 398, 403
―의 환상 148
―인 교회 96, 112
―인 대지 21, 350
―인 자연Mater Natura 208, 210
억압 23, 24, 92, 154, 188, 315, 389, 400
에너지 56, 66, 99, 100, 104, 105, 142, 179, 208, 247, 385, 394, 398, 411
에다Edda 296, 298
에로스 33, 207
―신 54
에스키모 459
에아Ea 136, 137
에제키엘Ezechiel 42, 304
에키드나Echidna 26, 80, 310, 428
엔키두Enkidu 48, 248, 386, 404
엘레우시스Eleusis 263~266, 268, 300
―의 비의 263, 267, 318
엘리야Elias 46~48, 54, 430
엠푸사Empusa 305, 306
여성 생식기vulva 57, 160
여성 스핑크스 27, 34
여성성 34, 70, 89, 206, 208, 295, 450
여성의 남성화 206
여성적 정신 294
여성적인 무의식 399
여성화 206
여신 61, 83, 84, 88, 89, 92, 116, 118~121, 128, 133, 134, 155, 160, 174, 175, 180, 220, 233, 247, 264, 271, 274, 290, 305, 306, 308, 311, 324, 361, 383, 390, 391, 437, 447~449, 454, 461, 467
여자 23, 35, 67, 76~78, 80, 122,

130, 144, 150, 164, 175, 183,
206, 217, 229, 253, 259, 264,
290, 294, 296, 316, 328, 330,
334, 366, 390, 422, 431, 433,
441, 449, 462, 464, 465
역경易經 35, 448
연금술 92, 125, 403, 413, 428, 451,
460, 463, 474
연꽃 122, 158, 197, 198, 440
열쇠 62, 63, 177, 279, 301, 306,
378, 461, 466
영靈, Geist(정신) 30, 99, 150, 151,
222, 254, 284, 344, 348, 353,
370, 404, 413, 431, 439, 450,
458, 463, 473
영매 13, 420, 424, 426
영양 공급의 본능Nutritionsinstinkt
378
영웅 11, 20, 21, 34, 35, 49, 54,
57, 60, 70, 73, 75, 84, 95, 121,
123, 131, 139, 140, 142, 144,
149~151, 153, 154, 167, 186,
190, 192, 195, 205, 206, 208,
210, 213, 214, 217, 219, 221,
225, 226, 228~230, 232, 234,
236~239, 245, 251~259, 261,
262, 264, 270~273, 275, 277,
279, 281, 282, 289~292, 294,
296, 300, 302~304, 313, 315,
324, 325, 331, 333~335, 338,
339, 343~345, 356, 358, 359,

361, 368, 372, 374, 386, 392,
394, 396~398, 402, 404, 405,
411, 428, 430, 431, 435, 440,
442, 444, 458~460, 462, 467,
470, 476
— 숭배 20
— 신화 60, 236, 335, 337, 456
— 원형의 누미노제Numinosität
340
— 의 아버지 253
— 의 자기희생 369, 401
— 의 죽음 408
— 의 출생과 재탄생 431
— 의 탄생 65, 240
영원한 삶 405
영원한 소년puer aeternus 43, 146,
148, 263, 444
영혼의 인도자Psychopompos 180,
386, 466
예기禮記 391
예레미야Jeremia 68
예루살렘 42, 66, 67, 76, 81, 171,
309, 317, 352, 435
예수 20, 30, 31, 47, 48, 78, 94~97,
102, 153, 190, 235, 269, 325,
352, 368, 373, 390, 393, 436,
450, 453, 467, 473
예술 39, 106, 287, 383, 393, 438,
441, 453, 457, 464
예언 47, 173, 261, 342, 343, 435
예언자 42, 171, 226, 300, 320, 457

오디세우스Odysseus 397, 439, 472
오딘Odin 106, 135, 154, 170, 173,
　　174, 193, 196, 276, 325, 447,
　　460, 464, 477
오르기Orgie 315
오르페우스 264, 267, 308, 460
　──비의 264, 267
오물 41
오성悟性, Verstand 26, 98, 103, 207,
　　394, 404
오시리스Osiris 84, 108~110,
　　112~114, 116, 117, 120, 135,
　　145, 156, 160, 204, 296, 348,
　　389, 437, 439
오이디푸스 22, 25~29, 33, 117,
　　271
　──콤플렉스 380
오줌 86, 88
왕 30, 41, 69, 70, 73, 77, 78, 108,
　　112, 133, 145, 190, 271, 273,
　　281, 282, 293, 324~326, 335,
　　368, 440, 444, 445, 447, 451,
　　459, 464, 478
왕관 29, 30, 33, 48, 49, 428, 459,
　　476
외부 세계 240, 242, 357
외적 대상 14, 17
외향Extraversion 21
요괴 131
요나 250, 363, 380, 466
요나-고래-콤플렉스 380

요니 71, 160
요셉 254
요슈아 437
요정 39, 41, 83, 116, 122, 282
요한 47, 48, 52
요한계시록 66, 77, 78, 80, 81, 392,
　　430
요해了解 101, 104
욕구 15, 20, 23, 24, 93, 173, 188,
　　189, 194, 201, 219, 223, 288,
　　430, 438, 449, 472
욕동Impulse 247
욥 192, 445
욥기 140, 141, 192, 445
용 26, 78, 79, 123, 131, 135, 136,
　　139, 140, 149, 150, 179, 278,
　　296~298, 301, 302, 304, 305,
　　310, 313~315, 328, 348, 374,
　　380, 396, 415, 435, 457, 464,
　　474
용과 뱀 149
우르바라Urvarâ 70
우울(증) 206, 357, 411
우울 정신병 246
우주 104, 179, 384, 451
우주 진화론 321, 377, 439
우주적 290, 304, 374, 383, 386,
　　439
　──영혼 432
우파니샤드 176, 382, 383, 385
운명애運命愛, amor fati 330

웃음 319, 320
원상原像(들)Urbild(er) 21, 22, 199,
    282, 363, 364, 370, 454, 469
원숭이 74
원시인 77, 98, 146, 232, 379, 413
원시적 여성성 34
원인간Protanthropos 398
원죄 129, 398
원질료prima materia, Urstoff 38, 118,
    363, 463
원초적 물질Urmaterie 119
원초적 어머니Urmutter 328, 374
원초적 인간Urmensch 398
원초적 존재 376
원초적 체험 352, 457
원초적 형식Urformen 370
원초적인 양성성兩性性 191
원형Archetypus 99, 104, 105, 108,
    112, 198, 199, 217~219, 225,
    240, 253, 254, 304, 305, 332,
    337, 338, 382, 404, 405, 446,
    458
——의 투사 303
——적 내용 21, 22
——적 영웅 335, 466
——적인 형상 142, 213
유년기(시절)(유아기) 25, 37, 60,
    185, 196, 212, 216, 228, 408
유대교 250, 442
유대인 43, 46, 140, 153, 325, 352,
    453

유럽인 19, 28, 340, 473
유령 41, 130, 142, 145, 173, 205,
    305
유령 애인ghostly lover 220
유비Analogie 99
유아 111, 232
유아 언어 36, 135
유아적 25, 38, 41, 43, 105,
    182~186, 205, 212~214,
    228, 248, 257, 259, 372, 373,
    378~380, 382, 393
유전된 형식 99
유피테르Jupiter 84, 301, 430, 461,
    476
유형Typen 337
유혹 60, 80, 111, 130, 188, 197,
    215, 220, 222, 288, 339, 341,
    344, 421, 422, 454, 458, 468
육체 70, 155, 159, 194, 287, 342,
    343, 345, 346, 423, 428, 464,
    466
윤리 97, 103, 402
율동 270
융합 92, 157, 163, 165, 241, 243,
    343
음양 467
의도된 행위 14, 15
의미Sinn 20, 105
——의 의인화 253
의사 13, 23, 24, 101, 374, 412~415
의식意識, Bewußtsein 21, 24, 25, 35,

61, 77, 84, 97, 98, 100, 104,
112, 148~150, 165, 179, 185,
188, 198, 199, 201, 204~206,
213, 214, 217~220, 243, 249,
266, 275, 277, 287, 288, 292,
297, 306, 320, 321, 337, 339,
343~346, 357, 363, 388, 389,
394, 395, 398~400, 406,
411~413, 470, 471
—과정 19
—내용 18, 19, 23, 104, 376
—과 무의식 205, 208, 245, 343, 399, 412, 413
—된 16, 108, 199, 221, 249, 379, 400, 457
—된 인격 214, 217
—의 내용 199
—의 발달 111
—의 발전 401
—의 빛 60
—의 활동성과 자발성 22
—적인 자아Ich 389
의식儀式 114, 146, 294, 315, 317, 325, 326, 395
의식화 41, 165, 250, 357
의인화 26, 88, 117, 119, 131, 136, 140, 142, 148, 213, 220, 249, 254, 283, 297, 324, 345, 372, 387, 388, 390, 404, 470
의인화한 아니마 242
의지 14, 25, 98, 110, 111, 144, 148,

183, 185, 186, 189, 219, 223, 243, 283, 292, 295, 382, 405
의학적 정신치료자 101
이교 83, 100, 301, 470
이그드라실Yggdrasill 106, 126, 131, 180
이념(들)Idee(n) 21, 225, 303, 400
이단자 101
이름 35~37, 41~43, 52, 61, 68, 69, 77, 78, 86, 130, 144, 177, 192, 203, 204, 328, 329, 408, 410, 428, 435
이마고Imago 91, 248, 249
이브 129, 130
이성 97, 101, 111, 207, 248, 353
이슈타르Ishtar 151, 153, 201, 466
이스라엘 68, 150, 352, 429, 436
이슬람 44
이시스Isis 35, 108~110, 113, 116, 117, 135, 144, 151, 156, 160, 165, 201, 203, 204, 246, 268, 295, 329, 348, 389, 428, 455
이오카스테 25
이중二重의 출생 238
이중적 존재 26
이집트 27, 69, 107, 109, 113, 114, 117, 119, 120, 126, 135, 143, 160, 165, 179, 201, 210, 227, 237, 239, 296, 310, 420, 430, 435, 436, 440, 444, 445, 448, 463, 464, 467

―신화 35
―전설 95
―풍 17, 22
―적 환상幻想 22
이차적 무의식성 24
익시온Ixion 213, 454
인간 공동체 65
인간 창조 41
인격 28, 35, 43, 103, 142, 196, 205,
　206, 208, 217~219, 247~249,
　292, 298, 339, 343, 345, 388,
　402, 411, 412, 425, 426
　단편적― 142
　―형성 20, 43
　―의 붕괴 412
　―의 열등한 부분 28
　―의 창조 35
인격화 26, 28, 35, 57, 299, 309
인과성 93
인도 32, 70, 71, 74, 158, 160, 174,
　197, 198, 200, 236, 264, 280,
　281, 284, 313, 321, 323, 340,
　374, 383, 386, 391, 430, 446,
　469
인도 자이나교 156
인드라Indra 70, 160, 377, 386, 451
인디언 28, 37, 76, 159, 162, 169,
　170, 181, 224, 225, 227, 228,
　232, 244, 259, 264, 343, 421,
　424, 425, 455, 457
인류 21, 57, 90, 97, 98, 102, 104,
　126, 150, 154, 191, 289, 363,
　374, 430, 431, 438, 453
인식 13, 19, 25, 80, 95, 103, 131,
　183, 188, 193, 195, 210, 213,
　218, 253, 278, 296, 304, 306,
　308, 323, 337, 340, 342, 371,
　374, 395, 398, 400, 411, 414,
　415, 422, 423
인형la poupée 36, 37, 39
일각수一角獸(유니콘) 236
일몰 54, 56
일방성 100, 344
일출 54, 56, 71, 365

ㅈ

자궁 70, 72, 74, 108, 109, 112, 114,
　125, 153, 160, 162, 179, 228,
　232, 234, 235, 248, 249, 251,
　271, 313, 321, 358, 380, 382,
　442, 452, 461
자그레우스Zagreus 264, 387, 392,
　459
자기Selbst 240, 284, 303, 337, 338,
　340
　신의 이마고로서의― 339
　―의 상징 298
자기 거세 318, 444
자기 부화 322
자기희생Selbstentäußerung 212, 322,
　368, 369, 397~399, 401, 402
자살 134, 195, 470

자신과의 불일치 92
자아Ich 339, 343, 389, 402
　—의식 275, 283, 404
　—와 무의식 65, 209
　—와 자기Selbst 469
자연 61, 100, 188, 241, 253, 255, 257, 283, 297, 298, 323, 344, 347, 350~353, 355, 357, 400, 401, 440, 457, 470, 472
자연과학적 사고 97
자연과학적인 입장 100
자연의 치유적인 힘 61
자연적 인간 401
자웅동체 89, 437
　—의 신 57
자율적(성) 22, 142, 219, 287, 294, 395, 431
　—인 원형 218
　—인 현실 100
잠재기억Kryptomnesie 224, 478
잡아먹힘 73, 380
장미 347, 359, 466, 471, 473
장미십자 회원 43
장자莊子 391
재생 126, 163, 167, 179, 180, 230, 290, 305, 362, 369, 404
재탄생 94, 122, 131, 230, 237, 238, 251, 261, 264, 275, 278, 287, 292, 323, 347, 358, 359, 362, 365, 391, 431, 473, 478
저녁 11, 70, 83, 90, 120, 144, 148, 232, 243, 264, 279, 286, 329, 384, 420
저승 180, 191, 300, 306, 310, 333, 376, 437
　—의 바다 278
저항 14~16, 21, 35, 91, 99, 137, 149, 201, 204, 248, 249, 251, 255, 287, 321, 397, 405, 457
적응 16, 19, 102, 111, 112, 199, 204, 216, 248, 257
전갈 56, 475
전능 80, 432, 435
전설 25, 41, 43, 59, 70, 73, 83, 95, 115, 116, 120, 121, 126, 128~130, 135, 145, 150, 151, 171, 174, 175, 191, 232, 239, 254, 255, 259, 263~265, 282, 292, 295, 298, 301, 302, 304, 305, 309, 324, 335, 348, 352, 390, 403, 430, 431, 435, 436, 441, 442, 444, 447, 450, 451, 453~455, 460, 463, 464, 467
전의식前意識 25
전이 40, 124, 204, 413
전체성 210, 240, 298, 303, 343
　—의 배아 250
전통 54, 75, 105, 122, 254, 435, 442, 460
점성학 55, 447, 469
정감Affekte 40, 247, 373, 382, 408
　—적 치매 40

정당한 105, 152
정신(영)Geist 99, 150, 222, 344,
　　404, 413, 458
　　―의 의인화 254
정신Psyche 21, 100, 104, 151, 221
　　―의 두 가지 기본 기제 21
　　―의 원형Archetypus des Geistes
　　404
　　―의 자기조정 151
정신물리학Psychophysik 19
정신병Psychose 35, 39, 208, 225,
　　246, 306, 323, 402, 408, 412,
　　471
정신분열증(조현병)Schizophrenie
　　364, 412, 471
　　―환자 305, 448
정신의학 14, 142
정신적 장애 364
정신적 팽창 339, 340
정신착란 34
정신치료 287, 413, 415
정신치료자 18, 101, 105, 148
정향점定向點, Orientierungspunkte 355
제우스 48, 108, 122, 130, 220, 254,
　　264, 292, 435, 441, 454, 459,
　　460
제의祭儀 58, 59, 262, 267, 309, 315,
　　334, 389, 390, 397, 459, 467,
　　469, 475
조개 229, 282, 461
조화 15, 111, 287

족내혼Endogamie 257, 379, 447
족외혼Exogamie 447
존재 11, 14, 20, 22, 24, 26, 30, 38,
　　41, 46~48, 54, 56, 61, 63, 76,
　　77, 88, 91, 93, 96, 98, 103, 109,
　　117, 118, 131, 141, 170, 179,
　　185, 203, 210, 219, 220, 225,
　　238, 245, 255, 262, 270, 275,
　　279, 280, 283, 293, 294, 335,
　　338, 343, 349, 350, 354, 358,
　　365, 371, 374~376, 382, 389,
　　395, 406, 409, 413, 430, 437,
　　438, 456, 458, 460, 461, 464,
　　468
종교 철학 340
종교사 315, 338
종교적 29, 98, 101, 102, 154, 248,
　　386, 394, 400, 467
　　―상징 100, 101
　　―신화 104
　　―형상 20, 303
죄 27, 52, 92, 116, 128, 129, 153,
　　154, 164, 165, 187, 227, 295,
　　302, 400, 454
주체와 객체 242, 243, 457, 471
주특성主特性, Dominanten 337
죽음 47, 49, 54, 83, 101, 114, 116,
　　122, 128, 129, 133, 135, 139,
　　145, 148, 149, 154, 163, 165,
　　167, 180, 185~187, 197, 202,
　　203, 210, 212, 213, 220, 229,

238, 244, 246, 248, 251, 252,
261~263, 267~271, 275, 276,
278~280, 283, 285~287, 296,
297, 299~301, 305, 306, 309,
311, 324~329, 334, 345, 346,
348, 351, 362, 367~369, 371,
386, 390, 396~398, 401, 402,
405, 406, 408, 437, 441, 448,
450, 456, 457, 461, 473, 475,
476, 478
——과 영생 54
——에 대한 공포 165, 205, 223
——에 대한 불안 92
——의 검은 물 83
——의 나라 285
——의 나무 106, 108, 126, 128,
  180, 238
——의 나무 십자가 128
——의 물 278
——의 신 174
——의 의인화 131
——의 충동 457
중개자 392
중국(인) 19, 70, 190, 391, 448, 467
중세 86, 92, 126, 128, 180, 298,
  428, 442, 445, 456
증상 15, 24
지도령Kontrollgeist 37, 424
지빠귀수염 171
지성 335, 470
지옥 55, 80, 113, 114, 167, 174,

300, 301, 310, 478
지크린데Sieglinde 290, 295, 296
지크문트Siegmund 291, 295
지크프리트Siegfried 175, 278,
  289~291, 296~298, 328,
  330~334, 425, 426, 463, 464
지하계 76, 143, 197, 220, 300, 365,
  380, 397, 434, 442, 450, 454
——의 신 109, 296, 310, 311
——의 인격화 26
——적 476
지혜 29, 45, 51, 52, 195, 203, 210,
  252, 293, 296, 369, 370, 374,
  375, 431, 443, 459, 464
——의 신 136
진리 289, 293, 301, 445
진실 47, 68, 94~98, 101, 104, 187,
  268, 318, 383, 419
진창 46
질서지음의 주특성
  Ordnungsdominanten 337
짐승 41, 73, 77, 100, 116, 141, 151,
  165, 174, 245~247, 266, 390,
  421, 456
——살해 24
——어머니 245
집단적 무의식 21, 196, 242, 257,
  303, 363, 370, 413
집단적 표상들représentations
  collectives 413
집어삼키는 151, 246, 282, 297,

381, 385, 397, 440, 478
집어삼킴(켜짐) 135, 249, 272, 380

ᄎ
차라투스트라 109, 194, 195, 210,
320, 329, 391, 392, 473, 478
창 250, 305, 368
창槍 23, 58, 138, 154, 191, 192,
194, 369, 403, 445, 461, 462,
465, 477
창녀 68, 315
창세기 42, 352, 458
창조(적) 11, 17, 32, 35, 39, 93,
94, 98, 104, 108, 109, 126,
136, 139, 157, 159, 179, 197,
203, 209, 256, 259, 261, 291,
321~324, 345, 374, 375, 377,
385, 390, 398, 408, 419, 433,
449, 450, 468
척수 314
천국 55, 457
천사 34, 77, 80, 130, 227, 261, 275,
292, 301, 442
천상의 (소) 160, 180, 204, 348,
362, 366, 371, 438, 441, 448,
473
— 신부 81
— 암소 110, 119, 120, 446
— 여신 119
— 여왕 165
— 예루살렘 81

철학 18, 26, 102, 158, 241, 287,
292, 321~323, 340, 374, 386,
468
철학자(현자)의 돌lapis philosophorum
474
철학자(현자)의 아들filius
philosophorum 38
초록 257, 345, 356, 367, 404
초록 뱀 345, 404~406
초월적 기능 399
초인 21, 216, 218, 330
최후의 심판 406
춤 227, 228, 315
충동Trieb 23, 30, 60, 98, 99, 111,
149, 151, 153, 170, 195, 262,
277, 323, 344, 378, 379, 389,
390, 396, 400~402, 405, 411,
412, 438, 457~459
— 과 갈등 98
충동성 23, 98, 100, 150~154, 173,
246, 392, 399, 438
— 의 희생 394, 399
치완토펠Chiwantopel 11, 35, 37,
40~42, 169, 170, 181, 184,
186, 212~217, 219~221, 289,
341~343, 402, 404, 405, 414,
419

ㅋ
카론Charon 180, 310
카마Kâma 468

카발라Kabbala 428
카비렌Kabiren 59
칼 49, 81, 141, 194, 222, 291, 295, 302, 403, 432, 442, 450
칼리Kali 383
케르베루스Cerberus 26, 113, 300, 306, 309, 310
케크롭스Kekrops 324
켄타우로스 175, 404, 448, 454
코끼리 235, 236, 456
코란Koran 44, 430
코레Kore 242, 293, 300
콤플렉스 21, 26, 142, 219, 244, 248, 318, 373, 380, 444, 464
쿤달리니 403
크눔Chnum 143, 163, 439
크눔-레Chnum-Rê 117
크로노스Kronos 177, 447
키드르Chidr 43, 44, 46, 48, 51, 54, 56, 267, 430, 431
키르케Circe 282
키메라Chimära 26
키벨레Kybele 59, 61, 66, 265, 326, 387~390, 475
키스 37, 215, 378, 421, 441, 464, 467

ㅌ

타파스Tapas 321
탄생 11, 41, 65, 70, 71, 83, 108, 109, 121, 128, 151, 190, 197, 237, 240, 243, 275, 282, 290, 299, 323, 389, 408, 440, 445, 456, 467, 468
탄트라Tantrismus 271, 403
탐욕 131, 223, 246, 334, 352, 396, 459
태도Einstellung 24, 35, 40, 106, 170, 186, 201, 205, 216, 221, 239, 257, 344, 345, 382, 411, 414, 420
태모太母, Große Mutter 41, 245, 444
태양Sol 11, 28, 31, 46, 54~58, 60, 70~72, 76, 81, 83, 88, 90, 91, 114, 115, 117~119, 123~125, 137, 142, 151, 153, 166, 179, 190, 232, 239, 240, 250, 265, 275, 277, 278, 285~287, 290, 291, 329, 337, 349, 352, 353, 360, 364, 366, 368, 369, 377, 384, 385, 392, 398, 405, 427, 430, 439, 452, 456, 463, 464, 467, 469, 470, 472
―륜 128, 239, 365, 454
―신 35, 46, 72, 109, 110, 117, 120, 127, 135, 143, 153, 160, 163, 175, 202, 206, 239, 348, 349, 351, 430, 453, 469, 470
―신화 51, 56, 60, 75, 93, 112, 120, 123
―과의 비교 56
―을 삼키는 신화 228

──의 배 49, 441
──의 상징 87, 163
──의 새 364
──의 여인 460
──의 영웅 74, 120, 126, 135, 271, 309, 429, 451, 463
──의 운행 11, 70, 305, 394
테세우스Theseus 220, 380, 450, 476
토르Thor 228, 368, 468
토성Saturn 352, 447
토트Thoth 445
퇴행Regression 14~16, 24, 25, 40, 77, 95, 102, 111, 139, 149, 154, 198, 199, 208, 216, 217, 228, 248~251, 256, 257, 292, 313, 320, 357, 363, 373, 379, 380, 389, 394, 452, 457
퇴행적(후행적) 40, 102, 266, 287, 372, 376, 397, 438
퇴행하는 리비도 60, 144, 251, 380, 388, 394
투구 86, 88, 299
투사 23, 24, 56, 84, 184, 188, 201, 204, 205, 221, 238, 249, 295, 303, 337, 373, 384, 399, 402, 406
툼Tum 160, 161, 163, 179
티베트 113, 463
티아마트Tiâmat 136~138, 140, 374, 375
티폰Typhon 109, 112, 117, 135, 310, 444

ㅍ

파라오 145, 202, 459
파르바티Parvati 69, 70
파밀레스Pamyles 108
파우스트 26, 43, 62, 86, 166, 167, 228, 344, 370
파우스트적 그리움 61
판Pan 58
팽창 157, 339, 340, 405
페르세포네 220, 263, 264, 308, 389, 450
평형 287
포세이돈 191, 435, 447, 452
표상表象, Vorstellung 16, 70, 71, 75, 98, 99, 101, 104~106, 117, 123, 135, 166, 176, 199, 224, 225, 227, 246, 300, 322, 339, 374, 391, 395, 413, 456, 467
표징Zeichen 284, 309
푸루샤Purusha 375, 376
푸에르 에테르누스puer aeternus 263, → 영원한 소년
푸에블로 인디언Pueblos 227
풍요 13, 68, 88, 106, 115, 116, 120, 156, 157, 160, 163, 170, 174, 175, 192, 227, 228, 230, 267, 326, 357, 370, 403, 450, 460
프네우마pneuma 94, 230, 386, 439
프라나prâna 386

프라자파티Prajâpati 321, 322
프로메테우스 26, 476, 477
프리아포(푸)스Priapo(u)s 86, 175,
　　306, 405, 407, 460
피 136, 278, 433
피톤Python 150, 309, 435

ㅎ

하강 11, 46, 265, 289, 300, 326,
　　329, 371
하누만Hanumant 74
하늘 11, 14, 31, 46, 56, 66, 88, 108,
　　139, 140, 145, 149, 155, 161,
　　174, 177, 202, 203, 232, 233,
　　269, 277, 301, 305, 349, 355,
　　361, 371, 374, 375, 377, 382,
　　384, 393, 435, 439, 441, 448,
　　459, 467, 474
　　──의 예루살렘 66
하데스 312, 396
하르포크라테스Harpokrates 117,
　　296, 464
하의식Unterbewußsein 396
하토르Hathor 110, 118, 237
할례 270, 396, 476
합리주의 20, 101, 142
　　──신학 20
합목적적 경향 19
합일 195, 216, 309, 399, 449, 474
항문 37~39, 41
항문 탄생 39, 41

항아리 397
항해 49, 51, 72, 73, 232, 278, 285,
　　441, 451, 462
해리Dissoziation 65, 142, 411~413
해체解體 15, 106, 406
　　──의 주제 112, 291, 439
핵심 콤플렉스Kernkomplex 15
햇빛 21, 230, 240, 264, 435
행동유형pattern of behaviour 219,
　　225
헤라Hera 25, 121, 122, 131, 208,
　　237, 264, 277, 290, 309, 435,
　　451, 452, 454, 467
헤라클레스Herakles 12, 26, 49, 113,
　　123, 150, 208, 220, 237, 277,
　　290, 300, 306, 309, 430, 431,
　　433, 450~453, 467~470
헤카테Hekate 116, 264, 305~308,
　　447, 466
헤파이스토스Hephaistos 254
헬리오스Helios 46, 48~50, 175, 350
현실Wirklichkeit 16, 21, 23, 95, 100,
　　117, 205, 257, 343, 352
현실성 20
현실주의 97
현재 24, 97, 179, 192, 357
혐신증嫌新症, Misoneïsmus 379
호루스Horus 108, 117, 120, 135,
　　151, 160, 222, 290, 296, 455
홀레Holle 부인 174
홍수 75, 176, 198, 203, 299, 309,

477
화살 49, 88, 177, 186, 187, 189, 190, 192~196, 201, 211, 212, 244, 254, 281, 403, 449~451, 463, 468
화성Mars 56
환상幻想, Phantasie 11~13, 16, 22, 23, 28, 32, 37~39, 84, 90, 93, 98, 131, 148, 167, 184, 211~213, 217, 220, 221, 224, 232, 234, 239, 335, 345, 379, 401, 403, 406, 411, 414, 415, 423
환영幻影, Visionen 17, 22, 28, 32, 35, 65, 78, 106, 166, 168, 169, 255, 257, 304, 319, 335, 363, 374, 401, 411, 415
환원 103, 186, 394, 395
환자 23, 24, 32, 36~40, 55, 65, 101, 102, 106, 116, 124, 165, 174, 203, 208, 224, 244, 246, 305, 318, 346, 368, 379, 382, 393, 403, 404, 409, 412~414, 439, 447, 449, 450, 453, 464, 472, 475
황금 30, 32, 38, 77, 78, 90, 435, 451, 464
황소 23, 25, 54, 56, 88, 115, 118, 151~153, 170, 171, 174, 203, 210, 211, 232, 262, 264, 326, 327, 366, 387, 390~393, 397,
398, 405, 430, 431, 450, 457, 461, 463, 474
─와 전갈 56
─의 혼 391
─의 희생 397, 477
횃불 54, 55, 264, 265, 306
흑인 28, 275, 397
희생 60, 97, 115, 116, 139, 154, 163, 169, 193, 196, 199, 210~212, 226, 287~289, 299, 308, 309, 324, 326, 357, 358, 369, 371, 372, 374, 376~378, 383~392, 394~402, 431~433, 442, 450, 474~477
─제의 54~56, 86, 106, 115, 144, 153, 382, 401, 432, 442, 448, 467, 476
─제의적 거세 59
─의 상像 56
히드라Hydra 310, 452
히라냐가르바Hiranyagarbha 321
히스테리Hysterie 142, 174, 188, 379
히스테리성 184, 186, 213, 218, 399
히아와타Hiawatha 224~226, 228, 231, 237, 239~241, 244, 245, 251~257, 261, 264, 271~273, 277~279, 281~286, 289, 342, 408, 425, 455

융 기본 저작집 총 목차

제1권 정신 요법의 기본 문제

실제 정신치료의 기본 원칙
정신치료의 목표
정신치료와 세계관
정신치료의 현재
정신치료의 기본 문제
제반응의 치료적 가치
꿈 분석의 실용성
꿈의 심리학에 관한 일반적 관점
꿈의 특성에 관하여
콤플렉스 학설의 개요
심리학적 유형에 관한 개설
정신분열증

―

제2권 원형과 무의식

정신의 본질에 관한 이론적 고찰
집단적 무의식의 원형에 관하여
집단적 무의식의 개념
아니마 개념을 중심으로 본 원형에 대하여
모성 원형의 심리학적 측면
어린이 원형의 심리학에 대하여
민담에 나타난 정신 현상에 관하여
초월적 기능
동시성에 관하여

제3권 인격과 전이

자아와 무의식의 관계
제1부 의식에 대한 무의식의 작용
개인적 무의식과 집단적 무의식
무의식의 동화에 뒤따르는 현상들
집단정신의 한 단면으로서의 페르조나
집단정신으로부터 개성을 해방하기 위한 여러 가지 시도
제2부 개성화
무의식의 기능
아니마와 아니무스
자아와 무의식의 형상들 사이를 구분하는 기법
마나-인격
전이의 심리학
연금술서 『현자의 장미원』의 일련의 그림들

―

제4권 인간의 상과 신의 상

심리학과 종교
무의식의 자율성
도그마와 자연적 상징
자연적 상징의 역사와 심리학
미사에서의 변환의 상징
서론
변환의식의 개별 단계
변환 신비의 유례
미사의 심리학
욥에의 응답

제5권 꿈에 나타난 개성화 과정의 상징

연금술의 종교 심리학적 문제 서론
꿈에 나타난 개성화 과정의 상징
    서론
    최초의 꿈
    만다라의 상징성

제6권 연금술에서 본 구원의 관념

연금술의 기본 개념
연금술 작업의 정신적 특성
작업
원질료
라피스-그리스도-유례
종교사적 틀에서 본 연금술의 상징

제7권 상징과 리비도

사고의 두 가지 양식에 관하여
과거사
창조주의 찬가
나방의 노래
리비도의 개념에 대하여
리비도의 변환
부록: 프랭크 밀러의 원문

제8권 영웅과 어머니 원형

영웅의 기원
어머니와 재탄생의 상징들
어머니로부터 해방되기 위한 투쟁
이중의 어머니
희생
부록: 프랭크 밀러의 원문

―

제9권 인간과 문화

인격의 형성
유럽의 여성
심리학적 관계로서의 결혼
생의 전환기
심혼과 죽음
심리학적 관점에서 본 양심
분석심리학에서의 선과 악
심리학과 시문학
꿈꾸는 세계 인도
인도가 우리에게 가르쳐줄 수 있는 것
동양적 명상의 심리학에 관하여
『역경』서문
초시모스의 환상
의사로서의 파라켈수스
지그문트 프로이트

번역위원 소개

번역: 이유경 李裕瓊

홍익대학교 대학원 미학과 석·박사과정 졸업했으며 「신화의 형성과 해석에 관한 분석심리학적 연구」로 철학박사 학위를 받았다. 스위스 취리히대학에서 철학, 민속학, 심리학을 공부했으며, 스위스 취리히 C. G. Jung 연구소를 졸업하여 국제융학파 분석가 자격을 취득했다(1995). 국제분석심리학회(IAAP) 정회원, 스위스 융 연구소 졸업자 분석가 협회(AGAP) 정회원, 한국융 분석가 협회(KAJA) 정회원이며 현재 분석심리학연구소 대표이다.

논문으로는 「서양 연금술의 분석심리학적 의미」(1996), 「서양 중세 연금술에서의 안트로포스」(1998), 「프로이드 미학」(1999), 「신화의 심층심리학적 이해 및 해석」(2000), 「중국 연금술의 분석심리학적 이해」(2000), 「'이시스-오시리스' 신화의 분석심리학적 해석」(2002), 「분석심리학적 신화 읽기」(2003), 「민담 '손 없는 색시'를 통한 여성 심리의 이해」(2006), 「천도교 교조 수운 최제우의 원형적 체험과 치유적 수용에 관하여」(2008), 「적극적 명상」(2012), 「영성과 무아」(2013), 「Woman in Korean Fairytale "Chun Hyang"」(2016) 등이 있다. 저서로는 『원형과 신화』(2008), 『한국 민담의 여성상』(2018)이 있으며, 역서로는 C. G. 융 기본저작집 『연금술에서 본 구원의 관념』(제6권), 『영웅과 어머니 원형』(제8권), 『융심리학적 그림해석』(2008), 『융심리학적 모래놀이치료』(2009), 『의식의 기원사』(2010), 『민담에 나타난 모성상』(2012), 『황금꽃의 비밀』(2014)이 있다.

감수(라틴어, 그리스어): 변규용 卞圭龍

연세대학교 상경대학 경제학과를 졸업(1951)하고 서울대학교 대학원에서 철학연구(1960), 프랑스 툴루즈Toulouse 대학, 파리Paris 가톨릭대학, 파리 제10대학에서 각각 철학박사(1970), 신학박사(1973), 파리 제1대학 법과대학 경제학 박사과정 수료(1974), 문학박사(1980) 학위를 취득했고 파리 제10대학 비교사상연구소 촉탁교수(1971~78), CNRS(프랑스 국립과학연구소) 연구원(1973~77)을 역임했다. 귀국 후 한국교원대학교 인문학부 교수(1984~97), 서강대학교 국제대학원 교수(1997~2000)를 지냈다. 저서 및 역서로는 TAO ET LOGOS(전 3권, 1970,Toulouse) PERE ET FILS(전 3권, 1973, Paris)등이 있고, Hermeneutique du Tao(전 2권, Paris), Les cent fleurs du Tao(1991, Paris)등이 있고, 주요 역서로서는 『Herakleitos 단편집』(희랍어), 『希拉立德之海光鱗片』(중국어역, Paris, 1973), 『孝經』(불어역 UNESCO, 1976), 『道德經』(불어역, Paris, 1980), C. Lévi-Strauss의 『강의록』(정신문화연구원, 1984), J. Mesnard의 『파스칼』(한국학술진흥연구원, 1997) 등이 있다.

프랑스학술원 학술공로 훈장 (1984), 대한민국 국가유공자 서훈 (2008).

감수(전체): 이부영 李符永

서울대 의대 및 동 대학원을 졸업했다. 의학박사, 신경정신과 전문의, 융학파 분석가, 국제분석심리학회(IAAP) 정회원, 서울대 의대 명예교수이다. 스위스 취리히 C.G. 융 연구소를 수료하고(1966), 동 연구소 강사를 역임했다 (1966~1967, 1972). 독일, 스위스의 여러 정신병원에서 근무했다. 서울대 의대 교수(1969~1997), 미국 하와이 동서센터 연구원(1971~1972, '문화와 정신건강' 연구), 서울대 의대 정신과 주임교수 및 서울대병원 신경정신과 과장 등을 역임했다. 뉴욕 유니온 신학대학원 '종교와 정신의학' 강좌 석좌교수(1996)를 지냈고, 한국분석심리학회, 한국융분석가협회(KAJA) 창립회장 및 각종 국내외 학회 회장 및 임원을 역임했다. 서울대 정년퇴임(1997) 뒤 한국융연구원을 설립, 현재 동 연구원 원장으로 후진을 양성하고 있다. 한국융연구원 C. G. 융 저작 번역위원회 대표로 이 기본 저작집의 일부 번역과 전체 감수를 맡고 있다.

주요 저서로는 『분석심리학 ─ C. G. Jung의 인간심성론』(1978), 개정증보판(1998), 제3판(2011), 『한국민담의 심층분석』(1995), 분석심리학의 탐구 3부작: ① 그림자(1999); ② 아니마와 아니무스(2001); ③ 자기와 자기실현(2002), 『한국의 샤머니즘과 분석심리학』(2012), 『노자와 융』(2012); 『괴테와 융, 파우스트의 분석심리학적 이해』(2020), 『동양의학 연구』(2021), 역서로는 융의 『현대의 신화』(1981), 『인간과 상징』(공역, 1995), 야훼(엮음)의 『C. G. 융의 회상, 꿈, 그리고 사상』(1989), 마리 루이제 폰 프란츠, 『C. G. 융 우리시대 그의 신화』(2016)를 위시해 폰 프란츠의 『민담의 심리학적 해석』

(2018), 『민담 속의 그림자와 악』(공역, 2021) 등이 있다.

분석심리학, 문화정신의학, 정신병리학, 정신의학사 관련 논문 220여 편이 있다.

연보 편자: 이 철 李 哲

서울의대 및 서울대 대학원 졸업, 의학박사(1967~1982). 서울의대부속병원 신경정신과 수련(1974~1978), 신경정신과 전문의(1978). 스위스 취리히 C. G. 융연구소 수학(1982~1985). 울산의대 정신의학 교수, 명예교수(1989~). 한국분석심리학회장(1995~1997), 한국융연구원 평의원, 감사 역임. 서울아산병원 교육부원장(1996~2002), 울산대학교 총장(2011~2015). 국립정신건강센터장(2016~2019). 논문: 「한국 대학생에 대한 연상검사의 예비적 연구」(1976) 등, 정신의학분야 논문 다수. 번역서: 이부영, 우종인, 이철 공역, 『WHO(1992) ICD-10 정신 및 행태장애 — 임상기술과 진단지침』(1994).

융 기본 저작집 8
영웅과 어머니 원형

1판 1쇄 인쇄	2001년 7월 10일
개정판 1쇄 발행	2024년 9월 20일

지은이	C. G. 융
옮긴이	한국융연구원 C. G. 융 저작 번역위원회
펴낸이	임양묵
펴낸곳	솔출판사

편집	윤정빈 임윤영
경영관리	박현주

주소	서울시 마포구 와우산로29가길 80 (서교동)
전화	02-332-1526
팩스	02-332-1529
블로그	blog.naver.com/sol_book
이메일	solbook@solbook.co.kr
출판등록	1990년 9월 15일 제10-420호

ⓒ 솔출판사, 2002

ISBN 979-11-6020-200-7 (94180)
ISBN 979-11-6020-192-5 (세트)

· 잘못된 책은 구입한 곳에서 바꿔드립니다.
· 책값은 뒤표지에 표시되어 있습니다.